▲旧石器時代の森(仙台市富沢《とみざわ》遺跡)　２万年前の後期旧石器時代の森の跡。トミザワトウヒ・グイマツ・モミ・ハンノキなどの根株・幹や球果，ヤナギの葉，焚き火の跡が発見された。これらによって当時の自然環境を復元できる。

►ぼんぼこ祭図(遠藤曰人《あつじん》筆)
仙台城下白山神社の祭礼のにぎわいを描く。舞楽や神楽《かぐら》があり，境内に見世物小屋・露店などが立ち並ぶ。流鏑馬《やぶさめ》の的を奪いあう若者や見世物の駱駝《らくだ》もみえる。

▲弥生《やよい》時代の水田跡(仙台市富沢遺跡)　水田は畦によって方形に区画され，面積はせまい。排水用の溝が設けられていた。石庖丁《いしぼうちょう》・石《いし》鍬《くわ》，木製の鍬・鋤《すき》などの農具が発見された。

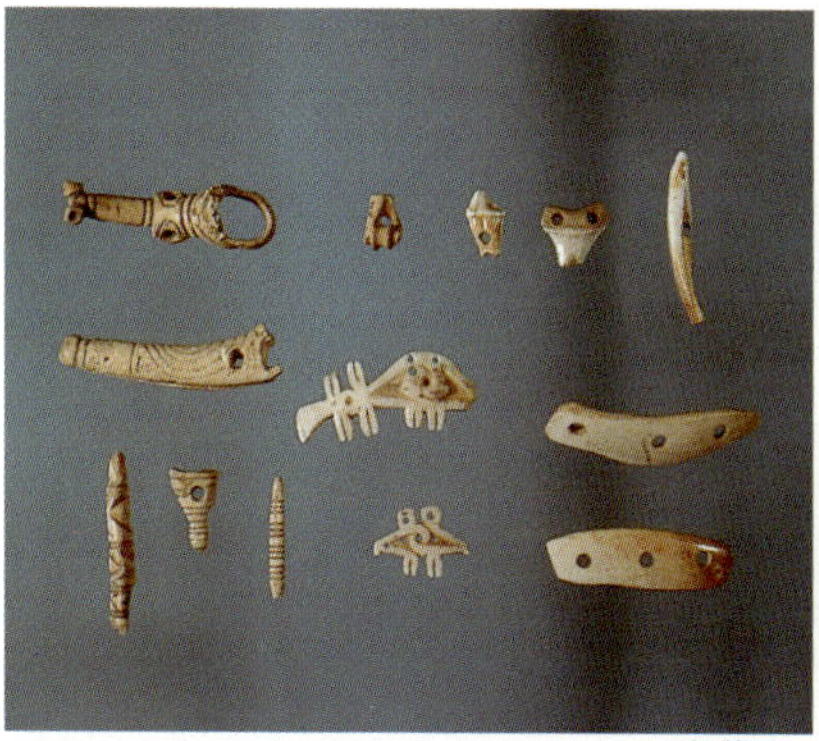

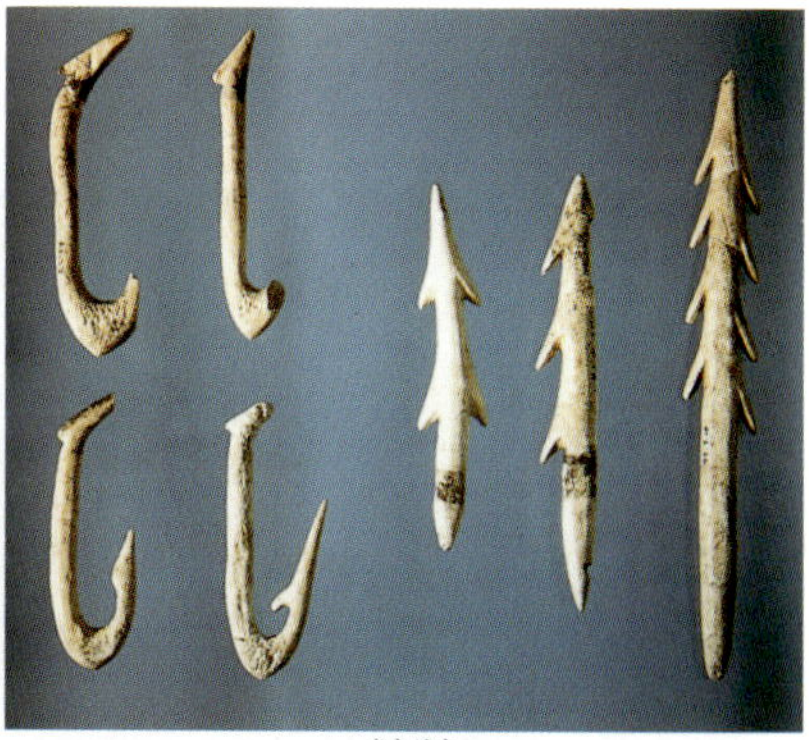

►▲貝塚の堆積層と釣針《つりばり》・ヤス・装身具（東松島市里浜《さとはま》貝塚）　2600～2700年前の縄文《じょうもん》時代の貝塚の堆積状況（右)。そこから出土した漁業用の釣針・ヤス(中)，多様な装身具(左)は鹿などの動物の骨・牙などでつくられている。

▲雷神山《らいじんやま》古墳(名取市)　全身168mの東北地方最大の前方後円墳。仙台平野をふくむ広域を支配した首長の墓といわれる。墳丘は丘陵を利用し地山を削りだし，盛り土をして造成する。手前は円墳の小塚古墳。

▼多賀城政庁《たがじょうせいちょう》(模型)　政庁は多賀城の中枢部で，儀式・宴会・政務を行なう。第2期の政庁。左右に翼廊をもった南門をはいると石敷きの庭，その奥に正殿があり，その左右に脇殿を配置する。

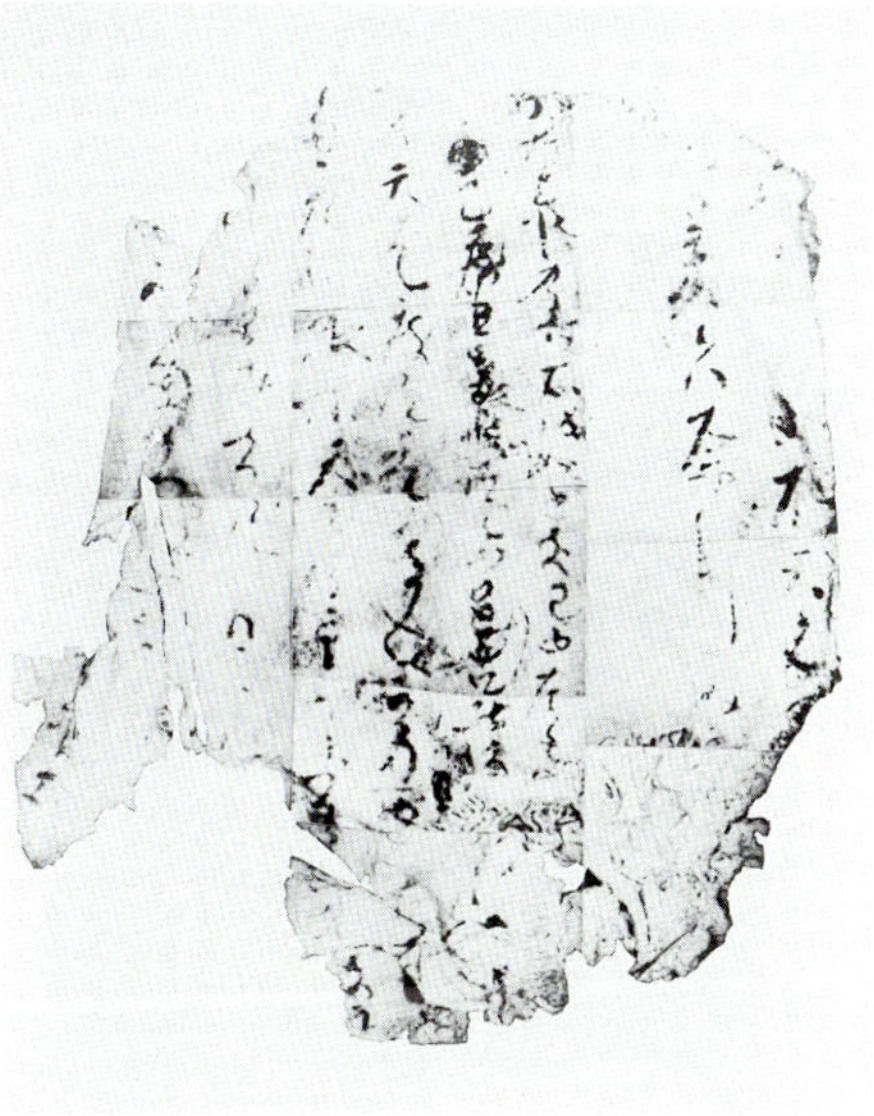

◀仮名《かな》を記した漆紙文書《うるしがみもんじょ》（多賀城跡出土） この仮名文書は草書体の音仮名で記した9世紀半ばのもので，発生期の平仮名を考えるうえで重要な資料。

▼陸奥国分寺《むつこくぶんじ》(模型) 南から南門・中門・金堂《こんどう》・講堂・僧房を配置し，中門と金堂をつなぐ。金堂の東に回廊に囲まれた七重塔がおかれる。

► 高蔵寺《こうぞうじ》阿弥陀如来《あみだにょらい》坐像（角田市，重文・平安時代末）
治承元(1177)年建立と伝える阿弥陀堂内に安置。王家領荘園伊具《いぐ》荘の繁栄を今に伝える。

▼ 熊野那智《くまのなち》神社の懸仏《かけぼとけ》(名取市，重文・鎌倉時代)　那智神社は名取市西部の丘陵にそって展開する熊野三社の一社。明治31(1898)年に幣殿の床下から160余面が発見された。

▲「一遍上人《いっぺんしょうにん》絵伝」に描かれた松島　時宗の開祖一遍は，祖父河野通信《こうのみちのぶ》の墓を供養するために陸奥国にはいり，松島を訪ねた。右下の建物は円福寺と推定される。

▼伊達政宗《だてまさむね》自筆書状　相模国小田原から家臣に宛てて，豊臣秀吉との対面の首尾を知らせたもの。奥羽の仕置《しおき》が政宗に仰せつけられたとのべている。

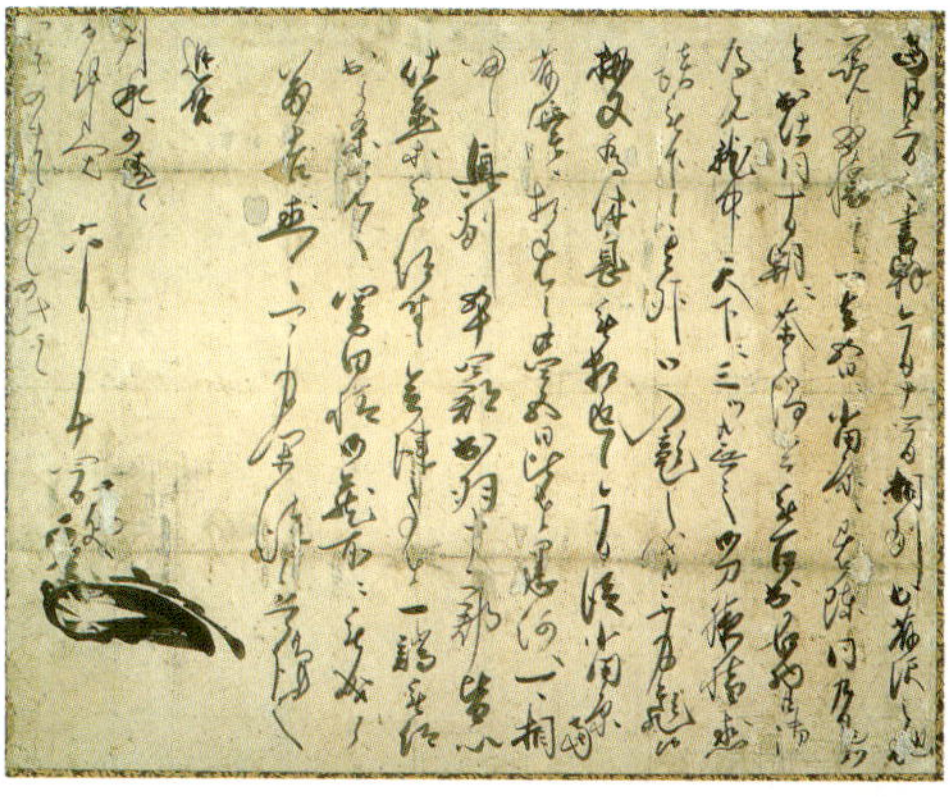

▲阿弥陀三尊種子板碑《しゅじいたび》（仙台市青葉区の澱《よどみ》不動尊境内）天蓋《てんがい》・瓔珞《ようらく》・月輪・蓮座の荘厳をほどこした阿弥陀三尊を表す梵字《ぼんじ》の下に，文永10（1273）年の年紀と「過去兵衛太郎」の滅罪のためという造立越旨を記している。井内石製。高さ174㎝。

►南蛮人《なんばんじん》人形　仙台城二の丸跡から出土。志《し》野《の》焼《やき》の陶製人形。下半身を欠くが，宣教師をかたどったのではないか。近世初期のキリスト教の布教や当地を訪れた南蛮人を連想させる。

▼萩に鹿図屏風　伊達政宗晩年の居城である若林城の襖絵《ふすまえ》であったといわれる。萩の宮城野を連想して描かれたと思われ，政宗自筆の詩歌が書かれている逸品である。

◄復元されたサン＝ファン＝バウティスタ号　仙台藩家臣支倉常長《はせくらつねなが》らを乗せ，慶長遣欧使節船として太平洋を横断しメキシコに向かった。あれから380年，500トンの雄姿は復元され，出帆地近くに係留されている。

▼絵馬《えま》米づくり・藍づくり(複製)　仙台平野最大の産物である米の栽培から収穫までを描く。また藍は，紅花《べにばな》などとともに仙南地方の代表的な商品作物であった。豊作を祈って奉納したものであろう。

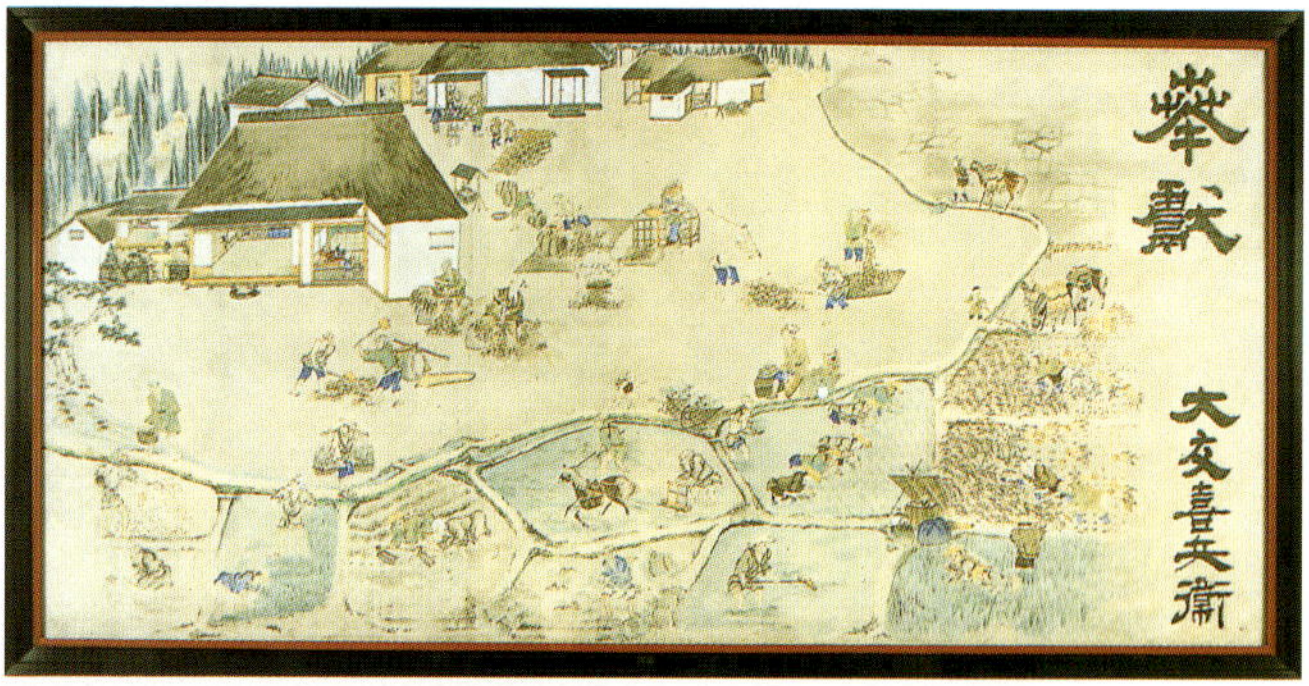

▲明治初めの宮城県庁(高橋由一《ゆいち》画「宮城県庁門前図」) 廃藩置県後，仙台県・宮城県は仙台藩校であった養賢堂《ようけんどう》の講堂を県庁とした。付設された洋式の門構えと和式の庁舎との対照が，新旧の時代の交代を物語る。

►伊豆《いず》沼の白鳥(栗原市・登米市) 昭和 60 (1985) 年にラムサール条約(「特に水鳥の生息地として国際的に重要な湿地に関する条約」)に指定・登録された。その環境の保全は自然と人間社会の共生を象徴する。

地方史研究協議会名誉会長
学習院大学名誉教授
児玉幸多　監修

企画委員　熱田公―川添昭二―西垣晴次―渡辺信夫

宮城県の歴史　目次

渡辺信夫―今泉隆雄―大石直正―難波信雄

宮城県の歴史

風土と人間――穀倉の大地

風土の成り立ち●

人間は言語をはじめ実に多様な文化をつくりだし、歴史をいとなんできた。その多様性は、それぞれの地域の風土によるところが大きい。それは県という限られたエリアにおいても同じことで、気候・地形・地質などとのかかわりのない地域の歴史などは存在しない。

わが宮城県は太平洋に面し、長い海岸線を地形的特質とする。しかも、南下する寒流と北上する暖流は金華山《きんかさん》沖でぶつかりあい、寒流の魚、暖流の魚がともに回遊する魚類の宝庫となっている。わが国三大漁場の一つといわれる所以である。海の豊かさをぬきに、この地の歴史を語ることはできない。

ところで、海面が上昇していた先史時代、仙台湾は仙台平野の奥深くはいりこんでいた。いまの北上《きたかみ》川・迫《はさま》川・鳴瀬《なるせ》川などの下流域は海面でおおわれていたのである。この流域から発掘される遺物・遺跡がこのことを物語っている。牡鹿《おしか》半島はより長く、仙台湾は大小の島嶼《とうしょ》が浮かぶより広い海面であったのである。やがて、海退とともに、北上川などの下流域が形成され、島嶼が丘陵となり、大小の河川の流域から構成される広大な仙台平野が出現したのである。

一方、東北地方を縦断し、太平洋側と日本海側を峻別する奥羽山脈は、シベリア大陸からの寒波をさえぎり、仙台平野を比較的温暖な気候風土にしている。そして、奥羽山脈からのびる幾筋かのなだらかな舌状台地が、太古《たいこ》から安定した居住性をつくりだし歴史の舞台を用意してきたのである。近年、この台地から数十万年前にさかのぼる人間の生活の痕跡が発見された。日本最古の旧石器人《きゅうせっきじん》の文化である。人骨の発見はまだであり、旧石器人の自然環境なども今後吟味すべき課題であるが、この旧石器人の文化の発見は宮城の歴史のうえで特筆すべきことであることはいうまでもない。

縄文《じょうもん》文化が東北文化の基層を成し、今日の東北の文化の有り様まで深く影響を与えている。たとえば、近海の漁撈の営みが森の恵みに負うところ大であることが近年科学的にも明らかにされている。この海と森の共生は縄文時代からの自然観であり、海岸沿いの民俗にもうかがうことができる。河川を遡上する鮭《さけ》は縄文人の常食であったといわれ、この鮭の文化は少なくとも近代まで色濃く残っていた。民芸品にみる感性もまた、土器などの縄文文化に相通ずるものがある。

やがて、弥生《やよい》文化が北上してきた。人々の目は稲作の適地である湿地にそそがれ、森や海・川の生活に農耕の生活が加わり、定着と蓄積の政治社会が形成されはじめた。名取《なとり》平野の弥生遺跡、つづく巨大な前方後円墳《ぜんぽうこうえんふん》がそれを物語るが、これにともない農耕を基礎とする風土観が加わることになる。所与の風土に稲作を通して自然のエネルギーを多元的に認識し、自然との共生の仕組みを内包する風土観である。

拠点性の形成●

多賀城《たがじょう》跡（多賀城市）にたつ多賀城碑は、こうした古代の地域社会の一つの到達を示している。この碑は最近ようやく国の重要文化財に指定された。長いこと真贋の両説があった。偽作とする背景には、古代東北でこのような碑が製作されるはずがないという先入観があったといえよう。地元研究者による学術的精査が認められての指定であるが、これは東北の古代史観の転換にも通ずることである。碑文には多賀城より京、蝦夷国《えみしこく》、常陸国《ひたちこく》、下野国《しもつけこく》、靺鞨国《まっかつこく》への里程が示されている（五七頁参照）。里程が正確な距離を示すかどうかはともかく、多賀城を基点とする各地への視点に着目すべきである。とくに蝦夷国・靺鞨国という異域・異国を視野におく東北の世界観は重要である。この時点で北奥はまだ蝦夷国から完全に脱していなかったが、この碑文の里程表示は蝦夷＝東北から脱却した東北の地域的な自己認識にもとづく国家観・世界観の現れであるといってよい。

これより先、人々が交流するなかで自然に山道《さんどう》と海道《かいどう》の地域区分が認識されるようになっていた。福島県の中通りから宮城県の内陸部を北上する地域帯が山道とよばれ、福島県の浜通りから仙台湾沿いを通り南三陸の海岸部におよぶ地域が海道とよばれた。両道が合流する仙台・名取地区が要衝の地となったのはごく当然で、巨大古墳の築造に続き、七世紀半ばに全国的にみても早期に郡山官衙《こおりやまかんが》（仙台市）が造営された。その数十年後に造営される多賀城《たがじょう》をはじめとする官衙・城柵《じょうさく》の集中的設置と関東などからの大規模な移住は、宮城の社会的風土を大きく変えた。こうした緊張した関係のなかで台頭したのが、中央政府の官人ともなった古代地方豪族の道嶋《みちしま》氏である。北上川・仙台湾といった川と海の風土を活躍の舞台とし広く海民をも包含する在地勢力であるが、多賀城碑の海外への視点の背景にこのような勢力の台頭があったのであろう。

古代宮城からのもう一つの発信に黄金の発見がある。天平二十一（七四九）年二月二十二日、陸奥国小田《おだ》郡（遠田郡涌谷《わくや》町）で黄金が産出したとの報が朝廷に届いた。開闢よりこのかた金は出ぬものと思われていただけに天下の驚喜は大きく、大げさにいえば大陸や朝鮮半島にいだいていたコンプッレクスから解放されたのである。中央のみちのくへの視線が数段強まったことは当然であるが、やがて黄金の力が東北独自の力として台頭してきた。いうまでもなく平泉《ひらいずみ》政権であり平泉文化である。権力の系譜や文化の伝播論など複雑な議論はあるが、東北の風土を構成する産物（黄金）や川や海が物質的基盤となっていたことは確かである。県北や沿岸部にいまも残る平泉伝説は、そうした活躍の残照といえる。

平泉没落後の政治的空白は、他から移住した武士団などによって埋められた。祈りの時代といわれるこの時代は、地域文化を育み地域のエネルギーを蓄積した。やがて、城館跡などで知られる地域的拠点が形成されたのである。人々の生活も森や川から農耕に重点をおくようになってきたのである。

宮城の原風景●

十六世紀末から十七世紀前半に、宮城の地は大きな変動を迎えた。旧来の地域権力が崩壊し、大藩仙台藩の地域づくりが急ピッチで進められた。藩政初期に、仙台城および城下町の建設、城下を起点とする街道の新設・整備、在町《ざいまち》の建設、金山など鉱山の開発、港町建設・河川改修・運河開削などによる舟運の開始、総検地《けんち》・新田開発による生産増強などなどが一斉に進められた。いまも輝きを放つ伊達《だて》文化がもっとも高揚したのもこの時期であり、大船を建造しヨーロッパに使節を派遣した。ふたたび黄金時代を迎え、平泉文化の継承と藩祖伊達政宗《まさむね》が自己認識したとしても不思議ではなく、その後も長く大藩の気風が維持された。もっともすべて順調に進んだわけではないが、合戦と荒涼たる戦国の世は去り、人々はそれぞれの村や町で働き、他国者も足しげく往来し、物資が船や馬背で輸送される風景が常となってきたのである。権力は仙台に集中したが、藩内の要害《ようがい》の地には万石クラスの重臣が配置され、小城下町あるいは在町が建設された。現在の各地の小都市の母体だが、港町石巻《いしのまき》などを加え多極的風土が形成されたのである。

この多極的風土を語る遺構の一つに貞山《ていざん》運河がある。城下建設期に阿武隈《あぶくま》川と名取《なとり》川を結び、仙南の物資を城下に輸送する運河としてまず開削され、その後明治前期に至るまで、仙台湾沿いに北上川に至る全長六〇キロ弱の長大な運河が開削された。各河川と運河を結んだ藩領一円の水運網を構想しての開削であった。貞山運河はいまや残された数少ない宮城野の自然そのものであり、この貴重な遺産は宮城の風景に欠かせないものとなっている。

もう一つ宮城の原風景を伝えるものとして、仙台平野に点在する居久根《いぐね》屋敷の風景がある。鬱蒼とそびえる屋敷林は大きな家屋と菜園を囲み、屋敷地の周りに田地を配置する。この居久根屋敷は近現代の土地改良や耕地整理、あるいは近年の農村社会の急激な変化によって少なくなってきたが、宮城の風土を物語る貴重な存在である。藩政時代、巨大都市江戸の誕生と海運の展開で仙台米は本石米《ほんごくまい》といわれ、江戸の相場を決定するほど大量の仙台米が江戸に廻米《かいまい》された。それを可能にしたのは初期以来の積極的な新田開発によってであり、仙台平野は一躍全国有数の穀倉地帯となった。この米づくりのなかで居久根屋敷の農村が形成された

居久根屋敷　栗原市の大庭氏宅。

のである。ときにヤマセに襲われ冷害となるなどきびしい環境ではあったが、藩政期からさらに明治・大正・昭和を通じてしっかりと根を張り、宮城農村の豊かさを誇ってきたのである。

高度成長と風土●

明治初期、かつて古代官衙が設けられ、城下町仙台が発達してきた宮城郡の名が県名となった。その後一〇〇年有余、国家政治から疎外されることも多かったが、人々は杜《もり》の都をつくり、高等教育機関の誘致に力を入れ、学都を誇りとしてきた。居久根屋敷の村々は米づくりに専念し、沿岸部の漁村も漁獲物の商品化が進み自立的発展があった。第二次大戦後とくに近年の列島改造と急激な高度成長は地域社会を激変させ、無計画な都市化によってこの均衡ある風土は大きくくずれかかっている。生産増強に力を入れすぎ、土壌汚染すら指摘されるようになった。中央ばかりを意識して白河以北一山百文《ひとやまひゃくもん》などと卑下しているうちに、自然と人間の共生する風土が危機に瀕するまでになった。しか

明治40(1907)年創設の東北帝国大学理科大学本館　写真は明治44年当時。

し、再生は可能である。いまあらためてわれわれの風土の歩みを再確認し、宮城の発展の方向を認識することの必要性が痛感されるのである。

1章

宮城の夜明け

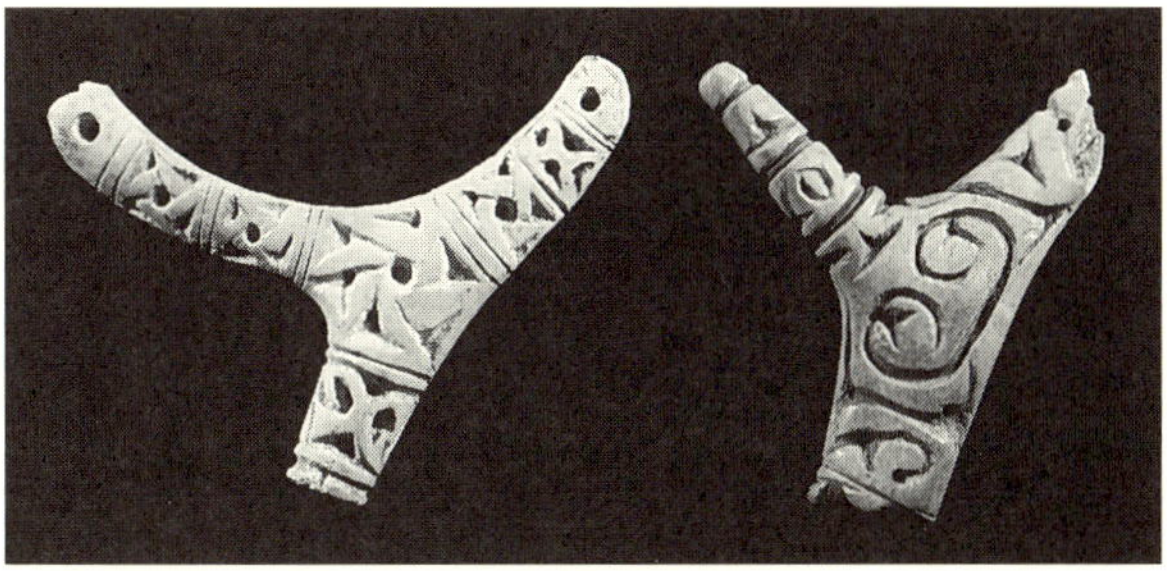

鹿の角でつくった腰飾(里浜貝塚)

1　旧石器の森と宮戸島の縄文人

シカを追う狩人たち●

二万年前、富沢の森が点在する草原に、シカを追う狩人たちの姿があった。彼らは夜に焚き火を囲んでキャンプし、今に後期旧石器文化の遺跡を残している。これが宮城の歴史の夜明けである。

石器時代は石でつくった利器、すなわち石器を用いた時代である。もちろん道具をつくるのに石だけではなく、動物の骨・角や木も用いたが、青銅や鉄などの金属はまだ用いていなかった。石器時代は人類の歴史のなかで数百万年前から数千年前までの長い期間を占め、一万二、三千年前を境に旧石器時代と新石器時代にわけられる。地質学では新生代の後半の第四紀を更新世《こうしんせい》と完新世《かんしんせい》にわける。旧石器時代が更新世、新石器時代が完新世にほぼ対応する。更新世は地球が寒冷化し極地や高地に氷河《ひょうが》が発達し、通称氷河時代ともいわれる。完新世になって温暖化する。旧石器時代は地球が寒冷化した氷河時代なのであるが、氷河時代といっても一様に寒冷だったわけではなく、寒冷期（氷期）と温暖期（間氷期）が交互に訪れた。

人類はその最初の段階の猿人《えんじん》（アウストラロピテクス）が四〇〇万年前にアフリカで誕生し、その後、原人（ホモ＝エルクトゥス）、旧人《きゅうじん》（ホモ＝ネアンデルタール）、新人《しんじん》（ホモ＝サピエンス）の順に進化してきた。ヨーロッパでは旧石器時代を、原人の活躍した前期（一〇〇万年前～八万年前）、旧人の活躍した中期（八万年前～三万五〇〇〇年前）、新人の活躍した後期（三万五〇〇〇年前～一万年前）の三期にわけている。日本列島の旧石器時代は、三万年以前を前期旧石器時代、三万年前～一万三〇〇〇年前を後期旧石器時代にわける。

旧石器時代人は、動物を石槍《いしやり》で狩りし、野山で木の実や草の根などを採取して食料をえた。いまだ定住せずに、数十人の集団で、食料を求めて季節ごとなど短期間に移動する生活をしていた。旧石器時代は人類の歴史のなかで、食料採集段階の第一段階に位置づけられる。

旧石器捏造事件と宮城県●

日本列島において旧石器文化の遺跡が確認されたのは、昭和二十一（一九四六）年、在野の考古学者である相沢忠洋《あいざわただひろ》氏による群馬県みどり市笠懸《かさがけ》町の岩宿《いわじゅく》遺跡の発見によってである。これ以降、旧石器文化の遺跡はふえていくが、それらはすべて後期旧石器文化の遺跡であり、つぎの研究段階としては前期旧石器文化の存在が問題となっていった。

旧石器文化研究のパイオニアである芹沢長介《せりざわちょうすけ》氏は、昭和三十九年の大分県日出《ひじ》町早水台《そうずだい》遺跡の調査を皮切りにつぎつぎと発掘に取り組み、日本列島における前期旧石器文化の存在を主張したが、すべての研究者が認めるところとならず、ここに前期旧石器文化存否論争がおこった。このようななか宮城県では、若手の研究者を中心とする在野の研究団体が中心となって前期旧石器遺跡の探索に精力的に取り組み、同五十五年の仙台市山田上《やまだうえ》の台《だい》遺跡をはじめとして、大崎市座散乱木《ざざらぎ》遺跡、同市馬場壇《ばばだん》A遺跡、大和町中峰《なかみね》C遺跡、栗原市高森《たかもり》・上《かみ》高森遺跡と相ついで前期旧石器を発見し、発掘のたびに出土する石器の年代は古くなって、ついには五〇万～六〇万年前の旧石器文化の存在が主張されるようになった。こうしたなかでおこったのが旧石器捏造《ねつぞう》事件である。

平成十二（二〇〇〇）年十一月五日、毎日新聞は、東北旧石器文化研究所副理事長藤村新一氏が、上高

森遺跡と北海道新十津川《しんとつがわ》町総進不動坂《そうしんふどうさか》遺跡の発掘で、みずから石器を埋めて遺跡を捏造したと報じた。いわゆる旧石器捏造事件の発端である。同氏は前記の遺跡の発掘で、つぎつぎとその手で古い石器を発見して日本列島における前期旧石器文化の年代を塗り替え、一部では「神の手」ともてはやされてきた人物であったから、この報道は考古学界に大きな衝撃をあたえ、またこれらの遺跡は教科書や博物館でとりあげられていたから、こののち社会にも大きな波紋を広げていった。

平成十三年から日本考古学協会などの学会や関係地方自治体は、藤村氏がいろいろの形で関与した遺跡の検証に取り組み、同十五年に相ついでその結果が明らかにされた。その検証結果は、同氏の旧石器捏造は昭和四十七、八年ころから三〇年近くにわたって続けられ、関与した九都道府県の一六六カ所の旧石器遺跡のすべてで捏造が行われたという驚くべきものであった。

宮城県は藤村氏の地元で、関与した遺跡が多かったから、その影響はとりわけ甚大であった。検証発掘の結果、四万年前といわれ前期旧石器文化研究の原点となり、国史跡に指定されていた座散乱木遺跡で捏造が明らかになったことは、深刻な事態であった。最終的な検証結果は、県内の同氏が関与した一四八遺跡のうち一二九遺跡が旧石器時代の遺跡と認められないという惨憺《さんたん》たるものであった。前期旧石器時代遺跡はなくなり、八三カ所の後期旧石器時代遺跡が残るだけとなった。この結果、宮城県の研究者を中心として捏造資料に基づいて進められてきた前期旧石器文化研究は壊滅することになり、研究は二〇数年前の段階に逆戻りした。この事件は考古学界と研究者に深く研究上の反省を迫り、多くの教訓を残した。

つぎにとりあげる富沢遺跡は後期旧石器時代の自然環境と生活を豊かに語ってくれるが、検証結果によると、これも藤村氏の捏造の汚染をまぬがれず、二五・二六層出土石器は同氏が関与し捏造していた。しかし出土点数が多く中心となる二七層出土石器は関与がなく信頼できるというから、捏造部分をのぞいてのべることにしよう。

旧石器の森●

JR東北本線の長町駅の西に広がる仙台市富沢《とみざわ》遺跡の地下五メートルには、二万年前の後期旧石器時代の森林が埋もれている（口絵参照）。この森は昭和六十二（一九八七）年から発掘され、ほかではみられない次のようなものが発見された。トミザワトウヒ・グイマツ・モミ・ハンノキなどの根株や幹、トミザワトウヒ・グイマツの球果、ハンノキ・ヤナギの葉、チョウセンゴヨウの種子、コガネムシの仲間の甲虫類の昆虫化石、シカのふん、旧石器人のキャンプの跡、また眼にはみえないものであるが、ハシバミ・ツツジなどの樹木やヨモギ・セリ・キクなどの草の花粉や、プランクトンの珪藻《けいそう》の化石などである。旧石器時代の遺跡では石器などの無機質の遺物だけが発見されるのがふつうだから、この遺跡でこれほど豊富な有機質の遺物が発見されたことはまことに驚くべきことであり、これらの遺物からこの地域の自然環境が具体的に復元できる。

二万年前は最後の氷期の最盛期で、この地域では年平均気温が現在より七〜八度低く、現在の根室市の気温であった。氷河期には氷河が拡大するので海面が低下し、この時期には現在より海面が一〇〇メートルも低く、日本列島は大陸と陸続きか、それに近い状況で、また仙台湾も陸地で、富沢は海岸から五〇キロほど離れていた。富沢の地域には沼や湿地が点在していた。湿地にはスゲ・カヤツリグサ・イグサ・スギナモなどが生え、ゲンゴロウなどの昆虫や水生の珪藻が生息していた。二万年前の有機質遺物が残ったのは、この地域が湿地で遺物が地下水につかっていたからである。やや乾いたところにはセリ・キク・シダなどの草が生え草原となっていた。草原のなかに十数本ずつトミザワトウヒ・グイマツの針葉樹の森が点在し、モミやカバノキ・ハンノキの広葉樹が藪になっていた。この森にはシカが住んでおり、遺跡から五〇～一〇〇個まとまったシカのふんが二〇カ所以上でみつかった。ふんの分析からシカがササ・ヨシの葉などを食べていたことがわかった。キャンプの跡では、直径七〇～八〇センチメートルの範囲に炭化物のある焚き火の跡の回りに、石器や石器をつくるときにでる剝片《はくへん》が一〇〇点ほど散在していた。シカなどの獲物を追ってきた旧石器人が、夜になってこの地で焚き火をして野営し、肉を切って食事し、こわれた石器を補うために石器をつくったことが想像できる。

富沢遺跡は、豊富な有機質遺物によってきわめて具体的に当時の自然環境を復元でき、さらにその自然環境と旧石器人の活動の跡が一体的に把握できる点で、世界的にみても類まれな旧石器時代の遺跡である。仙台市はこの重要な遺跡を保存・公開するために、平成八（一九九六）年「地底の森ミュージアム・富沢遺跡保存館」を建設した。地底にある森の跡をそのまま展示し、多くの遺物によって旧石器時代の環境と生活を復元している。

ブナとナラの森で●

旧石器時代に続く縄文時代は、一万三〇〇〇年前から二千三、四百年前までの時代であり、土器の変化によって、草創期・早期・前期・中期・後期・晩期の六期に時期区分している。地球の気温は一万八〇〇〇年前から上昇しはじめ、一万年前には氷河時代が終わり、五〇〇〇年前には現在に近い気候になり、温暖化は人類を囲む自然環境を大きく変えていった。縄文人は採集・狩猟・漁撈によって食料をえ、縄文時代は食料採集段階の第二段階にあたるが、これらの活動は温暖化による新しい自然環境のなかでいとなまれた。温暖化にともない植物相が変わり、東北地方を含む北海道西部から関東・中部地方山岳地帯までの地域は、針葉樹林帯から、現在と同じブナ・ナラ・クリなどの落葉広葉樹林帯に変わった。

落葉広葉樹林帯は木の実が豊富で、縄文人はナラ・クリ・クルミ・トチの実を採取し、その澱粉《でんぷん》が彼らの主食であった。山林からはワラビ・ゼンマイ・タラ・フキなどの山菜、ヤマノイモ・キノコなども採取した。狩猟では、マンモス・トナカイなどの大型獣が絶滅して、シカ・イノシシを主とする中・小型獣、鳥などが獲物になった。獲物の変化に対応した弓矢の発明、犬の家畜化によって、旧石器時代の石槍を投げ、突く方法から、弓矢と犬による狩猟に変わった。これは狩猟技術の革新であった。漁撈については後にのべる。

縄文文化を旧石器文化からわけるものは、土器の発明である。土器作りは人類が利用した最初の化学変化といわれるが、日本列島では一万三〇〇〇年前に土器が出現した。土器は煮炊きの鍋に用いられ、これまでの焼いたり蒸したりする調理に煮炊きの調理が加わって、温かくて柔らかい汁物の料理ができるようになり、また利用できる食材が拡大し、食生活を大きく向上させた。

一定地域における安定した食料の獲得によって、縄文人は定住しムラをつくった。縄文時代前期初めには、広場、ムラの共同祭祀・作業のための大型住居、木の実の貯蔵穴、共同墓地を備えた大規模なムラが出現した。大規模なムラを中核として、その周囲には小さなムラがつくられた。

縄文時代に日本列島において、落葉広葉樹林帯の東北地方を含む東日本が、常緑広葉樹林帯の西日本よりも人口が多く、文化的にも優位にたっていた。落葉広葉樹林帯は木の実が豊富で、また河川においてはサケ・マスが多くとれ、この地帯の縄文文化は食料採集文化としてはきわめて豊かな文化であった。

宮戸島の縄文人●

東松島市の宮戸《みやと》島は松島湾東北部の湾口に所在する島で、縄文時代前期初めの六〇〇〇年前から人が住みはじめ、中期後半の四五〇〇年前頃には大規模なムラができ、その後弥生《やよい》時代半ばの一八〇〇年前まで引き続きムラが存続した。ムラは島の北西部の北岸の里《さと》という集落付近の台地上にあり、このほぼ四〇〇〇年間に東西八〇〇メートルの範囲にある四地点のあいだで、ムラの場所を移動させた。ムラとともに貝塚が形成された。里浜《さとはま》貝塚とよばれ、東西八〇〇メートル、南北二〇〇メートルの範囲に広がっている。

貝塚は海岸・湖岸で貝殻などを捨てたごみ捨て場であり、縄文時代に出現し、後の時代にもあるが、縄文時代がもっとも多く、地域的には日本海岸より太平洋岸に多く、仙台湾岸・三陸沿岸は集中地域であり、里浜貝塚はその集中地域にある。宮城県内には縄文時代の貝塚が二〇〇以上ある。貝塚は貝殻ばかりではなく、食べがらの獣・鳥・魚の骨、木の実の皮、石器・土器・骨角器《こっかくき》の道具など生活のなかででるいろいろのごみが捨てられ、ときには人や犬の骨が埋葬されていることもあるから、貝塚の発掘によって当時の生活を復元できる（口絵・章扉写真参照）。

里浜貝塚については、昭和五十四（一九七九）年から東北歴史資料館が里浜貝塚の西畑地点の発掘を行なった。この発掘では、貝塚の堆積層は土ごとすべて掘り上げて、そのなかに含まれる微細な遺物もすべて調査するという徹底的な方法をとった。また各堆積層が何月頃に捨てられたかを追求し、縄文人の季節的な生活の復元をめざした。たとえば、現在の松島湾に季節的に現れる魚や渡り鳥に注目して、それらが含まれる堆積層の捨てられた月・季節を決めるのである。アサリなどの貝殻には毎日成長線ができ、成長線の混み具合は木の年輪のように季節によって違うので、成長線の観察によってアサリの採取の季節がわかる。西畑地点は里浜貝塚で最後の段階の縄文晩期（二七〇〇年前〜二六〇〇年前）の貝塚であり、この発掘によって縄文晩期の漁村の季節的な生活を下図のように復元できる。

　里浜は漁村であるが、海の幸はもちろん山の幸も利用していた。春になると、山にはいってフキ・ノビル・ウド・ワラビ・ゼンマイ・タラの若芽などの山菜を採取した。海ではアサリをとった。貝塚出土の貝類全体のなかでアサリは七割以上を占め、アサリへの依存が大きい。アサリは年中とるが、春には年間の半分以上をとり、共同で保存食のために干し貝にした。魚は春から夏にかけてマイワシや小型のスズキがとれた。マイワシは魚類のなかで三〜四割を占め、第一位の量である。初夏には外洋で、ブリ・マダイ・マグロや大型のスズキを釣り針で釣り、夏から秋にかけてはアジ・サバをとる。マイワシ・アジ・サバなどの小型魚はエリ・簀立《すだ》てなどの囲い込み漁でとった。秋には山野に木の実が実り、トチ・クルミ・ハシバミ・オニグ

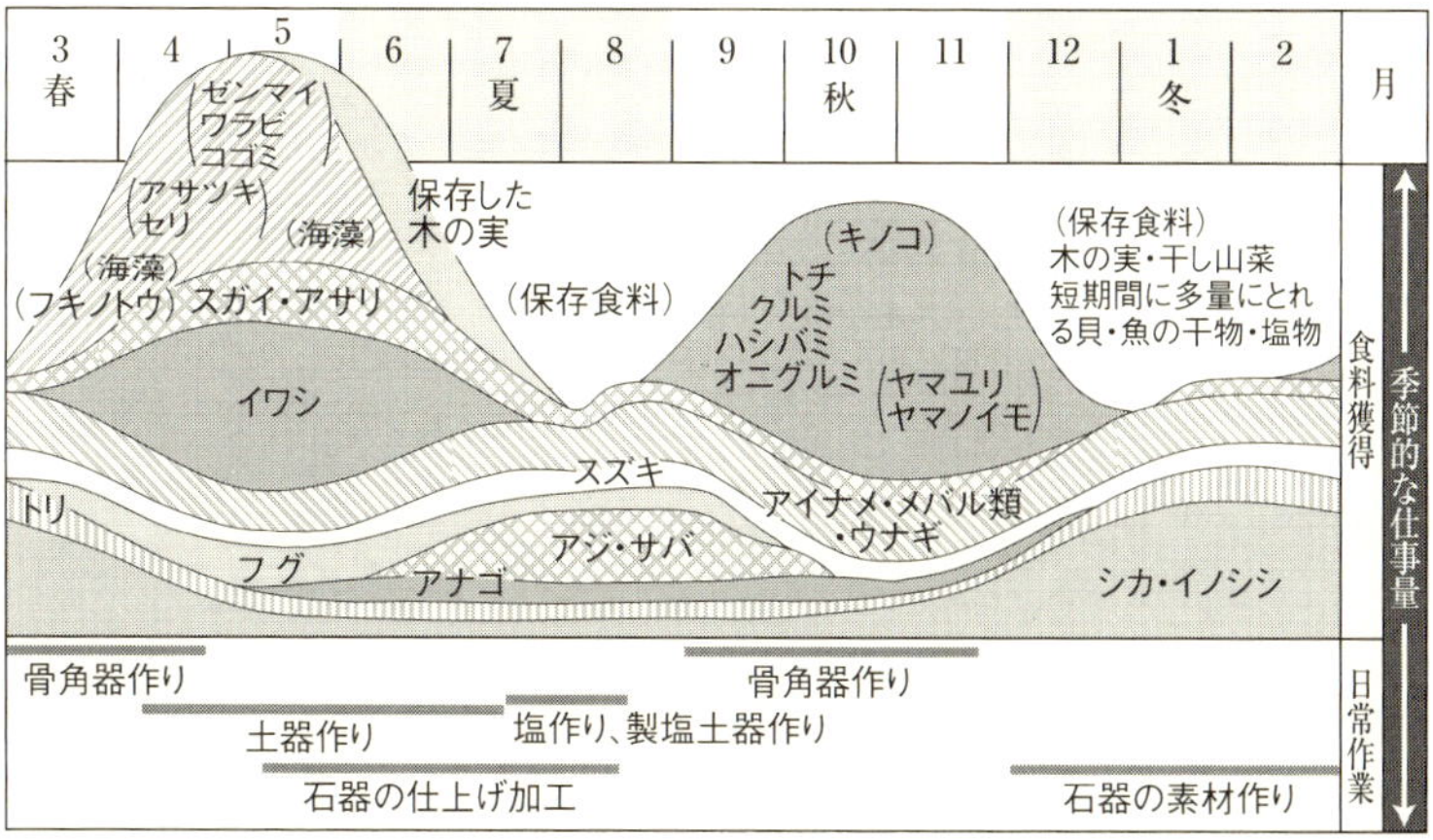

里浜の縄文人の四季の暮らし（岡村道雄『縄文物語—海辺のムラから』〈朝日百科日本の歴史別冊「歴史を読みなおす１」〉による）（　）内は推定。

ルミなどの実、またヤモノイモ・ヤマユリの球根を採取した。冬には獣の脂がのりまた捕らえやすいので、イノシシ・ニホンシカを捕らえた。鳥はカモ・ウミウ・ヒメウなどが多く、季節ごとに渡ってくるものを弓矢でとった。

食料の獲得のほかに、土器・石器・骨角器などの製作も季節ごとに行なっていた。また里浜では塩作りを、炎天の七〜八月にムラの共同作業として西畑北地点で行なっていた。製塩土器に濃縮した塩水をみたし、炉にすえて煮詰めた。塩は保存・調味料として用いられ、交易によって山のムラにも送られた。

このように、縄文人は自然の循環をよく知り、その四季の恵みを効率よく利用した。このような計画的な生活、またムラのなかでの協業と分業、山と海のムラの交易など、縄文社会は食料採集の段階でも高いレベルにある社会であった〈岡村道雄『縄文物語—海辺のムラから』〈朝日百科日本の歴史別冊「歴史を読みなおす1」〉一九九四年〉。

2　稲作の開始から首長の誕生へ

稲作の始まり●

弥生《やよい》時代は日本列島で、水田稲作と鉄・青銅の金属器の使用がはじまった時代である。水田稲作は、紀元前四世紀に北九州の玄界灘に面する福岡・佐賀県の地域に大陸あるいは朝鮮半島から伝来してはじまり、その後列島各地に拡大していく。稲作伝来から六、七百年間の紀元三世紀までを弥生時代とよび、早期・前期・中期・後期の四期に時期区分している。弥生時代は、食料採集段階から食料生産段階への大きな変革の時代であった。

東北地方への稲作の伝播は、これまで弥生中期と考えられてきたが、すでに弥生前期に日本海岸沿いに山形・秋田県をへて青森県の津軽平野まで伝わっていたことがわかってきた。西日本の弥生前期の土器である遠賀川《おんがかわ》式土器、またはそれをまねてつくった遠賀川系土器が東北六県の各地から出土し、そのうえ津軽平野の砂沢《すなざわ》遺跡（弘前市）で弥生前期の水田跡が発見されたのである。

宮城県でも前期に稲作がはじまり、稲作の集落がつくられ、発展していった。県内では縄文時代の集落が弥生時代の集落に発展していくことが多く、縄文人が狩猟・採集・漁撈を継続しながら、稲作を受け入れていった。県内の弥生文化は、水系によって大きく三つの地域にわけられる。県中央部の名取《なとり》川・広瀬《ひろせ》川流域の仙台平野、県南部の阿武隈《あぶくま》川下流域とその支流の白石川流域、県北部の鳴瀬《なるせ》川・江合《えあい》川流域と北上川下流域・迫《はさま》川流域の三地域である。

名取・広瀬川流域の仙台平野は、東北地方のなかでも早い時期に弥生文化がはじまり、中小河川の自然堤防という自然環境に恵まれて、安定した農耕社会が形成されて終末まで発展し、古墳時代の大規模集落に連なっていった。三地域のなかで中心となる地域である。仙台市南小泉《みなみこいずみ》遺跡は中期を中心とする大規模な集落で、墓地も備える。県南部は、弥生時代初めから稲作の集落が出現した。角田《かくだ》市鱸沼《すずきぬま》遺跡は阿武隈川左岸の弥生初め頃の集落で、遠賀川式土器、炭化米、籾の跡をつけた土器、石庖丁《いしぼうちょう》が出土した。この地域の弥生文化は福島県、関東東部・北部と共通性があった。中頃から白石川流域に新しい弥生集落が増えるが、小規模な集落であった。県北部では迫川の上流域に縄文時代の集落を継承して弥生集落が出現した。この地域の弥生文化は北上川流域と共通性をもった。

弥生時代は稲作の発達によって社会のなかに階層が分化し、小さな政治的な単位が出現し、古墳時代の首長権力の出現への胎動期であった。

富沢の弥生水田●

宮城県内では、仙台市富沢《とみざわ》遺跡で、弥生時代の水田や水路跡が発見され（口絵参照）、この時代の稲作の状況がわかる。富沢遺跡では、前にのべた旧石器時代の森の遺跡の上層で、弥生から近世に至る各時代の水田跡がみつかり、弥生時代については中期中頃以前から後期にかけての八期にわたる水田が重なっていた。弥生時代にこの地は葦の茂る湿地で、灌漑よりも排水が必要な土地であったので、灌漑用ではなく排水用の水路がつくられていた。水田は大きな畦（幅一〜二メートル）と小さな畦（幅三〇〜五〇センチメートル）によって方形に区画され、その広さは五〜三〇平方メートルでせまい。区画をせまくして水田面を平らにする労力をはぶいたのである。農具として、収穫具の石庖丁、石鍬《いしぐわ》などの石器、木製の鍬・鋤《すき》などが使われていた。石鏃《せきぞく》も出土しているので、鳥などの狩猟も行なわれていた。

中期中頃から、それ以前は点的に存在した水田が面的に広がるようになり、ある部分では一〇ヘクタールをこえて水田が広がる。この時期には、水田面積の拡大によって稲作が安定していとなまれるようになった。一方、各時期の水田面のあいだには自然に堆積した層がはさまれており、連続して水田がいとなまれていなかった。これは収穫の少ない湿地における当時の稲作技術の限界を示している。

大和王権との出会い●

弥生時代後半からの水田稲作の発展をうけて、古墳時代にはいると階級分化がおこり、列島の各地に階級支配者としての首長が出現し、また一方大和《やまと》・河内《かわち》を基盤とする大和の王権が盟主となり、列島の首長をくみこんだ政治的連合が成立した。これらのことを示すのが列島各地における古墳の築造である。古墳の築造は、そのような大規模な墳墓を築造できる強大な権力をもった首長の誕生を意味するとともに、古墳の築造とその祭祀は大和の王権から服属・同盟のしるしとして、各地の首長に認められたものであるから、大和の王権と首長とのあいだの服属・同盟関係の成立を意味したのである。

古墳時代は三世紀末にはじまり、六世紀までを前期（四世紀）、中期（五世紀）、後期（六世紀）に時期区分する。大和政権の時代に重なる。首長の墓である前方後円墳《ぜんぽうこうえんふん》が消滅する七世紀以降を終末期とよび、飛鳥《あすか》時代に重なる。

四世紀にはいると、東北地方南部にも古墳文化が押し寄せてきた。東北地方の古墳文化は弥生文化の自生的発展からではなく、全国的な社会の変動に関係して成立した。古墳時代につくられはじめる土師器《はじき》が、北陸地方の影響をうけてつくられるようになった。

墓については、まず方形周溝墓《ほうけいしゅうこうぼ》がつくられる。この墓は方形に堀をめぐらした内部に低い墳丘をつくったもので、近畿地方で弥生時代前期にはじまり、関東地方より西では弥生時代につくられるが、東北地方では古墳時代前期になって出現する。宮城県では、四世紀初めの仙台市戸ノ内《とのうち》遺跡、四世紀前半の同安久東《あきゅうひがし》遺跡が早い例で、名取市今熊野《いまくまの》遺跡・五郎市遺跡、多賀城市五万崎《ごまんざき》遺跡、栗原市東館《ひがしだて》遺跡、同鶴《つる》ノ丸《まる》遺跡・宇南《うなん》遺跡などがあり、県北まで広がる。

ついで前期から東北地方南半部で古墳が築造されるようになり、宮城県域でも大崎地方を北限とする各地に築造された。

仙台平野では、仙台市遠見塚《とおみづか》古墳、名取市雷神山《らいじんやま》古墳、同飯野坂《いいのざか》古墳群の薬師堂《やくしどう》古墳・宮山《みややま》古墳・山居《さんきょ》

古墳・観音塚《かんのんづか》古墳などがある。遠見塚古墳は広瀬川左岸の自然堤防上にある四世紀末の前方後円墳で、全長一一〇メートル、後円部径六三メートル、前方部長四七メートルであり、東北地方第三位の大きさである。遺体を埋葬した施設は後円部墳頂にあり、方形の墓穴のなかに粘土でおおった二基の割《わり》竹形木棺《だけがたもっかん》を埋める。木棺の大きさは長さ六〜七メートル、幅一メートル、高さ六〇センチメートル。一基の木棺の被葬者は副葬品から女性と推定されている。

遠見塚古墳の周囲には南小泉遺跡という集落が広がる。この遺跡は弥生時代から古墳時代にかけての大集落で、東西一・五キロ、南北一キロに広がる。古墳時代の竪穴住居は六〇棟以上発見され、前期からはじまり中期に発展し、後期・終末期には縮小する。中期には勾玉《まがたま》・管玉《くだたま》や剣形などの石製模造品が出土することから、それらを用いた祭祀が行なわれ、また鉄クズが出土することから鉄器が製作されていたことがわかる。この遺跡は仙台平野の古墳時代の中心的集落で、遠見塚古墳の存在と関係する。

名取川の南では、愛島《めでしま》丘陵に雷神山古墳がある（口絵参照）。

遠見塚古墳（仙台市）

全長一六八メートル、後円部径九六メートル、高さ一二メートル、前方部幅九六メートル、高さ六メートルの前方後円墳で、東北地方最大の古墳である。墳丘は丘陵を利用して地山を削りだし、その上に盛り土をし、後円部は三段、前方部は二段に築成している。北東に小塚《こづか》古墳という円墳（径五四メートル）をしたがえる。

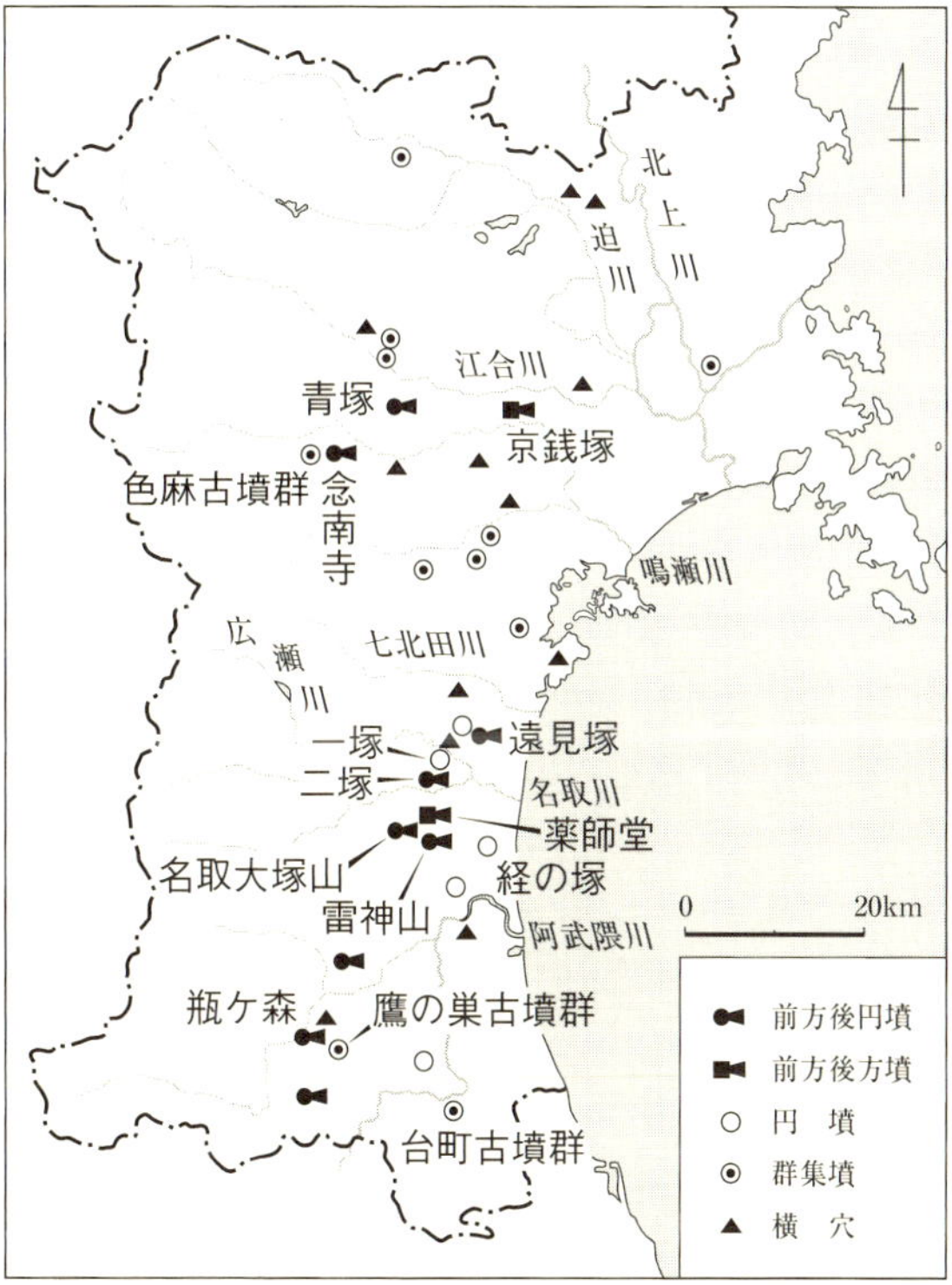

宮城県のおもな古墳分布図（『図説宮城県の歴史』による）

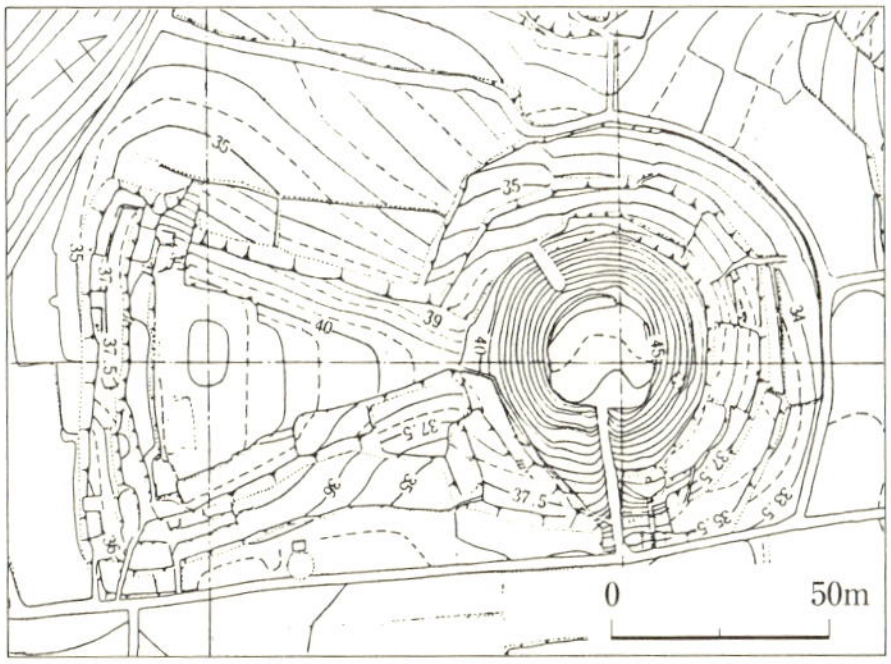

雷神山古墳（『史跡雷神山古墳』による）

雷神山古墳の北東一キロに飯野坂古墳群があり、そのなかの薬師堂古墳（全長六六メートル）、宮山古墳（七四メートル）、観音塚古墳（六五メートル）、山居古墳（六〇メートル）は前期の前方後方墳である。これらは東北地方における最大級の前方後方墳である。

これら仙台平野の前期の大型古墳に埋葬された首長のなかで、遠見塚古墳の首長は仙台平野を支配した首長で、雷神山古墳の首長はその後をうけてさらに広い地域を支配した首長であり、飯野坂古墳群の首長たちは、仙台平野のなかの小地域を支配した首長と考えられ、いずれも、仙台平野の豊かな生産力をもつ稲作集落を支配していたのである。遠見塚古墳は、墳丘や埋葬施設にくらべて副葬品が貧弱であることから、その首長は大和の王権との関係が強くなかったといわれている。

大崎平野には前期に大崎市青塚《あおづか》古墳（前方後円墳、全長八〇〜九〇メートル）、美里町京銭塚《きょうせんづか》古墳（前方後方墳、全長六四メートル）、加美町夷森《えぞもり》古墳（円墳、径五〇メートル）、大崎市石《いし》の梅《うめ》古墳（前方後方墳）などが築造された。美里町山前《やままえ》遺跡は、京銭塚古墳の西一・二キロにある前期の集落で、鳴瀬川の河岸段丘上にある。集落の周囲に大溝（幅三〜六メートル）をめぐらしてあり、東北地方では珍しい。竪穴住居二五棟を発見している。県内では、仙台平野と大崎平野が古墳時代をつうじて古墳文化の中心地域であった。

古墳社会の変動●

古墳時代の中期後半、五世紀後半に大きな変動がおとずれる。五世紀前半まで大古墳を築造してきた大首長が没落し、それに代わって中小の首長が成長し、大和政権がこれら新興の首長を服属させて支配を強化した。古墳がこれまでより小さくなる一方、数が増え、その所在地が変化することが、これらのことを示す。また福島県域の例であるが、大和政権から古墳にめぐらす埴輪《はにわ》をつくる技術者が派遣されるようになり、大和政権と地方首長の密接な関係が知られる。

仙台平野では、雷神山古墳の付近に、名取市経《きょう》の塚《づか》古墳・名取大塚山《おおつかやま》古墳などがつくられる一方、広瀬川の右岸の大年寺《だいねんじ》丘陵から三神峰《みかみね》丘陵の裾部に、仙台市裏町《うらまち》古墳（前方後円墳、全長五〇メートル）、兜《かぶと》塚《づか》古墳（帆立貝式前方後円墳、全長七五メートル）が築造され、さらに後期の二塚《ふたつか》古墳（前方後円墳、全長三〇メートル）、一塚《ひとつか》古墳（円墳、径二四〜三五メートル）が続いた。これらの古墳の首長は雷神山古墳付近の首長とは系譜を異にする新興の勢力であろう。

さらに新しい変動の波が六世紀後半に現れ、七世紀初めに拡大した。首長の墓である前方後円墳が消滅するとともに、横穴《よこあな》式石室が導入され、群集墳と横穴がつくられ、須恵器《すえき》生産の窯業が定着した。前方後円墳の消滅は首長層の支配の弱体化を意味する。

群集墳は数百基の小円墳が群集してつくられるもので、六世紀に仙台平野以南に、七世紀には大崎平野にも築造された。横穴（横穴古墳・横穴墓）は丘陵の崖面などに墓室の横穴を掘ったもので、群集墳同様一カ所に数百基が群集する。県内では六世紀に出現し、七世紀初めから盛行し八世紀にわたり、県北端の栗原市・登米市・気仙沼《けせんぬま》市を北限として県内全域に築造された。横穴式石室は、仙台市法領塚《ほうりょうづか》古墳（円墳、径三二メートル）、名取市山囲《やまがこい》古墳（円墳、径二〇メートル）や、群集墳の丸森町台町《だいまち》古墳群、白石市鷹《たか》の巣《す》古墳群、色麻《しかま》町色麻古墳群などで採用された。横穴式石室と横穴は、それまでの古墳が一度の埋葬であったのと異なり、くり返し追葬される。群集墳・横穴の被葬者は、それまでの首長墓とくらべて低い階層のものであり、墳墓をつくる階層が拡大した（辻秀人「古墳の変遷と画期」『新版古代の日本』九、一九九二年)。

古墳と国造●

古墳時代(四～六世紀)に古墳が継続して築造された地域の北限は、奥羽山脈の東側では、大崎平野の江合川流域(三一頁の図のB—1区)、西側では山形盆地・米沢盆地(B—1′区)、新潟平野南半部である。これより北には岩手県北上平野に古墳時代の土師器をもつ集落があって西日本の古墳文化が伝わり、また岩手県南部に奥州市角塚《つのづか》古墳、山形県庄内平野に鶴岡市菱津《ひしつ》古墳があるが、この二つの古墳は孤立した存在であった。この古墳の分布からみて、古墳時代に大和政権となんらかの政治的関係を継続的に結んでいたのは、この北限線以南の地域の首長である。

大和政権は地方首長をその支配体制にくみこむための制度として国造《くにのみやつこ》制を施行した。国造は大和の王権に服属し、人民の支配をゆだねられた首長に与えられた身分で、その制度は五世紀末からはじまり六世紀を通して整備され、七世紀になって全国的な制度として確立した。国造は、領域のクニの内の土地・人民を支配するとともに、大和政権に対して、特産物などの物品の貢納、外征などのための国造軍の兵役、造営のための労役の負担、部民《べみん》・屯倉《みやけ》の管理、子弟・子女の舎人《とねり》・靫負《ゆげい》、采女《うねめ》としての貢上などの義務を負った。

九世紀中頃に編纂された『先代旧事本紀《せんだいくじほんぎ》』の巻一〇「国造本紀《こくぞうほんぎ》」には七世紀の全国の国造名を載せる。それによれば陸奥国の地域の国造は、道奥菊多《みちのおくのきくた》(菊多郡)、石城《いわき》(磐城《いわき》郡)、染羽《しめは》(標葉《しめは》郡)、浮田《うた》(宇多《うだ》郡)、思、白河(白河郡)、石背《いわせ》(磐瀬《いわせ》郡)、阿尺《あさか》(安積《あさか》郡)、信夫《しのぶ》(信夫郡)、伊久《いぐ》国造(伊具《いぐ》郡)の一〇国造であり、(　)内に相当するのちの郡名を記した。思国造はこれまでの説の通り日理《わたり》国造の誤りと考えられ、日理国造はのちの曰理郡、亘理《わたり》・山元《やまもと》町付近で、伊久国造は角田《かくだ》市・丸森町付近で、この二国造が宮城県の南端部にあたり、ほかの八国造は福島県域になる。国造のおかれた地域は、曰理・伊久・信夫国造（福島市付近）を北限とする宮城県南端と福島県域である（三一頁の図のA区）。もちろんこの地域でも古墳が継続して築造されていた。この国造のおかれた地域と先の古墳が継続して築造されただけの地域（B―1区、B―1′区）とのあいだに、大きな隔たりがあることが注意される。

後に詳しくのべるように、大化元（六四五）年の改新のクーデタの直後に、国造のおかれた地域の北の外側は蝦夷《えみし》の居住地域と認識されていた。すなわち古墳の築造地域のB―1区、B―1′区は国造のおかれたA区と画然とわけられていたのである。B―1区、B―1′区の首長は、大和政権と政治的な支配関係を結んでいるといっても、国造制という支配体制にくみこまれたA区の首長にくらべて、ゆるやかな支配関係であったのであろう。国造のおかれたA区は大和政権との関係からいえば、関東地方以西と同質の支配が行なわれていた。養老二（七一八）年に石城《いわき》・石背《いわせ》国が陸奥国から分割された際に、両国の領域になったのが伊具郡を除くA区であったことは、両地域の違いがこの頃まで続いていたことを示す。しかしB―1区、B―1′区に七世紀後半という早い時期に評《ひょう》制が施行されたのは、大和政権の時代にゆるやかであってもこのような支配関係が成立していたからである。

2章

律令国家と蝦夷

多賀城城外出土の人面墨書土器(多賀城市市川橋遺跡)

1　陸奥国における宮城県域の位置づけ

版図の拡大と地域区分

これからのべることを理解しやすくするために、最初に古代の陸奥《みちのおく》国を地域区分し、そのなかにおける宮城県域の位置づけをしておこう。陸奥国は、出羽《いでは》国とともに時代の進展にしたがって、評《ひょう》または郡《ぐん》の設置によって北に領域を拡大する国である。その評または郡の設置は、七世紀半ばから九世紀初めのあいだに五段階をへて進展し、これに対応して国内を五区に地域区分できる。この地域区分には大和政権と律《りつ》令《りょう》国家の時代の各地域の政治と文化が反映している。

なお支配領域の拡大の過程を考えるために、領域をつぎの三類型の地域にわけると理解しやすい。Ⅰ地域＝南部の律令制支配の確立地域。Ⅱ地域＝Ⅰ地域の北の周辺地域で、本来蝦夷《えみし》が居住するが、城柵《じょうさく》を設け辺郡《へんぐん》を設置し、一応律令制支配が成立している地域。Ⅲ地域＝蝦夷の居住地域で、律令制支配が成立していない地域。律令制支配の拡大はⅢ地域へⅡ地域を拡大してその地域の蝦夷を服属させ、Ⅱ地域の支配をⅠ地域の支配に転換することによって達成され、三つの地域は支配の拡大にしたがって変化する。

陸奥国の地域区分はつぎの通りである（次頁図参照）。A区＝亘理《わたり》・伊具《いぐ》・信夫《しのぶ》郡以南の宮城県南端と福島県域。B—1区＝宮城郡以南の仙台平野を中心とする地域。B—2区＝黒川《くろかわ》郡以北の一〇郡と遠田《とおだ》郡＝宮城県大崎平野から牡鹿《おしか》半島におよぶ地域。C—1区＝栗原・磐井《いわい》・登米《とよめ》・桃生《ものう》・気仙《けせん》郡＝宮城県北部から岩手県南端。C—2区＝胆沢《いさわ》郡から斯波《しわ》郡までの岩手県北上川中流域。なおB—1′区は山形県内陸部の

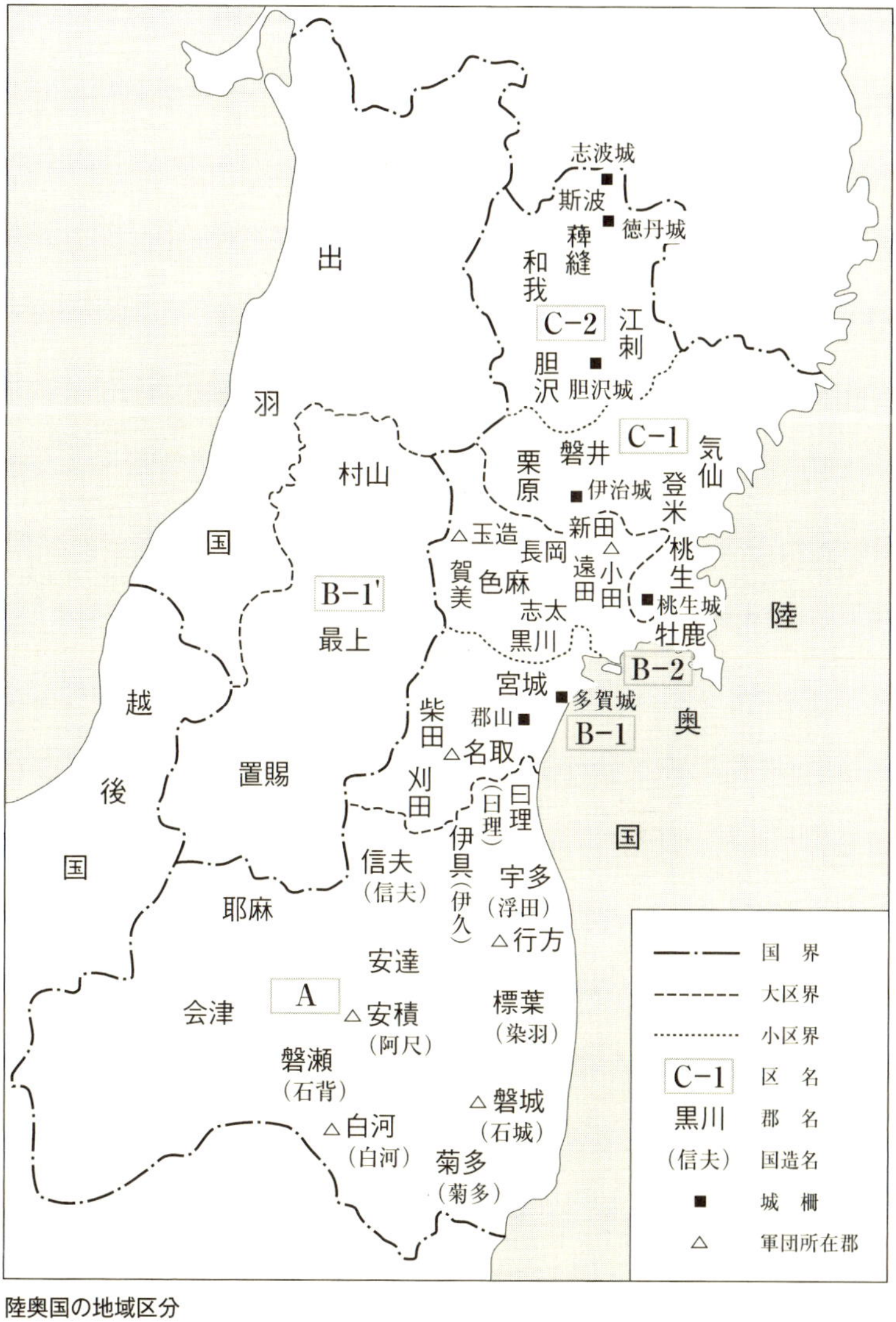

志波城
斯波
徳丹城
稗縫
和我
C−2
江刺
胆沢
胆沢城
出
羽
国
C−1
磐井
気仙
栗原
伊治城
登米
村山
玉造
新田
長岡
小田
遠田
桃生
賀美
色麻
B−1'
志太
桃生城
牡鹿
陸
最上
黒川
B−2
宮城
多賀城
越
柴田
郡山
B−1
奥
名取
後
置賜
刈田
亘理
(日理)
伊具
(伊久)
国
国
信夫
(信夫)
宇多
(浮田)
耶麻
行方
安達
A
会津
安積
(阿尺)
標葉
(染羽)
磐瀬
(石背)
磐城
(石城)
白河
(白河)
菊多
(菊多)
国界
大区界
小区界
C−1 区名
黒川 郡名
(信夫) 国造名
城柵
軍団所在郡

陸奥国の地域区分

山形・置賜《おきたま》盆地で、霊亀二（七一六）年に出羽国の管轄になる以前は陸奥国の所管であったので、B—1区に準じて扱う。この五小区はA・B・C区の三大区にまとめられる。宮城県域は、A区北端の伊具・亘理郡からB区をへてC—1区の南半の栗原・登米郡にわたる。

評・郡の設置の五段階については後に詳しくのべるが、簡単に示せばつぎの通りである。第一段階＝七世紀半ば。道奥国の設置とともにA区に評がおかれた。第二段階＝七世紀後半。B—1区、B—2区の一部、B—1′区。第三段階＝七一〇〜七二〇年代。B—2区に第二段階の部分的な建評をふまえて、黒川郡以北の一〇郡がいっせいに設置された。第四段階＝七六〇年代以降。C—1区。C—1区に桃生・伊治城《これはり》を設けて建郡したところで、蝦夷の激しい抵抗をうけてC区全体を巻き込んだいわゆる三十八年戦争の時代に突入する。第五段階＝九世紀初め。C—2区。領域拡大の過程において、A区は第一段階からⅠ地域で、第二段階にB区は辺郡地域のⅡ地域、第三段階にB—1区はⅠ地域になり、B—2区はⅡ地域であり、第四段階にC—1区がⅡ地域になる。

宮城県域の位置づけ●

大和政権時代にA区は国造制が施行され、これより南の地域と同質の支配が行なわれていた。B—2区の江合《えあい》川流域まで、古墳時代に継続的に古墳が築造され、この地域まで大和政権とのあいだに政治的な支配関係があったが、その支配はA区よりゆるやかなものであり、七世紀中頃にB区の住人は蝦夷とよばれた。B区までは畿内の政治・文化が早い時期からはいっていたのに対して、北方系の文化がB—2区を南限としてC区に濃厚に分布していた。のちにのべるアイヌ語によるアイヌ語地名の濃厚な分布の南限はC区の南界あるいはB—2区にはいったところであり、また北海道系土器の分布の南限もB—2区である。C区に継続的に終末期古墳が築造されるようになるのは道奥国の設置後の七世紀後半以降である。建郡がC区にはいったところで蝦夷の大きな抵抗をうけた背景には、このような政治的・文化的な断絶があった。宮城県域は南端の伊具・亘理地方を除く大部分が、大和政権の国造制の支配体制に組み込まれなかった地域で、七世紀中頃には蝦夷の地域であった。そして、そのなかでも畿内系の政治・文化と北方系文化の濃淡によって、B区とC区の地域分けができる。

2　陸奥国の始まり

大化の改新と東国国司●

大化《たいか》元（六四五）年六月、中大兄皇子《なかのおおえ》と中臣鎌足《なかとみのかまたり》らは、実権を握っていた蘇我《そが》氏を滅ぼして権力をにぎり、大化の改新とよばれる政治改革に乗り出した。この政治改革は七世紀後半をつうじて進められた律令制国家の形成の出発点となった。この政治改革によって中央集権的な地方支配のための国評制が施行され、そのなかで道奥《みちのおく》国も設置された。

クーデタから二カ月後の大化元年八月、東北地方にも改革の波が押し寄せてきた。このとき改新政府は「東国国司《とうごくこくし》」とよばれる八組の使者を、三河《みかわ》（愛知県）・信濃《しなの》（長野県）より東の中部・関東から東北地方南部に派遣した。これは、今後の政治改革遂行のために人口と田地面積の調査、武器の収公などの任務をもって、臨時的に派遣された使者であった。その使者のなかの紀麻利耆拕《きのまりきた》らの組はのちの陸奥国の南部を管轄地域に含んでいた。彼らは他の使者とは異なり、武器の収公にあたって、辺境の国造《くにのみやつこ》のクニの蝦夷《えみし》と境を接する地域では、一度武器を集めて数を確認したのちに持ち主に返すように注意されていたが、国造に武器を与えるという失策を犯してとがめられた。この話から紀麻利耆拕らの管轄地域に陸奥南部の国造制施行地域、すなわち宮城県南端と福島県域（A区）が含まれていたこと、中央政府がこの時点で、国造のクニの北の外の住人を蝦夷ととらえ、彼らに注意を払っていたことなどがわかる。

道奥国の設置●

孝徳《こうとく》朝の後半に第二次の使者が派遣されて国造制が評制へ転換された。常陸国の例では、大化五（六四九）年にまず国造のクニを評とし、さらに白雉《はくち》四（六五三）年にそれらの評を分割して新しい評を設けた。評は大宝律令の郡の前身のコホリであり、その官人は長官を評督《ひょうとく》、次官を助督《じょとく》、両者をあわせて評造《ひょうぞう》といい、それぞれが郡制の大領《だいりょう》・少領・郡領に相当する。孝徳朝の評制の施行によって八世紀の郡の大部分が成立した。この評制の施行をうけて孝徳朝のうちに評の上に国が設けられ、中央政府から国宰《こくさい》とよばれる常駐官が派遣された。国宰は大宝律令《たいほうりつりょう》の国司の前身である。こうして律令国家の地方支配のための国郡制の前身である国評制が成立した。

東北地方でも大化五年から白雉四年頃に評がおかれ、孝徳朝後半に道奥国が設けられた。その領域は、国造制が施行されていたA区で、最初におかれた評は曰理《わたり》・伊具《いぐ》・宇多《うだ》・行方《なめかた》・標葉《しめは》・信夫《しのぶ》・安積《あさか》・石背《いわせ》（磐瀬）・白河・会津《あいづ》・石城《いわき》（磐城）評の一一評であろう。菊多《きくた》・安達《あだち》・耶麻《やま》郡はのちに分置された郡であった。この一一評のうち行方・会津評を除く九評が国造のクニであったもので、行方評は分割・新置の評であろう。曰理・伊具評が宮城県南端、宇多評以下が福島県域である。

道奥国の表記はのちに陸奥《みちのおく》国と改められるが、それは京から東にのびる東山道の前身の道の最末端の国、いいかえれば中央政府の支配領域の最末端の国という意味である。こうして道奥国の設置によって宮城県南端の伊具・曰理地域は国家の直接支配下にはいったが、それより北の宮城県の大部分の地域は蝦夷の居住地域と認識されていた。

郡山遺跡と仙台平野への進出●政府は国評制の施行をうけて、七世紀半ばから後半にかけて陸奥国と日本海側の越《こし》国の両方で、蝦夷の地へ支配拡大の政策を展開した。越国では大化三（六四七）年渟足柵《ぬたりのさく》（新潟市山ノ下・河渡地区、信濃川河口）を、同四年磐舟柵《いわふね》（新潟県村上市付近）を設けてともに柵戸《さくこ》をおき、さらに斉明四（六五八）年以前に都岐《とき》沙羅柵《さら》を設けた。こうして越後平野北半の蝦夷の地に進出していった。陸奥国でも同様の支配領域の拡大が行なわれたことが、郡山《こおりやま》遺跡・名生館《みょうだて》遺跡の発掘、関東系土器の発見などの近年の考古学の成果によって明らかになってきた。

郡山遺跡は仙台平野中央部にある地方官衙の遺跡である。東流する名取川に西北から東南流する広瀬川が合流するが、その合流地点の西の三角形地帯にある。古代の名取郡内である。仙台市太白《たいはく》区郡山、JR東北本線長町駅の東側に広がる住宅地のなかに埋もれている。新旧二時期の遺跡が重なっていて、その年代は、古い時期のⅠ期が七世紀の半ばから同末のあいだ、新しい時期のⅡ期が七世紀末から八世紀初めのあいだにそれぞれおさまる。Ⅱ期官衙には郡山廃寺とよんでいる寺院が付属する。

Ⅰ期官衙の建物群は基準方位が真北に対して西に五〇～六〇度振れる。全体の外囲いの施設は材木列塀《ざいもくれつべい》で、南西辺と南東・北西辺にあたると思われるものを発見しており、全体の規模は南東―北西二九五・四メートル、南西―北東は五六〇メートル以上で、あまり例のない長方形の平面形で、総面積は一六ヘクタール以上である。材木列塀というのは溝を掘ったなかに丸柱材を密接して立て並べて埋めこんだ塀で、史料に「柵《さく》」といわれるものにあたり、郡山遺跡では区画施設として多く用いられている。この全体の内部を材木列塀また掘立柱一本柱列の塀によって区画し、大規模な掘立柱建物の中枢区、総柱建物の倉庫区、掘立柱建物と竪穴建物の雑舎区などの区域を設けている。京で用いるために畿内でつくった土師器《はじき》（畿内産土師器）が数点出土していて、この官衙に京から役人が下向していたことがわかる。

Ⅱ期官衙は、Ⅰ期官衙を取り壊して造営している。造営の基準方位はほぼ真南北で、全体の区域は南北四二二メートル、東西四二八メートルのほぼ正方形である。総面積は約一八ヘクタール。外囲いの施設は

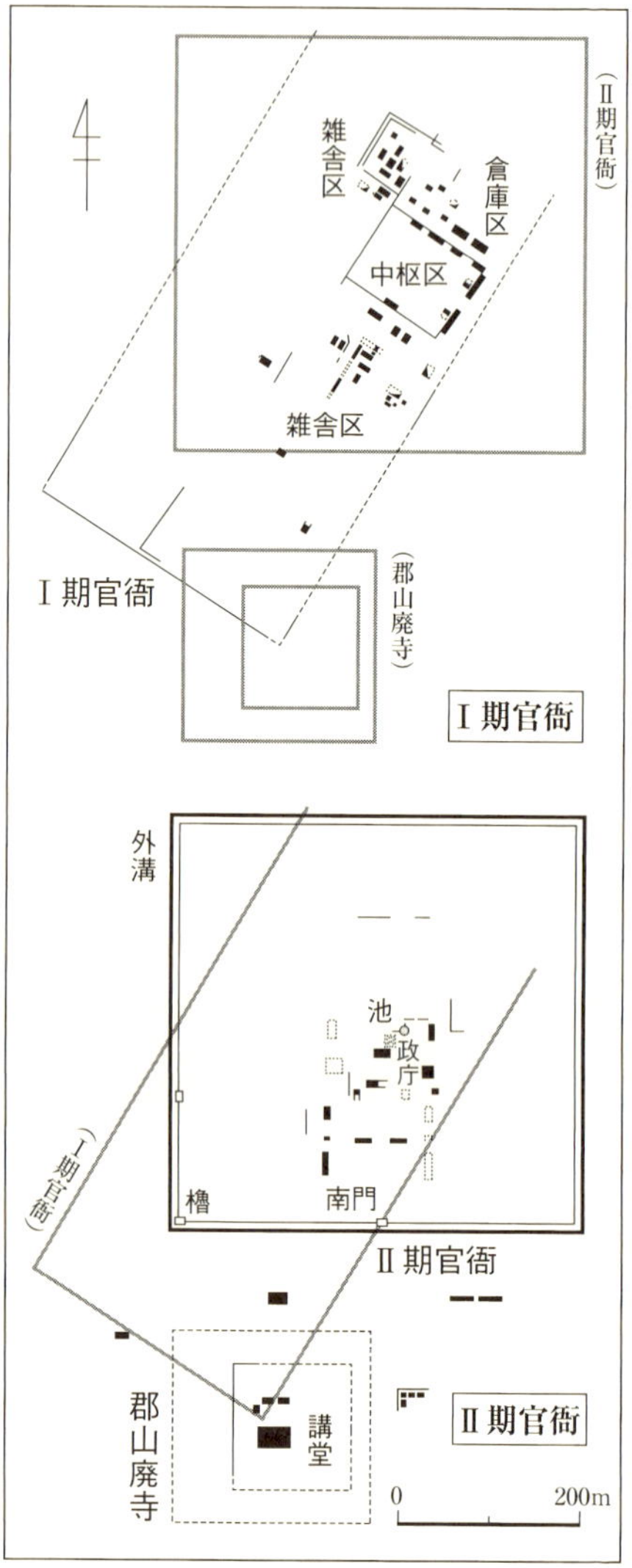

郡山遺跡遺構図（『発掘　郡山』による）

材木列塀で、その外側に幅三〜五メートル、深さ一メートルほどの大溝がめぐる。南辺の中央に八脚門の南門を開き、また外囲いの塀に櫓《やぐら》を設ける。全体の中央南寄りに政庁があるらしく、正殿と推定される大規模な掘立柱建物を発見している。政庁には正殿の東北方に玉石組みの方形の池があり（東西三・七メートル、南北三・五メートル、深さ〇・八メートル）、この池は、飛鳥《あすか》の倭京《わきょう》の石神《いしがみ》遺跡（奈良県明日香村）にある七世紀後半の池と形態がよく似ていて、政庁で行なった蝦夷の服属儀礼の際のミソギに用いるために京から導入されたものと思われる。

Ⅰ期官衙は、設置の時期と、設置の地が国造制施行のすぐ外側の地域である点で、越国の渟足柵と共通することから、渟足柵と同じ目的で設置された城柵と推測される。改新政府は国評制の施行をうけて、越

郡山遺跡のⅡ期官衙　上は外郭南辺の材木列塀，下は政庁の石組池。

国と陸奥国で蝦夷の地への支配拡大をめざして、渟足柵と郡山遺跡を設けたのであった。郡山遺跡の設置にともなって関東地方の民を移住させて柵戸となし、彼らを編成して七世紀半ばすぎには仙台平野以南に宮城・名取・柴田評を設けた（三二頁図のB―1区）。郡山遺跡はⅡ期官衙に至って陸奥国府になったと推測する。Ⅱ期官衙が廃絶する頃に多賀城が設置されるのがその根拠の一つである（今泉隆雄「郡山遺跡へ・郡山遺跡から」『市史せんだい』四）。

向山横穴群と郡山遺跡●

郡山遺跡の北西一・五キロの仙台市向山《むかいやま》に、郡山遺跡の官衙にかかわる人たちを埋葬した横穴が群集している。青葉山丘陵の東端部が広瀬川に落ちこむ丘陵の斜面で、大年寺山《だいねんじやま》・愛宕山《あたごやま》・宗禅寺《そうぜんじ》・茂ケ崎《しげがさき》・二《ふた》ツ沢《さわ》横穴群の五小群からなり、全体を向山横穴群とよぶ。一〇〇基を確認し、二〇〇基以上あると推定される。南西一・二キロにある土手内《どてうち》横穴群を加えると三〇〇基以上になり、県内最大の横穴群である。

　時期は、大年寺山が六世紀末から七世紀、愛宕山・宗禅寺・茂ケ崎が七世紀後半から八世紀前半である。郡山遺跡と時期が重なり、茂ケ崎・宗禅寺からは郡山遺跡と共通する須恵器《すえき》・土師器が

茂ケ崎横穴群（仙台市）

出土するから、郡山遺跡にかかわる人たちが埋葬されたと思われる。宗禅寺・茂ケ崎から出土した九体分の骨は、成年男性と成年女性・小児であるから、彼らは家族でこの地に定住していたものである。大年寺山と茂ケ崎の横穴の玄室《げんしつ》は石敷きで、これは南関東の横穴と共通する特徴である。

これらの点からこの横穴群の被葬者は、郡山遺跡の官衙の設置とともに、その周辺に関東地方から移住してきた柵戸集団にかかわる人たちであろう。大年寺山からは鉄刀・馬具、茂ケ崎からは鉄鏃《てつぞく》・鉄刀が出土し、被葬者は軍事集団といわれるが、柵戸は城柵に兵士として勤務し、力役を徴発されたから、柵戸集団が武器や郡山遺跡と同じ土器を副葬することはありうるのである。官衙とそこに勤務した集団の墓が発見されていることは興味深い。郡山遺跡からは向山丘陵をのぞむことができ、ここの住人は先祖の墳墓の山を朝夕眺め暮らしたのであろう。

名生館遺跡と大崎地方への進出●

仙台平野の宮城郡から北へ松島・大松沢《おおまつざわ》丘陵をこえると大崎平野で、この平野から牡鹿《おしか》半島へかけての地域は八世紀に「黒川以北十郡」とよばれ、一つのまとまった地域ととらえられていた（B—2区）。七世紀後半にすでにこの地域に名生館《みょうだて》遺跡（大崎市古川大崎）が設けられ、国家の支配が拡大されていた。

名生館遺跡は大崎平野の北西端に位置する地方官衙である。江合川の南岸で、西の玉造《たまつくり》丘陵から伸びる標高四〇メートルの河岸段丘端に位置する。古代の玉造郡内である。官衙の全域は東西四〇〇メートル、南北六〇〇メートルの範囲と思われる。年代は七世紀後半から一〇世紀初めまでで、建物は五回つくりかえられた。第1期は七世紀の後半から末、第2期は七世紀末から八世紀初め、第3期は八世紀前半、第4期は八世紀後半である。政庁は第2期は遺跡の中央部に、第3期は南東部、第4期は南西部と場所を変えてつくりかえている。この遺跡は和銅六（七一三）年設置の丹取《にとり》郡、それを改名した玉造郡の郡家《ぐうけ》の可能性がある。

色麻古墳群と移民たち●

名生館遺跡の南西九キロにある色麻《しかま》古墳群（色麻町上郷・高野）は、関東地方から移住してきた移民の墳墓である。大崎平野の南西端、鳴瀬川支流の花《はな》川の中・下流域に東西二キロ、南北一キロの範囲で広がる。直径一〇メートル前後の小円墳が密集する群集墳で、五〇〇基以上あると推定され、一二二基を調査した。埋葬施設は大部分が横穴式石室で、竪穴《たてあな》式小石室・箱式石棺もある。

七世紀半ばから八世紀初めの年代で、三時期に大別される。供献された土師器・須恵器が出土し、関東系土師器（四八頁のコラム参照）がまじっている。関東系土師器の出土状況は時期によって変化する。第一期は七世紀の半ばから後半で、在地の土師器と関東系土師器をそれぞれ主体とする古墳がある。第二期は七世紀末から八世紀初めで、関東系土師器を主体とする古墳がなくなり、在地の土師器を主体とする古墳から関東系土師器が少量出土する。第三期は八世紀初めで、在地の土師器だけが出土する。

横穴式石室と竪穴式小石室には平面形の側面がふくらむ胴張《どうば》りがみられ、これは群馬県西南部、埼玉県北部の古墳にもみられる特徴である。この点と関東系土師器の出土からみて、この群集墳は、七世紀後半に関東地方から移住してきた移民の墓であろう。移住当初は郷里の土師器をつくっていたが、時をへるにしたがって東北の土師器をつくるようになったことが読みとれる。名生館遺跡の官衙が設置されるとともに、大崎地方に移民があったことを示している。名生館遺跡の存在、色麻古墳群を含む関東系土器の出土からみて、すでに七世紀後半にB―2区の一部にも官衙を設け、柵戸を移住させて評を設置していた。

黒川以北十郡の一つ信太郡《しだ》(大崎市)はすでに慶雲四(七〇七)年に存在し、さかのぼって斉明七(六六一)〜天智二(六六三)年頃に朝鮮半島での戦争にこの地方の民が兵士として徴発されていたから、評がおかれていたと思われる。版図拡大の第二段階の七世紀後半には、仙台平野(B—1区)から大崎平野(B—2区)の一部、また山形県内陸部(B—1′区)に評を設けていたのである。

海沿いの進出●
越国守《こし》の阿倍比羅夫《あべのひらふ》は斉明四(六五八)〜六年に三回にわたって、船団を率いて日本海岸沿いに遠征し、秋田・能代・津軽、渡島《わたりしま》(北海道)の蝦夷をしたがえた。これは海岸沿いに点的に支配を拡大するものであったが、陸奥国でも太平洋岸沿いに同様の遠征が行なわれた。『常陸国風土記』はつぎの話を伝える。すなわち天智朝(六六二〜六七一)に陸奥国が遠征軍を遣わすために石城《いわき》の造船者に船をつくらせたが、その船が常陸国の海岸で座礁して、八世紀初めに朽ち果ててあったと。このことから、天智朝に船団の遠征計画があったことがわかる。霊亀元(七一五)年に岩手県三陸海岸に面した閉村《へい》の蝦夷のいうところによれば、彼らは祖父の代から服属して特産の昆布《こんぶ》を貢献していたというから、七世紀後半に先の遠征の結果服属したものであろう。

3 蝦夷

帝国型国家と蝦夷●
陸奥・出羽国の歴史にとって蝦夷《えみし》の存在は重要である。蝦夷は、古代国家が中華思想にもとづいて設けた政治的な存在である。中国では古代以来、漢民族がみずからの国家と文化をすぐれたものとして世界の中心である中華とし、周辺の国家と民族を未開で野蛮な夷狄《いてき》であるとする中華思想があり、また天命をうけた有徳者である天子は、徳によって人民はもとより夷狄をも感化して、理想の政治を実現しなければならないという王化《おうか》思想があった。中国ではこの二つの思想にもとづき、皇帝が夷狄である周辺の国家と民族を支配する帝国型国家をつくった。東アジア世界のなかで、日本の古代国家は、帝国型国家である唐帝国と対等な地位をえるために、これらの思想と国家形態をうけいれて、朝鮮諸国などの諸蕃《しょばん》と夷狄を支配する帝国型国家を建設した。この国家形態において、国家支配にくみこまれていない東北地方などの原住の民を夷狄と位置づけ、蝦夷の呼称を与えた。

蝦夷の生業と文化●

七世紀半ば以降、蝦夷とよばれた人々は、国造《くにのみやつこ》制の施行された地域の北の外側、すなわち宮城県阿武隈川以北の仙台平野、山形県、新潟県新潟平野北部から、北海道南部に至る広大な地域に居住する人々であった。彼らは人種・文化・生業において多様である。形質人類学のうえでは、蝦夷には、倭人《わじん》（日本人）とそれと共通の祖型から発し別な進化をとげた続縄文人《ぞくじょうもんじん》が含まれていた。

文化的には、この地域は縄文文化に系譜を引く狩猟・漁撈・採集を基盤とする北海道系文化と、弥生文化に系譜を引く稲作を基盤とする西日本系文化が混在する中間地帯で、蝦夷の文化は両者の複合的なものであった。

西日本系文化を示すものとして第一に、古墳時代の古墳の築造があり、陸奥では大崎平野の江合川を北限とする地域で、古墳時代に古墳が継続的に築造された。これらの地域では稲作を行ない、古墳を築造する首長が成長し、大和政権と一定の政治的関係を結んでいた。第二に、さらにこの北側の岩手県域まで、西日本の土器である土師器《はじき》を出土し、稲作をいとなむ集落が分布する。

北海道系文化を示すのは、北海道の続縄文土器の出土である。本州が弥生時代になっても北海道では稲作をうけいれず、狩猟・漁撈・採集を生業とする縄文文化的生活を継続し、これを続縄文文化とよび、それを特徴づけるのが続縄文土器である。この土器のうち後北《こうほく》C_2式（三世紀末から四世紀）、北大式《ほくだい》（五世紀から八世紀初め）とよぶ土器が、おもに宮城県大崎平野を南限とする地域から出土する。続縄文土器は、岩手県以北では海岸部や山間の河川流域の遺跡から単独で出土するが、宮城県北部では低地の河川流域の土師器を主体とする遺跡から出土する。続縄文土器の出土する地域には、続縄文的な生活をする人々が居住していたと考えられる。

このような文化の複合性からみて、蝦夷の生業は地域的な多様性をもっており、平地において稲作を中心に行なうもの、山間において狩猟・漁撈・採集を行なうもの、海の漁撈を行なうものなどがいた。

言語については、宮城県北部・秋田県南境を南限とする東北地方には、北海道と同じく、アイヌ語地名が濃密に分布することから、この地域の蝦夷の言語はアイヌ語系言語といわれている。アイヌ語地名とは、アイヌ語によって解釈できる地名で、北海道にはもちろん、東北地方の北部三県にも濃密に分布する。おもに地形による地名で、語尾につぎの語がつくのが特徴である。すなわち「ナイ」（「内」と表記。小川・沢の意味。例＝稚内《わっかない》）、「ペッ・ベッ」（「別・辺・部」と表記。大川の意味。例＝登別《のぼりべつ》）、「ウシ」（「牛・臼・石」と表記。群在するなどの意味。例＝浦臼《うらうす》）、「オマ」（「前・舞」と表記。ある・いるなどの意味。例＝松前）などである。

アイヌ語地名は東北地方北部では、山間の河川流域や海岸部に密集して分布する。宮城県は分布の南限地域で、北部（C—1区）にはかなりの密度で、大崎平野（B—2区）にも少し希薄になるが分布する。たとえば、海岸部には登米沢《とよまさわ》・赤牛《あかうし》（気仙沼市）、伊里前《いさとまえ》・水戸辺《みとべ》・双苗《そうない》（南三陸町）、内陸部県北端には西内《にしない》（登米市）、北上川下流域には日根牛《ひねうし》・登米《とよま》・黄牛《きうし》（登米市）、荒雄川上流には鎌内沢《かまないざわ》・保呂内沢《ほろないざわ》・鬼《おに》首《こうべ》・尿前《しとまえ》（大崎市）、一迫川上流には年内沢《としないざわ》・登米《とよま》（栗原市）、大崎平野には混内山《こんないさん》（大崎市）、不来内《こずない》（大郷町）、品井沼《しないぬま》（大崎市）、井内《いない》（石巻市）などがある。

アイヌ語地名の分布は、その地域に古代にアイヌ語系言語を話す人たちが居住していたことを示す。蝦夷の言語は夷語《いご》とよばれ、政府では蝦夷との交渉のために通訳をおいた。通訳の必要である夷語は、アイヌ語系言語と考えられる。

このような生業・文化の多様性にもかかわらず、『古事記』『日本書紀』などにみるように国家が蝦夷を未開・野蛮な狩猟民と表現するのは、蝦夷を夷狄と位置づけ野蛮人であることを強調するために、その一部の生業を誇張したからである。そして国家は蝦夷を夷狄として種々の面で差別した。

4　陸奥国の辺境支配

律令国家の辺境政策●

律令国家の諸国のなかで、陸奥国は越《こし》・越後《えちご》国、その後身の出羽《いでは》国とともに、国家の支配領域の周縁地域に位置するので辺国《へんこく》または辺遠国《へんえんこく》とよばれ、他の諸国と区別された。陸奥は東辺、越・越後・出羽は北辺の国である。辺国に対して一般の諸国は「中国《ちゅうごく》」とよばれた。辺国の奥越羽三国の支配領域の外には、律令制支配にくみこまれていない蝦夷《えみし》と彼らが住む大地が広がっていた。

律令国家は、七世紀半ばから九世紀初めまで、蝦夷の土地へ評・郡の設置による公民制支配の拡大と、蝦夷の服属、さらにその公民化の政策を展開した。蝦夷の服属政策は王化思想にもとづくものである。この政策の実現のために、蝦夷の地に城柵《じょうさく》を設けて、中国の民を柵戸として移住させて土地の開発と村作りにあたらせ、彼らを公民として編成して郡（はじめは評）・里（のちに郷）を設けた。一方、蝦夷に対しては服属させてすぐに課役《かえき》を賦課することができず、長期間にわたって朝貢などを課し、その期間をへてはじめて公民化した。評・郡の設置の方式について、「中国」ではその地域の住民を公民として評・郡を設置するのに対して、辺国の辺境では原住の民＝蝦夷をすぐに公民化できなかったので、他の地域からの移民によって設置する点に特徴がある。陸奥など辺国は支配領域を拡大する国であり、それがこれらの国に課せられた最大の政治課題であった。

城司と兵隊●

城柵は辺境における支配拡大の政策遂行と、辺境の公民と蝦夷の支配の中核である。城柵は支配領域の拡大にともなって南から北へ設置された。陸奥国では、城柵は文献史料から知られるもの一四（そのうち遺跡を確認したもの六）、遺跡が知られるが城柵名の確定しないもの三で、計一七が知られる。このうち宮城県域にあるものは、前者が九、後者が二である（四六頁図・四七頁1表）。

城柵というと建物などの施設を思いうかべるが、重要なのは支配の機構・組織とそれが行なう支配の内容である。八世紀初めから九世紀末まで、国司《こくし》四等官・史生《ししょう》や鎮守府《ちんじゅふ》の官人である鎮官を、城司《じょうし》（城主）

として城柵に派遣して駐在させた。これを城司制という。これらの官人は中央政府から派遣されたもので、城柵の機構は国府の出張所的な性格をもっていた。

城柵のおかれた辺郡は政情が不安定だったので、城柵には城司のもとに軍団兵士・鎮兵《ちんぺい》などの兵隊が駐屯した。蝦夷の攻撃から、城柵そのもの、辺郡の公民、帰服した蝦夷を守り、敵対する蝦夷を攻撃するための兵力である。兵士は陸奥国内から徴発され軍団に属して、城柵に交代で勤務し、鎮兵はおもに坂東諸国の兵士を徴発したもので、長期間にわたり城柵に勤務した。城柵の城司は兵隊を率いて、辺郡の公民と辺郡の内と外の蝦夷の支配にあたった(四七頁図)。

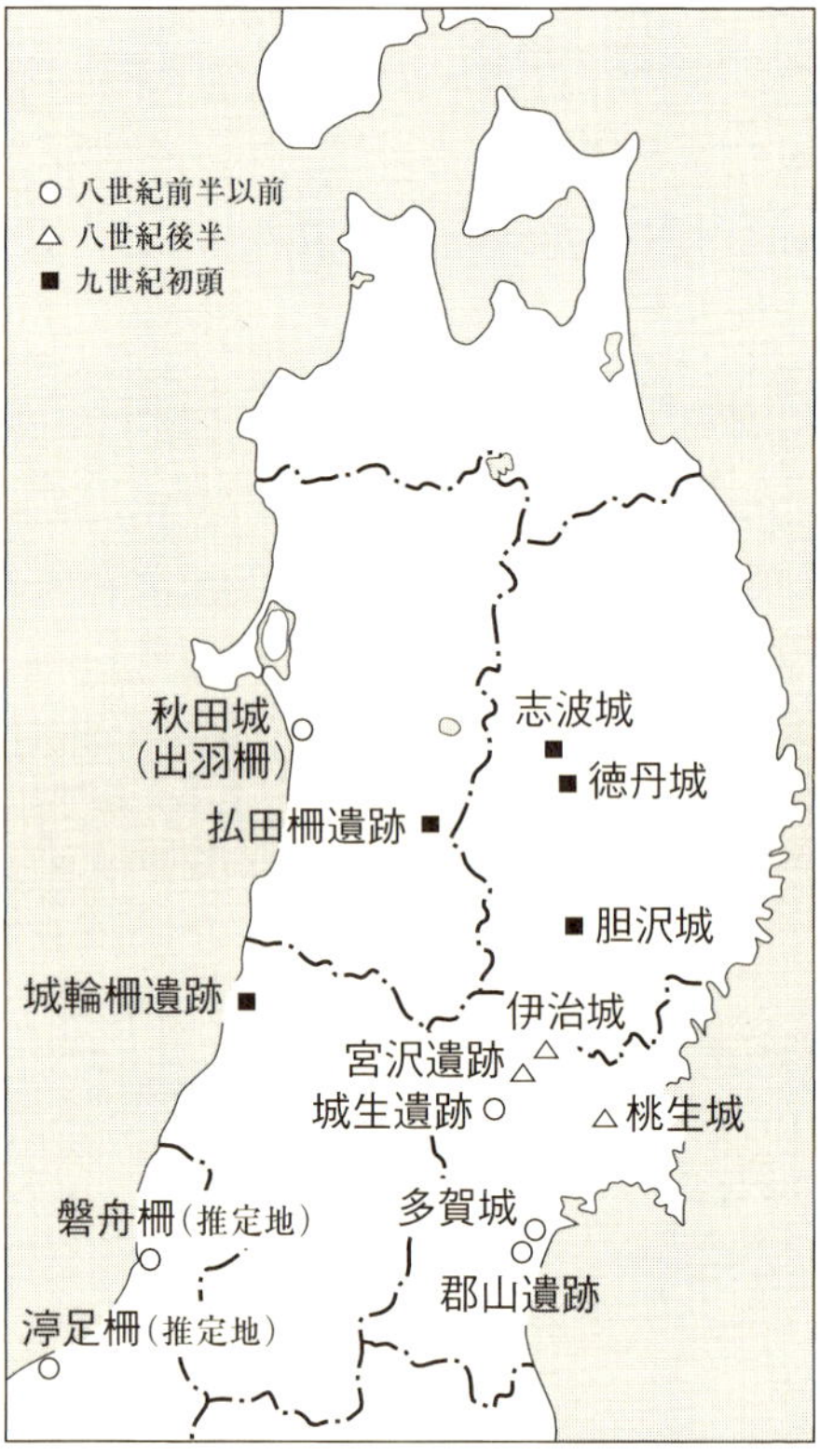

東北地方の古代城柵

陸奥国では軍団は時期によって異なるが、最多で七団がおかれた。玉造《たまつくり》・小田《おだ》団（B—2区）、名取《なとり》団（B—1区）、行方《なめかた》・磐城《いわき》・安積《あさか》・白河団（A区）の七軍団で、兵士はA・B区から徴発された。宮城県域の軍団は、玉造・小田・名取団の三団である。

国府《こくふ》・郡家《ぐうけ》などの一般の地方官衙とくらべた場合の城柵の施設の特徴は、国府型の政庁を設けることと、

〔1表〕　陸奥国の城柵

城柵・遺跡名	設置・初見年代	備　　考
優嶋曇評の柵	(689)	のち出羽国置賜郡
〈郡山遺跡〉	7世紀半ば	宮城県仙台市
多賀城*	724	宮城県多賀城市
玉造柵・新田柵・牡鹿柵・色麻柵など5柵	(737)	
中山柵	(804)	小田郡
〈城生柵遺跡〉	8世紀前半	宮城県加美町
桃生城*	760	宮城県石巻市
伊治城*	767	宮城県栗原市
覚鱉城	(780)	
〈宮沢遺跡〉		宮城県大崎市，玉造柵か
胆沢城*	802	岩手県奥州市
志波城*	803	岩手県盛岡市
徳丹城*	812	岩手県矢巾町

(1)　城柵・遺跡名のうち，〈　〉は城柵名の確定しない遺跡，＊は遺跡を確認している城柵。

(2)　設置・初見年代のうち，(　)は史料上の初見年次。

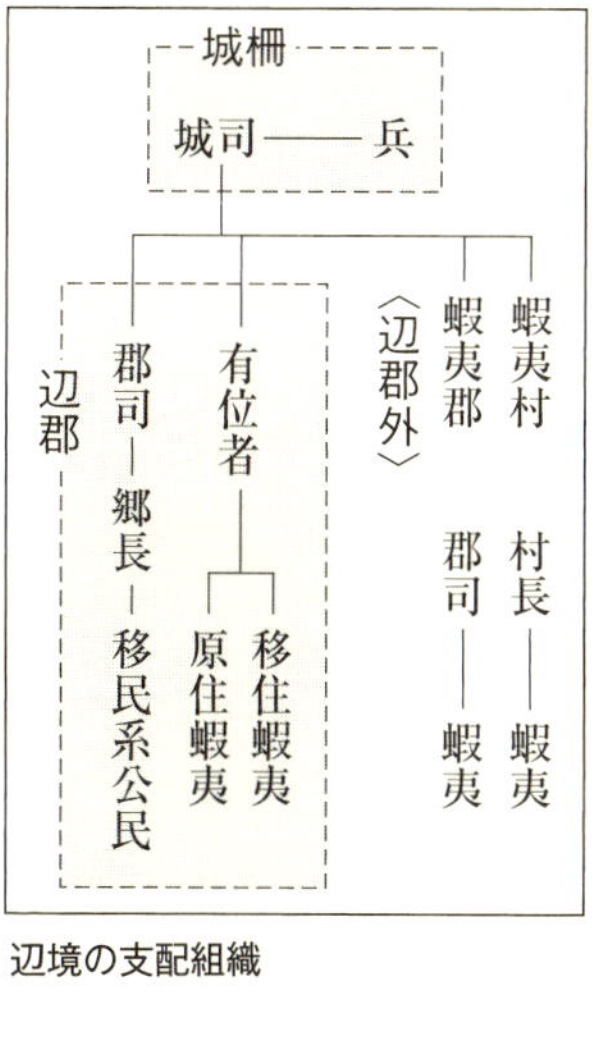

辺境の支配組織

移民と土器・地名の移動

律令国家は、七世紀半ばから九世紀初めにかけて、評・郡の設置のために陸奥国、越後・出羽国の辺境に、南の地域から多数の移民を行なった。この移民による人の動きにともなって、土器と地名が移動した。土器と地名の検討によって移民政策について新しい事実がわかる。ここでは陸奥国に限ってのべる。

おもに宮城県の遺跡から、関東地方のものとつくり方がよく似ている土師器《はじき》の坏《つき》が出土する。関東系土器とよんでいる。東北地方でつくられた土師器坏が土器の内側に炭素を吸着させた、内黒土《うちぐろ》師器とよばれるものであるのに対して、関東系土師器は内面を黒色処理せずナデ調整をほどこし、器面調整・器形の点で関東でつくられた土師器と似たものである。その年代は七世紀後半から八世紀前半で、宮城県大崎平野（B—2区）を中心に、仙台平野・栗原地方（B—1区、C—1区）の集落・官衙・墳墓（群集墳・横穴）などの二〇カ所以上の遺跡から出土する。これらは坂東諸国からの移民がもたらしたものと考えられる。正史には陸奥国への移民は霊亀元（七一五）年から延暦二十一（八〇二）年までを記すが、関東系土器の出土によって、すでに七世紀後半から仙台・大崎平野に坂東諸国からの移民があったことが明らかになった。

『倭名類聚抄《わみょうるいじゅうしょう》』という辞書には九世紀頃の全国の郷名を載せているが、それによると陸奥国には、坂東・東国諸国の郡名・国名、陸奥国の南部の郡名と同名の郷名・郡名が多くみられる（五〇頁2表）。これは移民の移住先の新しい郷・郡の名に、出身地の郡・国の名をつけたからである。正史からも移民をだした国が知られるが、この郷・郡名によって、それに加えて移民をだした国・郡、

❖コラム

さらに移民がはいった郡がわかる。移民をだした地域は、坂東八国、信濃・甲斐・駿河《するが》国、陸奥国南部の磐城《いわき》・行方《なめかた》・磐瀬《いわせ》・白河・会津五郡である。陸奥南部五郡については郷名からはじめて明らかになった。移民による郡はA区からC区におよんでいる。はじめは郡単位に、版図拡大の第五段階には国単位に移民を集めて新しい郷をつくり、また多賀城の名の由来が常陸国多珂《たが》郡であることもわかる。正史に記録されただけでも、移民の数は霊亀元年から延暦二十一年のあいだに一〇〇〇〇戸と一万七六〇〇人（あわせてほぼ四万人）で、これは低く見積もった人数であるが、九世紀前半の陸奥国が支配した人口一六万〜一七万人とくらべても相当の人数である。

関東系土器の出土遺跡

〔2表〕 陸奥国の移民の郡郷

地区	陸奥の郡郷名		対応する国郡名	
	郡名	郷名	国名	郡名
A区	安積	芳賀	下野	芳賀
	標葉	磐瀬	陸奥	磐瀬
	行方		常陸	行方
	行方	多珂	常陸	多珂
	曰理	望多	上総	望多
B―1区	名取	磐城	陸奥	磐城
	宮城	磐城	陸奥	磐城
	宮城	白川	陸奥	白河
	宮城	多賀	常陸	多珂
B―2区	黒川	新田	上野	新田
	黒川	白河	陸奥	白河
	賀美		武蔵	賀美
	賀美	磐瀬	陸奥	磐瀬
	色麻	相模	相模	
	色麻	安蘇	下野	安蘇
	玉造	信太	常陸	信太
	志太			
	志太	志太	駿河	志太
	新田		上野	新田
	小田	賀美	武蔵	賀美
	牡鹿	賀美	武蔵	賀美
C―1区	桃生	磐城	陸奥	磐城
	登米	行方	常陸	行方
			陸奥	行方
	栗原	会津	陸奥	会津
C―2区	胆沢	白河	陸奥	白河
	胆沢	下野	下野	
	胆沢	上総	上総	
	江刺	信濃	信濃	
	江刺	甲斐	甲斐	

『倭名類聚抄』による。

周囲を築垣・柵・土塁などの外囲施設で囲むことの二点である。この二点は、それぞれ城柵の機構が国府の出張所的な性格をもつことと、鎮守のための兵隊が駐屯することと対応する。

柵戸と辺郡●

移住させられた柵戸《さくこ》は開発と村づくりにあたる。はじめ城司に直接管轄されるが、数年内に郡・郷が設けられ、柵戸のなかから任命された郡司《ぐんじ》と郷長《ごうちょう》のもとに支配された。辺国の周縁地域の郡なので辺郡・縁《えん》辺《ぺん》郡、近夷《きんい》郡、奥《おく》郡などとよばれる。一つの城柵のもとに一つまたは複数の辺郡を管轄した。柵戸は移住後定着のために一～三年間調庸《ちょうよう》などの租税を免除されるが、その後は公民として租庸調、兵士役、雑徭《ぞうよう》、公出挙《くすいこ》などの諸負担を負った。辺郡の公民は城柵に支配されてその保護をうける一方、城柵に労役・兵士役・軍粮などを供給して城柵存立の基盤の一部となり、両者は一体的な関係にあった。

蝦夷の支配●

城司は蝦夷に対して、その動静を探って帰服させ、敵対すれば征討するのを任務とした。帰服のためには宴会を催し麻布などの禄《ろく》を与えて、懐柔する饗給《きょうきゅう》という方法が、第一にとられた。服属した蝦夷は辺郡の内と外に居住するものがいた。辺郡内の蝦夷は移民系の公民とは別に集団をつくり、その長を通して城司が支配した。辺郡外の蝦夷は彼らが本来もっている部族的集団をもとに蝦夷郡または蝦夷村をおき、その長を郡司または村長に任じ、彼らを通して城司が支配した（四七頁図）。

蝦夷は帰服しても、すぐに公民となし調庸を課することができなかった。蝦夷との支配・服属の関係を維持するために饗給をして、彼らを毎年定期的に朝貢《ちょうこう》させる関係をつくった。朝貢とはミツギモノをもって国府・城柵さらには京に来朝することで、朝貢と饗給は蝦夷の服属の儀礼として、国府・城柵の政庁、京の朝堂で行なわれ、毎年この儀礼をくり返すことによって国家と蝦夷の支配・服属の関係が固められるのである。蝦夷は租庸調などの律令制的な諸負担を賦課されることはなかったが、朝貢の際に集団で特産物をミツキ（「調」）として貢納し、またエダチ（「役」）として蝦夷を組織した俘軍《ふぐん》の兵や城柵の造営の力役に徴発された。蝦夷は調庸などを納めないあいだは、身分的に公民ではなく「蝦夷」「俘囚」の身分であり、このような服属関係を数代、数十年にわたって続けたのちはじめて公民とされた。蝦夷の調庸民化（公民化）がむずかしかったのは、彼らが大和政権時代の国造制支配をへず、中国の民にくらべて国家支配の歴史が浅く、またそのために文化的に異質な面をもったので、国家支配に対する不服従性を有したためである（今泉隆雄「律令国家とエミシ」『古代の日本』九、同「東北の城柵はなぜ設けられたか」『新視点 日本の歴史』三）。

5　多賀城の支配

黒川以北十郡の成立●

七一〇～七二〇年代に大崎平野から牡鹿《おしか》半島にかけてのB—2区に、第二段階の部分的な評《ひょう》の設置をうけて大量の柵戸《さくこ》の移民によって「黒川以北十郡」が成立した。版図拡大の第三段階である。十郡とは黒川《くろかわ》・賀美《かみ》・色麻《しかま》・富田《とみた》・玉造《たまつくり》・志太《しだ》・長岡・新田《にいた》・小田《おだ》・牡鹿郡である。これら十郡は一郡が二～五郷《ごう》、平均三・二郷の均一で小規模な郡で、霊亀元（七一五）年の坂東の六国からの一〇〇〇戸、養老六（七二二）年諸国からの一〇〇〇人という大量の柵戸移民によっていっせいに設けられた。五〇戸＝一郷であるから一〇〇〇戸は二〇郷分にあたり、九世紀にこの十郡の地域は三二郷であるから、一〇〇〇戸の柵戸移民は大変な数である。天平二（七三〇）年には十郡に隣接して蝦夷《えみし》の郡として遠田郡もおかれた。

　このような県北域の充実をうけて、陸奥国から郡・国がわけられた。霊亀二年B—1′区の山形県内陸部の置賜《おきたま》・最上《もがみ》両郡を、和銅五（七一二）年に設けられた出羽国に移管し、養老二年伊具郡を除くA区をわけて、石城《いわき》国（福島県浜通り地方）と石背《いわせ》国（同中通り・会津地方）をおいた。この結果、陸奥国はほぼB区を領域とする狭域の国になった。石城・石背両国の分国は、本来「中国」的な性格のこの地域を切り離して行政の負担を軽くし、陸奥国が黒川以北十郡の経営に力を集中するためにとられた政策であった。しかし、両国は辺境経営に人と物資を供給する基盤の地域であったから、国を別にすることによって行政上の不便が生じたために、養老五～神亀元（七二四）年のあいだにふたたび陸奥国の管轄に戻された。

多賀城の設置と黒川以北十郡

神亀元（七二四）年多賀城が創建され、国府が郡山遺跡から移され、それとともに黒川以北十郡に城柵・官衙とその付属寺院が設置・整備された。多賀城の創建に用いられたのと同じ瓦が、この地域の名生館《みょうだて》遺跡（第3期の政庁）とその付属寺院の伏見《ふしみ》廃寺跡（大崎市）、城生柵《じょうのさく》跡の付属寺院の菜切谷《なぎりや》廃寺跡（加美町）、寺院跡の一の関遺跡（色麻町）、東山《ひがしやま》遺跡（賀美郡家跡、加美町）、新田《にいた》柵擬定地（大崎市田尻八幡・大嶺地

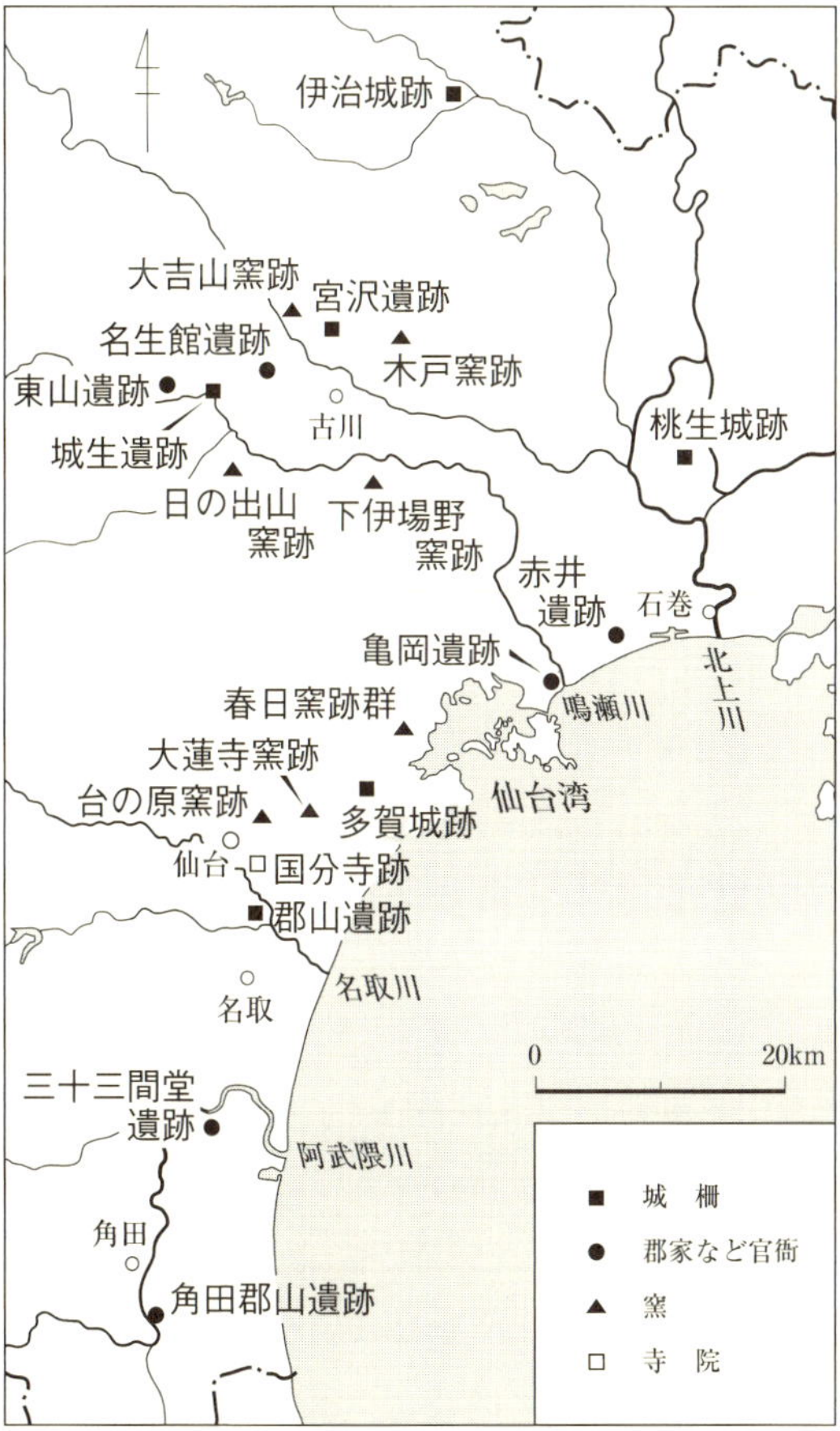

宮城県の古代遺跡

区）から出土し、そのうえ多賀城創建瓦などは、大崎地方の日の出山（色麻町）、木戸（大崎市）・大吉山《だいきちやま》（大崎市）・下伊場野《しもいばの》（大崎市）の四瓦窯《がよう》で焼かれたのである（五三頁図）。多賀城創建瓦との共通性から、これらの官衙・寺院が多賀城創建と同時期に一体となって造営・整備されたことがわかる。多賀城創建瓦が三〇キロも離れた大崎地方の瓦窯で製造されたのは、その供給先が多賀城とともにこの地域の官衙・寺院であったからである。黒川以北十郡には天平九（七三七）年以前に玉造《たまつくり》・色麻《しかま》・新田・牡鹿《おしか》柵などの五柵が設けられており、前記の官衙・寺院遺跡にはこの五城柵やその付属寺院にあたるものもある。

黒川以北十郡のこの城柵・官衙の整備は、新しくおかれた十郡の律令制支配の強化をめざした拠点の整備であった。そして、それと一体の多賀城の創建はこれらの拠点の後援のための根拠地の設定を意味した。多賀城は、仙台平野中央部にあった前の国府の郡山遺跡の東北方一三キロの地点で、同平野東北隅の松島丘陵の支丘上に位置する。この地は宮城郡の北端、律令制支配が確立し黒川以北十郡の経営のために人と物資を提供する基盤の地域の先端であり、ここから松島・大松沢丘陵をこえると黒川郡であり、両地域の境界近くであって、黒川以北十郡の拠点の後援の地として最適であった。

多賀城と陸奥国の支配体制●

陸奥国には国司《こくし》のほかに陸奥国鎮守府・陸奥按察使《むつのあぜち》という令外《りょうげ》の官《かん》がおかれた。鎮守府は神亀元（七二四）年におかれ、令制外の兵制である鎮兵の統轄と蝦夷の征討を任務とした。按察使は養老三（七一九）年に全国的に設けられた地方行政監察官で、まもなく全国的にはおかれなくなり陸奥按察使のみが残り、国司より上級の行政権をもって陸奥・出羽両国を管轄した。陸奥国の支配体制においてこれら三官のうち国司が基本で、大同三（八〇八）年以前には、国司が按察使・鎮官《ちんかん》（鎮守府の鎮守将軍・副将軍・軍監《ぐんかん》・軍《ぐん》曹《そう》などの官職）を兼任する体制であった。たとえば国守が按察使・鎮守将軍を兼任する形であり、守はこれらを兼任することによって按察使・鎮守将軍の職権をもつことができた。

多賀《たが》城は陸奥国府《こくふ》であり、按察使・鎮守将軍を兼任した国守が駐在した。国守は、南部の律令制支配の確立したⅠ地域の諸郡を郡司を通して支配し、さらに兼任した鎮守将軍の職権をあわせて、辺境のⅡ・Ⅲ地域の公民・蝦夷を城柵の城司を通して支配して辺境政策を推し進めるとともに、按察使の職権によって出羽国司を管轄して奥羽両国にわたる辺境政策を遂行した。この意味で多賀城は陸奥国支配、奥羽辺境政策の根拠地だったといえる。

九世紀には延暦二十一（八〇二）年に胆沢《いさわ》城（岩手県奥州市）が造営されると鎮守府は同城に移され、大同三年以降鎮官が国司と別に任じられるようになった。これは、第五段階に新しく版図にはいった岩手県の北上川中流域（C—2区）の支配の拠点として設けられた胆沢城の城司に、鎮官をあてたものであり、国府多賀城は胆沢城鎮守府の後援の役割をになった。

多賀城の変遷●

多賀城は八世紀初めから十世紀半ばまで存続し、その間大きく四回の造営が行なわれた。第1期（七二四～七六二年）＝神亀元（七二四）年按察使大野東人《おおのあづまひと》が創建した。第2期（七六二～七八〇年）＝天平宝字六（七六二）年藤原恵美朝獦《ふじわらのえみのあさかり》が改修してから、宝亀十一（七八〇）年伊治公呰麻呂《これはりのきみあざまろ》の反乱で焼亡するまで。朝獦の改修によって多賀城は整備される。第3期（七八〇以降～八六九年）＝呰麻呂の乱による焼亡の復興から貞観十一（八六九）年の大地震による倒壊まで。第4期（八六九年～十世紀半ば）＝震災の復興から廃絶まで。

多賀城碑

多賀城碑は天平宝字六（七六二）年の多賀城の修造を記念して建てられた碑である。大きさは、高さ二四七センチメートル、幅一〇四センチメートル、厚さ七三センチメートルで、下端五〇センチメートルほどが土中に埋まる。砂岩の自然石の一面を平滑に加工して、頭部に「西」の大きな文字を、その下の長方形の枠のなかに一一行に一四〇字を刻む。碑文の内容は前半に京、蝦夷国界、常陸国界、下野国界、靺鞨《まっかつ》国界から多賀城までの里程を記して、多賀城の位置を示し、後半に神亀元（七二四）年に大野東人《おおののあづまひと》が多賀城を設置し、天平宝字六年に藤原恵美朝獦《えみのあさかり》が修造したことを記し、末尾に碑を建立した天平宝字六年十二月一日の日付を記す。多賀城の修造を記念するとともに朝獦の功績を顕彰するために建碑されたものであろう。

この碑は万治元（一六五八）年以前に発見され、その当初から平安時代末の歌枕「壺の碑《つぼのいしぶみ》」にあてられてきたが、これは誤りである。明治・大正年間以来、里程、国号、官位などの内容、碑形、文字の彫り方、書風などの点から、江戸時代につくられたという偽作説が有力視されてきた。しかし多賀城の発掘調査が進むにつれて、碑文に記す創建の神亀元年と修造の天平宝字六年の年次が、考古学的に検討された変遷の第1期・第2期の年代の幅のなかにそれぞれおさまることが明らかになり、さらに碑の再検討から偽作説の根拠が有効でないことがわかり、現在では天平宝字六年建立の真物と考えられるに至った。

平成九（一九九七）年十二月に碑の発掘調査を行ない、現在碑を据えている穴の下層に当初据えていた穴を発見し、碑が最初からほぼ現在地に立っていて、一度倒れて、十七世紀前半に再び建て

❖コラム

直されたことが明らかになった。この地点は多賀城外郭南門をはいり、その南門から政庁南門に至る道路のすぐ東で、この道路に西面して立っていたのである。記念碑を建てるのに好適な場所である。この碑を建てた藤原朝獦は天平宝字八年に父の仲麻呂がおこした乱に加わって逆賊として斬殺されたが、この碑が倒されたのはこのことによるのかも知れない。現在碑は宝形造《ほうぎょうづくり》の覆屋におさめられているが、これは明治八（一八七五）年に建造されたもので、最初の覆屋はすでに元禄七（一六九四）年から程遠からぬ頃に建てられた。平成十年六月、国重要文化財に指定された。

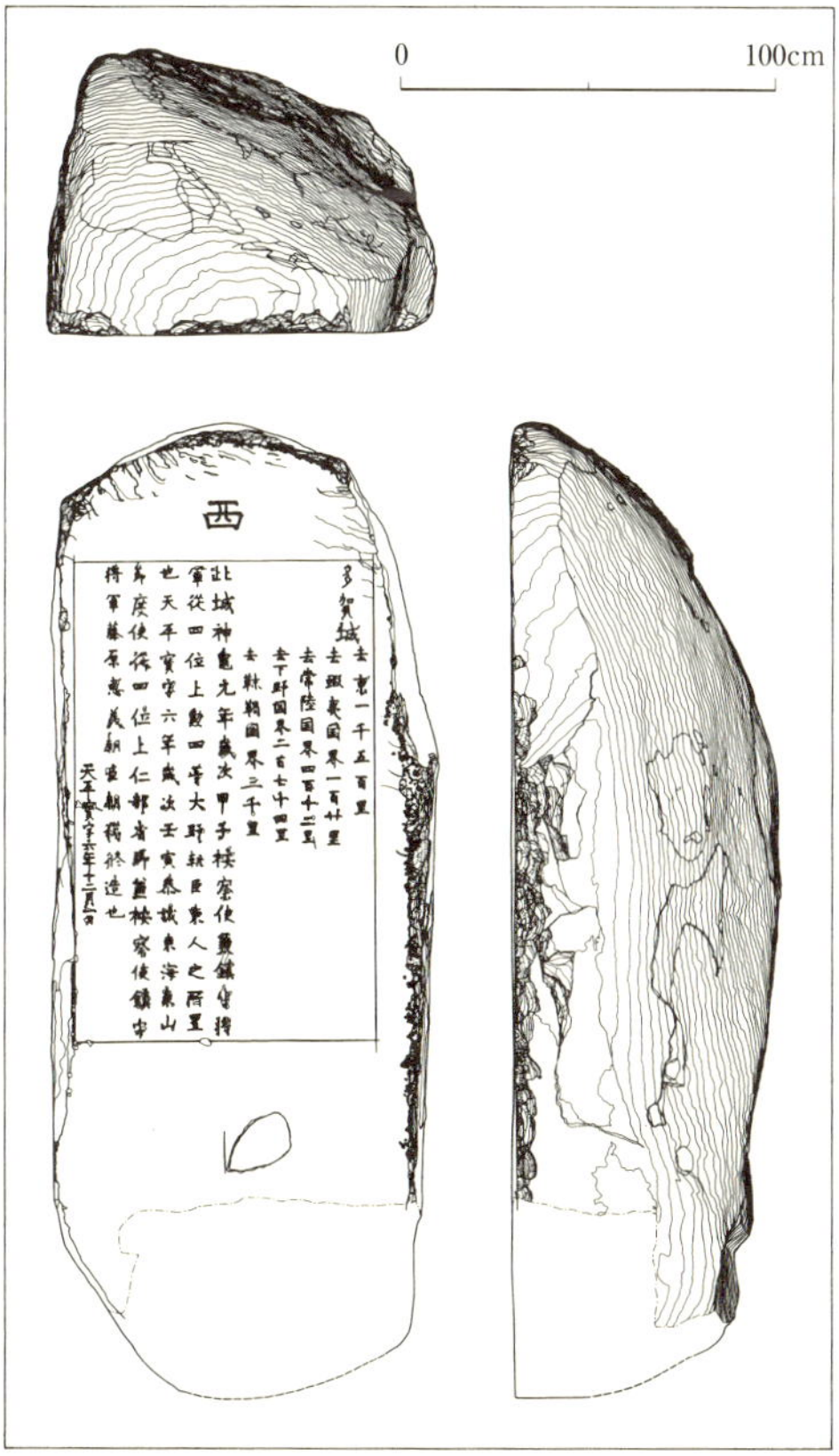

多賀城碑実測図

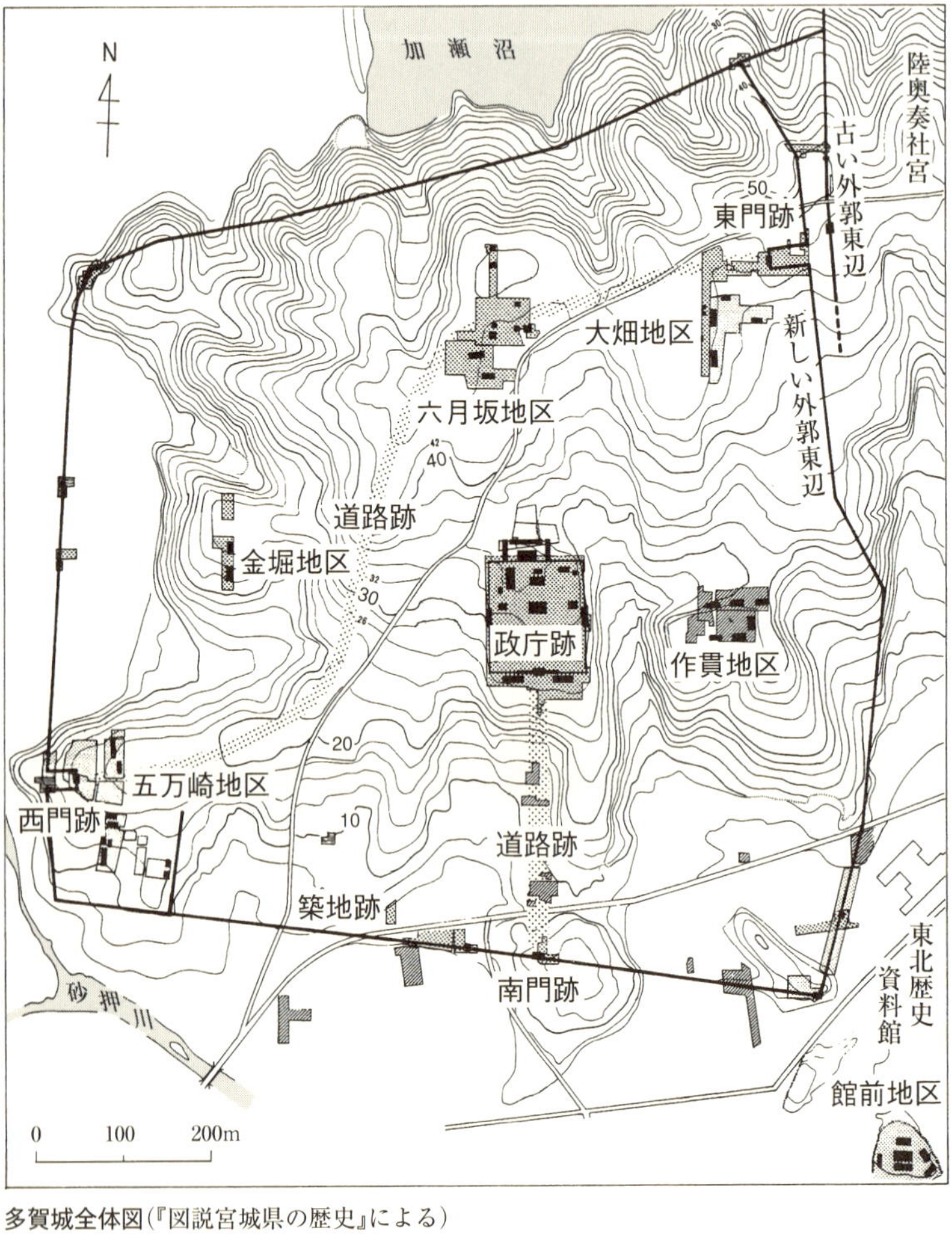

多賀城全体図(『図説宮城県の歴史』による)

多賀城の構造●
多賀城は、松島丘陵から突き出た支丘の西端に位置する。多賀城市市川《いちかわ》・浮島《うきしま》の地である。丘陵の標高は最高五二メートルで、この丘陵から標高四メートルの沖積地にかけて占地する。全体の平面形は丘陵に立地するために四辺形に近い不整形で、規模は東辺一〇〇〇メートル、南辺八六〇メートル、西辺六七〇メートル、北辺七七〇メートルであり、総面積七四ヘクタールである。奈良の都の平城宮の一二〇ヘクタールにはおよばないが、志波《しわ》城（八〇三年造営、盛岡市）とならぶ最大の城柵で、郡山遺跡Ⅱ期官衙の四倍の面積である。

外囲いの塀は大部分が高さ五メートルほどの築垣《ついがき》（土をつき固め屋根をかけた塀）で、一部に材木列塀を用いる。南面ほぼ中央に南門《なんもん》、東辺北部に東門《とうもん》、西面南部に西門《せいもん》がそれぞれ開く。南門は城全体の正門で、門をはいると北の政庁へ道路が通じる。南門の外には南北大路が伸びる。東門と西門を結ぶ道路が城内を走る。東門をでて東へ三・五キロ行くと、国府の港の塩釜《しおがま》湾に至る。塩竈市内には国府津《こうづ》の転訛である香津《こうづ》町の地名を残している。東門と東辺北半の塀は、創建時のものが九世紀前半に西へ移動してつくり直された。

城内の中央部、中央丘陵の平坦部に政庁がある（口絵・六〇頁図参照）。東西一〇三メートル、南北一一六メートルの規模で、四周に築垣をめぐらす。四期の変遷をたどるが、建物の配置は基本的に変わらない。南辺中央に南門を開き、中央北寄りに南面する正殿、その南前方の東西に各一棟の南北棟の脇殿を配し、その三殿に囲まれて広場つまり庭《てい》があるという構造である。政庁では政務・儀式・宴会を行ない、正殿が国守の殿で、国司の属僚・郡司などのその他の参加者は、政務・宴会の際には脇殿に座し、儀式の際には正殿にむかって庭に列立した。朝貢の蝦夷の服属の儀式や宴会も政庁で行なった。

城内には国政の実務を分担する役所（曹司《ぞうし》）、道具・工具をつくる工房、倉庫、兵隊の住居などが設けられていた。政庁の東の丘陵の作貫《さっかん》地区には八世紀から十世紀前半までの役所がある。政庁の北の六月坂《ろくがつざか》地区では、東門と西門をつなぐ道路の南に九世紀前半に役所、後半に倉が設けられていた。政庁の西の丘陵の金堀《かなぼり》地区には八世紀から十世紀前半に役所があった。東門をはいった南の大畑《おおはた》地区には九世紀から役所があり、九世紀に道路の南と北に兵隊の竪穴住居が設けられていた。西門をはい

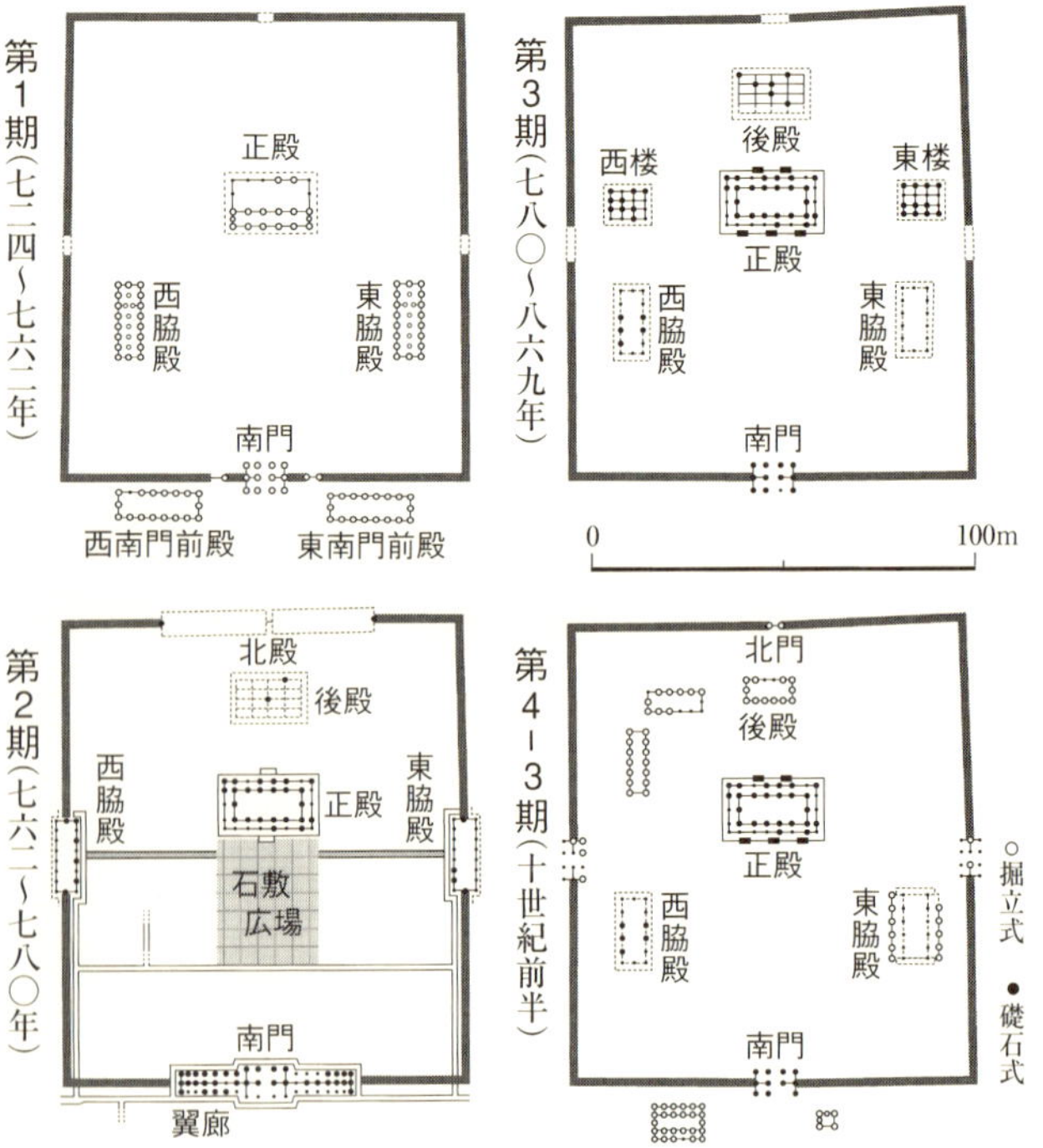

多賀城政庁の変遷（『多賀城と古代東北』による）

〔3表〕 陸奥国官人の定員

按察使(798年)		国(798年)＊		鎮守府(812年)	
按察使	1	守	1	将　軍	1
記　事	1	介	1	軍　監	1
(小計)	2	大　掾	1	軍　曹	2
		小　掾	1	医　師	1
		大　目	1	弩　師	1
		少　目	2	(小計)	6
		博　士	1		
		医　師	1		
		史　生	5		
		守傔仗	2		
		(小計)	16	総　計	24

＊　このほか，国には陰陽師・弩師・国掌・国画工・国学生などもおかれた。

〔4表〕 国府徭丁の定員

徭　　丁	定　員
大帳・税帳所書手	18
造国新紙丁	60
造筆丁	2
造墨丁	1
装潢丁	6
造函并札丁	6
造年新器仗長	1
造年新器仗丁	120
国駈使	320
収納穀類正倉官舎院守	院別12
採黒葛丁	2
事力断丁	156

弘仁13(822)年制定の大国の定員による。

ったところの五万崎《ごまんざき》地区には道路の北に九世紀の役所があり、南には十世紀に銅・鉄製品の鍛冶工房があり、南門をはいったところの西の鴻《こう》の池《いけ》地区には木工の工房があった。一般に国府には十〜十一世紀に大帳《だいちょう》所《しょ》・税帳所《ぜいちょうしょ》・朝集所《ちょうしゅうしょ》・国掌所《こくしょうしょ》・調所《ちょうしょ》・田文所《たぶみどころ》・公文所《くもんどころ》・政所《まんどころ》・細工所《さいくどころ》などの、いわゆる「所《ところ》」が設けられて国務を分担し、このような「所」は九世紀初めにも存在した。城内の各所に発見された役所は、このような「所」にあたるものもあるであろう。

官人と働く人々●

城内には正式な役人である官人、国府の徭丁《ようてい》（雑徭《ぞうよう》で徴発された者）、兵士などが勤務していた。官人の人数は国司・按察使・鎮官の定員を3表に掲げたが、大同三（八〇八）年以前には国司が按察使・鎮官を兼任し、また守以外の国司は他の城柵に城司として赴任していたから、多賀城にいる官人は数人であったろう。弘仁十三（八二二）年に定められた国府徭丁の種類と人数を4表に掲げたが、彼らは文書の作成、工房での作業などにあたり、その合計は七〇〇人をこえる。ただし全員が同時に働いていたわけではないから、同時期に働く人数はこれより少ない。兵士は、兵数を削減した弘仁六年の決定によれば、多賀城には五〇〇人が駐屯することになっており、また軍団の幹部である軍毅《ぐんき》・主帳《しゅちょう》二〇人も勤務することになっていた。これらは平時のことで、造営や戦争の際には臨時に数万の役夫や兵隊が多賀城に集まってきたであろう。

多賀城は一般諸国の国府と異なり、城柵の形態をとる国府である。それは具体的には官制・組織の面では駐在する国守が城司でもあり、多数の兵が駐屯することであり、施設の面では外囲いの塀をめぐらして

多賀城の街区

多賀城の外には九〜十世紀に、多賀城の南前面の沖積地に東西・南北方向の直線道路によって方形の街区が設けられていた。政庁と外郭南門を結ぶ道路の南延長に南北大路（幅は時期によって異なり一九〜二三メートルのあいだ）、外郭南門から南五四〇メートルに東西大路（同じく幅一〇〜一四メートル）を設ける。南北大路は多賀城の朱雀大路《すざくおおじ》にあたる。東西大路は城南辺と同方向に斜行する。二つの大路を基線として道路を設ける。南北道路はほぼ真南北方向で南北大路の西に九条あり、東西道路は大路の南に二条、北に二条あり、最北・最南の二条が東西方向で、そのほかの道路は東西大路と同方向に斜行する。道路の幅は四〜八メートル、間隔は一一〇〜一四〇メートルで、いずれもばらつきがある。道路に囲まれた街区は正しい方形ではなく平行四辺形または台形である。道路と街区は城南辺から南八四〇メートル、南北大路から西一・一キロの範囲に確認しているが、南北大路の東にも広がるであろう。

❖コラム

道路の設定時期は、南北大路が八世紀前半、東西大路が八世紀後半、その他の道路が九世紀で、八世紀後半にさかのぼる可能性もある。いずれも十世紀まで存続する。街区は階層の違いによって使い分けられていた。東西大路に面する三つの街区には九～十世紀の国司《こくし》の館《たち》があり、中国陶磁器や木簡《もっかん》が出土し大規模な建物が存在する。東西大路からはなれた街区には漆・鍛冶《かじ》工房、庶民の竪穴住居、また低湿地に水田がある。この道路と街区は、規格や方向が不統一であるから、京の条坊のように全体計画のもとに設けたものではなさそうである。しかし現在他の国府でこのような町割りが確認されている例はなく、大変珍しい（菅原弘樹「多賀城周辺の様子」『日本歴史』五四四号、一九九三年）。

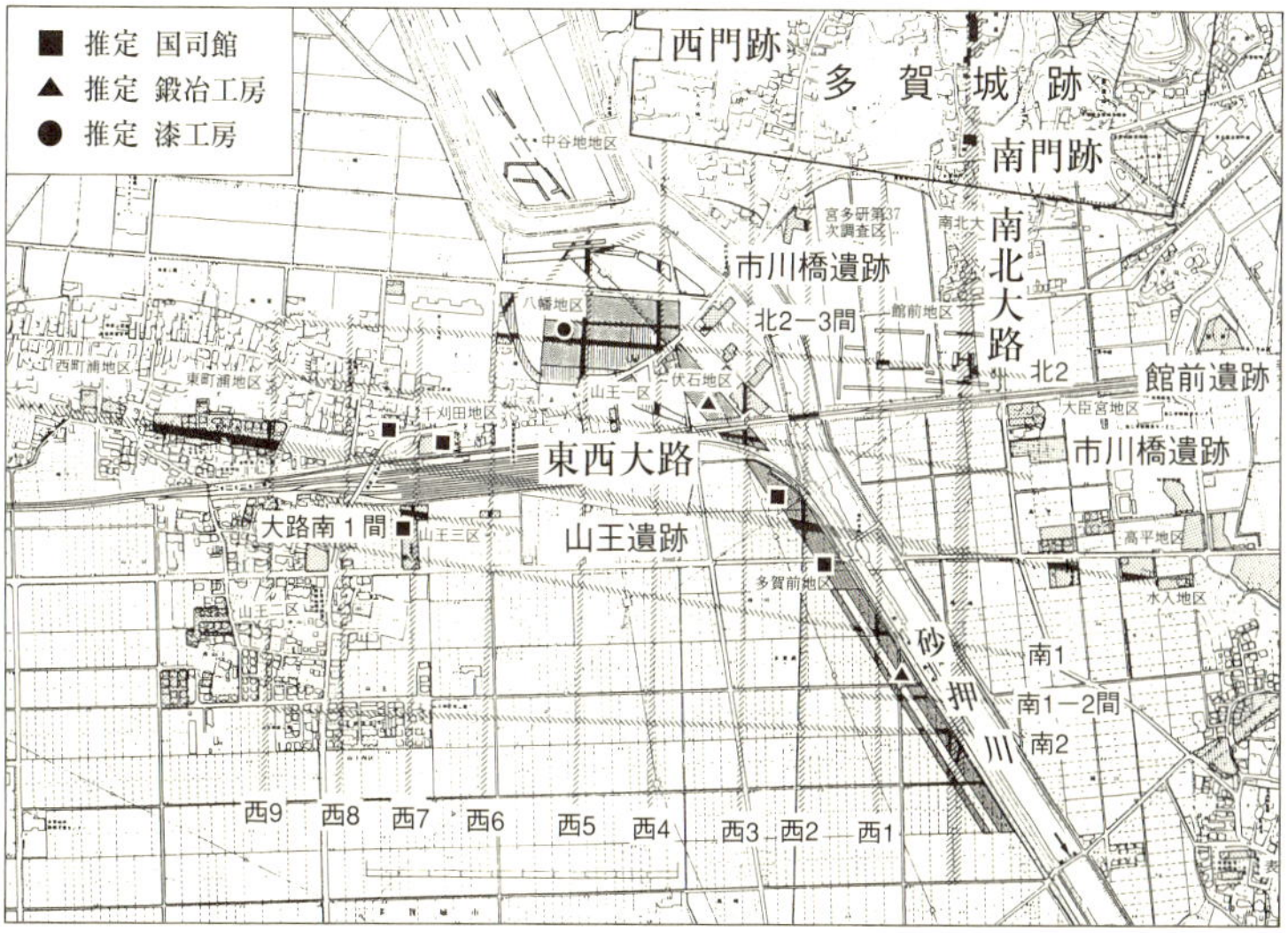

多賀城の街区（『山王遺跡』Ⅱの図に加筆）

いることである。

奥羽連絡路の開削計画●

天平五(七三三)年に庄内にあった出羽柵《いではのき》が秋田村(秋田市寺内)に移されたことにともない、同九年多賀柵と出羽柵を連絡する駅路の開削工事が計画された。多賀柵に駐在した陸奥按察使が出羽をも管轄したので、出羽北端の出羽柵との緊急連絡をつけられるようにするためである。その計画ルートは、賀美郡家《かみぐうけ》(加美町東山遺跡)から西進し奥羽山脈を鍋越峠《なべこし》の南でこえて尾花沢《おばなざわ》にで、ほぼ奥羽本線のルートに沿って新庄盆地・横手盆地を北上して秋田村出羽柵に至るものである。持節《じせつ》大使藤原麻呂《まろ》の指揮下に七三八八人の兵を動員し、陸奥按察使・陸奥守・鎮守将軍大野東人と出羽守田辺難波《たなべのなにわ》がそのうちの六五八四人の兵を率いて工事にあたり、賀美郡家から奥羽山脈をこえ、新庄盆地の比羅保許山《ひらほこ》(神室山《かむろ》か)の麓までの約八五キロの道路を開いたが、雄勝村《おかち》(横手盆地)の蝦夷の征討ができなかったので、途中で放棄した。この駅路が完成するのは天平宝字四(七六〇)年に雄勝城が造営されたときであった。

6　動乱の時代

桃生城と伊治城●

天平宝字元(七五七)年、中央政界において橘奈良麻呂《ならまろ》をのぞいて覇権を確立した藤原仲麻呂《なかまろ》(恵美押勝《えみのおしかつ》)は、外に対して新羅《しらぎ》強硬策を推進するとともに、内では奥羽両国で領域拡大の積極策を展開した。版図拡大の第四段階である。仲麻呂の三男の藤原朝獦《あさかり》は按察使《あぜち》・陸奥守《むつのかみ》・鎮守将軍として、天平宝字四年に出羽国の雄勝城《おかち》（秋田県横手盆地、遺跡不明）とともに陸奥国牡鹿郡《おしか》に桃生城《ものう》を完成し、さらに同四年から五、六年にかけて多賀城と秋田城（もと出羽柵、秋田市寺内）を改修し整備した。多賀城は第2期の造営である。桃生城は海道《かいどう》の蝦夷《えみし》に対する支配の拠点として設けられ、のちに牡鹿郡をわけて桃生郡をおいた。

桃生城跡は、宮城県桃生郡河北町《かほく》飯野《いいの》から桃生町太田にかけての長者森《ちょうじゃもり》と称される丘陵に所在する。多賀城から北東へ三五キロの地点である。北上川の西、標高六五〜八〇メートルの丘陵南端に位置し、丘陵の西と南に北上川の旧河道が走る。城全体の平面形は丘陵のために不整形で、規模は東西八五〇メートル、南北七〇〇メートルである。外囲いの施設は土を土手状に積んだ土塁で、尾根上を屈曲しながら走り、西部は二重になっている。政庁は城の中央部に位置し、方七〇メートルの規模で周囲に築垣をめぐらし、正殿と東西脇殿をコ字形に配置し、正殿の北に後殿がある。宝亀五（七七四）年海道の蝦夷の反乱で焼失した。

中央政界で藤原仲麻呂が天平宝字八年に滅亡して道鏡《どうきょう》が政権を掌握した後も、陸奥経営の積極策が推進され、神護景雲元（七六七）年伊治城《これはり》が造営された。この城は山道の玉造《たまつくり》郡の北の栗原地方の蝦夷の支配の拠点として設けられ、神護景雲元年または三年には移民によって栗原郡を設けて領域を拡大した。

伊治城跡は栗原市築館城生野《つきだてじょうの》にあり、多賀城の北約五二キロの地点である。奥羽山脈から東へ広がる築館丘陵の一支丘の北に接した独立した丘陵に位置する。標高二二〜二四メートルで、北に二迫《にのはさま》川、東に迫川が流れる。城全体の規模は東西七〇〇メートル、南北九〇〇メートルと推定され、外囲いの施設は土塁である。城の南東部に内郭、そのほぼ中央に政庁があり、いずれも築垣で囲まれている。政庁は全体の平面形がややゆがんだ方形で、東西五四〜五八メートル、南北六一メートルの規模で、三回造営され、第

2期は宝亀十一(七八〇)年の伊治公呰麻呂《これはりのきみあざまろ》の乱で焼かれた。三期を通じて基本的に、正殿と東西脇殿をコ字形に配し正殿の北に後殿をおき、南門を開く構造である。内郭は西北角・東南角が鋭角になる平行四辺形で、東西一八五メートル、南北二四五メートルの規模で、内部に官衙の建物があり、その外部には竪穴住居がある。全体が政庁・内郭・外郭の三重の構造になっているのが、伊治城の特徴である。

伊治公呰麻呂の反乱●

七六〇年代の桃生城と伊治城の設置によるC―1区への支配の拡大と強化に対して、蝦夷は反発を強め、ついに反乱に立ち上がる。宝亀元(七七〇)年八月、帰服していた蝦夷の族長の宇漢迷公宇屈波宇《うかめのきみうくはう》が、かならず城柵を侵略するといって、一族を率いて自分の本拠地に逃げ帰るという事件がおきた。その後も不穏な状況が続き、政府が征討を計画中のところ、宝亀五年七月、桃生地方の海道の蝦夷が桃生城を襲撃して焼き討ちした。これ以後、宮城県北域では政府と蝦夷との衝突が恒常化し、政府は何度か征討の軍をおこすが、蝦夷側がさらに奥の胆沢《いさわ》や出羽の蝦夷勢力とつながりをもつこととを知ることとなった。

宝亀十一年三月、按察使の紀広純《きのひろずみ》が胆沢攻撃の拠点として覚鱉《かくべつ》城造営を計画して伊治城に駐屯しているとき、その配下の上治《かみはり》郡の大領の伊治公呰麻呂が俘囚《ふしゅう》の軍を率いて反乱し、伊治城を侵して広純と牡鹿郡大領《だいりょう》の道嶋大楯《みちしまのおおたて》を殺害し、さらに長駆して多賀城をおとしいれた。蝦夷軍は多賀城の倉庫の貴重な品をことごとく奪い、放火して焼亡させた。発掘によって確認される多賀城第2期終末の火災の痕跡はこのときのものである。

この反乱の張本人の伊治公呰麻呂は、栗原地方(栗原市付近)の蝦夷の族長である。神護景雲元(七六七)年伊治城が設けられたころ、彼はその蝦夷集団を率いて服属し、その造営に協力した功績によって、蝦夷にのみ授けられる夷爵《いしゃく》第二等と伊治公のウジ・カバネを与えられた。伊治公のウジ・カバネの賜与は、彼が国家の支配にくみこまれ、栗原地方の蝦夷の首長と認められたことを示す。呰麻呂という名前は和人にもよくみられ、この名前も服属した際に、もともともっていた蝦夷の名前を改名したものであろう。呰麻呂の名は彼が痣《あざ》をもっていたことにちなむと思われる。呰麻呂は宝亀八年の征討に功績をあげ、翌年外従五位下を授けられ官人の身分をえた。神護景雲元年または三年に、伊治城周辺に移住させられた柵戸《さくこ》によって栗原郡がおかれ、一方、宝亀九～十一年のあいだに蝦夷集団によって上治郡がおかれ、呰麻呂はその大領に任命された。

そして宝亀十一年の反乱の年を迎える。呰麻呂の反乱の理由について、『続日本紀』は、呰麻呂が按察使の紀広純と道嶋大楯に個人的な恨みをもっていたと記すが、より根本的には、伊治城を設置されて柵戸にみずからの大地を占拠され、蝦夷らは上治郡に押し込められ、蝦夷として差別され、そのうえ城柵の造営の労役や俘軍に徴発されていたことに対する反発にあったのである。

呰麻呂の反乱は国家への反逆罪と断ぜられたが、彼は捕らえられることなくふたたび姿を現さず、歴史の彼方に姿を消した。呰麻呂は国家に帰服してその征夷事業に協力して地位をえながら、国家に反発して離反していったが、これは蝦夷の族長の国家に対する一つのあり方であった。

呰麻呂の反乱は、国家の転覆や新しい蝦夷国家の建設をめざしたようなものではなく、多賀城をおとしいれて物資を略奪するにすぎなかった。しかし、陸奥国支配の中枢である多賀城の陥落によって、これより北の地域は混乱におちいった。報告をうけた政府は、すぐさま征討軍を派遣し多賀城などを回復するが、この光仁《こうにん》朝の征討ははかばかしい成果をあげることができなかった。そしてこの反乱をきっかけとして、陸奥の動乱の火は深く広く広がり、桓武《かんむ》朝の泥沼の戦争の時代に突入していき、征夷事業は桓武朝の課題として残された。

道嶋氏の隆盛●

道嶋氏は陸奥国牡鹿郡の郡領《ぐんりょう》であった氏族で、国家の征夷事業のなかで勢力を伸張させ、一族の嶋足《しまたり》が中央貴族に出世することによって、古代陸奥国でもっとも権勢を誇る豪族となった。古代東北の豪族には蝦夷系豪族と非蝦夷系豪族がおり、さらに非蝦夷系豪族はその地域にもともと居住する在来系豪族と南から移住させられた移民系豪族にわけられる。道嶋氏は移民系豪族で、はじめ丸子《まるこ》氏を称し、もともと後の上総国夷灊《いしみ》郡の地域（千葉県いすみ市）に居住していたが、七世紀後半に（版図拡大の第二段階）国家の移民政策によって陸奥国牡鹿郡（宮城県牡鹿郡・石巻市）に移住させられ、この郡の郡領氏族となった。東松島市の矢本横穴群は道嶋氏の墳墓で、同市の赤井《あかい》遺跡は牡鹿郡家《ぐうけ》跡と推定され、矢本付近がこの氏の本拠地である。

神亀二（七二五）年郡領であったらしい一族の丸子大国《おおくに》が、前年の海道の蝦夷の反乱の鎮圧に功績をあげて褒賞された。八世紀前半に丸子氏はこの地方有数の豪族に成長していたために、その子弟が本来陸奥国からは出仕するはずのない大舎人《おおとねり》や兵衛《ひょうえ》などのトネリになって中央政府に仕えていた。矢本横穴群から「大舎人」と墨書きする八世紀前半の須恵器《すえき》、赤井遺跡から「舎人」とヘラ書きする同時期の須恵器が出土していることが、このことを示している。

「舎人」とヘラ書きされた須恵器（東松島市赤井遺跡）

天平勝宝五（七五三）年、嶋足を含む丸子氏二五人が牡鹿連《おしかのむらじ》姓を賜る。嶋足はこれ以前から授刀舎人《じゅとうとねり》などとして中央政府に出仕し、天平宝字元（七五七）年の橘奈良麻呂の乱の際には、都で有数の武人として注目される存在であった。同八年、嶋足の出世のきっかけとなる藤原仲麻呂（恵美押勝《えみのおしかつ》）の乱がおこった。この乱に際して、従七位上で授刀衛《じゅとうえい》の下級武官の将曹《しょうぞう》であった嶋足は孝謙《こうけん》上皇・道鏡《どうきょう》の側にあって、仲麻呂の息子の藤原訓儒麻呂《くずまろ》を射殺して天皇御璽《ぎょじ》と駅鈴《えきれい》を奪い返すという大功をたてた。嶋足は、一躍従四位下授刀少将兼相模守《さがみのかみ》になって貴族の仲間入りをし、氏姓も牡鹿宿禰《すくね》、翌年には道嶋宿禰を与えられた。彼は体も容貌も雄壮で、志気が強猛で、騎射が巧みであり、このような武人としての能力が好機にめぐりあって発揮されたのである。こののち嶋足は延暦二（七八三）年に亡くなるまで位階を正四位上に進め、近衛中将という武官を本官として下総守・播磨守を歴任した。

　嶋足の出世にともない、道嶋氏の一族は三山《みやま》が陸奥国少掾《しょうじょう》・大掾・員外介《いんがいのすけ》・鎮守軍監《ぐんかん》を歴任して伊治城の造営に功績をあげ、また大楯は牡鹿郡大領として覚鱉《かくべつ》城の造営に参加し、次の世代の御楯《みたて》は延暦八年の征討に征東使の別将として働き、鎮守軍監・征夷副将軍・鎮守副将軍を歴任した。中央の武官や国司・鎮官・征東使などは本来中央貴族が就任する官職で、道嶋氏がこれらの官職に就いたのは地方豪族として異例のことであり、嶋足の中央貴族化によることであった。

　道嶋氏は陸奥国の非蝦夷系・蝦夷系の豪族に対して大きな権威をもち、嶋足は他に例をみない陸奥国大《だい》国造《こくぞう》、三山は国造に、ついで御楯も大国造に任じられた。国家は征夷事業の遂行のために道嶋氏の陸奥での権威を利用し、一方、道嶋氏はそのなかで大きな役割をはたすことによってその地位を上昇させていった。一般的に古代奥羽の豪族は国家の征夷事業に協力することによって、位階・勲位を獲得してその地位を上昇させていった。道嶋氏は嶋足の軍功によって中央貴族化した点では例外的な存在であったが、征夷事業のなかで律令国家と結合して発展した点では、奥羽の豪族の一つの典型であった。

延暦二十四年、律令国家の征夷事業の終焉とともに道嶋氏の征夷事業における顕著な活躍はみられなくなり、嶋足の子孫が陸奥とは遊離して中央氏族として九世紀中頃まで余命を保つにすぎなくなる（熊谷公男「道嶋氏の起源とその発展」『石巻の歴史』第六巻、一九九二年）。

東北三十八年戦争●

天応元（七八一）年に即位した桓武天皇は、二五年間の治世のあいだに律令国家の建て直しに取り組み、とくに長岡京・平安京の都城の造営と征夷の二大事業の実現にあたった。桓武朝の征夷は、光仁朝に失った地域の回復からさらに進んで、蝦夷勢力の根拠地と目された岩手県北上川中流域の胆沢《いさわ》から和我《わが》・斯波《しわ》の地の征討をめざした。

延暦三（七八四）年大伴家持《おおとものやかもち》を征東将軍に任じて征討を企てるが、はかばかしい成果をあげられなかった。こののち大規模な征討が三回にわたって行なわれる。まず第一次征討は、同八年征東大将軍紀古佐美《きのこさみ》が五万人をこえる征軍を率いて胆沢に攻め入ったが、胆沢の族長で蝦夷軍の指導者の大墓公阿弖流為《たものきみあてるい》の巧みな作戦にはまって大敗した。ついで同十三年の第二次征討は征夷大将軍大伴弟麻呂《おとまろ》のもとに征軍一〇万人、同二十年の第三次征討は征夷大将軍坂上田村麻呂《さかのうえのたむらまろ》のもとに征軍四万人によって戦い、それぞれ勝利をおさめた。田村麻呂はすでに第二次征討に征夷副将軍として実質的な指揮をとり、桓武朝の征夷に大きな功績を残し、伝説的な名将として語り伝えられた。同二十一年に蝦夷軍の指導者の大墓公阿弖流為と盤具公母礼《ばんぐのきみもれ》が五〇〇人の蝦夷を引き連れて投降した。

これらの大征討は、中断の期間をはさんで一二年間に三回行なわれ、奥羽両国はもちろん関東・中部地方の諸国から、多数の兵隊と軍糧や兵器などの大量の物資を徴発し、国力をあげた大事業であった。一方蝦夷側も、胆沢とその後方の和我・斯波の勢力が連携して政府軍にあたり、律令国家と蝦夷勢力がそれぞれ総力をあげて対抗する全面的な戦争であった。

これらの征討の結果、胆沢から斯波に至る岩手県の北上川中流域が支配下にはいり、坂上田村麻呂によって、延暦二十一年胆沢城（岩手県奥州市水沢区）、同二十二年陸奥国北端に志波《しわ》城（盛岡市太田）が、新しい版図の支配の拠点として造営された。胆沢城付近には移民によって胆沢・江刺《えさし》郡が設けられ、しばらくして胆沢城には多賀城から鎮守府が移され、胆沢城鎮守府がこの新版図を支配する拠点となった。

延暦二十三年に第四次征討が計画され坂上田村麻呂が征夷大将軍に任じられるが、翌二十四年に桓武天皇の御前で行なわれた公卿《くぎょう》会議で激論の末に、征夷と造都が天下の人民の困苦の原因であるという理由で、この二大事業は中止された。この征夷の終結は律令国家の辺境支配の政策の大きな転換点であり、これ以後辺境政策は消極的なものに変わっていった。

嵯峨朝にはいって、弘仁二（八一一）年田村麻呂の征夷の地に和我（和賀郡）・薭縫《ひえぬい》郡（稗貫郡）・斯波郡（紫波《しわ》郡）の三郡を設け、ついで同年征夷将軍文室綿麻呂《ふんやのわたまろ》が征軍二万を率いて、さらに奥地の爾薩体《にさったい》村（岩手県北端の二戸市付近）・幣伊《へい》村（のちの閉伊《へい》郡、岩手県東部沿海部）の蝦夷を征討した。この征討は桓武朝の征夷の残党の掃討であり、城柵の建設や建郡には至らず、いわば征夷終結のための征討であった。こうして宝亀以来の陸奥国の動乱は終結した。

『日本後紀』は、宝亀五（七七四）年の桃生城侵略から弘仁二年の征夷までのあしかけ三八年間を、陸奥国の動乱の時代ととらえているので、この戦争を三十八年戦争とよぶ。この間宮城県域は、動乱の初期に多賀城が焼亡して、その北の県北域が直接戦場となって被害をこうむり、また征討の時代をつうじて県域から多数の兵隊と、大量の軍糧や兵器などの軍需物資を調達されて、重い負担を負ったのである。

県北の騒乱と新体制の構築

延暦二十四（八〇五）年の征夷終結の決定は、蝦夷問題が解決したからではなく、長期間の征夷による国家財政の窮乏と東国・奥羽の民衆の疲弊によるものであった。この決定を転換点として、辺境政策は積極策から消極策に大きく転換した。弘仁二（八一一）年の征夷は東国からの兵の徴発をやめ、奥羽両国の兵力のみに依存するものであったし、同三年志波城をやめ、代わりに南に後退して徳丹城《とくたん》（岩手県矢巾町）を造営するが、志波城の規模は城柵のなかで最大であるのに対して徳丹城は最小であった。同六年陸奥国で鎮兵制をやめ兵数を三分の一に削減した。律令国家は北進策をやめ、北上川中流域を確保する政策に転換したのである。そして、最大の転換は建郡のための移民政策をやめたことである。北端の斯波・和我・薭縫三郡では建郡のための移民を送りこまず、蝦夷を基盤として蝦夷の豪族の力に依存する支配体制に転換した。これにともない移民の公民と蝦夷を分割して支配する政策も放棄された。

このような新しい支配体制が模索されるなかで、承和三（八三六）～七年、斉衡元（八五四）～二年にかけて連年のように、胆沢郡から宮城県北部の栗原・桃生郡、黒川以北十郡の地域で、公民と蝦夷のあいだ、蝦夷相互のあいだの抗争などの騒乱がおこった。承和三～四年の騒乱は、玉造郡の温泉石神《ゆのいし》（大崎市）で湯口の大石が鳴動し、大量の湯が噴出して荒雄川《あらお》に流入するという異変をきっかけに、栗原・賀美郡の人民が動揺して逃亡することによっておきた。律令国家はこれら騒乱を軍事力によって鎮圧するとともに、九世紀後半に奥郡では征討以後に没落した旧来の蝦夷の豪族にかわって、新興の蝦夷豪族を登用して新しい支配体制をつくって動揺を克服していった。

十世紀初めに胆沢城の鎮守府将軍は受領《ずりょう》官的性格のものに変わり、同じ頃におかれた岩手郡と斯波・薭縫・和我・胆沢・江刺郡のいわゆる奥六郡の領域支配を行なうようになり、蝦夷の豪族を鎮守府の在庁官人に編成した。十世紀後半以降、奥六郡を支配した安倍《あべ》氏はこの鎮守府在庁官人のなかから成長してくる（熊谷公男「平安初期における征夷の終焉と蝦夷支配の変質」『東北文化研究所紀要』二四号、同「『受領官』鎮守府将軍の成立」『中世の地域社会と交流』、同「九世紀奥郡騒乱の歴史的意義」『律令国家の地方支配』）。

3章

花開く仏教文化

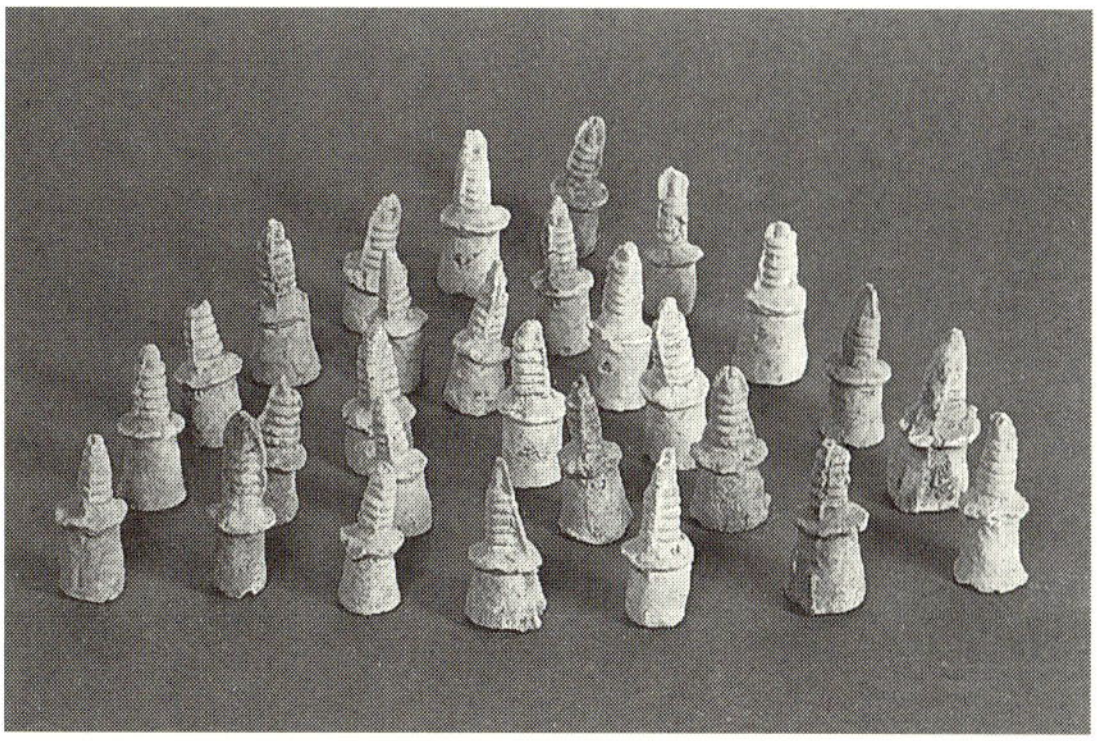

多賀城廃寺出土の土塔(10世紀)

1　寺と仏

初期の官寺●

六世紀前半に日本に伝来した仏教は、はじめ氏族を単位にうけいれられ、七世紀初めに蘇我《そが》氏は最初の本格的伽藍として飛鳥《あすか》に飛鳥寺を建立した。七世紀後半以降、朝廷は仏教の呪術的な力によって、国家を鎮護し隆昌させるために、飛鳥・藤原京・平城京につぎつぎと官大寺を建立し、仏教文化の花が咲きほこった。

地方では、地方豪族が氏寺《うじでら》を建立するとともに、七世紀後半から国府《こくふ》で鎮護国家のための法会《ほうえ》を行ない、八世紀半ばに至ってようやく国ごとに国分僧寺《こくぶんそうじ》・尼寺《にじ》が建立された。

陸奥国では早くも七世紀にはいると、福島県域で地方豪族によって仏教がうけいれられ寺が建立された。七世紀前半の相馬市の黒木田《くろきだ》遺跡（中野廃寺）、七世紀後半の福島市の腰浜《こしのはま》廃寺である。ついで七世紀末から八世紀初めに宮城県域にも国家によって官寺が建立された。仙台平野の郡山《こおりやま》廃寺、大崎平野の伏見《ふしみ》廃寺・一の関遺跡・菜切谷《なぎりや》廃寺である。

郡山廃寺（仙台市太白区）は、郡山遺跡のⅡ期官衙と同時期に建立された国府の付属寺院である。寺域は二町（二一四メートル）四方と推定され、寺域北辺をⅡ期官衙南辺の一町南におき、西辺を官衙の西辺にそろえるという官衙と一体的・計画的な配置になっている。寺域のなかに周囲を材木列塀で囲んだ中枢部がある。東西八一メートル、南北一三二メートルの広さで、北辺西端に八脚門《はっきゃくもん》を発見している。区画施設に材木列塀を用いるのは、いかにも城柵の寺らしい。中枢部の中央に講堂と推定される基壇建物があり、その北に僧侶が居住する掘立柱建物の僧房がある。南に開くコ字形に長い建物を配置し、三期の変遷がある。講堂の南西に溝で囲まれた区画があり、瓦が多量に出土するので、瓦葺き建物の存在が推定される。金堂《こんどう》であろう。

　中枢部の広さ、講堂の規模、僧房と講堂の距離などが、のちにのべる多賀城廃寺と近く、伽藍配置は多賀城廃寺と同じで、中央に講堂、その南の西に金堂、東に塔、北に僧房を配置するものと推測される。葺かれ

郡山廃寺の創建軒瓦

多賀城廃寺の創建軒瓦

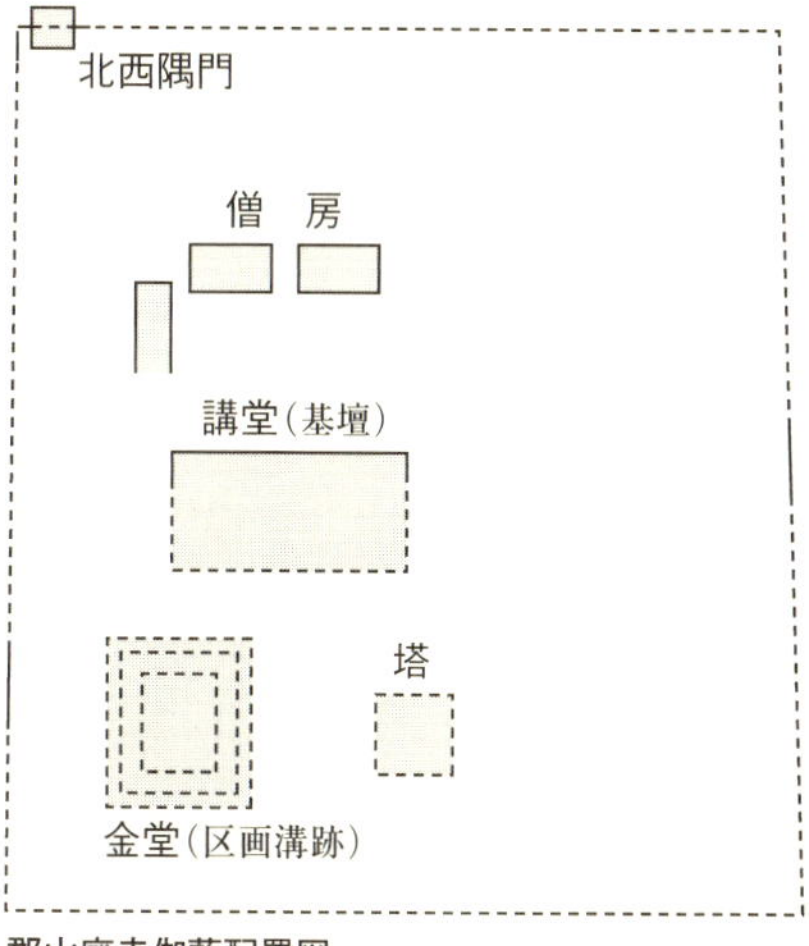

郡山廃寺伽藍配置図

ていた軒丸瓦《のきまるがわら》も、文様からみて多賀城廃寺の瓦の前身となるものである。郡山廃寺はまさしく多賀城廃寺の前身の寺で、国府付属寺院であった。寺域東部の井戸から、紙に罫線を引くための木製の定木《じょうぎ》が出土し、それには経文が習書されており、寺にふさわしいものである。

大崎平野の伏見廃寺（大崎市古川大崎）は名生館《みょうだて》遺跡の南一・二キロに、同遺跡の第2期官衙と同じ時期に創建された。建物は仏堂一棟で、東西一七・六メートル、南北一四・六メートルの大きさの瓦葺き基壇建物である。名生館遺跡の第2期官衙は丹取郡家《にとりぐうけ》と推定されるから、この寺は郡家に付属する郡寺である。一の関遺跡（色麻《しかま》町一の関）は色麻柵に付属する寺と推定される。仏堂が一棟で、東西一四・三メートル、南北一一・四メートルの瓦葺き・玉石積み基壇の建物である。

菜切谷廃寺（加美町菜切谷）は城生柵《じょうのさく》跡という城柵遺跡の東八〇〇メートルにあり、この城柵の付属寺院である。仏堂が一棟あり、東西一二・七メートル、南北一〇・八メートルの瓦葺き・玉石積み基壇の建物である。

これら三寺は、いずれも軒瓦からみて郡山廃寺と同時期に創建され、仏堂一堂だけの簡素な寺院であったが、城柵・官衙と同じ瓦が葺かれていることから、国家が建立した官寺と考えられる。

蝦夷の出家●

こうして七世紀末から八世紀初めに蝦夷《えみし》の住む地域に国府・城柵・郡家に付属する官寺が建立され、蝦夷のなかにも仏教に帰依し、僧侶になるものが現れはじめた。持統三（六八九）年、陸奥国優嗜曇評《うきたま》（置賜《おきたま》郡、山形県米沢盆地）の城柵に帰服した蝦夷が、願いによって出家入道を許され、また陸奥国の蝦夷の自《じ》得《とく》という僧、越国の新潟平野北部の蝦夷の道心《どうしん》という僧がそれぞれ仏像と仏具・荘厳具を与えられた。これらの蝦夷の僧は、前年に天武天皇の葬儀に参列するために朝貢した蝦夷集団とともに飛鳥の京にきたものであろう。

蝦夷が仏教に帰依するきっかけは辺境の官寺の建立であるが、毎年都に朝貢して都の壮大・華麗な寺にふれたことも一つのきっかけとなったであろう。飛鳥の京での蝦夷の朝貢儀礼は、飛鳥寺の西の地域で行なわれていたから、飛鳥寺を仰ぎみる機会があったであろう。

国府の寺、多賀城廃寺●

多賀城廃寺（多賀城市高崎）は、八世紀前半に多賀城とともに創建された国府の付属寺院で、十世紀中頃まで存続し多賀城と盛衰をともにした。多賀城の南東一・二キロの岡の上にある。伽藍配置は、中門から講堂に築垣《ついがき》がめぐり、そのなかの西に東面する金堂、東に三重塔を配置する。中門の南に南門があるのがふつうで、南門を求めて発掘を行なったがみつからず、南門はなかったらしい。

この伽藍配置は、基本的に大宰府《だざいふ》の観世音寺《かんぜおんじ》（福岡県太宰府市）と同じである。また先にのべたように、多賀城廃寺は郡山廃寺の伽藍配置を踏襲している。大宰府観世音寺は天智朝（六六二〜六七一年）から八世紀にかけて造営され、郡山廃寺と多賀城廃寺はこれとほぼ同時期に造営された。大宰府は大陸・半島に対する西の守り、郡山遺跡・多賀城は蝦夷に対する東の守りで、この三者は辺境の官衙という共通性があり、律令国家はそれらの付属寺院に同じ伽藍配置を採用したのである。多賀城廃寺の寺名は記録に残っていないが、十世紀半ばに多賀城城外の東西大路で行なった万灯会《まんとうえ》に用いた灯明《とうみょう》皿に「観音寺《かんのんじ》」と墨書きするものがあり、伽藍配置の一致とも考えあわせ、寺名は観世音寺と思われる。寺名も大宰府観世音寺と同じくしたのである。郡山廃寺も同じ寺名であったかもしれない。

国府の寺らしく、華麗な緑釉《りょくゆう》・灰釉《かいゆう》陶器が多数出土している。愛知県の猿投窯《さなげよう》（豊田市）や畿内で製作されたものである。寺にふさわしく、仏像の塑像《そぞう》片、土塔《どとう》、陶塔《とうとう》も出土している。塑像片は講堂に安置されていた仏像で、火災にあって破片になっていた。土塔は土製の高さ八センチメートルほどの塔のミニチュアで、中空になっていて真言陀羅尼《しんごんだらに》などを書いた紙を納めた（章扉写真参照）。十世紀頃のもので、講堂に祀られ二七〇〇点出土した。多賀城に勤務する人たちが納めたものだろうか。陶塔は土を焼いてつくった塔のミニチュアであるが、土塔と違って、わけてつくった各部分を組み立て、実物に近く、堂内に安置し祀ったもの

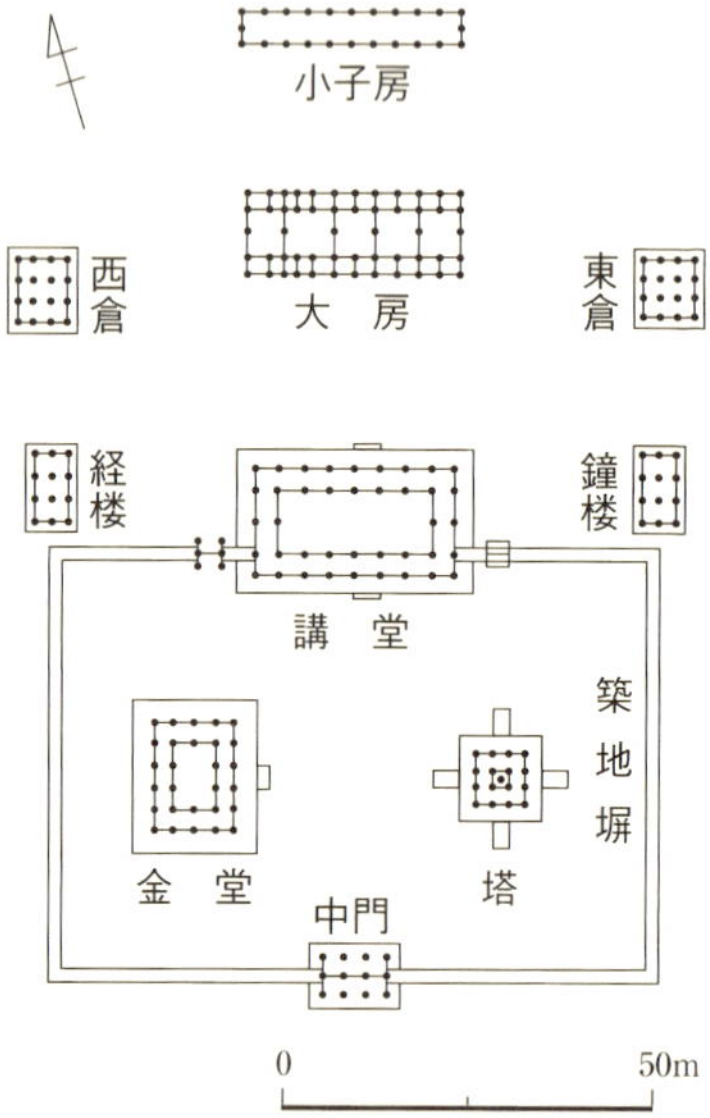

多賀城廃寺伽藍配置図（『多賀城跡調査報告』Ⅰによる）

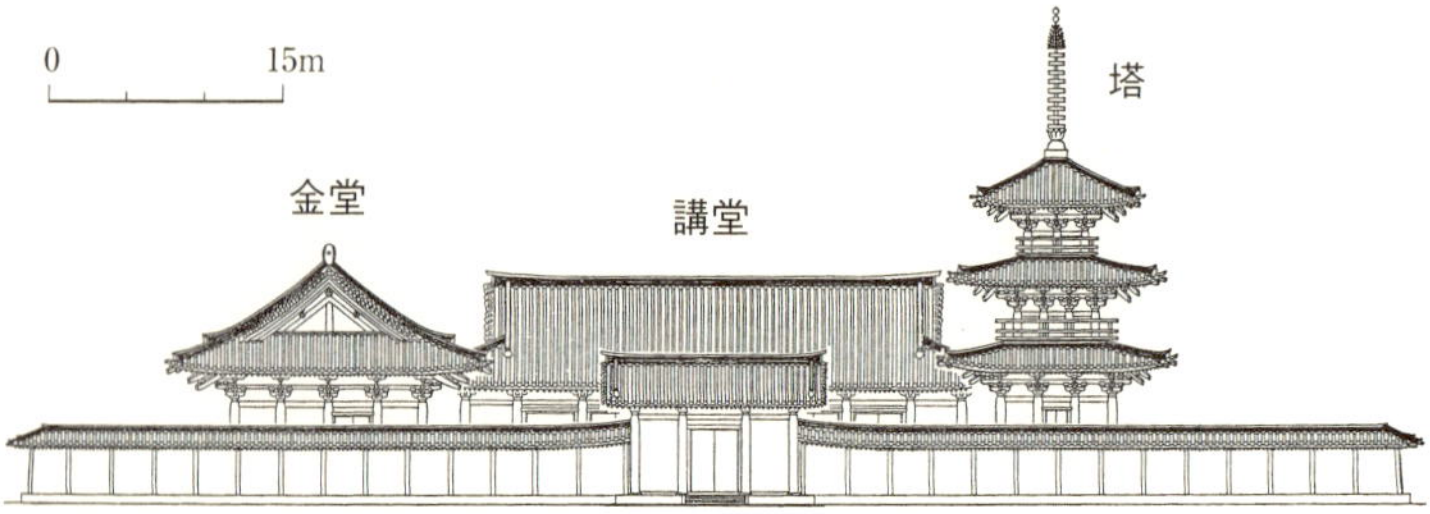

多賀城廃寺復元図（『多賀城跡調査報告』Ⅰによる。南から）

である。現在、多賀城廃寺跡は歴史公園として整備されている。

陸奥国では、諸国の国分寺の建立に先だって、七世紀末から八世紀前半に国府・城柵などの付属の官寺が建立された。これは陸奥国では一般的な鎮護国家という以上に、仏教に対して蝦夷経営の順調な発展が期待されたからである。仏教によって蝦夷を教化して帰服させ、その呪術力によって辺境の安穏を祈ったのである。

国分寺の建立●

天平十三（七四一）年、聖武《しょうむ》天皇は諸国に国分僧寺・尼寺の建立を命じた。当時、疫病の流行、新羅《しらぎ》との関係の緊張、藤原広嗣《ひろつぐ》の乱などによって政治と社会が動揺していたので、護国経典の力によって安定を祈ったのである。僧寺に僧二〇人、尼寺に尼一〇人をおき、毎月僧尼に護国経典の「金光明最勝王経《こんこうみょうさいしょうおうきょう》」を転読させて鎮護国家を祈らせた。陸奥国にも国分僧寺・尼寺が建立された。

陸奥国分寺は仙台市若林区木ノ下にある。平安時代に「宮城野《みやぎの》」と歌によまれた地である。慶長十二（一六〇七）年伊達政宗《まさむね》が国分寺跡に薬師堂を建立し、現在この寺が所在する。多賀城の西南方九・五キロで、他国の国分寺にくらべて国府からはなれている。寺域は八〇〇尺（二四二メートル）四方で、周囲に築垣がめぐる。築垣の南面・東面に南門・東門を開く。伽藍配置は、伽藍中軸線上に南から北へ南門・中門・金堂・講堂・僧房を配し、中門から金堂に回廊がめぐり、その東に回廊に囲まれた七重塔をおく（口絵参照）。

諸国の国分寺の造営は天平十三年の建立命令以後遅々として進まなかったが、天平勝宝八（七五六）年頃にはほぼ七割の国々で、伽藍の中枢部の金堂・塔、釈迦仏が完成していたらしく、また陸奥国分寺の創建瓦は天平宝字六（七六二）年完成の多賀城の第2期の瓦と同じであるから、天平宝字年間が完成時期の目安である。瓦は九世紀の復興瓦も含めて北の仙台市小田原《おだわら》・台《だい》の原《はら》の瓦窯で焼き、創建瓦にはスタンプで陸奥国の郡名の略記の一文字を押している。「苅」（苅田《かった》郡）、「柴」（柴田郡）、「行」（行方《なめかた》郡）、「標」（標葉《しめは》郡）、「石」（石城郡または石背郡）、「会」（会津郡）で、これは苅田郡以南の陸奥国南部の諸郡が、瓦製作のために国分寺の創建に力役の負担をしたことを示す。

　国分寺は多賀城と同じく、貞観十一（八六九）年の地震で被害をうけたが、復興された。同十五年

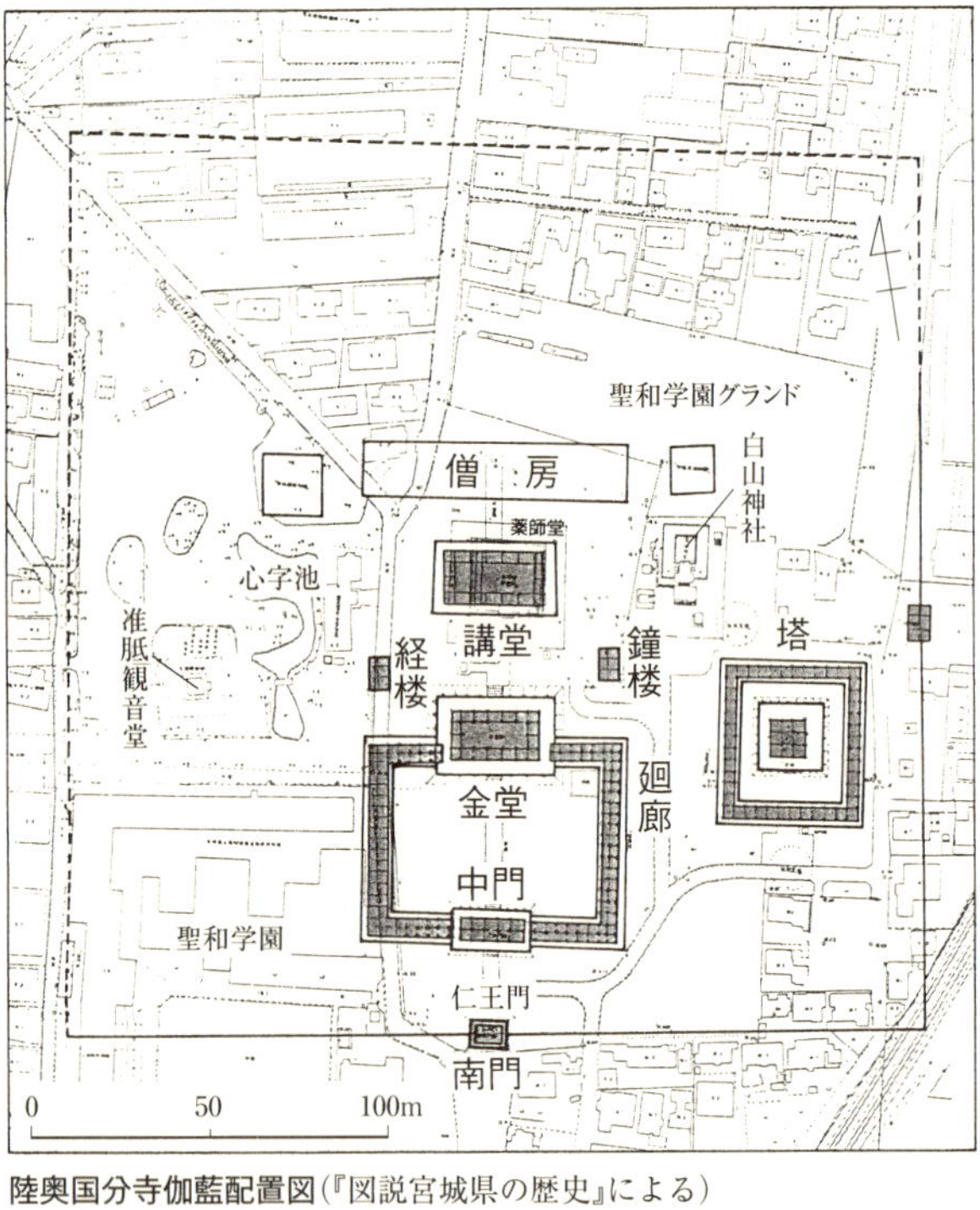

陸奥国分寺伽藍配置図（『図説宮城県の歴史』による）

に蝦夷を調伏するために国家を守護する五大菩薩像を安置した。承平四（九三四）年に七重塔が落雷によって焼失し、その後再建されなかった。この火災によって焼け落ちた塔頂上を飾る青銅製の相輪《そうりん》が、塔の北側の土中に突き刺さった状態で発見された。

陸奥国分尼寺は、僧寺の東五〇〇メートルに礎石建ち基壇建物の金堂跡を発見している。その他の建物は確認されていないが、寺域は僧寺の半分の四〇〇尺（一二一メートル）四方ほどと推定される。僧寺と同時期に創建され、承暦四（一〇八〇）年に倒壊した。

国分僧寺・尼寺は、律令国家の衰退とともに十・十一世紀に衰亡にむかった。ただ写経の奥書によると、寛喜二（一二三〇）年頃、陸奥国分寺には西院があって僧が住し、なお命脈を保っていた。

平安の仏たち●

平安時代になると法相《ほっそう》宗・天台宗などの教団の活動によって、仏教は陸奥国内の各地に広まり、現在に平安仏像を残している。九世紀初め法相宗の僧の徳一《とくいつ》は、会津にはいって恵日《えにち》寺（福島県磐梯《ばんだい》町）を建立して布教につとめた。勝常《しょうじょう》寺（福島県湯川村）も徳一ゆかりの寺で、薬師三尊像・四天王像などの九世紀半ばの仏像が残る。宮城県域では栗原郡築館町の双林《そうりん》寺が、新しい時期の棟札《むねふだ》に天徳二（九五八）年の建立と伝え、この時期の薬師如来座像や、持国天《じこくてん》像・増長天《ぞうちょうてん》像・地蔵菩薩像が伝わる。

十二世紀になると藤原氏の平泉《ひらいずみ》の仏教文化が咲きほこり、陸奥国内に波及していく。福島県いわき市の白水《しらみず》阿弥陀堂（願成寺）と本尊阿弥陀三尊像がその好例である。宮城県域では角田市の高蔵《こうぞう》寺阿弥陀堂が、治承元（一一七七）年藤原秀衡《ひでひら》夫妻の建立と伝え、白水阿弥陀堂よりも簡素な作りである。阿弥陀如来座像が二体あり、本尊の丈六阿弥陀如来座像は二七三センチメートルの巨像で、藤原様式のおだやかな相貌の仏像である（口絵参照）。栗原市花山地区の花山寺《かざんじ》跡では、平泉の影響をうけた大御堂《おおみどう》と中島をもつ浄土庭園がつくられた。

2　天平産金

陸奥貢金と大仏●

東大寺と盧舎那《るしゃな》大仏の造立は、国分寺の建立とならぶ天平の仏教文化を象徴する大事業である。聖武《しょうむ》天皇は天平十五（七四三）年に盧舎那大仏の造立を発願し、同十七年に平城京で造立をはじめ、天平勝宝四（七五二）年に開眼供養が行なわれた。大仏の仏身のメッキのために大量の金を必要としたが、日本ではこれまで金の産出がなく、朝鮮諸国からの貢献に頼っていたので、天皇は金の不足を憂慮していた。政府は金の輸入のため遣唐使《けんとうし》派遣を計画し、一方諸国に産金地を探索させていた。そのような折、天平二十一年二月、陸奥守百済王敬福《くだらのこにきしきょうふく》が、管内の小田《おだ》郡から金九〇〇両（約一二・六キログラム）が産出したと報告してきた。天皇はこの産金に驚喜して国家の慶事として祝福し、大赦《たいしゃ》や天平感宝の改元、租税の免除を命じ、産金関係者を褒賞した。当時国守として越中国府にあった大伴家持《おおとものやかもち》は、陸奥産金を賀する天皇の詔にこたえて、「東《あづま》の国の小田なる山」の産金をことほぐ長歌《ちょうか》をよんだ。この地は『万葉集』の最北の歌枕でもある。

この小田郡の産金地が、遠田郡涌谷《わくや》町黄金迫《こがねはさま》の黄金山《こがねやま》神社付近の地である。篦岳《ののだけ》観音で有名な篦岳山の西麓の谷筋で、昭和の初めまで砂金の採取を行なっていたという。

天平勝宝四年から大仏のメッキ作業がはじまり、陸奥の三年間の調庸《ちょうよう》免除が終わるとともに陸奥の金採取体制が整えられた。同年多賀郡から黒川以北諸郡の公民は、調庸として布のかわりに労働力を提供して、正丁《せいてい》四人に金一両（一四グラム）の割で納入することにされた。大仏のメッキには練金（砂金を溶練したもの）一万四四六両を要したというから、陸奥からの産金だけでは足りなかったかもしれない。

この陸奥産金は日本最初の本格的な金の産出であり、陸奥国は平安時代にかけて採取地を本吉《もとよし》・気仙《けせん》・東磐井郡、また白河郡（八溝山《やみぞ》）に拡大し、最大の産金国となる。十世紀前半の『延喜式』では陸奥国は交易雑物として毎年砂金三五〇両を貢納し、もう一つの貢納国の下野国をしのぐ。金は中国との貿易の代価物としても用いられ、日本は一転して金の輸出国となり、中国の正史の『宋史』日本伝には奥州の産金が記されている。陸奥国は十六世紀まで日本有数の産金国の地位を保つが、そのきっかけがこの天平産金であった。

小田郡の仏堂と黄金山神社●

この産金の地に、産金を仏に感謝し、金の採取が順調にいくことを祈って仏堂が造営された。昭和三十二（一九五七）年の発掘調査で、黄金山神社の社殿からその後方にかけて発見された仏堂跡が、これである。基壇をもつ礎石建物で、六角円堂と推定される。出土した屋根の頂部にのる瓦製の宝珠《ほうじゅ》が六角錐形をしていることが、その根拠である。出土する軒瓦は多賀城第2期や国分寺創建瓦と類似するもので、瓦製の宝珠と丸瓦《まるがわら》に「天平」のヘラ書きがある。ヘラ書きは瓦の製作年代を示すが、ヘラ書きの下が欠けていて、該当する年号は、天平感宝・天平勝宝・天平宝字・天平神護のいずれかである。天平勝宝元（七四九）年の産金関係者の褒賞の際、小田郡の人で、官の得度《とくど》をうけていない私度の沙弥《しゃみ》である丸子連宮麻呂《まるこのむらじみやまろ》が師《し》位僧《いそう》になり、応宝《おうほう》という法名を与えられ、彼がこの仏堂の僧になったと思われるから、仏堂は産金後程なくして建立されたものであろう。この谷の砂金が枯渇するとともに、この仏堂も忘れられ廃滅した。

この地には、産金以前から黄金山を祀る社があったが、産金によって一躍脚光をあび、その神主日下部深淵《くさかべのふかふち》は褒賞され、社も官社として祀られることになった。『延喜式』にのせる黄金山神社がこれであり、承暦四（一〇八〇）年にも黄金明神として叙位され、現在に至るまで命脈を保ち、ここが天平産金の地であることを伝える。

「天平」銘の瓦（天平産金遺跡出土）

4章

奥羽・関東せめぎあい

高蔵寺阿弥陀堂(角田市)

1　荘園と公領

亘理権大夫と伊具十郎

十一世紀後半の東北地方は、前九年合戦《ぜんくねん》（一〇五一～六二）、後三年合戦《ごさんねん》（一〇八三～八七）と打ち続く戦乱のなかにあった。

前九年合戦は、奥六郡《おくろくぐん》の司・東夷の酋長として知られている安倍頼時《あべのよりとき》・貞任《さだとう》と陸奥守《むつのかみ》・鎮守府《ちんじゅふ》将軍の源　頼義《みなもとのよりよし》のあいだの合戦である。頼義は前後一二年にわたる困難な戦いの末に、出羽国山北《せんぼく》三郡の俘囚《ふしゅう》主《しゅ》である清原武則《きよはらのたけのり》の協力をえて、安倍貞任を厨川《くりやがわ》（岩手県盛岡市）に討ち、安倍氏を滅ぼした。

また後三年合戦は、前九年合戦の後で鎮守府将軍となり、奥六郡を安倍氏から受け継いだ清原武貞の子息、清原真衡《さねひら》・清衡《きよひら》・家衡《いえひら》の三人の争いに陸奥守源義家《よしいえ》が介入することによっておこった戦闘である。結果は清衡が勝ちをおさめ、奥六郡と山北三郡を受け継いで奥州藤原氏の初代になった。藤原清衡は、安倍貞任の妹で、前九年合戦の後で清原武貞に再嫁した女性の連れ子であり、父は藤原経清《つねきよ》という人であった。

どちらの合戦も岩手県あるいは秋田県が主戦場であるが、本県にも大きな関係がある。『陸奥話記《むつわき》』によれば、藤原経清は安倍頼時の婿となり、亘理権大夫《わたりのごんのたいふ》といわれていた。亘理はいうまでもなく、本県の亘理郡のことである。彼ははじめ源頼義に属していたが、戦いの途中で舅の安倍頼時のもとに走った。その理由は、同じく安倍頼時の婿であった平永衡《たいらのながひら》という人が、讒言によって源頼義に疑われ、斬られたのをみて、同じ立場の自分も、いつ斬られるかわからないという不安をいだいたためであるという。この平永衡は伊具十郎《いぐじゅうろう》といわれていた。伊具もまた本県の郡の一つである。

平永衡は前国守《こくしゅ》の藤原登任《なりとう》の郎従としてこの国にきて、重く用いられて一郡を領していたという。この時代には、任国に下る受領《ずりょう》が武士を郎等《ろうとう》・従者として引き連れてくるのが一般的であった。またそのような外来の人が地方に土着しようとする場合、土地の豪族の娘を娶り、豪族の縁者となることが多かった。平永衡は、この時代にどこにでもいた受領の郎等の一人であり、安倍氏の婿になって、陸奥国に土着しようとしていた人だったのである。藤原経清も、同じような経歴の人だったと考えられる。

亘理も伊具も本県南部の郡名である。彼らはその郡名を名字《みょうじ》としている。中世の武士にとって名字の地というのは、その本領であり、一所懸命の地を意味する。彼らは郡を本領とし、郡の組織を根拠に土着しようとしていたのである。また亘理郡・伊具郡ともに阿武隈《あぶくま》川流域の地で、亘理郡はその河口にあたる。阿武隈川は、陸奥国の南部と多賀城の国府《こくふ》を中心とする地域をつなぐ、重要な河川交通路だった。彼らはそのようなところを選んで、それを根拠地とし、この国に土着しつつあったのである。前九年合戦・後三年合戦の背後には、彼らのように新しくこの国にきた武士たちの、土着をめぐる複雑な争いがあった。

ところで、本県では中世になっても、郡が所領の基本的な単位で、鎌倉時代の地頭《じとう》も郡を単位に任命されていた。その名前は、十世紀の『延喜式《えんぎしき》』や『倭名類聚抄《わみょうるいじゅうしょう》』にあるものと同じで、十世紀以後、新しい郡ができた形跡はない。しかしその中身は、古代のように複数の地方豪族がその伝統的権威によって人民を統治する組織ではなく、外来の領主が水田の開発などを根拠に知行をするものに変わっていた。伊具十郎平永衡や亘理権大夫藤原経清は、そのような領主の代表だったのであり、前九年合戦・後三年合戦の背後には、そうした郡の内実の変化にともなう紛争が渦巻いていたのである。

しかし、中世の本県は郡だけで構成されていたわけではない。つぎには郡以外の所領にはどんなものがあったのか、のべてみよう。

まず荘園だが、本県には本良荘《もとよし》・高鞍荘《たかくら》・栗原荘《くりはら》・伊具荘という古い由緒をもった四つの荘園があった。本良荘はのちの本吉郡の地域で、古代の桃生郡《ものう》の一部が荘園になったものと推定される。高鞍荘は栗原郡の三迫《さんのはさま》川流域の地で、現在の栗原市金成《かんなり》あたりの地。戦国時代の『余目《あまるめ》氏旧記《しきゅうき》』には「三迫高倉庄七十三郷」とみえる。古代の栗原郡と岩手県に属する磐井郡の一部が荘園になったものと考えられる。栗原荘はその南で、一迫《いちのはさま》川流域を含む地域。伊具荘は先にのべた十一世紀の伊具郡の中心部分が荘園になったものと推定される。伊具荘の南には金原保《かなはらのほう》という保があった。十二世紀の初めに金原保ができ、その後で伊具郡の中核の部分が荘園化して、伊具荘ができたのである。保については後でのべる。

本良荘・高鞍荘・栗原荘の三荘は、摂関家藤原氏の荘園だった。このうちの栗原荘は、建長五（一二五三）年の『近衛《このえ》家領《けりょう》目録』に「京極殿領内《きょうごくどのりょうない》」と記されている。京極殿というのは、関白藤原師実《もろざね》（一〇四二〜一一〇一）のこと。したがって栗原荘は十一世紀には成立していた荘園だが、この京極殿領というのは、「宇治殿領《うじどのりょう》」すなわち宇治の平等院で有名な藤原頼通《よりみち》（九九二〜一〇七四）の所領を継承したものであるというから、十一世紀も前半にさかのぼる古い荘園だった。荘内を流れる一迫川の上流の栗原市花山《はなやま》地区には、大御堂《おおみどう》跡と伝える臨池伽藍の跡があり、昭和三十一（一九五六）年の調査によって、五間四面の礎石建物跡と、中島をもつ池跡、鐘楼《しょうろう》か経蔵《きょうぞう》跡と推定される礎石などが確認された。平安時代末、十二世紀の浄土庭園をもつ伽藍であろうと推定されている。

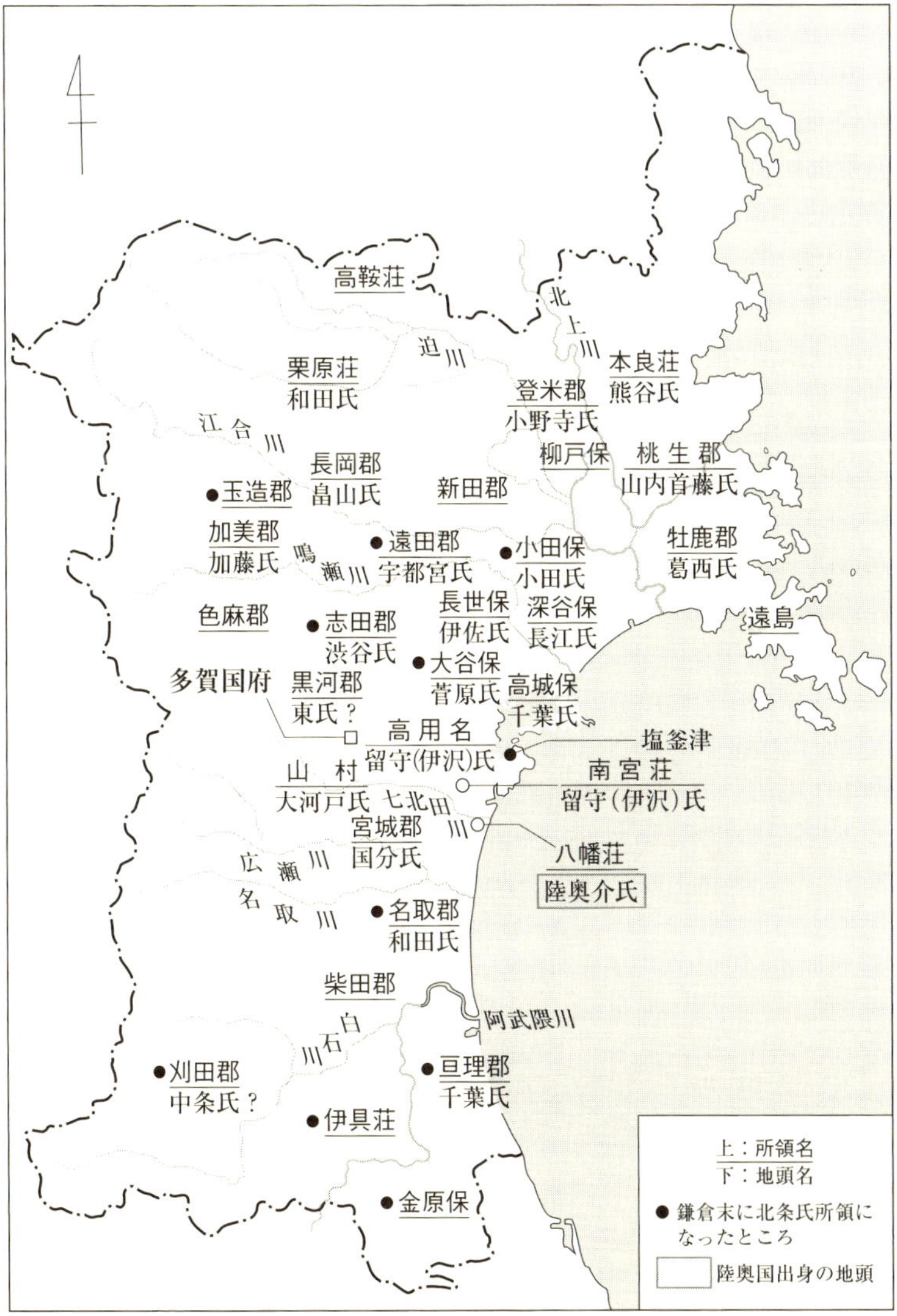

宮城県の荘園・公領と鎌倉時代初期の地頭の分布

また本良・高鞍の二荘は、保元《ほうげん》の乱（一一五六）の中心人物として有名な藤原頼長《よりなが》が奥羽にもっていた五荘のうちに数えられるものだった。父の関白忠実《ただざね》から久安四（一一四八）年に譲られたというから、おそくても十二世紀の初めには成立していたことが明らかだが、これも栗原荘とならぶ摂関家領の中心的な荘園だったから、その成立が十一世紀にさかのぼることは、ほぼ確実である。

この栗原・本良・高鞍の三荘は、日本最北の荘園である。その北はいわゆる奥六郡で、十一世紀には俘《ふ》囚長《しゅうちょう》・俘囚主などといわれた安倍・清原氏が根拠としていたところである。南下する安倍・清原の勢力と、土着しつつある藤原経清や平永衡のような勢力との対立が、荘園成立の背後にあったものと推定される。

一方、伊具荘は八条院《はちじょういん》領で、王家領荘園の一つであり、その成立は十二世紀のことである。古代の郡の中心部分がそのまま荘園になるのは、十二世紀に多い。伊具十郎平永衡の後継者にあたるような人が、王家につながりのある人に縁を求め、この土地を寄進したのであろう。

この伊具荘に属する角田市高倉《たかくら》に、高蔵《こうぞう》寺阿弥陀堂がある（章扉写真参照）。三間四方、低い廻縁をめぐらした宝形造《ほうぎょうづくり》で、茅葺・素木《しらき》造の簡素な姿であるが、福島県いわき市白水《しらみず》の阿弥陀堂などと同じ平安時代末の阿弥陀堂である。本尊の阿弥陀如来像も同時期のもので、両方とも国指定重要文化財である。

仙台藩の学者、佐久間洞巌《どうがん》が享保四（一七一九）年に著した『奥羽観蹟聞老志《おううかんせきもんろうし》』に、この阿弥陀堂の棟《むね》札《ふだ》の銘が載せられていて、そこには藤原秀衡《ひでひら》の妻の発願によって、治承元（一一七七）年に旧によって新造されたという旨が記されている。また小檀那として安部安氏、助力として藤原・鳥取《ととり》・上野・草部《くさかべ》・安部などの姓を名乗る一四人の名前が記されている。棟札そのものは江戸時代のものだが、安部安氏以下の人名は、治承元年当時の伊具荘内の有力者と推定される。安部は前九年合戦の安倍に通じる。陸奥国には安倍姓の人が多い。鳥取・草部などの古代的な名字を名乗る人が多い点も注目される。

国府背後地の保●

十二世紀以後の宮城県は、右にみたように北と南の端に大きい荘園があって、そのほぼ中央に古代以来の陸奥国府があった。そしてその国府の北と東の背後地には、六つの保《ほう》があった。高城保《たかぎ》（松島町・利府町）、大谷保《おおや》（大郷町）、長世保《ながせ》（大崎市松山・同鹿島台、美里町）、深谷保《ふかや》（東松島市矢本・鳴瀬、石巻市西部）、小田保《おだ》（美里町・涌谷町・石巻市西部）、柳戸保《やないど》（登米市津山町）がそれで、連続する地帯をなしている。やや南にはなれた金原保《かなはら》（丸森町・伊達市保原町・梁川町の一部）を加えると、本県には七つの保があったことになる。

保とは、十二世紀の初め頃に形成された国衙領《こくがりょう》内の私領で、開発・再開発によって形成された私領を、国に申請して認められたものである。国衙の在庁官人《ざいちょうかんじん》などが申請する国保《こくほう》と、在京領主が申請する京保《きょうほう》があるが、この場合は国保で、陸奥国府の在庁官人たちが開発の主体であったと推定される。

高城保以下の六保のある地域は、高城川・鳴瀬川《なるせ》・江合川《えあい》・迫川《はさま》・北上川などの氾濫原低湿地で、近代に至るまで、湿地の干拓による大規模な開発と再開発がくり返されてきたところである。高城・大谷・長世保の辺りには、品井沼《しない》という広大な沼があった。その全面的な干拓は、太平洋戦争後のことになる。また江戸時代の伊達騒動の導火線の一つになったといわれる谷地《やち》の争奪が行なわれたところは、深谷・長世保の辺りである。谷地は低湿地のことで、この辺りでは江戸時代の初めに、大規模な新田開発が行なわれていた。平安時代末の十二世紀にも、同じところで大がかりな水田の開発が行なわれていたのである。

以上、中世の宮城県には、郡・保・荘とよばれる所領の単位があって、鎌倉時代の地頭なども、それを単位に任命されていた。そのような土地制度を荘園公領制というが、それは十一世紀から十二世紀にかけて形成されてきたものだった。

ただし、郡・保・荘以外の所領単位が、まったくなかったわけではない。その一つは遠島《としま》といわれるところで、これは現在の牡鹿《おしか》半島をさす。牡鹿郡と桃生《ものう》郡にまたがる地域で、その内実は浜とよばれる漁撈・狩猟・海運を生業とする集落の集まりである。このうちの石巻市給分浜《きゅうぶんはま》には、国の重要文化財に指定されている鎌倉時代初期の木造十一面観音像があり、網地島《あじしま》の常春《じょうしゅん》寺には、県指定文化財で、やはり鎌倉時代の木造聖観音《しょうかんのん》像がある。前者には前九年合戦の安倍氏や奥州藤原氏にからむ伝説があり、またもと石巻市桃生町の日高見《ひたかみ》神社の本地仏《ほんじぶつ》であったものを、中世にここに移したという伝えもある。またこの浜の見明院《けんみょういん》という修験は、鎌倉時代以来の由緒を伝える安藤を名字とする家であった。奥羽の安藤氏は海民の首領として有名な存在である。いずれも、中世の遠島の住人たちが、ただの漁民とは異なって、海運その他の幅広い活動に従事していたことを物語るものである。

石巻市給分浜の木造十一面観音像

高用名・八幡荘・山村●

国府の所在地の宮城郡も、他の郡とは異なった特徴をもっていた。その内部には名《みょう》とよばれる所領があり、また郡内にいくつもの荘園があるなど、複雑な構成になっていた。

宮城郡の中心にあたるのは、古代の多賀城の系譜を引く陸奥国府だが、それは高用名という広大な名のなかにあった。高用名は、鎌倉時代の史料では「かうゆふミやう」と書かれていて、「こうゆうみょう」と読んでいたことが確かであるが、それは漢字をあてれば「国府用名」が本来で、高用名は宛字であると思われる。国府を「こう」とよむ例は多い。つまり高用名は国府（国衙《こくが》）の運営費を弁ずるための名《みょう》なのである。また高用名の領主は鎌倉時代には、陸奥国留守職《るすしき》を世襲する留守氏の所領であった。留守職とは、在庁官人を統率して国務を執行する留守所《るすどころ》の長官である。高用名の領主にぴったりの職務である。

関東の常陸国などでは、国府所在郡の中に在庁別名《ざいちょうべつみょう》という在庁官人の所領が、いくつも存在していた。ところが陸奥国では、それにあたるものは高用名一つだけしかない。また留守職という名前の職務も陸奥国のほかには、出羽国にみえるだけである。おそらく奥羽では、留守所の長官の力が強く国府の実務を執行する在庁官人たちは、自分の別名をもつほどに独立していなかったのだと考えられる。中世の宮城郡には、税所《さいしょ》・田所《たどころ》などの名字をもっていて、国府の税所や田所の実務を世襲している在庁官人がいたが、彼らの所領は高用名のなかにあって、彼らは留守氏に強く従属していたと考えられるのである。

宮城郡には、このほかに八幡《やわた》荘・山村《やまむら》・宮城本郷《みやぎほんごう》・国分寺郷などの所領があった。八幡荘の鎌倉時代の地頭は、陸奥介《むつのすけ》を名乗る平氏だった。『今昔物語集』巻二六に、「陸奥国の府官、大夫介《たいふのすけ》の子のこと」と題する話がある。その主人公は国の介で、常に国の庁（タチ）にいて、政（まつりごと）を執り行なっている、字を大夫介という勢徳あるものであった。家は庁（タチ）から一〇〇町ばかりはなれたところにあったという。この大夫介が実在の陸奥介のことなのかどうかはわからないが、八幡荘地頭の陸奥介が平安時代以来の陸奥国府の有力な在庁官人の一人であったことは疑いない。介のような有力な在庁官人は高用名の外に自分の所領をもっていて、それを荘園化することができたのである。前にのべた国府の背後地の保も、そうした有力な在庁官人の私領だったのであろう。

また山村は、泉ケ岳山麓の文字通りの山村の地で、猪沢《ししさわ》・薯蕷沢《いもざわ》・志茂尻沢《しもじりざわ》・朴沢《ほうざわ》などの沢によって構成されていた。鎌倉時代の文書に領家《りょうけ》年貢を負担し、本所《ほんじょ》をいただいていることが記されているので、一つの荘園であったが、これも八幡荘と同じく、もとは有力な在庁官人の所領だったのであろう。荘内の福岡の阿弥陀堂には、笈分《おいわけ》如来と称する鎌倉時代の木造阿弥陀如来立像がある（県指定文化財）。

陸奥国分寺木造不動明王像（仙台市）

つぎに宮城本郷は郡としての宮城郡の中心で、仙台市宮城野区の苦竹《にがたけ》の辺り。その地頭は留守氏の一族の宮城氏だった。さらに国分寺郷は陸奥国分寺を中心とする郷で、仙台市若林区の木ノ下《きのした》・白萩町の辺り。南北朝期のこの郷の領主は、下総国の千葉氏の一族といわれる国分《こくぶ》氏であった。なお陸奥国分寺には、今も鎌倉時代の木造不動明王像・毘沙門天《びしゃもんてん》像・十二神将像の群像があり（県指定文化財）、鎌倉時代にも興隆期があったことが確かである。国分寺郷はこの国分寺の私領的な性格の郷として、平安時代の後期に成立したものなのであろう。

動く国府●

国府の所在地の宮城郡は、以上のように郡内がいくつもの所領にわかれていて、国府の在庁官人によって郡内が分割、開発されたことを物語っているといえるが、その中心である国府そのものはどこにあったのだろうか。

古代の陸奥国府であった多賀城は、整った政庁の存在が発掘調査によって確かめられているが、それはほぼ十世紀頃にその生命を終えてしまったことが、これも発掘調査によって確認されている。しかし陸奥国の政治的中心である国府は、その後も機能しつづけて鎌倉時代にもおよんでいた。したがって十一世紀以後の国府は、古代の政庁の場所からは動いていたと考えねばならない。

その場所は、古代の多賀城の西、現在の

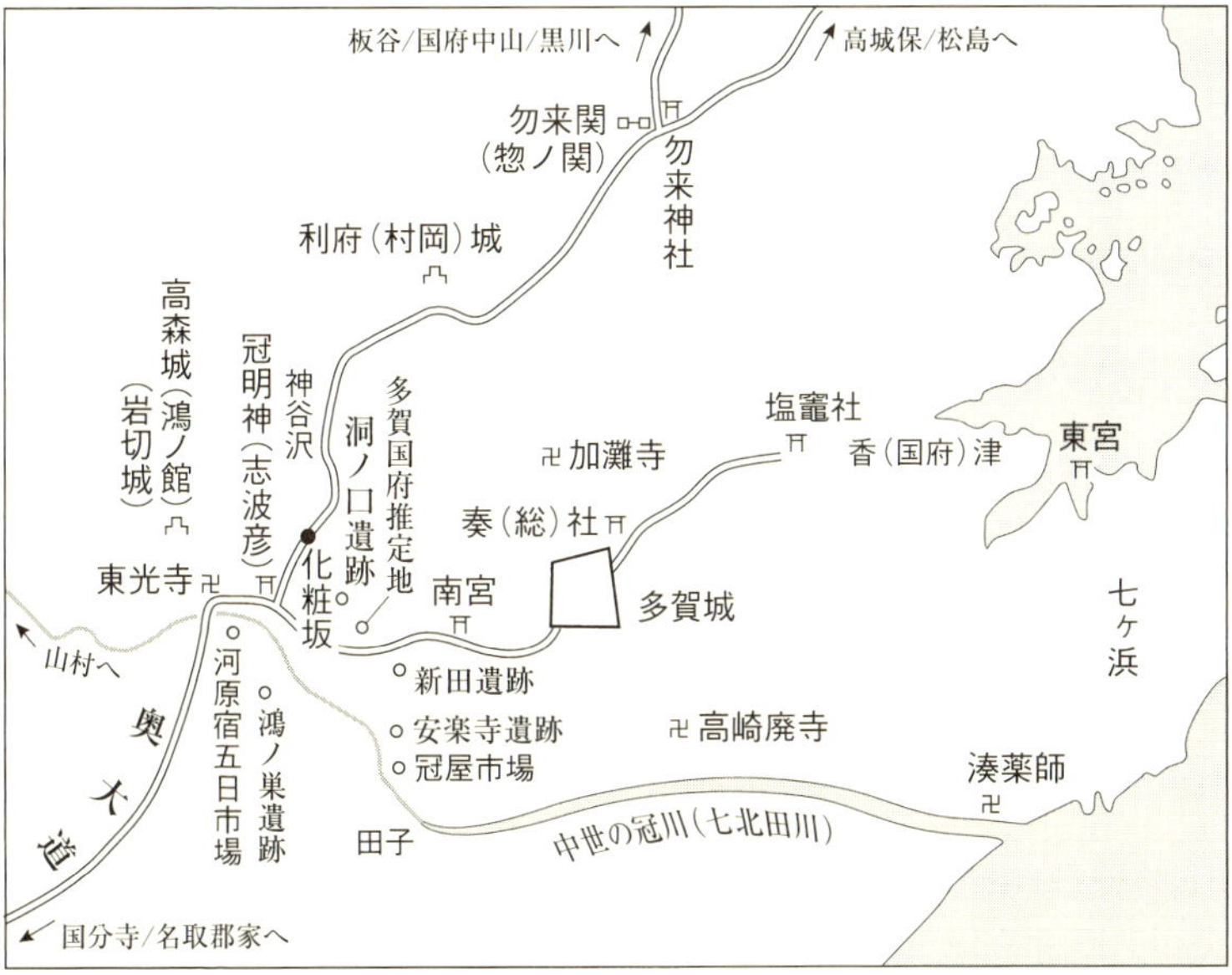

多賀国府の周辺

仙台市宮城野区岩切《いわきり》の辺りと推定される。ここには新田《にいだ》遺跡、洞《とう》ノ口《くち》遺跡、鴻《こう》ノ巣《す》遺跡、安楽寺《あんらくじ》遺跡などの中世の大きな館跡あるいは集落の跡があり、そのほとんどは十二世紀にさかのぼる。また南北朝期の紀行文『都のつと』などでは、この岩切の辺りに「たかのこふ」があったことが記されている。「たかのこふ」は「多賀の国府」、すなわち中世の陸奥国府のことである。国府を「こう」または「こふ」という例が多いことは前述したが、中世の陸奥国府は、史料上では「多賀国府」と書かれていることが多い。

ここは、中世の奥大道《おくだいどう》と七北田川《ななきた》（中世には冠《かむり》川または冠屋《かむりや》川という）が交差するところである。奥大道は関東から陸奥国を縦貫して津軽の外ケ浜《そとがはま》に至る幹線道路で、鎌倉時代には幕府が御家人に命じて、その警備を行なっていた。本県の中央部では、岩沼《いわぬま》を通って名取《なとり》川を渡り、宮城野の木ノ下の付近を通って、東北に進み、岩切で七北田川を渡って、さらに北上する、というのがそのルートだった。また七北田川は中世においては、七ケ浜《しちがはま》町の湊浜《みなとはま》が河口になっていて、水運にも利用されていた。陸奥国府は、古代の丘陵の上から、水陸の交通の要衝に進出してきたのである。その時期は、十一世紀と十二世紀の交わりの頃と考えられる。

2　関東御家人の支配

文治奥州合戦●

文治五（一一八九）年秋、源頼朝《みなもとのよりとも》は大がかりな動員令を発し、みずから兵を率いて平泉の藤原泰衡《やすひら》を攻めた。最大の激戦は伊達郡の阿津賀志《あつかし》山山麓（福島県国見町）での合戦だった。泰衡の異母兄西木戸《にしきど》太郎国衡《くにひら》が二万余騎という軍勢を率いて頼朝軍を迎え討った。戦いは八月八日から十日におよんだが、小山朝光《おやまともみつ》・宇都宮朝綱《うつのみやともつな》らが平泉軍の背後を襲うという奇襲作戦に成功したこともあって、平泉勢の大敗に終わった。国衡は柴田郡大高宮《おおたかみや》（大河原町金ケ瀬）の辺りで、和田義盛《よしもり》・畠山重忠《しげただ》の軍勢に討ち取られた。

このとき藤原泰衡自身は、国分原鞭館《こくぶはらむちだて》というところに陣し、名取・広瀬の両河に大縄を引き、刈田《かった》郡にも城郭を構えていたが、阿津賀志山の敗報を聞いて、戦わずして北へ逃げた。国分原鞭館とは、仙台市宮城野区の榴ケ岡《つつじがおか》のことといわれている。頼朝は八月十二日の夜に多賀国府にはいり、一日の休息ののち十四日にそこを発って平泉にむかった。泰衡は頼朝軍の急追をさけて、平泉を捨て蝦夷島《えぞがしま》（北海道）をさして逃げる途中、比内《ひない》郡贄柵《にえのさく》（秋田県大館市）において家臣の河田次郎に殺され、ここに奥州藤原氏は滅亡した。頼朝がその首を実検したのは九月六日、志波《しわ》郡の陣岡蜂杜《じんがおかはちもり》（岩手県紫波町）においてであった。

平泉からの帰途の十月一日に、源頼朝は多賀国府に立ち寄り、地頭などを集めて、郡・郷・荘園の所務《しょむ》（年貢・官物の徴収）のことにつき、一紙の張文《はりぶみ》を府庁においた。それには、「国中のことは秀衡・泰衡の先例に任せて其の沙汰を致すべし」とあった。多賀国府が平泉滅亡のあとをうけて、陸奥国中の所務のことを扱う場所と定められていたことが明らかである。

留守氏と葛西氏●

その多賀国府の留守所《るすどころ》の長官である留守職《るすしき》に任命されたのが、伊沢家景《いさわいえかげ》であった。奥州藤原氏滅亡の翌年、建久元（一一九〇）年の、藤原氏の残党、大河兼任《おおかわかねとう》の乱の後で、本留守・新留守所が兼任同意の科によって所帯を没収された、その跡をうけてのことであった。その後、伊沢氏は留守職を世襲し、名字を留守と称するようになった。留守職の職務は、平安時代の留守所の長官すなわち先の本留守・新留守所の職務を継承し、在庁官人を指揮して国務を行ない、勧農《かんのう》の沙汰をする、ということであった。所務である。

一方、葛西清重《かさいきよしげ》には、前年の九月に、陸奥国の御家人《ごけにん》のことの奉行《ぶぎょう》と平泉郡内検非違使所《けびいしどころ》の管領が命じられた。御家人の奉行すなわち統率は、鎌倉時代においては守護《しゅご》の職務である。また検非違使の仕事、すなわち諸人の濫行《らんぎょう》を停止し、罪科を糾弾するのは、この場合は平泉郡内という限定はあるものの、これまた守護の仕事である。

そしてこの留守家景と葛西清重の二人が、『吾妻鏡』の建久六年九月二十九日条では、「奥州惣奉行《おうしゅうそうぶぎょう》」とよばれていた。彼らが、奥州藤原氏の滅亡後の鎌倉幕府による陸奥国の行政を、分担して執行していたことは確かである。また留守家景の陸奥国留守職が平安時代の陸奥国府の留守所の職務を継承し、葛西清重が奥州藤原氏の固有の職務を継承したものであったことも、以上の経過から推察されるところである。

奥州藤原氏は秀衡の時期には陸奥守であったし、奥六郡や山北三郡などの固有の支配領域をもっていて、その支配は広範囲にわたっていた。しかし王朝国家との関係で、四代をつうじて認められていた固有の職務、行使する権限の核になるものは、奥羽の軍事・警察権だった。それを陸奥国という範囲で継承したのが、葛西清重だったのである。

ただこの奥州惣奉行の職務が、鎌倉時代末に至るまで留守氏と葛西氏に受け継がれ、実質的に機能していたかどうかについては、これを疑問視する意見もある。奥州惣奉行の職務は文治奥州合戦の戦後処理のためのもので、やがて諸郡に任命された郡地頭の職務のなかに拡散して継承されてしまうのだ、という意見である。

たしかに奥羽の郡地頭は大きな権限を行使していて、他の諸国とは異なっている。しかし郡地頭をこえる国府の仕事が、鎌倉時代後半になくなってしまったとは考えられないし、国単位の御家人統率の必要が失われたとも思われない。今は、奥州惣奉行の仕事は衰退しつつも、鎌倉時代をつうじて継承されていた、という立場に立つことにしたい。

顔をそろえる有力御家人●

留守氏の所領が高用名であったことは先にのべたが、葛西氏の所領は五郡二保という広大な領域の地頭職であった。五郡のうち四郡は磐井《いわい》・胆沢《いさわ》・江刺《えさし》・牡鹿《おしか》の諸郡、二保は黄海《きのみ》・興田《おきた》保。のこる一郡は、明証はないが、気仙《けせん》郡かと推定されている。牡鹿郡だけが本県で、他は岩手県南部の平泉を中心とした地である。この所領のあり方と、葛西清重が奥州惣奉行に任じられたこととは、密接な関係がある。

葛西氏は秩父平氏の一族で、下総国の葛西御厨《みくりや》（東京都葛飾区・江戸川区・墨田区）の領主。早くから源頼朝の挙兵に馳せ参じ、文治奥州合戦では抜群の功績をあげた。それがこの広大な所領の恩賞に結実したといわれる。葛西御厨は東京湾岸の地で、隅田川・中川・江戸川の河口に位置しており、伊勢大神宮に海産物を貢納する荘園だった。当然、そこには漁業や海運に従事する人々が居住しており、葛西氏はそれらの人々を組織していたと考えられる。また葛西御厨は上記の河川を通って、内陸部と海を結ぶ結節点の位置にもあった。

一方、牡鹿郡は北上川の河口にあり、太平洋の沿岸航路の基地であるとともに、北上川水運を利用して、奥州藤原氏の首都である平泉と、関東や西日本の各地をつなぐ結節点の位置にもあった。葛西御厨と牡鹿郡は、たいへんよく似た位置にあるといってよい。源頼朝が葛西清重を奥州惣奉行に抜擢し、牡鹿郡以下の五郡二保の地頭に任命したのは、葛西氏の葛西御厨での経験をかってのことであったと考えられる。

これに対して留守（伊沢）家景は、もと九条家の侍であったという。都から下ってきた人で、葛西清重のような有力御家人ではない。大江広元《おおえのひろもと》や三善康信《みよしのやすのぶ》などと同じように、京都での行政の経験をもとに源頼朝の御家人《ごけにん》となったもので、それが陸奥国留守職に抜擢される理由であった。葛西清重と留守家景は、このように対蹠的な経歴と能力の持ち主であり、ある意味では御家人の二つのタイプを代表する存在であった。そしてそれはまた、この二つの奥州惣奉行の職務の際だった違いをも示しているのである。

このほかに鎌倉幕府によって県内の地頭に任命されてきたのは、熊谷・和田・千葉・菅原・伊佐《いさ》・長江《ながえ》・小田《おだ》・中条《なかじょう》・加藤・渋谷・畠山・小野寺・山内首藤《やまのうちすどう》・大河戸《おおかわど》らの諸氏であった。それぞれの所領の所在地については、九一頁の県内荘園・公領と地頭の分布図を参照されたい。判明する限り、陸奥介を除いて、みないわゆる関東御家人である。

奥羽の地は、平安時代の末には、奥州藤原氏の支配下にあった。県内の武士・領主たちも、その大方は奥州藤原氏に従属していたものと考えられるから、奥州藤原氏の滅亡後は、所領を没収され、その跡には、源頼朝にしたがっていた関東御家人が地頭として任命されてくる、ということになったのである。しかしそれにしても、この人々は、留守氏を除いて、みな関東出身の有力な豪族たちである。留守氏は先にものべたように、京都から下ってきて、その行政能力をもって源頼朝に仕えた人。御家人のなかにはこのようなタイプの人も多かったのであるが、本県だけでなく、陸奥国の地頭には、そのような人は少ない。これは隣の出羽国とは対蹠的である。陸奥国は関東の直接の背後地と意識されていたことが、このような結果をうんだのかもしれない。

陸奥国出身武士のその後●

平安時代以来の領主で、鎌倉時代に生き残ったものもいなかったわけではない。八幡《やわた》荘の陸奥介氏がその例だが、柴田郡の柴田氏もそうであった可能性がある。だがその数はあまりにも少ない。鎌倉時代の本県は、関東御家人によって制圧されていたといってよい。

陸奥介氏が奥州藤原氏と運命をともにせず、鎌倉幕府から地頭職に任命されたのは、陸奥介氏が文治奥州合戦の際に藤原氏の側に立って積極的に戦わなかったためである。そしてこのことは、奥州藤原氏が多賀国府を完全に掌握していなかったこと、言葉をかえると、国府が奥州藤原氏の支配からは、相対的に独立していたことを示している。本留守・新留守が大河兼任の乱までは、ともかくも所領を没収されず、またこの乱の際にも、ただちに殺されず、しばらく葛西清重に預けられて、結局、留守職は没収されたものの、当面は甲二〇〇領《よろい》の過料にとどめられたことも、それと同じことを意味している。

柴田郡の柴田氏については、正治二（一二〇〇）年八月、陸奥国の芝田次郎なるものが、たびたびの鎌倉への召喚にもかかわらず、病と称して応じなかったという罪で、追討をうけ、九月十四日に芝田館を攻め落とされた、という事実が『吾妻鏡』に記録されている。この芝田次郎は柴田氏のことで、柴田郡という郡名を名字とすることから、平安時代以来の豪族であったと考えられる。

柴田郡の辺りは、文治奥州合戦の激戦地であった阿津賀志《あつかし》山の背後にあたる。阿津賀志山合戦に勝利をおさめた源頼朝は、駒を進めて柴田郡の舟迫《ふなばさま》（柴田町）の駅に二日ほど逗留している。あるいは、これ以前に芝田次郎は鎌倉側に参陣の意志を表明していて、このときみずからの領内の宿駅に頼朝を迎えたのかと思われる。この合戦の際には、隣接する刈田郡三沢《みさわ》（白石市）の安藤四郎・安藤次というものが鎌倉側に立って活躍し、『吾妻鏡』に「此のところの合戦に無為なるは、偏《ひと》えに三沢安藤四郎の兵略に在る者なり」とのべられている。芝田次郎も同様な働きをしていて、それが合戦後に所領没収をまぬがれる理由になったのではないかと推定されるのである。

だがその柴田氏も、幕府からの召喚に応じなかったという、あまりはっきりしない理由で、追討をうけて滅亡してしまう。陸奥介氏も鎌倉時代に系譜の断絶があったらしく、下野国の保田景家《やすだかげいえ》を祖とする系譜をもつ家に取って代わられ、その後は八幡介と称するようになる。平安時代以来の陸奥国の武士たちは、生き残ったとしても、つらい道を歩まざるをえなかったのである。

なお柴田町舟迫の大光院《だいこう》には、文永三（一二六六）年の銘をもつ、めずらしい鉄造の如来像四体がある。

3 市のにぎわい

国府と市・宿●

鎌倉時代の多賀国府のそばには、河原宿《かわらしゅく》五日市場と冠屋《かむりや》市場という定期市があった（九七頁図参照）。どちらも月に三回開かれる定期市であり、仙台市宮城野区の岩切《いわきり》の近くにあったことがわかる。そこでは二つをあわせて月に六回、市が開かれていたことになる。いわゆる六斎市《ろくさいいち》と同じことだが、六斎市というのは中世後期に一般化するもので、鎌倉時代にはめずらしい。国府にはそれだけ多くの人と物資が集まっていたのであり、そこには都市的な場が形成されていたのである。

ただ、この二つの市は、その働きは多少違っていたらしい。河原宿五日市場は、南から多賀国府をめざして北上してきた奥大道《おくだいどう》が、冠屋川（冠川とも。現在の七北田川）を渡るところ、すなわち冠屋川の河原にいとなまれた宿《しゅく》を場として開かれた市であった。つまり陸上交通路上の市場である。これに対して、冠屋市場は冠屋川の名前を冠した市場であり、河湊にできた市場であったと推定される。冠屋市場内の塩竈別当《しおがまべっとう》五郎の在家《ざいけ》には、「市合船」という「ひらた舟」（底のたいらな川舟）が付属していた。中世の冠屋川は、現在とは流れが違っていて、七ケ浜の一つの湊浜《みなとはま》で海にそそいでいた。そこは文字どおりの湊であって、海を運ばれてきた物資はここで「ひらた舟」に積みかえられ、冠屋川をさかのぼって、多賀国府に運ばれたのであろう。その舟着場にできた市場が冠屋市場だったのである。

この二つの市場があったところには、室町時代の十五世紀初めには、上町・下町という町があったことが史料にみえるし、戦国時代の十六世紀中頃には、多賀国府町《たがのこうまち》という町があった。多賀国府が陸奥国の中心としての機能をはたしていたのは、後でのべるように、南北朝内乱の十四世紀中頃までである。だから、その名を冠した多賀国府町ができるのも、十四世紀までのことと考えられる。多賀国府町や上町・下町の原型は鎌倉時代にもさかのぼるのであろう。

岩切東光寺の板碑群●

現在の仙台市岩切《いわきり》の町の西端に、東光寺《とうこうじ》という寺院がある。境内には一二二基の板碑《いたび》が存在する。かつての調査によって確認されていながら、今はみえなくなってしまったものを加えれば、その数は一五六基にもなる。県内最大の、そしておそらくは東北最大の板碑群である。紀年銘のあるものは、鎌倉時代の建治四（一二七八）年から南北朝内乱期の延文五（正平一五＝一三六〇）年までで、みな追善供養《ついぜんくよう》のためのものである。多賀国府が機能していた、おそらくは最後の段階の、大規模な追善供養の場だったところである。

ここに板碑を建てた人、すなわちここを追善供養の場としていた人は、広い意味で多賀国府の関係者であったと考えられる。ここは七北田川《ななきたがわ》が谷を抜けて平野部に流れ出すところで、岩切の西の丘陵の突端にあたる。岩切の多賀国府の近くに住む人にとっては、この丘陵は祖霊のこもる場所であり、この世とあの世の境をなす所と意識されていたのである。そして比較的短期間にこれだけ大量の板碑が建てられていることは、その東側が多くの人々の住む都市的な場であったことを物語っている。それはすなわち多賀国府町《たがのこうまち》であった。

東光寺の板碑のなかでも特筆すべきものは、本堂の西の尾根状の高い場所に、平場を造り出して建てられている二基の大型板碑と、その周りに立て並べられた小型の板碑群である。大型の板碑は高さ二六一センチと二一九センチで、どちらも嘉暦二（一三二七）年の年紀を記す。建てられている場所、そのために尾根を削って平場を造り出している点、板碑そのものの造りがたいへん丁寧であること、にもかかわらず被供養者が特定されていないこと、などの諸点から、おそらくはつぎにのべる小型板碑の総供養塔にあたるものであったと推

岩切東光寺の嘉暦２（1327）年板碑（仙台市）

定される。

その周囲には、小型の五〇センチ内外の板碑が、一九三〇年代には七三基も立て並べられていた。その多くは梵字《ぼんじ》だけを彫りつけたもので、なかにはそれさえもないものがある。墨書をするか、紙を貼るかしたもので、板碑としてはやや破片的なものである。おそらくは大型板碑の総供養塔に対する個別の供養塔で、造立者は独立して板碑を建てることができないような階層の人々、すなわち都市多賀国府町の住人だったのではないか。この平場は彼らが共同でつくった追善供養のための空間だったのであろう。

塩釜湾の中世●

東光寺が国府領域（府中《ふちゅう》という）の西端にあたるとすると、東端に位置するのは塩竈神社である。塩竈神社は中世の陸奥国の一宮《いちのみや》であった。諸国の一宮は、中世の国衙在庁官人の共同の守護神として、十二世紀にできたものといわれるが、塩竈神社もまた陸奥国府と深い関係をもつ神社で、在庁官人の筆頭の留守氏が代々神主であった。室町時代の奥州探題《たんだい》の大崎氏もまた塩竈神社と深い関係をもっており、戦国時代の『余目氏旧記《あまるめしきゅうき》』という書物では、大崎氏歴代の跡継ぎが夫人の胎内に宿ったときには、塩竈大明神がかならず影をさした、と記している。陸奥一国の統治者であった大崎氏は、塩竈大明神の申し子だったのである。『余目氏旧記』はまた、塩竈神社の神領が陸奥国の最果ての外ケ浜《そとがはま》や糠部《ぬかのぶ》にもあったことを記している。国の一宮としては、まさにさもありなんというところである。

塩竈神社がいつできたのかは、正確にはわからない。だが『延喜式』にはその名はなく、諸国の一宮と同様に、一宮としての成立は十二世紀頃と考えられる。

塩竈神社はその名前からも明らかなように、製塩と深いかかわりをもつ神である。その末社の一つには、製塩のための鉄釜を御神体とする御釜《おかま》神社が存在し、その釜の御釜水替祭と藻塩焼《もしおやき》神事は塩竈神社全体の祭りのなかに重要なものとして位置づけられている。十四世紀の中頃にこの地を旅行した宗久《そうきゅう》の『都のつと』では、塩竈神社の御神体は「しほかま（塩釜）にてわたらせ給ふ」とのべられている。

戦国時代の『留守分限帳《るすぶげんちょう》』という史料によると、当時の塩釜湾には、藤倉《ふじくら》・吉津《よしづ》・越《こし》ノ浦《うら》に一口《く》ずつ、計三口の塩釜があって、製塩が行なわれていた。いずれも塩釜湾から、さらに干潟状に小さく湾入したところで、その奥に塩水を煎熬《せんごう》して塩をつくるための釜が据えられていたものとみられる。この塩釜の知行者はどれも塩竈神社の神官あるいは塩竈神社に関係の深い領主で、塩竈神社が湾内の製塩を守護する神だったことがうかがえる。

塩釜湾を囲む七ケ浜半島の先端の花淵浜《はなぶちはま》（七ケ浜町）に、鼻節《はなぶし》神社という社がある。『延喜式』の式内社で、塩竈神社より古い由緒をもつものだが、この神を仲哀《ちゅうあい》天皇の第二皇子で塩焼の翁ともいうとする伝えがある。一方、塩竈

塩竈神社の藻塩焼神事

神社の祭神は中央では武甕槌神《たけみかづち》とされているが、『余目氏旧記』などの中世の在地の伝えでは、仲哀天皇の孫の花園《はなぞの》新少将だといわれている。花淵浜は古くから昆布《こんぶ》・鮑《あわび》の産地として知られており、鼻節神はその海の生業を守護する神とされていった。塩竈神社は、国の一宮としてできあがる過程で、この鼻節神などをとりこみ、塩釜湾を中心とする陸奥国の海の生業の守護神としての性格をもつようになったのであろう。塩・昆布・鮑は中世の本県を代表する海産物であった。

陶器の生産と流通●

中世の出土遺物のなかで、どこでも真っ先に目につくのは陶磁器である。中世陶器には渥美《あつみ》・常滑《とこなめ》・瀬戸・備前・珠洲《すず》などの大生産地があって、そこで生産された陶器が広い範囲に流通し、それに中国から輸入された青磁・白磁が加わるという構成をとる。本県の中世遺跡から出土する陶磁器もその例外ではなく、愛知県の渥美半島・知多《ちた》半島で生産された渥美焼・常滑焼の陶器が多く発見される。いわゆる瓷器《しき》系陶器であり、日本海沿岸で生産・流通している須恵《すえ》器系陶器はほとんどみられない。本県の陶器文化は太平洋岸の陶器生産と流通圏のなかにあったといってよい。

それに加えて本県の場合は、自前の陶器生産が行なわれていたことが、窯跡の発見によって明らかにされている。その最初は、北上川の河口に近い石巻市の水沼《みずぬま》窯跡である。ここからは十二世紀の渥美焼に酷似した袈裟襷《けさだすき》文《もん》の壺が出土しており、渥美半島から陶工を招いて生産が行なわれたものと推定されている。またこの窯で生産された陶器が平泉から出土しており、北上川水運を利用した陶器の運送が想定される。この窯は奥州藤原氏の関与のもとに開かれたものであろう。

つぎに鎌倉時代になると、常滑焼の技術を継承する窯が県内の各地に開かれる。三本木《さんぼんぎ》窯（大崎市三本木）、伊豆沼《いずぬま》窯（築館町・登米市）、白石《しろいし》窯（白石市）がそれである。三本木で二基、伊豆沼で五五基、白石で三四基以上の窯が確認されている。どれも分焔柱《ぶんえんちゅう》をもった大型の窖窯《あながま》で、生産されていた陶器は本場の常滑焼に劣らない品質のものである。当然、常滑から陶工をよんで窯を開いたものと考えられるが、その時期は十三世紀中頃である。その後は本家の常滑とは異なった形式展開をみせ、独自の発展をとげて、十四世紀前半で生産を終えている。

　こうした在地の窯は福島県の北部にも存在し、宮城県のそれとあわせて一続きの陶器の生産地帯を形づくっているが、岩手県以北にはみられない。自給生産ではなく、ある程度の広がりをもつ地域の需要をまかなうもの、すなわち商品生産であった。また関東では、常滑焼の補完物といわれる小規模な、技術的にも劣る窯が周縁地域に存在するが、本県のこれらの窯はそれとも異なる、本格的な陶器生産であった。大生産地である常滑とのあいだの距離の差が、この違いを生み出したものと考えられ、本県の地域性を示す、興味深い事実である。

白石一本杉窯出土の陶器

4　名号板碑と題目板碑

板碑とは●

板碑とは、五輪塔《ごりんとう》・宝篋印塔《ほうきょういんとう》などと同じ、中世の供養塔の一種で、板状の石に梵字《ぼんじ》または画像で仏菩薩をあらわし、造立の年月日、造立の趣旨、ときには経典のなかの詩句（偈頌《げじゅ》）などを彫りつけたものである。鎌倉時代の前半に関東で発生し、全国に広まった。

本県には、その板碑が五〇〇〇基以上もある。全国的には、埼玉県の二万余基、東京都の八七〇〇余基が飛び抜けて多い数だが、本県の板碑の数はそれにつぐものである。石巻市を中心とする北上川下流域と仙台市・名取市がとくに多い。北上川下流域は、北上川水運と太平洋岸の海運をつうじて、関東とのあいだに密接な交流があった。板碑の造立が盛んであるのも、それと無関係ではない。一方、仙台市や名取市の場合は、国府の所在地として、陸奥国の政治・文化の中心であった。人口も多く、経済的にも豊かで、板碑を造立する人も多かったのであろう。

造立の時期は、石巻を河口とする北上川流域では、関東よりやや遅れて十三世紀の後半にはじまり、十七世紀の初めにおよぶ。内陸の仙台市や名取市などでは、いちおう十五世紀前半までつくられてはいるが、室町時代のものはきわめて少数で、実質的には南北朝内乱期の十四世紀中頃で終わってしまう。

関東では、十五世紀初めから半ばにかけて、板碑文化に大きな変化があり、それまで板碑の主たる造立主体だった在地領主たちは、これ以後、板碑をつくらなくなり、それにかわって村の結衆《けっしゅう》などの民衆を造立主体とする板碑が増えてくるという。同じく板碑文化といっても、十五世紀以前と以後では、内容に大きい違いがあるのである。仙台市などの内陸部では、関東の前半期の板碑文化だけが影響をおよぼしていたことになる。

北上川流域は、海運・水運をつうじて、関東から何回にもわたる板碑文化の影響があって、板碑がつくられ続けたのであろう。それに対して内陸部の仙台市や名取市などでは、関東との交通は陸路が主たるものであって、北上川流域よりは、関東からの影響が少なかったのであろう。

関東では、阿弥陀如来《あみだにょらい》をあらわす梵字のキリークを主尊とする板碑が多く、八割に達するという。ところが本県の板碑では大日如来《だいにち》をあらわすバン（金剛界《こんごうかい》大日如来）やア（胎蔵界《たいぞうかい》大日如来）を主尊とするものが圧倒的に多い。仙台市の場合は、キリークを主尊とする板碑は、二割弱にすぎない。本県の板碑の主尊に示されている信仰は、密教的なもの、それも他の偈頌などの要素をあわせて考えれば、天台宗系の密教が主たるものではないかと考えられる。本県には、松島瑞巌《ずいがん》寺の前身の円福《えんぷく》寺、先述した角田市の高蔵寺、仙台市岩切の東光寺など、中世の天台宗寺院が多い。中世の本県の仏教は天台宗系の密教を中心とするものだったということが、板碑によって明らかにされるのである。

名号板碑●

しかし鎌倉時代後半になると、いわゆる鎌倉新仏教が、当然のことながら本県にもはいってくる。その代表が時宗《じしゅう》と日蓮《にちれん》宗であるが、それもまた板碑によってその教勢を知ることができる。

まず時宗だが、県内には碑面に「南無阿弥陀仏」という六字名号《みょうごう》を刻し、その下または脇に「〇阿」「〇阿弥陀仏」という時衆の法名を記した、いわゆる時宗板碑が、確実なものだけで六二基、やや疑わしいものを含めれば八九基存在する。その分布は北上川・迫川・江合川・鳴瀬川の流域に集中している。いずれも石巻湾に注ぐ河川沿いの地であるが、その結節点にあたる石巻市鹿妻《かづま》の専称《せんしょう》寺跡には、元弘元（一三三一）年から永享二（一四三〇）年のあいだに、三四基の時宗板碑が造立されていたことが知られており、また桃生《ものう》町裏永井台《うらながいだい》には、元徳三（一三三一）年から文明八（一四七六）年までの紀年銘をもつ一二基の時宗板碑が存在する。海陸の交通の要衝である北上川下流域が、時宗の大きな拠点になっていたこと、そこから上記の河川をさかのぼって時衆の活動が展開していたことがわかる。

一方、室町時代のものであるが、神奈川県藤沢市の清浄光寺《しょうじょうこう》の『時宗過去帳』にも、県内の地名が多く記されている。まず北上川流域では、「カサイ専称寺」をはじめとして、「稲井（石巻市）」「元吉（気仙沼市）」「ア子ハ（姉歯、栗原市金成）」「イタクラ（登米市南方町板倉）」などがみえる。このうち板倉には、正安二（一三〇〇）年の「四十八日踊念仏《おどりねんぶつ》結衆等五十余人」の銘をもつ板碑がある。

つぎに江合川・鳴瀬川流域では、「フル川（大崎市古川）」「牛袋《うしぶくろ》（同市三本木）」「下新田《しもにいだ》（加美町）」「中目《なかのめ》（大崎市古川）」「大崎称名寺（？）」「岩手沢阿弥陀寺（同岩出山）」などがみえ、さらに「大崎大方（大崎氏当主の母）」「氏家内方」という注記もある。また大崎市の三本木には、元亨二（一三二二）年の紀年銘をもつ二基の名号板碑があるが、そこには一〇〇人をこえる阿弥陀仏号をもつ人々の名前が記されていた。実に広い範囲の人を、時宗がとらえていたことが明らかである。

さらに、国府近傍では「高森殿（留守氏）」「松嶋」「タカノコフ（多賀国府）」「奥州塩釜願成寺」などもみえ、もっとも南では「白石」の地名が記されている。この白石は、鎌倉時代末の五世遊行上人安国《ゆぎょうしょうにんあんこく》の出身地という白石常林《じょうりん》寺のことであろう。この地域には板碑の造立はないが、やはり時宗の一つの拠点だったにちがいない。

題目板碑●

日蓮の開いた日蓮宗の広がりを示す題目板碑《だいもく》も、やはり北上川をさかのぼって、桃生郡・登米郡《とめ》・栗原郡に多く分布している。現在、知られているところでは、石巻市北境《きたさかい》に一九基、同市東福田に一一基、登米市中田町本源寺《ほんげん》などに九基、同市迫町《はさま》上行寺《じょうぎょう》などに一二基、栗原市一迫町妙教寺《みょうきょう》に二五基、同市築館町妙円寺などに二基、同じく金成《かんなり》に一基、そのほか大崎市と大和町に一基ずつ、計八一基というのが、県内の題目板碑のすべてである。造立年代は嘉暦二（一三二七）年から長禄四（一四六〇）年におよび、時宗板碑とほぼ同じ時期に、日蓮宗がこの地域に展開していたことがわかる。

この地域への日蓮宗の伝播は、富士大石寺《たいせき》（静岡県富士宮市）三世の日目《にちもく》（一二六〇〜一三三三）が、登米郡地頭の新田重綱《にったしげつな》の五男であったという縁によるものといわれている。新田氏は下野国の小野寺氏の一族。大石寺には、弘安年間（一二七八〜八八）から鎌倉時代末に至る日目およびその師の日興《にっこう》、弟子の日道《にち》《どう》らの書状が残されていて、この地域の加賀野《かがの》殿・柳目《やなぎのめ》殿・下妻《しもづま》九郎・米谷《まいや》八郎・大掌《だいしょう》甲斐守・桁淵《けたぶち》三郎行宗などという在地領主と、日目らの交流が記されている。彼らが日蓮宗の受容者だったのである。それによれば、日目は登米郡上新田《かみにいだ》（登米市迫町新田）に坊を、三迫《さんのはさま》加賀野村（同市中田町石森）には田二反を所有していた。この日目によって開かれた妙教寺（栗原市一迫柳目）、妙円寺（同市築館宮野）、本源寺（登米市中田町宝江新井田）、上行寺（同市迫町森）は、いずれも題目板碑の所在地だが、大石寺派の奥四カ寺といわれ重きをなしている。

なおこの地域にいち早く日蓮宗が広がったのは、日目が地頭の縁者という事情と、北上川水運と太平洋岸の海運をつうじて、この地域が外界に開かれていたこと、また北上川・迫川のつくりだす低湿地で、水田の開発が活発に行なわれていたこと、などの背景も無視できない。中世のこの地域は、新しい宗教を受け入れやすい、活力あふれるところだったのである。それはまた、時宗についてもいえることである。

井内石板碑文化圏●

北上川水運を中心とする中世の物資の流通をよく示すのは、井内石《いないいし》を素材とする板碑の分布である。井内石とは、石巻市の井内で産出する粘板岩、すなわち天然スレートである。黒色で、比較的うすく割ることができる。板碑としては格好の石材である。常陸・下総の板碑に用いられている黒雲母《うんも》片岩（筑波石《つくばいし》）とよく似た石材で、常総地方から流入した板碑文化は、この地で井内石とめぐりあうことで、大きく花開いたといってもよいように思われる。なお粘板岩のスレートは登米でも採れるが、板碑の素材のような大型の石材は、やはり井内以外では産出しないという。

その井内石を素材とする板碑が、仙台湾を経由して西は仙台市まで、江合《えあい》川・鳴瀬《なるせ》川沿いにはほぼ大崎市まで、北上川沿いには県境をこえて奥州市水沢区までの範囲に分布している。いうまでもなく水運・海運を利用して、商品として流通していたものである。分布圏の西端にあたる仙台市などでは、井内石は特別な聖地でしか利用されず、ほかは地元で産出する安山岩やアルコース砂岩を用いている。やはりかなり高価な石材だったのであろう。

したがって、この分布圏は井内石を販売する商人の活動範囲でもあったのであるが、それは先にのべた時宗板碑、あるいは『時宗過去帳』にみえる地名の分布範囲とも、かなりの程度一致する。この範囲は時衆の活動範囲でもあったのである。井内石板碑の分布圏は、一つの文化圏でもあった。

臨済禅の展開●

鎌倉新仏教のなかでも、政治権力と深く結びついて教線を拡大しているのは、臨済宗である。そのもっとも代表的なものは、松島の円福《えんぷく》寺すなわちのちの瑞巌《ずいがん》寺である。円福寺はもと天台宗であったが、建長年間（一二四九〜五六）に、最明寺《さいみょうじ》入道すなわち北条時頼《ときより》を檀那として将軍家御祈禱所となり、建長寺派の臨済宗寺院となった。開山は法身禅師《ほっしんぜんじ》であった。しかし大覚禅師すなわち鎌倉建長寺の開山で、宋からの渡来僧の蘭渓道隆《らんけいどうりゅう》を開山とする説もある。その後の鎌倉時代の住職は、つぎのように続く。

二世義海《ぎかい》（義翁《ぎおう》の誤りとみる説がある。渡来僧）、三世覚雄《かくゆう》（無隠円範《むいんえんぱん》、入唐僧）、四世智覚《ちかく》（桑田道海）、五世覚満《かくまん》（空巌慧《くうがんえ》、渡来僧）、六世霊巌道昭《れいがんどうしょう》、七世千峯本立《せんぽうほんりゅう》（入唐僧）、八世独照祖輝《どくしょうそき》、九世明極聡愚《みんきそうぐ》。

錚々たる人々であり、この寺が鎌倉の建長寺に直結し、さらに中国にも連結していたことがわかる。地域の領主のあいだに外護《げご》者を見いだし、またより民衆的な人々のあいだに広がっていった日蓮宗や時衆とは異なり、臨済宗は鎌倉幕府の直接の保護のもとにあった。

平成三（一九九一）年からはじまった瑞巌寺境内の発掘調査によって、多数の中世の屋根瓦が発見されたが、これは真言律宗の忍性《にんしょう》にゆかりの茨城県の三村《みむら》寺や奈良の瓦に類似しているという。真言律宗が

松島瑞巌寺の雲版　瑞巌寺の前身円福寺の9世明極聡愚が嘉暦元(1326)年につくらせたもの。重要文化財。

❖コラム

松島雄島の風景

松島の水族館の先に、さほど大きくない橋で陸地とつながっている小島がある。雄島《おしま》である。十二世紀の雄島には、見仏《けんぶつ》上人という法華経の持経者が住んでいた。超能力の持ち主として知られ、鳥《と》羽上皇《ばじょうこう》から仏像と仏具を賜わり、また源頼朝の妻の北条政子から頼朝が信仰していた仏舎利《ぶっしゃり》の寄進をうけている。今、雄島には、その見仏上人の衣鉢をついだ鎌倉時代の高僧頼賢《らいけん》の業績をたたえた板碑「頼賢碑」が立っている。徳治二（一三〇七）年の年紀をもち、高さは三三五センチである。筆跡・撰文ともに著名な一山一寧《いっさんいちねい》のもので、国重要文化財である。雄島には、このほかにも六二基の鎌倉・南北朝期の板碑があるが、そのほとんどは死者の追善供養《ついぜんくよう》のためのものである。見仏上人や頼賢に結縁するために、ここに板碑を建てたということもあろうが、もともとここはあの世の浄土に近い聖地と考えられていて、だから見仏上人も頼賢もここに庵を結んだのだと考えたほうが自然である。雄島はまことに松島の信仰の原点ともいうべきところだった。

頼賢碑（松島町）

当時の最先端の手工業技術者を組織していたこと、また鎌倉幕府の北条氏の厚い保護をうけていたことはよく知られている。臨済宗は、こうした新来の文化をともないつつ、奥州の地に舞い降りてきたのである。

栗原市高清水《たかしみず》には覚満寺《かくまんじ》という地名をもつ場所があるが、そこからは瑞巌寺境内の瓦に類似したものが出土する。円福寺五世覚満禅師ゆかりの禅宗寺院が、そこにあったのであろう。また大崎市鹿島台の船越《ふなこし》酬恩寺《しゅうおんじ》は円福寺九世明極禅師の嘉暦三（一三二八）年示寂を伝える位牌が祀られており、松島円福寺を拠点として、県内の各地に建長寺派の臨済宗寺院が開かれていったことがうかがわれる。

さらにまた、新北上川（追波川）の河口右岸の長面《ながつら》湾に面した石巻市尾ノ崎に、海蔵《かいぞう》庵という曹洞宗寺院があるが、これもまた、もとは建長寺派の臨済宗寺院で、大通《だいつう》禅師（渡来僧、一二四九〜一三〇六）を開山として、南北朝内乱期に、その弟子の洞叟《どうそう》和尚によって開かれたものだった。

なお、瑞巌寺の管理下にある松島五大堂《ごだいどう》の木造五大明王像は、近年の調査で十世紀末から十一世紀初め頃の作品であることが明らかにされた（重要文化財）。平安時代後期に天台宗寺院松島寺の興隆があったことを示す貴重な遺品である。

北条氏の専制のもとで●

松島円福寺には、北条時頼の廻国伝説が伝えられている。北条時頼が修行僧に身をやつして松島へ来着したとき、松島寺ではちょうど山王《さんのう》七社の祭礼にあたり、舞楽が奏せられていた。時頼はこれをみて感嘆し、大声で前代未聞の見物かな、と叫んだ。これを聞きとがめた衆徒が時頼を殺そうとしたが、亀ノ崎の良泉というものの取り計らいで、かろうじて一命を助けられた。時頼は鎌倉に帰ったあとで、一〇〇〇人の軍勢を松島に派遣して、三〇〇〇の大衆を滅ぼし、法身和尚をこの寺の住職とした。これが、『天台記《てんだいき》』という書物に伝えられた、北条時頼の廻国伝説である。北条氏の強力な介入による天台宗から臨済宗への改宗の記憶が、伝説化したものであるが、鎌倉時代後期の北条氏の専制政治のもとでは、こうした宗教勢力を尖兵として、北条氏の政治的な力が各地に浸透していった。その代表的な現れが、北条氏所領の拡大である。

東北地方は北条氏の所領がとくに多いところとして知られているが、本県の場合も例外ではない。今、北条氏所領であったことがほぼ確かと思われる所領（地頭職《じとうしき》）、およびその可能性のある所領をあげると、つぎのごとくである。（?）をつけたものは可能性のある所領、他は確実視される所領である。

伊具荘、栗原荘（?）、大谷保、小田保（?）、刈田郡、名取郡、亘理郡（?）、黒河郡、玉造郡、志田郡、新田郡（?）、遠田郡、登米郡（?）。

可能性のある所領まで含めて数えれば、一三所領が北条氏所領になっていたことになる。本県に属する鎌倉時代の所領単位は、ほぼ二九ほどであるから、半ば近くが北条氏の手にはいっていたのである。先にもみたように鎌倉時代の初めの本県には、北条氏所領と確認できるところは一つもない。それが鎌倉時代をつうじて、これだけに拡大したのである。その契機の一つは、畠山重忠《しげただ》の乱（一二〇五）、和田合戦（一二一三）、宝治《ほうじ》合戦（一二四七）などの合戦にある。それによって滅亡した御家人の保持する地頭職が北条氏のものになったのである。たとえば名取郡地頭職は、はじめ和田義盛《よしもり》のものであったが、和田合戦の後で三浦義村《よしむら》に与えられ、宝治合戦による三浦氏の滅亡後、北条時頼のものになった。また遠田郡地頭職も和田合戦の結果、山鹿遠綱《やまがとおつな》から北条泰時《やすとき》に変わっている。北条氏の権威をかりてみずからの地位を守るために、所領を北条氏に差し出す場合もあったと考えられている。

だが、こうした北条氏所領の拡大にもかかわらず、奥州惣奉行の葛西氏の所領や、陸奥国府の留守氏の周辺などに、北条氏の手がのびていた形跡はない。鎌倉幕府の陸奥国統治機構は、本県に関するかぎり、まだ完全に北条氏のものにはなっていなかったのである。

やがて北条氏の専制支配に対する反乱を一つの起因として鎌倉幕府は滅亡し、歴史は南北朝内乱に突入する。その際の本県の人々の対応は、こうした鎌倉時代末期の状況に規定されていたのである。

5章

奥州探題大崎氏の盛衰

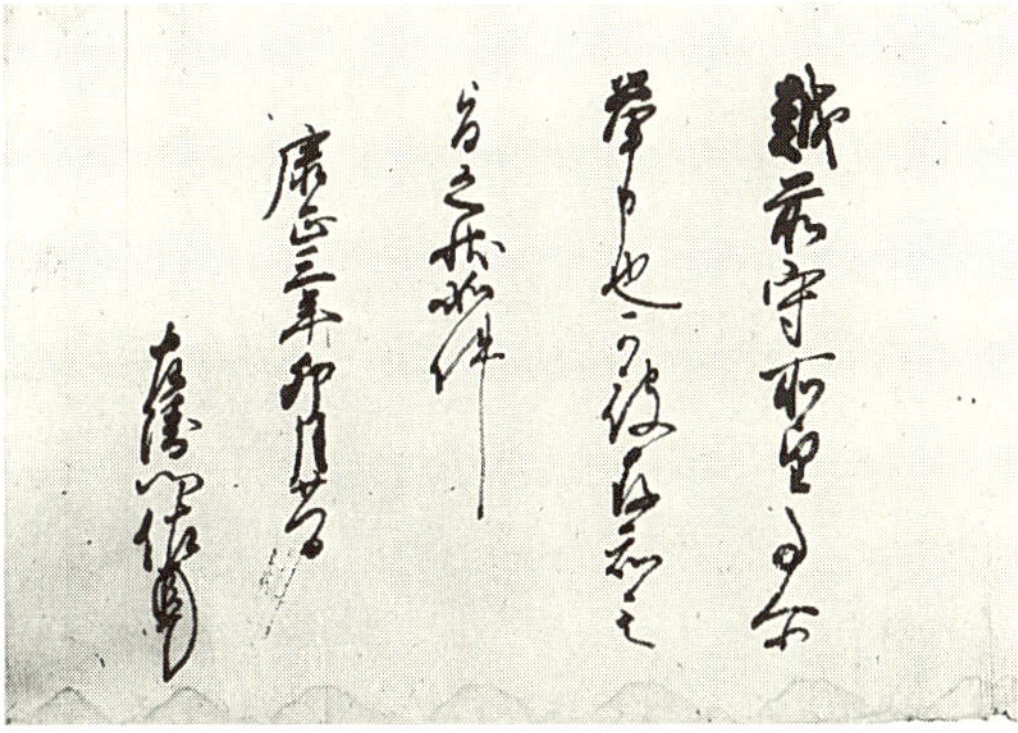

奥州探題大崎教兼官途推挙状(南部文書)　康正3(1457)年奥州探題の大崎教兼が南部氏の一族を越前守に任じられるよう幕府に推挙した旨を知らせたもの。

1　行き交う軍勢

陸奥将軍府●

鎌倉幕府滅亡後の元弘三（一三三三）年八月五日、後醍醐《ごだいご》天皇の建武政府は北畠親房《きたばたけちかふさ》の嫡子顕家《あきいえ》を陸奥《むつの》守《かみ》に任命した。顕家は同年十月、父親房とともに、義良《のりよし》親王を奉じて陸奥国に出発した。京都出発は十月二十日、陸奥国到着は十一月二十九日とされている。到着の場所は多賀国府《たがのこう》であった。

建武政府は、地方には国司《こくし》と守護《しゅご》を並置したといわれ、この北畠顕家の陸奥守任命も、一応その一例とされる。しかし陸奥国にはこれまでも、またこのときも守護がおかれた形跡はない。それにこのときの多賀国府の組織は異常に大きいものだった。八人の式評定衆《しきひょうじょうしゅう》と三番の引付《ひきつけ》、それに政所《まんどころ》・評定奉行・寺社奉行・安堵《あんど》奉行・侍所《さむらいどころ》をおくというもので、鎌倉幕府の組織をすこし小さくしたようなものだった。奥州小幕府などといわれる所以である。

なぜ、このように大きな国府をつくったのか。それについては、鎌倉幕府の本拠地であった関東の背後の陸奥国を固めようとしたため、または鎮守府《ちんじゅふ》将軍に任じられた足利尊氏《たかうじ》に対抗するため、と説明されている。鎌倉には、これよりやや遅れて十二月十四日に、足利直義《ただよし》が相模守《さがみのかみ》となって、成良《なりよし》親王を奉じて下向している。

ともあれ、北畠顕家は多賀国府を拠点として活発な活動を開始する。そのことは顕家が発給した文書が多く残っていることによって裏付けられる。翌建武元（一三三四）年二月から同二年十二月の上洛までのあいだに、顕家が発給した国宣《こくせん》・下文《くだしぶみ》は、県内関係だけで一二通を数える。これはこの地域の古文書の残存数からいうと、かなりの密度である。

顕家の陸奥国内の掌握が一定の成功を収めていたことは、建武二年十二月に、陸奥国の武士を率いて長駆西上した顕家軍が京都を回復し、足利尊氏を西海に追ったという事実をみても明らかである。

『保暦間記《ほうりゃくかんき》』という当時の歴史書は、関東の武士は陸奥・出羽に所領をもっていて、それが彼らの力の源泉になっているのだから、これを取り離そうとして、義良親王と顕家を陸奥に下したのだという。つまり関東と奥羽を切り離そうというのである。関東御家人《かんとうごけにん》が陸奥国に多くの所領をもっていて、本県も同様であったことは、前章でのべたところである。また北畠顕家から、所領安堵や新恩給与の国宣を与えられた人々は、陸奥国在住の人ばかりである。『保暦間記』のいう顕家下向のねらいは、たしかに実現していたかにみえる。

しかし鎌倉時代の末には、関東御家人の陸奥国への移住はすでにはじまっていたし、関東の惣領《そうりょう》に対して、陸奥国の

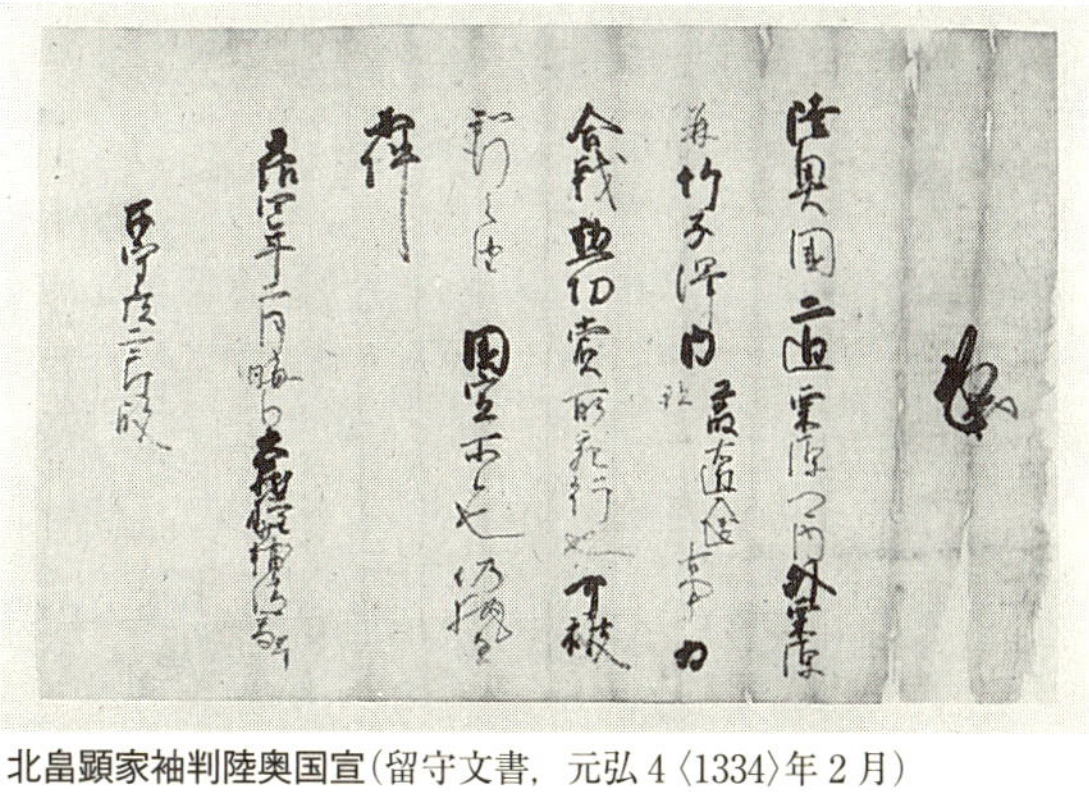

北畠顕家袖判陸奥国宣（留守文書，元弘4〈1334〉年2月）

庶子家《しょしけ》の独立の動きもあった。北畠顕家の多賀国府は、否応なしに、そうした流れに棹さざるをえなかったのであるが、鎌倉幕府の滅亡と顕家による多賀国府の運営が、その流れを加速することになったのは間違いない。

本県関係でいえば、鎌倉時代以来の本領を北畠顕家らによって安堵されたものは、宮城《みやぎ》郡の留守《るす》氏・大河戸《おおかわど》氏、名取《なとり》郡の曾我《そが》氏などである。牡鹿《おしか》郡の葛西《かさい》氏、栗原《くりはら》郡の沼倉《ぬまくら》氏、登米《とめ》郡の新田《にった》氏なども、その行動からみて、そうであったと推定される。留守氏や大河戸氏は新恩の給与にも預かっている。このうちで留守・大河戸・葛西氏は鎌倉時代にも地頭職《じとうしき》を保持していた、れっきとした御家人である。

しかし曾我・沼倉・新田の三氏はそうではない。とくに曾我氏は伊豆国出身で、北条氏の被官《ひかん》として鎌倉時代以来、名取郡および青森県の糠部《ぬかのぶ》内の地の地頭代だったものであり、北畠顕家によって安堵されたのは、その所領だった。沼倉・新田両氏はそれぞれ栗原郡および登米郡内の地名を名字《みょうじ》としているから、もともと県内の武士であったと推定されるが、栗原・登米の両郡は鎌倉時代末には北条氏の所領であった可能性があるから、彼らもまた北条氏の被官であったかもしれない。北畠顕家の陸奥国府は、北条氏の被官であったかどうかは問わずに、陸奥国在住の武士の所領を安堵したのである。

北畠顕家は、建武二年十二月、陸奥国の武士を率いて上洛し、翌延元元（建武三＝一三三六）年三月、鎮守府大将軍として再度、陸奥国に下向するが、このときは前回とは状況がまったく違っていた。前年八月に建武政府に反旗をひるがえした足利尊氏は、ただちに斯波家長《しばいえなが》を奥州総大将《おうしゅうそうたいしょう》として陸奥国に送りこみ、奥州武士の組織を開始していた。顕家は多賀国府を放棄せざるをえなくなり、翌延元二（建武四）年一月、福島県の伊達郡霊山《りょうぜん》に移り、八月には再度の上洛軍をおこすが、戦い利あらず、翌延元三（暦応元）年五月、和泉国石津《いしづ》で敗死した。つきしたがった県内の武士のなかにも、帰ることのなかった多くの人がいたに違いない。

奥州管領年代記●

その後、南朝は北畠顕家の弟の顕信《あきのぶ》を陸奥介・鎮守府将軍として下向させ、本県でも葛西氏などを組織して戦うが、戦いの焦点は室町幕府の派遣する奥州管領《かんれい》による、奥州武士の組織をめぐる争いに移っていく。

斯波家長について、室町幕府が奥州に総大将として送りこんだのは石塔義房《いしどうよしふさ》（義慶《ぎけい》・秀慶《しゅうけい》）で、彼は康永元（興国三＝一三四二）年十月の栗原郡三迫《さんのはざま》の戦いで、南部《なんぶ》氏らを糾合した北畠顕信の軍を破り、足利方の勝勢を決定づけた。

ついで貞和元（興国六＝一三四五）年七月、吉良《きら》貞《さだ》家《いえ》と畠山国氏《はたけやまくにうじ》の二人が奥州管領に任命されて下向した。彼らは多賀国府にいて、管領府の整備を行なうが、足利直義《ただよし》と兄尊氏の執事《しつじ》高師直《こうのもろなお》の対立にはじまる観《かん》応《のう》の擾乱《じょうらん》のなかで対立し、争いをくり広げることに

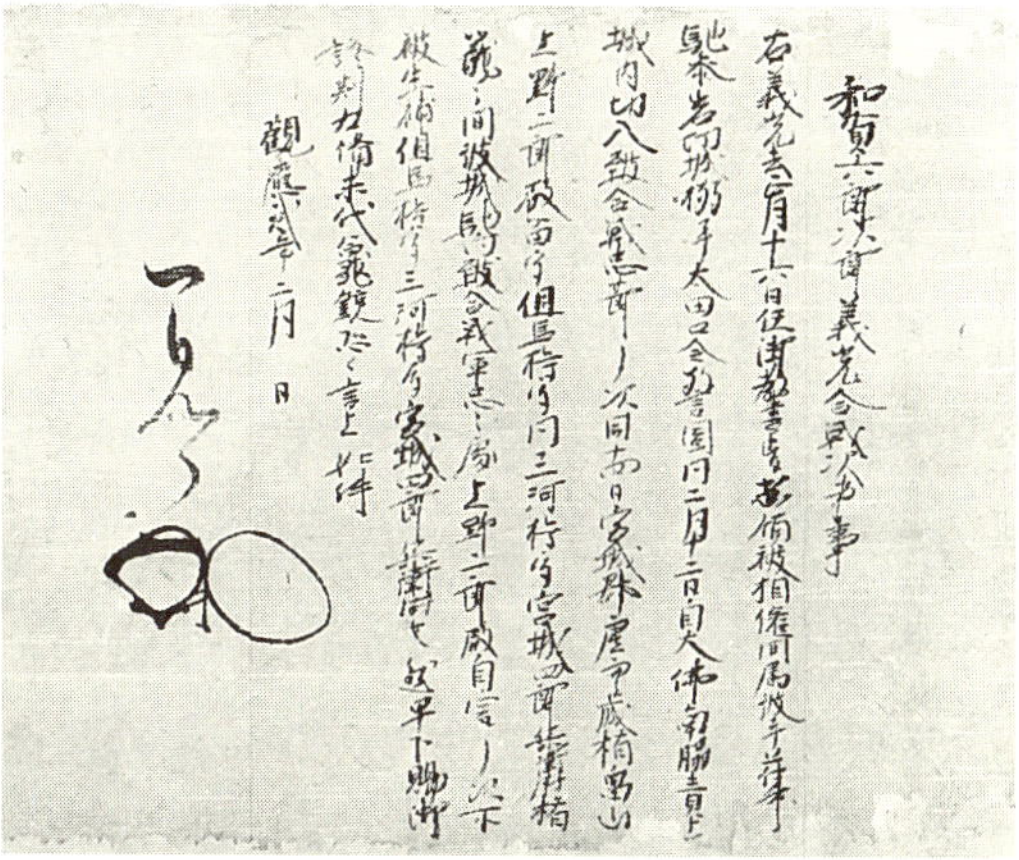

吉良貞家証判和賀義光軍忠状（鬼柳文書）　観応 2 (1351) 年の岩切城合戦の記述がみえる。

なった。観応二（正中六＝一三五一）年二月の岩切《いわきり》城（仙台市・利府町）合戦は、その一こまをなすものだった。岩切城に立てこもった畠山高国《たかくに》・国氏父子を吉良貞家の率いる軍勢が攻撃し、畠山父子をはじめとして一〇〇余人が切腹・討死するという激戦だった。

この奥州管領の分裂を利用して、北畠顕信はふたたび勢力を盛り返し、一時、多賀国府にはいるが、翌年三月には、吉良貞経《さだつね》にこれを奪回され、田村荘《たむらのしょう》の宇津峰《うづみね》城（福島県須賀川《すかがわ》市・郡山《こおりやま》市）にはいり、一年余の籠城ののち、そこを退去する。以後、奥羽の南朝勢力は再挙の機会をもつことはなかった。

一方、室町幕府では文和三（正平九＝一三五四）年の吉良貞家の死後、斯波家兼《いえかね》を奥州管領として送りこむ。しかしその後は、吉良貞家の弟の貞経《さだつね》、子息の満家《みついえ》・治家《はるいえ》、石塔義房の子の義憲《よしのり》（義元《よしもと》）、畠山国氏の子の国詮《くにあきら》、斯波氏の一族の石橋棟義《むねよし》・和義《かずよし》らが、入り乱れて管領としての行動を行なっている。『余目《あまるめ》氏旧記《しきゅうき》』が、「中ごろ奥州ニ四探題《たんだい》也」という事態が出現するのである。なお『余目氏旧記』とは、宮城郡の国人《こくじん》領主留守氏の家の歴史で、戦国時代の永正十一（一五一四）年に書かれたものであるが、後でものべるように、たいへん興味ぶかい記述にみちた書物である。

宮城から河内へ●

南北朝の合一が目前にせまった明徳三（元中九＝一三九二）年一月、奥羽両国は鎌倉府《かまくらふ》の支配下にはいる。鎌倉府は室町幕府《むろまちばくふ》の関東における分身であって、関東一〇カ国を支配していたのであるが、ここに奥羽をもその統治下に加えることになったのである。そしてそれとともに、室町幕府から派遣されていた奥州管領は、その公的な権限を失う。しかしその後も斯波家兼の二代後の詮持《あきもち》とその子の満持《みつもち》が、旧奥州管領類似の権限を行使している時期があり、それは鎌倉公方《くぼう》足利氏満《うじみつ》の承認のもとで、鎌倉府の陸奥国統治の出先としての役割をはたしていたものと推定されている。

そして、それを前提として、応永七（一四〇〇）年に斯波氏（詮持または満持）は幕府から正式に奥州探題に任命される。『余目氏旧記』が「応永七年ニ、牛袋ひしり（聖）のぼり給ひて、京都より国一円の御判下て後、大崎殿一探題なり」といっている事実がそれである。奥羽はふたたび幕府の直轄支配下にはいることになった。以後、十六世紀の後半に至るまで、斯波氏は奥州探題として陸奥国を統治する。

奥州探題斯波氏の領有地は加美《かみ》・志田《しだ》・遠田《とおだ》・玉造《たまつくり》・栗原《くりはら》のいわゆる大崎《おおさき》五郡、戦国時代の大崎氏の居城は、志田郡の名生《みょう》城（大崎市古川大崎）であった。斯波氏はこの満持の頃から、それによって名字を大崎と称するようになる。本書でも、これからは斯波氏とはいわず大崎氏と書くことにしよう。この大崎氏の本拠地はまた江合《えあい》川・鳴瀬《なるせ》川などの乱流するところで、河内《かわち》ともいう。

ところで南北朝内乱の中頃までは、南朝の陸奥国府も室町幕府の奥州管領府も古代以来の多賀城の近くにあった。陸奥国の戦いの焦点は、当時、多賀国《たがのこ》府《う》といわれていた陸奥国府の争奪戦にあった。この時期の陸奥国府の統合の中心は、依然として宮城郡にあったといってよい。だが奥州探題大崎氏が志田

安国寺木造阿弥陀如来坐像（南北朝時代，大崎市）　安国寺は，足利尊氏が元弘以来の戦死者の菩提を弔うために全国に建てさせたもの。それが大崎市にあるのは，陸奥国の政治的中心がここに移ったことを意味する。

郡にその拠点を移したことは、陸奥国の統合の中心がそこに移ったことを意味する。『余目氏旧記』が、「大崎ニハ両国（陸奥・出羽）諸侍の御座、前々より相定候」というように、陸奥国の国人《こくじん》・大名たちは定期的に大崎に出仕し、大崎氏を通じて京都の幕府と関係をもつようになった。古代以来の国府の政治機構は、これまで生き続けてその機能をはたしてきたのであるが、ここにその生命を終えたのである。南北朝内乱の歴史的意義の一つがここにあった。

河内四頭と五郡一揆●

南北朝内乱のなかで、奥羽の武士たちは奥羽の地にしっかりと根を下ろし、国人とよばれる存在になった。本拠を関東において奥羽を支配する鎌倉時代の地頭御家人たちとは、まったくちがう国人領主の時代が訪れてきたのである。

『余目氏旧記』には、大崎氏の支配下の河内に、渋谷《しぶや》・大掾《だいじょう》・泉田《いずみだ》・四方田《しほうでん》の河内《かわち》四頭《しとう》といわれる国人の四頭一揆《いっき》、および留守・葛西・山内《やまのうち》・長江《ながえ》・登米《とめ》の五郡一揆があったと記されている。留守は宮城郡、葛西は牡鹿郡、山内は桃生《ものう》郡、長江は深谷保《ふかやのほう》、登米は登米郡をそれぞれの根拠とする国人で、そのために五郡一揆とよばれたのである。仙台湾岸から北上川下流域にかけてのひとまとまりの地域の国人たちの一揆である。

葛西氏は、鎌倉時代には牡鹿郡のほかに磐井《いわい》・胆沢《いさわ》・江刺《えさし》・気仙《けせん》の四郡に黄海《きのみ》・興田《おきた》の二保の地頭職をもっており、また戦国時代にはその範囲に加えて本吉《もとよし》・登米・桃生をも支配下に収めていた。しかし十五世紀にはまだ本良荘の熊谷氏や登米氏・山内氏は独立性を保っていたし、岩手県に属する磐井郡以下の諸郡・保には、鎌倉時代以来、葛西氏の一族が分封されていたが、彼らはそれぞれ独立していて、牡鹿郡の惣領《そうりょう》の統制力は弱いものだった。そのため牡鹿郡の葛西氏惣領は一族の結集とは別に、地域的な一揆への依存をも必要としたのである。

なぜ、一揆への結集が必要だったのか、という問いに対する答えは、一揆の契状《けいじょう》のなかに記されている。本県に関係する一揆契状としては、留守氏の一族の余《あまる》目《め》参河守《みかわのかみ》と伊達郡（福島県）の伊達政宗《まさむね》（伊達氏九世、独眼竜政宗の八代前）のあいだで、永和三（一三七七）年十月十日に交わされた一揆契状が残っている。それによれば、一揆契約の趣旨は、①何事についても互いに助け合うこと、②公方《くぼう》への対応は相談のうえで行なうこと、③所領支配をめぐる相論や喧嘩は一揆中で相談して裁決すること、の三条からなっていた。つまりそれが、一揆への結集を必要とする理由だったのである。

①は問題ないであろう。②の公方は将軍のことだが、直接には陸奥国で将軍権力を代行する奥州管領のことをもさしている。南北朝内乱の後期には、先にものべ

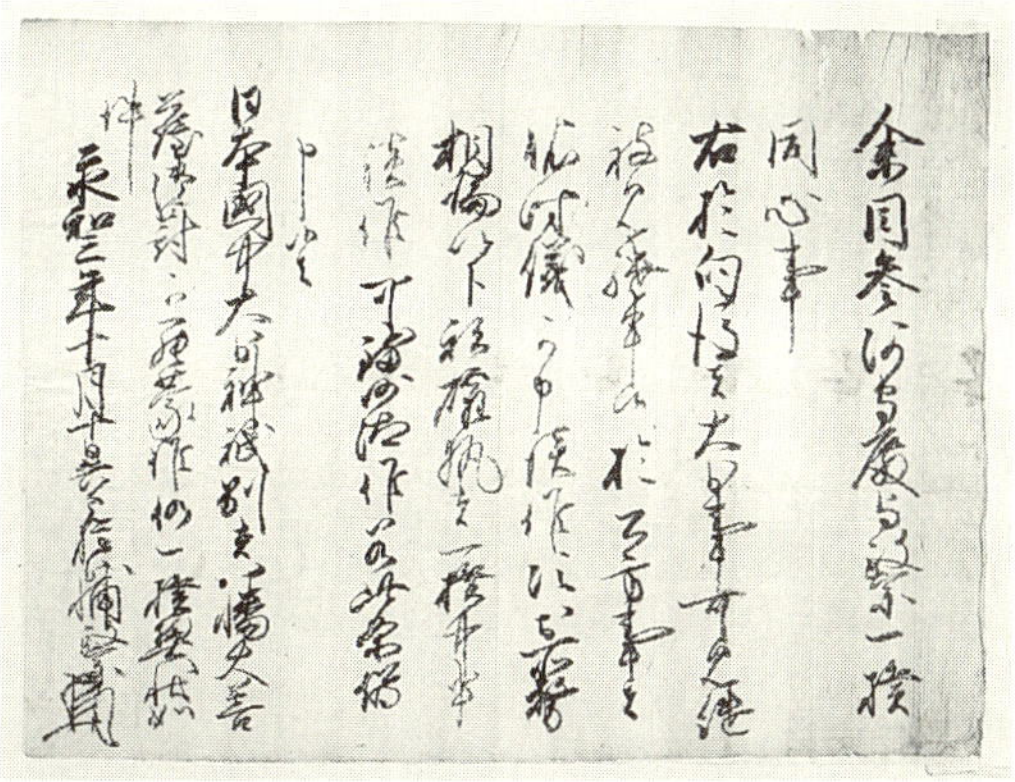

永和3（1377）年10月10日伊達政宗一揆契状（伊達家文書）　伊達氏9世の大膳大夫政宗と留守氏の一族余目参河守が結んだ一揆契状である。

たように、斯波・石橋・吉良・畠山などの諸氏が入り乱れて奥州管領としての権限を行使しており、両朝合一後は京都の将軍と鎌倉公方との対立があって、国人たちにとっては、そのいずれに属するかが深刻な問題だったのである。③は、この時代に国人たちのあいだで、所領支配をめぐる争いが激しくなっていたことを示している。こうした問題を、国人たちは上部の権力に頼ることなく、自分たちの横の結合組織によって解決しようとしていたのである。それが一揆だった。

なお、③の規定からすると、この一揆契約は伊達氏と余目氏のあいだだけでなく、もっと広い範囲で取り交わされたものと考えるのが自然なようである。なぜなら、この一揆契約が伊達・余目二氏だけのものだとすると、お互いのあいだの所領相論を自分たちだけで解決しなければならないことになり、これは不可能と考えられるからである。一揆契状は残されていないが、伊達・余目以外の国人たちも何人かこの一揆に加わっていて、相互に同じような一揆契状を交わしていたのではないかと思われるのである。

その一揆契約にはどんな国人が加わっていたのか、史料からはわからないが、伊達氏はこの時代には名取郡に進出していたから、宮城郡の国分《こくぶ》氏や名取郡の粟野《あわの》氏などが、そのメンバーであったのかもしれない。

新田遺跡の館の暮らし●

この時代の国人たちは、もう間違いなくそれぞれが領有する郡内に館《やかた》を構えていたのであるが、それはどのようなものだったのだろうか。

古代の陸奥国府の政庁跡から二キロほど西の多賀城市新田《にいだ》から、この時代の領主の館跡が発見されている。中世の多賀国府があったと推定される岩切《いわきり》の辺りに、ほど近いところである（九七頁図参照）。十二世紀にはじまり、十四世紀中頃に一時廃絶したらしいが、十四世紀の後半にふたたび現れて、十六世紀におよんでいる。もっとも整った遺構が出現するのは十五世紀である。鎌倉時代には比較的小規模な溝をめぐらした建物の集まりであったものが、十五世紀には、幅八メートルの堀によって囲まれた巨大な館に成長する。南北約三〇〇メートル、東西約二〇〇メートルの細長い台形状で、内部は小さな溝によっていくつかに区画されている。

同じようなことは、仙台市南部の南小泉《みなみこいずみ》遺跡でも観察されていて、こちらでも十五世紀には、小規模な溝をともなう屋敷が、大きな堀をめぐらした館に成長している。このような現象は、広く一般的にみられるものだったと考えられる。そしてその背後には、地域にしっかりと根を下ろした国人領主の出現があった。新田遺跡は宮城郡西部の国人領主留守氏にかかわりをもつもの、南小泉遺跡は国分氏関係の館と推定されている。また新田遺跡の館跡が十四世紀に一時、使用されていなかったという事実は、南北朝内乱の最中に留守氏の系譜に断絶があったことに照応している。

新田遺跡の館の小さい区画のなかにはいくつもの建物があったが、そのなかには東西六間（一一・八メートル）×南北五間（八・三メートル）で南北に庇《ひさし》のついた建物、東西五間（九・六メートル）×南北三間（五・八メートル）で、東に小さい張り出し、北に廊下のようなものがついた建物、などがあったことが確認されている。この二つの建物は掘立柱《ほったてばしら》建物ではあるが、その柱は一辺一七センチの角柱で、台鉋《だいがんな》を用いてきれいに仕上げられていた。かなり整った建物であったことが推定される。

また新田遺跡から出土する遺物には、大甕《おおがめ》・すり鉢・瓶子《へいし》・おろし皿・四耳壺《しじこ》・かわらけなどの陶磁器・土器類や茶臼《ちゃうす》、俵や筵《むしろ》を編むための錘《おもり》や下駄などの木製品、滑石《かっせき》製の石鍋《いしなべ》や土鍋《どなべ》、鍛冶に使うふいごの羽口《はぐち》などがある。茶の湯の道具である茶臼や、中国産の青磁《せいじ》は、この館の暮らしのレベルがかなり高いものであったことを物語っている。また筵編みの錘やふいごの羽口は、自給自足的な生活を思わせるが、滑石製の石鍋や伊勢型の土鍋は、西日本との交流のなかで、この館の生活が成り立っていたことを推定させる。

ただ十五世紀になると、館そのものは立派になるが、遺物の量は全体的に少なくなるという。これは新田遺跡だけのことでなく、この地方では広くみられる現象である。生活の様式が変わったのか（たとえばモノが残りにくい木製品の増加など）、戦いの日常化が生活のレベルを押し下げたのか、その原因の究明は今後にゆだねられている。

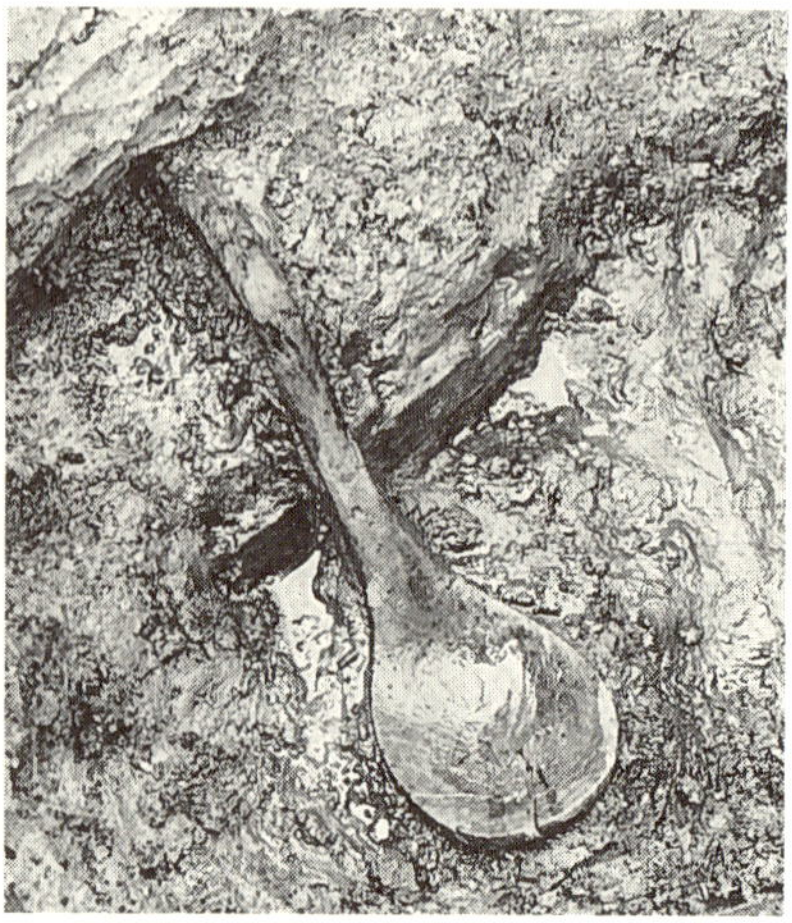

館の暮らしを語る出土遺物（多賀城市新田遺跡）
木製の杓子の出土状況。

2 『余目氏旧記』の世界

戦国期宮城の勢力分布●

戦国時代の宮城県は、南に伊達氏、北に大崎氏、東北に葛西《かさい》氏という大勢力がいて、その三勢力の真ん中に秋保《あきう》・粟野《あわの》・国分《こくぶ》・留守《るす》・黒川・長江《ながえ》、それに亘理《わたり》という半郡もしくは一郡規模の国人《こくじん》領が存在する、という勢力配置になっていた。

伊達氏は福島県の伊達・信夫《しのぶ》郡を本領としていたが、十五世紀の初頭にすでに名取《なとり》郡に進出しており、戦国時代には、それ以南の柴田《しばた》郡・刈田《かった》郡・伊具《いぐ》郡をもその支配下に収めていた。それに加えて十六世紀の前半には、高城《たかぎ》（松島町）・大松沢《おおまつざわ》（大郷《おおさと》町）・松山庄《まつやまのしょう》（大崎市松山）を飛地的に支配していた。これは大崎市松山の千石《せんごく》松山城とその背後地というべき所領で、大崎領ののど頸にあたるようなところである。

戦国期宮城の勢力分布図（天文期頃）

大崎領への侵攻基地の意味をもつ飛地であった。

一方、葛西氏は葛西宗清《むねきよ》の代の永正八・九（一五一一・一二）年に、登米郡の登米氏をしたがえ、永正十二年には桃生郡の山内《やまのうち》首藤《すどう》氏を滅ぼし、北上川流域を中心に、牡鹿郡から岩手県の胆沢郡にまでおよぶ広大な領域の大名となった。しかしその内部には、気仙《けせん》郡の浜田氏、胆沢郡の柏山《かしやま》氏、江刺郡の江刺氏、栗原郡三迫《さんのはざま》の富沢《とみざわ》氏などの独立性の強い、郡規模の国人領主をかかえ、領内の統制力は弱いものであった。その居城ははじめ石巻市におかれたが、登米氏を服属させたのちの天文年間（一五三二〜五五）に登米郡寺池《てらいけ》（登米市）に移った。はじめは同郡の保呂羽館《ほろはだて》（登米市）にはいり、その後、寺池城にはいったとする説もある。

大崎氏が奥州探題職《おうしゅうたんだいしき》を世襲して、加美・志田・遠田・玉造・栗原の大崎五郡を領有していたことは、先にのべた。その保持する奥州探題職は、その力を弱めつつも、なお天文年間の末ぐらいまでは求心力を保ち続けていた。

この三勢力のあいだにあたる名取郡北方《きたかた》、宮城郡、黒川郡、それに深谷保《ふかやのほう》は、多賀国府を中心とする地域で、長いあいだ宮城県のみならず陸奥国の中心だったところである。当然、経済的にも文化的にも求心力をもった地域だったはずであるが、それゆえにというべきか、この地域には大きな勢力がうまれなかった。

黒川郡の黒川氏は、大崎氏の一族とも鎌倉公方《くぼう》足利氏の末流とも千葉氏の流れともいわれるが、確かなことは不明である。深谷保の長江氏は鎌倉時代の深谷保地頭以来の家、宮城郡東部の留守氏はかつての多賀国府在庁官人の筆頭、国分氏は千葉氏の一流で、やはり鎌倉時代の地頭以来の家柄というが、十四、五世紀の交わりに系譜に断絶があって、秀郷流《ひでさとりゅう》藤原氏の長沼《ながぬま》氏の一流になった。やや南に飛んだ亘理《わたり》郡は、鎌倉時代以来の千葉氏一族の亘理氏（武石《たけいし》氏）が領有していたが、ここには天文年間に伊達稙宗《たねむね》の子息、綱宗《つなむね》・元宗《もとむね》があいついで入嗣し、伊達氏の強い影響のもとに立つようになった。

栗野氏は仙台市北目《きため》の名取郡衙《ぐんが》を根拠に、名取郡北方の中核部分を領有していたものと考えられる。越中国の目代《もくだい》を先祖とし、南北朝期にこの地に定着したと伝えるが、確かなことは不明である。仮にこの伝えが確かなものとすると、奥州管領の斯波氏にしたがってこの地に来住した可能性がある。また秋保氏は名取川上流の谷間を占拠し、平重盛《たいらのしげもり》の後裔で鎌倉時代末にこの地にきたとも伝えるが、これも確かなことは不明である。

一方、鎌倉時代の地頭だった八幡《やわた》荘の陸奥介《むつのすけ》氏は姿を消して、その地は留守領となり、山村《やまむら》の大河戸《おおかわど》氏の一族は国分氏の家臣となった。国人領主のあいだにも、栄枯盛衰の歴史があったのである。

伊達と大崎のはざまで●

宮城郡東部の国人領主留守氏の家の歴史を、永正十一（一五一四）年という戦国時代の最中に書いた書物がある。先にも紹介した『余目氏旧記《あまるめしきゅうき》』（『奥州余目記録』『留守家旧記』などともいう）がそれである。この頃、留守氏には伊達氏から郡宗《くにむね》・景宗《かげむね》の二代にわたる入嗣が続いていて、伊達氏の強い影響のもとにあった。

しかし留守氏の家中には、それに反対して、留守氏の自立性を守ろうとする一派がいて、彼らは大崎氏の伝統的な権威に頼り、それを自分たちの行動の拠り所としていた。『余目氏旧記』はその大崎派に属する留守氏の重臣が、留守氏の家の歴史を振り返りつつ、大崎氏の奥州統治の正統性を明らかにしようとしたものであり、その全面に大崎氏に対する強い敬慕の念が流れている。

この事実を発見したのは、太平洋戦争の最中に若くして亡くなった歴史家、大島正隆であった。その後、筆者を留守氏の執事《しつじ》の家柄で港町塩釜《しおがま》を根拠とする重臣、佐藤氏に擬する見解が現れるなど、研究の進展はあったが、大島が明らかにした事実は動いていない。そしてこのような家中の分裂は、留守氏だけでなく、この時代の伊達・大崎氏のはざまにあった国人領主の家では、どこでもみられたものであったと考えられる。伊達・大崎氏自身、家の内部は一枚岩ではなかった。そのことはまもなく明らかになる。

戦国の争乱のなかで、大崎氏の奥州探題としての権威はもはや昔日の輝きを失っていた。一方、伊達氏は、この後の伊達稙宗《たねむね》の代の天文五・六（一五三六・三七）年の頃に葛西晴重《はるしげ》の継嗣に子息の牛猿丸《うしさるまる》（晴《はる》胤《たね》）を送りこみ、ほぼ同じ頃に大崎義直《よしなお》の跡継ぎに小僧丸《こぞうまる》（義宣《よしのぶ》）を遣わしている。小僧丸の入嗣は、天文五年の古川持煕《ふるかわもちひろ》の反乱にはじまる大崎領内の争乱に際し、稙宗が大崎義直《よしなお》の求めに応じて出兵したことを契機としている。伊達・大崎・葛西氏の力関係は、明らかに伊達氏に傾いていた。

にもかかわらず落日の大崎氏がなお一定の権威を保ち続け、伊達・大崎のはざまにあった国人領主が独立性を維持することができた理由は、前記のような国人領主・大名の家の内部分裂にあったのである。

『晴宗公采地下賜録』と『留守分限帳』●

天文十一（一五四二）年六月、伊達晴宗《はるむね》が父の稙宗を伊達郡桑折《こおり》（福島県桑折町）の西山《にしやま》城内に幽閉し、伊達氏天文の乱がはじまった。稙宗はまもなく小梁川宗朝《こやながわむねとも》に助けられたが、父子の争いは奥羽の諸家をまきこむ大乱に発展し、天文十七年にまでおよぶ。本県の大名・国人もこの乱に参戦するが、その多くは稙宗方であった。大崎義宣・葛西晴胤をはじめとして、黒川景氏・国分宗綱《むねつな》・亘理宗隆《むねたか》などが稙宗方についており、晴宗方であることが確認できるのは留守景宗《かげむね》くらいである。

しかし大崎氏では義宣が稙宗党、義父の義直が晴宗党にわかれ、葛西家中でも胆沢郡の柏山《かしやま》氏は晴宗党に属するなど、例によって大名・国人の家中は一枚岩ではなかったし、乱の進行の過程での向背もあった。

結果は伊達家中の多くを糾合した晴宗の勝利に終わり、稙宗は伊具郡丸森《まるもり》（丸森町）に隠居させられた。乱後、米沢（山形県米沢市）に居城を移した晴宗は天文二十二年一月十七日、乱中に家臣に対して与えた知行《ちぎょう》安堵《あんど》・宛行《あてがい》の判物《はんもつ》を取り返し、いっせいに新しい判物を給与した。その判物の写を集成したのが『晴宗公采地下賜録《はるむねこうさいちかしろく》』であり、今は三巻のうち二巻が残っている。また宮城郡の留守氏では、おそくも天文十七年以前に『留守分限帳《ぶげんちょう》』といわれるものが作成されていて、そこには留守氏の家臣の知行地の規模が貫高《かんだか》で書き上げられている。

『晴宗公采地下賜録』で本県内に知行地をもっていることが確かめられる領主を調べてみると、刈田郡二四人、柴田郡二二人、伊具郡五七人、名取郡一七人となる。名取郡の人数が少ないのは、この郡が伊達領の北辺にあったことによる。この郡内には、粟野・秋保氏のように、この時点では伊達氏とのあいだに主従関係のない独立した領主がいた。彼らの名は当然、『采地下賜録』には現れない。また『采地下賜録』に記載されているところでも、中野・石母田《いしもだ》・牧野といった、伊達・信夫郡に本領がある伊達氏の重臣の所領が多く、名取郡に本領がある領主が表面的にはほとんどみえないのも、この郡が伊達領の辺境、すなわち最前線であったことによるのであろう。

これに対して刈田・柴田の場合は、前者に小原《おばら》・中目《なかのめ》・白石《しろいし》、後者に村田・小泉・小山田《おやまだ》・足立《あだち》・入間《いりま》田《だ》といった、郡内の地名を名字とする有力な領主の存在がみられる。彼らはこの地域の生え抜きの在地領主であり、その自立性を保ちつつ伊達氏の支配下にはいっていたものと考えられる。

一方、伊具郡は領主の数はたいへん多いが、郡内の地名を名字としているものは一人もいない。この郡の領主の多くは、伊達氏の本領である伊達郡内に本拠をもっていたものと考えられる。この郡は、伊達氏にとっては宿敵の間柄である相馬《そうま》氏との境目にあたる。そのため伊達氏は早くから伊達氏譜代《ふだい》の家臣をこの郡に移住させ、境を固めていたものと考えられる。

つぎに『留守分限帳』であるが、これは「御館之人数」「宮うと（人）の人数」「里之人数」の三冊からなっている。御館《おやかた》の人数は留守氏譜代の直轄家臣で五〇人、宮人《みやうど》の人数は塩竈神社の神官で一九人、里の人数は外様《とざま》の家臣で七一人が記されている。全体で一四〇人。これが留守氏の家臣団のすべてであり、構成であった。

知行人ごとに田地・畠地・町在家・蔵・山・谷地《やち》などが記されていて、その全体を貫高に換算・表記している。つまり実際には複雑な構成をもつ家臣の知行地が、単純な貫高で表されており、それが軍役《ぐんやく》などの賦課の基準となるという、きわめて整った知行制ができあがっていたのである。最大の家臣は御館の人数の佐藤玄蕃頭《げんばのかみ》の二五九貫六〇〇文で、最小はこれも御館の人数の御はしかき九郎左衛門の五〇〇文である。

留守氏の家臣団統制は、このように先進的なものだったが、それは留守氏が多賀国府の在庁官人の筆頭として、古代以来の行政実務の蓄積を家の財産としてもっていたことに関係があるのだろう。

留守領の城と町●

その留守氏の戦国時代の居城は、仙台市宮城野区の岩切城《いわきり》（高森城《たかもり》ともいう。国指定史跡）だった。留守氏の当主は、天文年間（一五三二～五五）の景宗の時期には高森殿といわれていて、ここを居城としていたことが確かである。

岩切城は仙台平野北部の丘陵の突端にあって、標高は低いところで八〇メートル、高いところで一〇八メートル。東西七〇〇メートル、南北四〇〇メートル。三つの尾根からなっていて、それぞれの尾根は堀切《ほりきり》で切断され、せまい土橋《どばし》で連絡している。中央の尾根がもっとも高く、そこには一の丸・二の丸・三の丸とよばれる平場があり、そこが城の中心と推定され、そこからは仙台平野の東部、すなわち留守領の中核部が一望のもとに見渡せる。

そのほか城内には、いくつもの曲輪《くるわ》があり、各所に堀切・竪堀《たてぼり》・土橋・馬出状《うまだし》の虎口《こぐち》などの施設がみられ、かなりの手

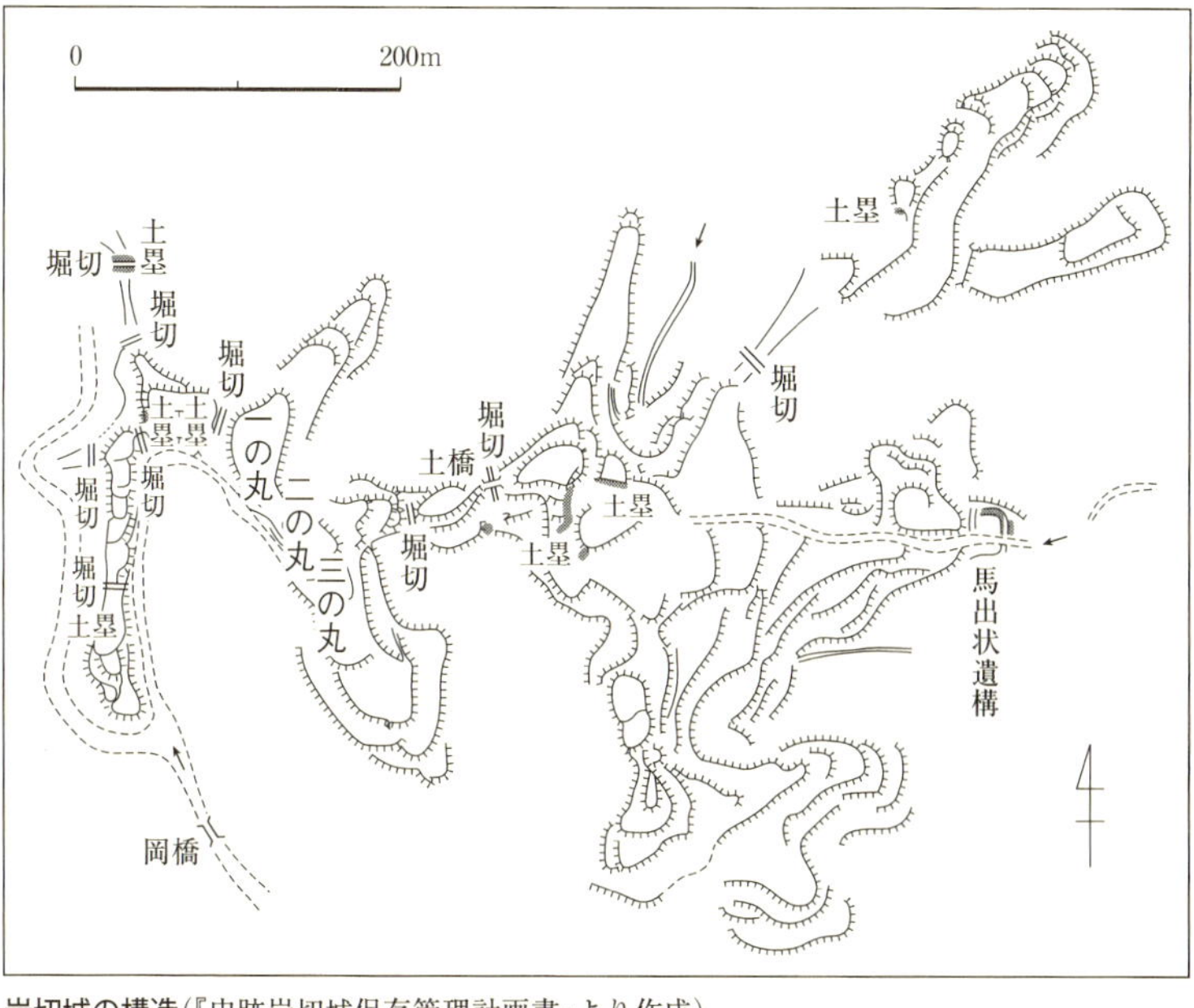

岩切城の構造（『史跡岩切城保存管理計画書』より作成）

を加えた、整った城郭であったことが推察される。曲輪の面積からみて、かなりの軍勢を収容することも可能である。宮城郡東部一帯を支配する国人領主、留守氏の居城たるにふさわしい城郭である。

留守領内には、このほかにも一族の村岡《むらおか》氏の居城という利府《りふ》城、重臣佐藤氏の塩竈市の駒犬《こまいぬ》城、七ケ浜《しちがはま》町の吉田浜《よしだはま》・花淵浜《はなぶちはま》にある吉田氏の居城の吉田城、および花淵氏の居城の花淵城などがある。駒犬城は塩釜津《しおがまのつ》を見下ろす位置にあり、吉田城と花淵城は海を見はらすかのような場所で、それぞれ城の主が海と深い関係にあったことを示唆している。しかし利府城を含めて、いずれも人工的な防御の施設という点では未熟であり、岩切城にはおよばない。

近世の大名領の場合は城の下には城下町《じょうかまち》があって、領内の政治・経済の中心となっているのがふつうである。戦国時代の留守領の場合は、領内に塩釜町と多賀国府町《たがのこうまち》の二つの町があったことが、『留守分限帳』にみえている。それぞれ八三軒、四一軒の在家《ざいけ》があるという町だった。

このうちの塩釜町はいうまでもなく塩釜津にできた港町で、そこには三〇軒の新町があり、二〇の蔵があった。また製塩のための塩釜を知行する長者的な領主とともに、僧体の商人と思われる人や、「えびす」「ちゃせん」などという芸人、山伏《やまぶし》などが居住していた。この町が商業の基地で、人の出入りの多い、活発な港町であったことが推察できる。

一方、多賀国府町はその名前からみて、中世前期の多賀国府にゆかりの町であることが推定されるが、そこには御館の人数に属する留守氏の直属家臣と思われる人々が在家を知行し、土器（かわらけ）作りや烔屋《どうや》（製鉄業）・番匠《ばんじょう》などの手工業者が住んでいた。

塩釜町と多賀国府町は、発達した商業の中心としての港町と、留守氏の直属の家臣や手工業者が居住する町という対蹠的な性格をもつ町で、後者が岩切城の城下町に相当する町だったと考えられる。しかし、そこはまだ領内の商業の中心ではなかったし、大部分の家臣が居住する城下町でもなかったのである。

3　葛西・大崎一揆

伊達政宗の南奥統一●

戦国時代末期の南奥すなわち福島県から本県一帯におよぶ地域は、伊達政宗《まさむね》によってほぼ統一されており、独立していたのは福島県の相馬氏ぐらいのものであった。

先にものべたように、伊達氏はすでに稙宗《たねむね》の天文五・六（一五三六・三七）年の頃に、葛西《かさい》氏に晴胤《はるたね》（牛猿丸《うしさるまる》）、大崎氏に義宣《よしのぶ》（小僧丸《こぞうまる》）を送りこみ、強い影響力を行使していた。しかしその後、伊達氏天文の乱などによって、その力は後退していた。それを克服して伊達氏が南奥の統一の覇者になるのは、伊達政宗の天正十六・十七（一五八八・八九）年の頃のことであった。

まず旧奥州探題《おうしゅうたんだい》家の大崎氏は、天正十六年一月の時点では伊達政宗の攻撃をうけたが、これを撃退している。しかし重臣の氏家吉継《うじいえよしつぐ》が伊達氏の支援をうけて、公然と当主の大崎義隆《よしたか》に反抗するなど、領内の不統一は誰の目にも明らかであり、天正十七年四月、政宗の再度の攻撃を前に、その軍門に降った。そのときの約束には、これからは伊達氏の軍事的指揮にしたがうことという一条が含まれていた。

また葛西氏では、領内の郡主級の家臣の反乱が多く、とくに重臣で栗原郡三迫《さんのはさま》の富沢日向守《とみざわひゅうがのかみ》が早くから政宗に気脈を通じていた。そうした情勢に押される形で、天正十六年九月、葛西晴信《はるのぶ》と政宗のあいだで起請文《きしょうもん》が取り交わされ、葛西氏は伊達の従属下にはいることになった。こうして葛西・大崎両氏は伊達氏の軍事編成の一翼をになうこととなる。天正十七年六月、政宗が会津の蘆名義広《あしなよしひろ》を攻撃した際には、葛西・大崎そのほか奥口より鉄砲衆五〇〇余人が送られている。

一方、葛西・大崎・伊達三氏のあいだにあった国人領主については、宮城郡の留守《るす》・国分《こくぶ》氏には、それぞれ永禄十（一五六七）年と天正五年に伊達氏から、晴宗《はるむね》の子息の政景《まさかげ》と盛重《もりしげ》がはいって、伊達氏との従属関係が固められた。留守政景は入嗣後、村岡《むらおか》・余目《あまるめ》・佐藤などの反対派を圧伏して領内を統一するが、国分盛重は領内をまとめることができず、天正十五年に米沢に帰り、その後、出奔してしまう。それによって国分領は当主不在となり、事実上、伊達領の一部になるが、なおその家臣団は国分衆というまとまりをくずすことなく、奥羽仕置《しおき》の天正十八年を迎える。

宮城郡の北の黒川郡の黒川月舟斎晴氏《げっしゅうさいはるうじ》、東の深谷保《ふかやのほう》の長江月鑑斎晴清《ながえげっかんさいはるきよ》も伊達氏に従属し、天正十六年一月の大崎攻めの際には、ともに伊達軍の一翼をになっている。ところが、この戦いのなかで黒川晴氏は大崎方に寝返り、それによって伊達軍は大敗北を喫する。主将の留守政景・泉田重光《いずみだしげみつ》以下は志田郡新沼《にいぬま》（大崎市三本木）に籠城し、長江晴清と泉田重光が人質となって、かろうじて城をでるというありさまだった。その後、一時、天正十八年八月、黒川晴氏と長江晴清はともに謀反の疑いということで米沢に監禁され、晴氏は一命を助けられるが、晴清は殺された。このときの伊達政宗覚書によれば、黒川氏は「数代当方家中之義ニ候」ということであった。この両氏と伊達氏のあいだには、それ以前からかなり強い従属関係があったことが確かである。

宮城郡の南の名取郡については、北目《きため》の粟野大膳亮《あわのだいぜんのすけ》と高館《たかだて》の福田氏のあいだの争いを、伊達輝宗《てるむね》がその下知《げち》によって調停しており、秋保《あきう》氏についても、近隣の馬場氏との戦いが米沢（輝宗）よりの下知をもって静められている。これによれば、粟野・秋保両氏は、政宗の父の輝宗の段階で、すでに伊達氏の麾下にあったことが確かである。さらにその南では、先にものべたように亘理《わたり》郡の武石《たけいし》氏に伊達稙宗《たねむね》の子息、綱宗《つなむね》・元宗《もとむね》があいついで入嗣している。天正十年代は元宗の子息重宗《しげむね》の代で、彼は伊達氏の相馬氏に対する備えの前線として行動している。

以上、戦国末期の本県は、ほぼその全域が伊達政宗の軍事的統一下にあったことが明らかである。とはいえ、この統一はあくまで旧来の在地領主の存在を認めたうえでの統一である。彼らの領主権は葛西・大崎などの領主権とともに、伊達政宗の統一下においても、まったく否定されることはなかった。それゆえ、名取郡についてみられたように、在地領主相互間の争いは絶えずくり返されていたし、また伊達氏はその調停者として振る舞うことを主たる手がかりとして、在地領主の上に立つ大名となりえたのである。天正十八年の豊臣秀吉《ひでよし》の小田原《おだわら》攻めにはじまる奥羽仕置《しおき》は、そのような状況のなかで行なわれたのである。

仕置は政宗に仰せ付けられ候●

天正十七（一五八九）年六月の会津蘆名攻めを豊臣秀吉によってとがめられた伊達政宗は、翌十八年六月五日、小田原に参向し、前年に切り取った会津を没収されるが、それとともに豊臣大名としての地位を安堵され、国元に帰る。それを追うようにして、今度は秀吉自身が奥州に出発し、宇都宮《うつのみや》ついで会津において、奥羽の諸大名・国人の処遇を定め、いわゆる太閤《たいこう》検地を含む大名・国人の支配地の再編成を指令する。いわゆる奥羽仕置である。

会津下向の途中の宇都宮で、秀吉は葛西・大崎両氏の所領没収のことを決定、ただちに直臣の木村吉清《よしきよ》を派遣し、それに浅野長吉《ながよし》（長政）・石田三成《みつなり》・蒲生氏郷《がもううじさと》らを加えて仕置を開始した。伊達政宗はその案内を命じられた。通常、この葛西・大崎両氏の所領没収は、両氏の小田原への不参が理由であるといわれている。ではなぜ、この両氏は小田原に参向しなかったのだろうか。

伊達政宗による南奥統一のもとにあった葛西・大崎両氏は、個別に小田原に参向することを、政宗に抑止されていたのである。秀吉のもとに参向して、独立の大名としての地位を認められるのは政宗だけで、葛西・大崎などは政宗を通して、その下にある半ば独立した領主権を認められること、つまり現にできあがりつつあった南奥の統一状況そのものを、秀吉に認めさせること、それが葛西・大崎を含む南奥の大名・国人たちの了解だったのであり、政宗が主張していたことだったのである。

秀吉を宇都宮まで出迎えるために会津を出発しようとしていた政宗は、七月二十日、葛西晴信・同流《る》斎《さい》・富沢日向守にあてて書状を送って、つぎのようなことをのべている。奥州・出羽の仕置は政宗に仰せ付けられた、あなた方にとってもこれは喜ばしいことだろう、これからは、いよいよ当方への「一統の御あつかい」が重要である、うっかりした行動をとると天下すなわち秀吉のご機嫌を損ずることになるから、よくよく気をつけるように。伊達氏と葛西氏のあいだの一統の関係の秀吉による承認、それが彼らのめざすところだったのである。だが、秀吉は葛西・大崎両氏を伊達氏の支配下の領主とは認めずに、独立の大名としてその所領を没収した。伊達政宗による南奥の地域的統一は否定されたのである。

仕置の経過と実態●

葛西・大崎領の仕置は、天正十八（一五九〇）年八月十八日に、蒲生氏郷が大崎義隆の中新田《なかにいだ》（加美町）の城を受け取ったことからはじまった。伊達政宗がその案内をした。古川城（大崎市古川）、岩手沢《いわてさわ》城（同市岩出山）その他の城では、城受け取りの際に少々の抵抗があり、殺されるもの、自害するものがあった。人質にとられたものもあった。葛西領では浅野長吉と石田三成が、八月二十二日頃に登米《とめ》郡登米の地に着陣した。政宗もこれに参会し、葛西領内を北上しつつ仕置を行なった。

それが終わるのは十月初め頃である。十月五日までには、葛西・大崎領は木村吉清に渡されて、浅野長吉以下の上方勢は上洛の途についたものとみられる。葛西・大崎領の全体で五〇日に近い期間の仕置であった。このときの葛西領仕置については、抵抗の記録は残されていないが、農民の逃散《ちょうさん》を示す史料があるから、やはり戦いはあったものと思われる。

このときの仕置は、豊臣秀吉の指令通りの検地《けんち》・刀狩《かたながり》をともなうものであったと考えられる。刀狩については、大崎領の米泉《こめいずみ》（加美町）において、伝馬役《てんまやく》の賦課に抵抗した古奉公人《こほうこうにん》（大崎氏の旧臣）と地下《じげ》年寄《としより》が、隠しおいた刀三腰をとりだして喧嘩におよんだ、という事実があるから、実行されたことは確かであろう。検地帳については、葛西・大崎領の検地帳は現存せず、残っているのは黒川郡の七冊だけである。

それによれば、検地は田畠を三〇〇歩《ぶ》＝一段の基準で計り、上・中・下の品等をつけ、生産力を貫高で表記し、所在地と作人名を記すという形で行なわれており、秀吉の示した検地条目《じょうもく》の通りに実施されていたことがわかる。またいわゆる太閤検地の原則は、石高で土地生産力を表記することになっているが、この検地帳がそれを貨幣額すなわち貫高で表しているのも、条目の通りで、これは奥羽の地の特殊事情を考慮したものであった。

しかし、検地帳の日付によれば、この検地は一日に一カ村というスピードで実施されており、いわゆる指出《さしだし》検地であった。また名請人は、そのほとんどが経営や耕作の実態とかけはなれた地主であった。太閤検地の原則はふつう一地一作人といわれるが、この場合は、中世以来、村々に居住していた土豪たちの地主的な土地所有権がそのまま認められ、その下にある直接耕作者の権利は検地帳には登録されなかったのである。

右にのべた大崎領米泉の「古奉公人」というのは、このような人々をさしているものと考えられる。天正十八年十月中旬にはじまる葛西・大崎一揆は、農民身分に落とされてしまったこのような人々の不満を組織したものであり、奥羽仕置そのものに対する在地の側の反抗だった。

一揆●

一揆は最初、葛西領の胆沢《いさわ》郡柏山《かしやま》(岩手県金ケ崎町)におこり、近辺に居住する木村吉清の家臣が殺され、ついで気仙《けせん》郡および磐井郡東部の東山《ひがしやま》に広がったという。江刺《えさし》郡でも蜂起があった。大崎領では天正十八(一五九〇)年十月十六日に、岩手沢(大崎市)で最初の蜂起があり、近辺の所々がことごとく蜂起したという。岩手沢城主は木村の家臣の荻田三右衛門《おぎたさんうえもん》というものであったが、年貢をきびしく取り立て、百姓の妻子をことごとく捕らえて縛りつけていたという。十月はまさに収納の季節である。一揆はそのあまりの暴虐に耐えかねて蜂起したのだという。

これによれば、葛西・大崎一揆には農民一揆の要素があったといわねばならないであろう。しかし、このとき岩手沢城を攻めたといわれる人々は、折野越中《おりのえっちゅう》・斎藤勘右衛門《かんうえもん》・菊地二右衛門《にうえもん》・別所淡路《べっしょあわじ》などという武士らしい名前の人々であり、その行動からみても、一揆の主力は大崎氏の旧臣であった。

一揆はさらに北方にも広がり、和賀《わが》・稗貫《ひえぬき》郡においても、十月二十日頃には一揆がおこった。和賀・稗貫一揆といわれているものである。葛西・大崎一揆としめしあわせての蜂起であるといわれているが、これをみても、葛西・大崎一揆はかなり計画的なものであったことが推察され、単純な農民一揆とは考えられない。出羽国でも、同じ頃に仙北《せんぼく》・由利《ゆり》・庄内《しょうない》の一揆がおこっている。葛西・大崎一揆は、こうした奥羽の旧領主たちの仕置に対する反対の一揆の一環だったのである。

木村吉清は、一揆の蜂起のときは葛西領の中心登米城にいて、大崎領の中心古川城には子息の弥一右衛《やいちうえ》門《もんのじょうよしひさ》尉吉久がいた。吉久は一揆蜂起の知らせを聞いて、登米城にいき、古川に帰る途中、栗原郡佐沼《さぬま》城（登米市迫町佐沼）で一揆勢に取り囲まれ、救援に駆けつけた吉清とともにそこに籠城する始末になった。

こうして一揆討伐の目標は、まずは木村吉清父子の救出にしぼられることになり、それは十一月二十四日に伊達政宗によって行なわれるのであるが、その過程で須田伯耆《ほうき》が政宗の謀反、一揆勢への同心を蒲生《がもう》氏郷《うじさと》に密告したことによって、氏郷と政宗のあいだに対立が生じた。それはただちに京都の豊臣秀吉のもとへも通報され、政宗はその申し開きのために、天正十九年一月三十日に米沢を発って上洛し、葛西・大崎領は当面、一揆もちの状態のままでおかれることになった。

奥羽再仕置●

京都において、天正十九（一五九一）年二月初めに、伊達政宗は葛西・大崎の旧領を与えられ、そのかわり会津近辺五郡を取り上げられることになって、五月二十日に米沢に帰り、六月十四日には米沢を出発して葛西・大崎一揆の再討伐にむかう。前年冬にはじまった北奥の糠部《ぬかのぶ》郡の一揆、すなわち九戸《くのへ》政実《まさざね》の乱の討伐とその後の処理を含む、奥羽再仕置の一環として行なわれたものであった。それは豊臣秀次《ひでつぐ》を主将とし、蒲生氏郷・佐竹義宣《よしのぶ》・宇都宮国綱《くにつな》・上杉景勝《かげかつ》・徳川家康《いえやす》・大谷吉継《よしつぐ》・石田三成《みつなり》、それに前年来二本松

（福島県）に滞在していた浅野長吉らの豊臣軍によるものであり、政宗の葛西・大崎一揆の討伐はその一部将として行なわれたものだった。

戦いは前年の豊臣秀吉の指示の通りの撫《な》で切《ぎ》りだった。六月二十四日から二十五日の宮崎城（加美町宮崎）の戦いの後では、城主以下の主だった人々の首八一、ほかに一三〇人分の耳鼻が目録とともに京都に送られた。六月二十七日から七月三日までの佐沼城（登米市迫町佐沼）の戦いでは、屈強のもの五〇〇余人が打ち取られ、二〇〇〇余の首がはねられ、女童までことごとく撫で切りにされたという。

一揆の抵抗はこの佐沼城の戦いをもって終わる。その後、政宗は一揆勢のうちの主立った城持の人々を一カ所に集め、豊臣秀次の意見を聞いたうえで、全員の首を切ってしまった。首は塩漬けにされて京都に送られた。

そしてこの一揆討伐の後で、伊達政宗は長井《ながい》（山形県）・信《し》夫《ぶ》・伊達の本領のすべてを奪われ、葛西・大崎の旧領に知行替えを命じられた。居城も、大崎氏の重臣の氏家《うじいえ》氏がいた玉造郡岩手沢と指定され、九月二十三日にそこに移った。岩手沢は政

佐沼の首壇（登米市迫町佐沼）　一揆勢2000人余の首塚と伝える。

宗によって改名されて岩出山《いわでやま》となるが、それは氏家氏の居城だったとはいっても、徳川家康によってあらたに普請された、豊臣大名の城であった。

また九月初めには、宮城郡と伊具郡で徳川家康の手の者による検地が行なわれたことが、三冊の検地帳の存在によって確かめられる。前年の検地と違う点は、貫高制にかわって石高《こくだか》制が採用されていることで、太閤検地の原則により近い検地が実施されたことがうかがえる。

宮城郡の検地帳は実沢《さねざわ》村（仙台市泉区）と高城手樽《たかぎてたる》郷（松島町）のものである。伊具郡の検地帳は橘之《たちばなの》村（角田市）のものである。宮城郡の実沢村は国分氏の旧領だが、先にのべたように、奥羽仕置直前には事実上、伊達領になっていた。後者は戦国時代以来伊達氏の所領だったところ、伊具郡も同様である。前年の奥羽仕置では、伊達領は検地をまぬがれていたが、このときは葛西・大崎領と同様に、あるいはよりきびしく検地が行なわれ、政宗に渡されたのである。羽柴《はしば》伊達侍従《じじゅう》政宗は、こうして名実ともに豊臣大名の一員になり、蒲生氏郷領となった刈田郡を除く本県のすべての地は、改めて、あるいは新しく伊達氏の所領となって近世を迎えることになったのである。

6章

藩を築く

伊達政宗甲冑像

1　仙台開府

政宗入部●

天正十九（一五九一）年九月二十三日、米沢城主だった伊達政宗《まさむね》が岩手沢《いわてさわ》城（のち岩出山《いわでやま》城、大崎市）に入《にゅう》部《ぶ》した。仙台藩の始まりである。

前年の天正十八年八月、天下統一を急ぐ豊臣秀吉《とよとみひでよし》は小田原不参を名目に葛西《かさい》・大崎両氏の所領を没収し、これを上方《かみがた》から下った成り上り大名木村吉清《よしきよ》に与えた。その治政は非道をきわめるものがあった。これに怒った旧葛西・大崎領の領民は木村勢を攻め、これを窮地におとしいれる大一揆《いっき》に立ち上がった。秀吉はこれを新政に反対する一揆とみて、その鎮圧を蒲生《がもう》氏郷《うじさと》と伊達政宗に命じた。氏郷は会津若松に入部して間もなかったが奥羽の鎮めの大名であり、政宗は秀吉に奥州の探題《たんだい》役を自任してきた大名としてその粉砕に努めた。

木村吉清は救出されたものの改易《かいえき》となり、旧葛西・大崎領一二郡は氏郷と政宗に恩賞として与えられることになった。二分して六郡ずつだが、所領に飛地《とびち》が生じぬよう氏郷に長井・信夫《しのぶ》・伊達など伊達領六郡を割いて与え、かわりに政宗が旧葛西・大崎領一二郡を与えられたのである。形は加増であっても政宗は居城のある本領を失うという、まことに外聞の悪い転封であった。岩出山入部の前日、政宗は家臣に書状を送り、「明日はいわて山へうつる、この口の仕置や国わけ（転封）などのことについては手があいたら申し聞かせよう」とのべている。家臣の間にも不安が広がっていたのであろう。

岩出山入部時に決定した政宗の領域は、江刺《えさし》・胆沢《いさわ》・気仙《けせん》・磐井《いわい》（以上岩手県）、本吉《もとよし》・登米《とめ》・牡鹿《おしか》・加美《み》・玉造《たまつくり》・栗原・遠田《とおだ》・志田《しだ》の旧葛西・大崎の諸郡、それに以前からの伊達領である桃生《ものう》・黒川・宮城・名取《なとり》・亘理《わたり》・伊具《いぐ》・柴田・宇多《うだ》を加えた計二〇郡である。刈田《かった》郡を除く宮城県全域と福島県の一部、それに岩手県南部を加えた、石高《こくだか》にして約五八万石の領域であった。関ケ原戦後これに刈田郡が加わり仙台藩陸奥領六〇万石が定まる。したがって、仙台藩六二万石はこの岩出山入部の時点で決定をみたといってよい。

岩出山城は大崎氏の家臣氏家弾正《うじいえだんじょう》の居城であった。政宗は大崎氏との攻防を通してこれを勢力下においていたが、政宗の入部に際しては、奥羽仕置《しおき》軍の部将徳川家康が修補普請を担当している。岩出山城が政宗の新領国の居城に選ばれた理由は、岩出山が新領国のほぼ中央に位置し、最大の課題である旧葛西・大崎領の鎮定に適当な位置にあること、そして幹道の奥大道《おくだいどう》（出羽海道・松山道）沿いに位置し交通上の要衝地であったことなどをあげることができる。

岩出山城は標高一〇八メートルに設営された天然の要害《ようがい》で、典型的な山城である。本丸と二の丸を中心に、北側は断崖絶壁でその下を内川が流れ、その外側に土塁《どるい》があり、南東には約一〇メートル幅の濠、その内側に土塁を設け、西側と南側に「から堀」があり、敵の攻撃を防ぎ守っていた。城下には本格的な城下町が建設された。出羽海道・松山道沿いに町割を行ない、政宗の転封にしたがって米沢から移ってきた御用商人たちを中心に、御譜代《ごふだい》町の立《たち》町・荒《あら》町・本《ほん》町・柳《やなぎ》町・肴《さかな》町・大学町のほか、下町・仲町・横町などを設けた。そして、この町人町を囲むようにその外側と諸道の出入口に侍《さむらい》屋敷・足軽《あしがる》町を配置し防御の備えとした。寺院もまた出羽国米沢から移り、城下町防御の拠点となった。

百万石の夢●

岩出山城主となった伊達政宗は入部直後から上洛、朝鮮出兵と忙しく、新領国の経営にあたる暇もなかった。だが、領国経営の目的を豊臣秀吉によって没収された本領の回復におき、天下人秀吉には面従腹背しつつ、その機会をうかがっていた。その機会は意外にも早くやってきた。秀吉死後の豊臣政権に亀裂が生じ、諸大名の対立が表面化してきた。五大老《ごたいろう》の一人上杉景勝《かげかつ》（会津若松城主）の帰国を契機に、対立は決定的となった。東軍の総大将徳川家康は東日本の諸大名に檄《げき》を飛ばし、上杉氏包囲網に参陣するようよびかけた。美濃国の関ケ原の戦いに先立つ、いわば東北関ケ原の戦いの始まりである。

　秀吉死後、政宗は徳川家康との関係を深め、長女五郎八《いろは》姫と家康の子息忠輝《ただてる》が婚約するなど、その立場を明確にしつつあった。一方、家康は上杉包囲に上杉氏と並ぶ大大名の政宗の協力を不可欠としていた。慶長五（一六〇〇）年八月二十二日、家康は政宗に対し一通の判物《はんもつ》（花押《かおう》を据えた書状）を与えた。いま仙台市博物館に所蔵されているが、有名な「百万石の御墨《おすみ》付《つき》」である。その内容は、政宗の本領で当時上杉氏領となって

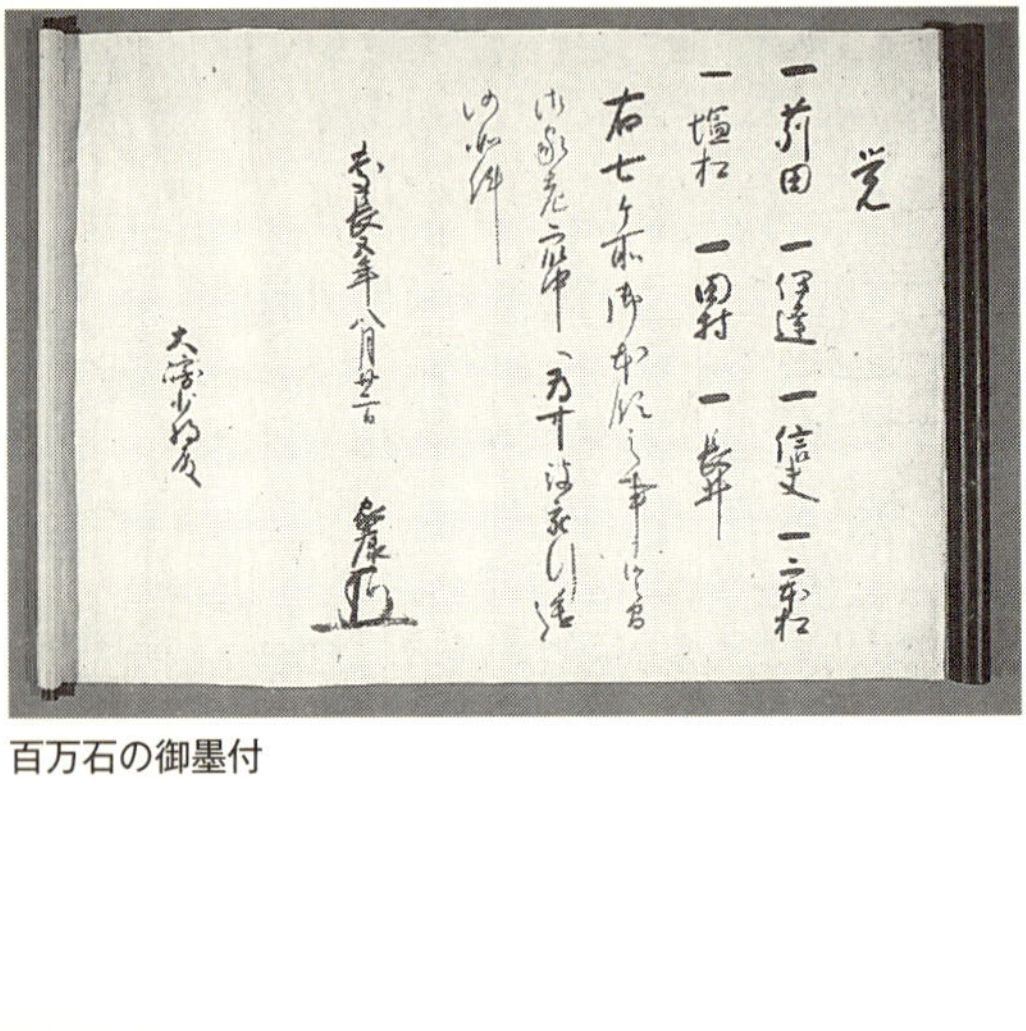
百万石の御墨付

いた刈田・伊達・信夫・二本松・塩松・田村・長井の諸郡を政宗に遣すというものであった。本領回復は政宗長年の宿願であった。家康は政宗のこの願望を熟知し、伊達軍を上杉氏包囲に協力させるためにこの判物を与えたのである。もしこれが実現すれば、政宗の領国は一〇〇万石に達することになる。後世「百万石の御墨付」とよばれる理由である。

東北関ケ原の戦いは、はじめ上杉軍優勢で展開した。伊達軍はいち早く白石城を攻略したものの、強大な上杉軍を前に一進一退し、本領への進出は刈田郡で足踏みしていた。最上《もがみ》軍は上杉軍に本城近くまで攻められ、加勢の北奥大名軍も自国の動揺を抑えるために中途で引き揚げるありさまであった。こうした危機的状況の最中、美濃関ケ原の戦いでの東軍の勝利が伝えられ、最上氏はようやく危機を脱することができた。政宗にとって本領回復の機会であったが、戦後の恩賞は実力で奪取した刈田郡二万石にとどまり、一〇〇万石の大領国が夢と消えたのもこうした戦況の反映であった。

仙台開府●

慶長五（一六〇〇）年十二月二十四日、伊達政宗は徳川家康の許可をえて仙台城普請の縄張《なわばり》始めを行ない、翌年一月十一日に普請を開始した。

政宗はなぜ仙台城を築城し岩出山城から移ったのであろうか。奥州街道からはずれ北偏する位置にあるなど岩出山城不便論が説かれてきたが、政宗のより積極的な戦略とのかかわりで理解すべきであろう。政宗が家康に仙台開府を申し出たのは関ケ原の戦いの前で、「百万石の御墨付」の受領前後であった。慶長五年十月、政宗は家康の使者今井宗薫《そうくん》に一一カ条の申し出を託するが、そのなかに「一、爰元《ここもと》居城之事」の一条がある。先に申し出た仙台移城に対する返答の催促でもある。他の申し出の内容を考えあわせると、政宗は旧領回復後の一〇〇万石の大領国を念頭において、それにふさわしい新城下町の建設を考えたとみてよいであろう。大領国を実現することはできなかったが、仙台開府の事業を推進したのである。

仙台城普請はまったくの新築ではない。家臣国分《こくぶ》氏の居城千代《せんだい》城を大増築・大修築したものである。縄張の当日、政宗が千代城にはいり、能会を催し二晩宿泊して北目《きため》城に帰っていることでも明らかである。仙台城本丸の地は現在の遺構から推測できるように、西・南・北の三面は人馬の通行困難な山林続きで、南は竜《たつ》の口《くち》の渓谷、西は奥行深い山林、そして前面は六四メートルの断崖で、その前を広瀬川が流れている。修築にあたって本丸の地は拡張され、また石垣普請なども行なわれ、新築に等しいものとなった。本丸が東西一三五間（約二五六・五メートル）、南北一四七間（約二七九メートル）という最大級の城である仙台城は、天守閣のない山城で天然の要害だが、天然の地形を巧みに利用し多層建築をさけ、工期の短縮などを考慮したものといえる。

一応の完成まで約一〇年を要したが、大手門をはいって屈曲した坂路を五二七メートル登ると本丸の詰の門に達する。詰の門左右に脇櫓《わきやぐら》、東北隅に艮《うしとら》櫓、東南隅の巽《たつみ》櫓など三重の櫓、西方西《とり》の門に二重櫓が設けられ、本丸の北部に公館である大広間《おおひろま》、その前面に能舞台があった。大広間は縦一七・五間（約三三メートル）、横一三・五間（約二五・六メートル）、俗に千畳敷《せんじょうじき》といわれる桃山式書院造りであった。このほか本丸には、御座《ござ》の間《ま》・御書院・博多の間・火薬倉・兵具倉などがあった。

築城用材は、城下の小田原天神林の杉・槻《けやき》の大木一〇〇本余、本吉郡志津川の滝沢不動院の杉大木一五本などが伐り出され、海上輸送された。竹材などは名取川流域の秋保《あきう》方面から、石垣の石は国見《くにみ》峠など近在で調達された。石垣普請はのちに城下石垣町を構成する石垣衆が担当した。

大広間が落成した翌年の慶長十六年、イスパニア特派大使セバスチャン＝ビスカイノが仙台城を訪れ、つぎのように記している。「城は彼国の最も勝れ、また最も堅固なるものの一にして、水深き川に囲まれ、断崖百身長を越えたる巌山に築かれ、入口は唯一にして、大いさ江戸と同じうして、家屋の構造は之に勝りたる町を見下し、又二レグワ（一レグワ＝三・九二四キロ）を距てて数レグワの海岸を望むべし」。江戸城がまだ雄姿をみせていない時期のことであり、江戸城に並ぶ大きな城であったことは事実であろう。

大坂夏の陣後、合戦の時代は去り泰平の世となった。藩経営に力が注がれるようになる。城も要害より政庁・居館として重視されるようになった。寛永四（一六二七）年、政宗は城下郊外の若林《わかばやし》の地にあらたに屋敷構を設けた。年末年始や饗応などには山頂の本丸居館を使ったが、そのほかは若林城で過ごすことになる。若林城は当初から政宗の私的居館で、彼の死後本格的な居館が求められるようになった。二の丸造営がそれである。二代藩主忠宗《ただむね》の時代であるが、幕府は新城としてでなく山下の屋敷構としてこれを許可し、寛永十五年九月に普請をはじめた。政宗の遺言により若林城は取り壊され、二の丸は一カ年ほどで一応の完成をみた。二の丸居館でも儀式・接客・饗応関係が重視されたが、広間は小広間となり、藩の役職者の詰所部分が拡大され、全体に政庁としての色彩が濃くなったのは当然である。仙台城にはさらに三の丸（東丸）が設けられた。普請の時期は明確でないが、正保期（一六四四～四八）の城絵図に蔵屋敷とあり、米蔵があった。

町づくり●

築城とともに城下の町づくりがはじまった。城下の地は宮城・名取両郡の五カ村の村境にあたるところで、それまでは人家もない荒野であった。そこにいっきょに大都市が建設されることになったのである。伊達政宗はみずから城下の屋敷割図を描き、これを奉行《ぶぎょう》の川島豊前《ぶぜん》・金森内膳《ないぜん》に示したという。仙台城の本丸から新城下の予定地を俯瞰しつつ、城下の構図を描いたに違いない。政宗の一〇〇万石の城府づくりがはじまったのである。

城下町は城を中心に建設され、防御的役割を備えているのが一般であるが、その一方で領国の内外に通じる商業上・交通上の拠点であった。仙台城下町もこうした構想のもとでつくられた。その基本構図は、城をでて広瀬川を渡って東進する大町《おおまち》通りと、城下町建設にあたって導入した南北に走る奥州街道を基軸としている。交差するところを札《ふだ》の辻《つじ》とした。

この基本構図をもとに、他の城下町と同じく碁盤目《ごばんめ》状の町割を行なった。もっとも仙台城下町は広瀬川により形成された河岸段丘上に建設されたこともあり、きっちりとした碁盤目ではなく少しばかり歪みがみられる。町割にあたって、身分制により侍屋敷地区と町人地区とが明確に区分されたのは他の城下町と同じである。大町通りと奥州街道沿いに町人町を配置した。惣町は藩政中期に二四町となったが、中心は伊達氏にしたがい米沢から岩出山、そして仙台へと移ってきた御譜代《ごふだい》町である。他の町に対して種々の商業上の特権をもっていた。開府当時の町人町は、大町・肴町・南町・立町・柳町・荒町の御譜代町六町のほか、国分《こくぶん》町・材木町・北目町・二日町・染師町・田町・日形《ひがた》町・鍛冶《かじ》町などである。

この町人町を取り囲むように侍屋敷地区が配置された。大身の侍は川内《かわうち》・片平《かたひら》丁など城近くに、中級侍は広瀬川東側に町人町を囲むように、そして城下はずれの名懸《なかけ》丁・五十人町などには足軽やその他の軽輩の侍を集住させ、周縁に寺社を配置した。

元和期（一六一五〜二四）には一応城下町の姿ができたと考えられるが、その範囲は現東北本線と広瀬

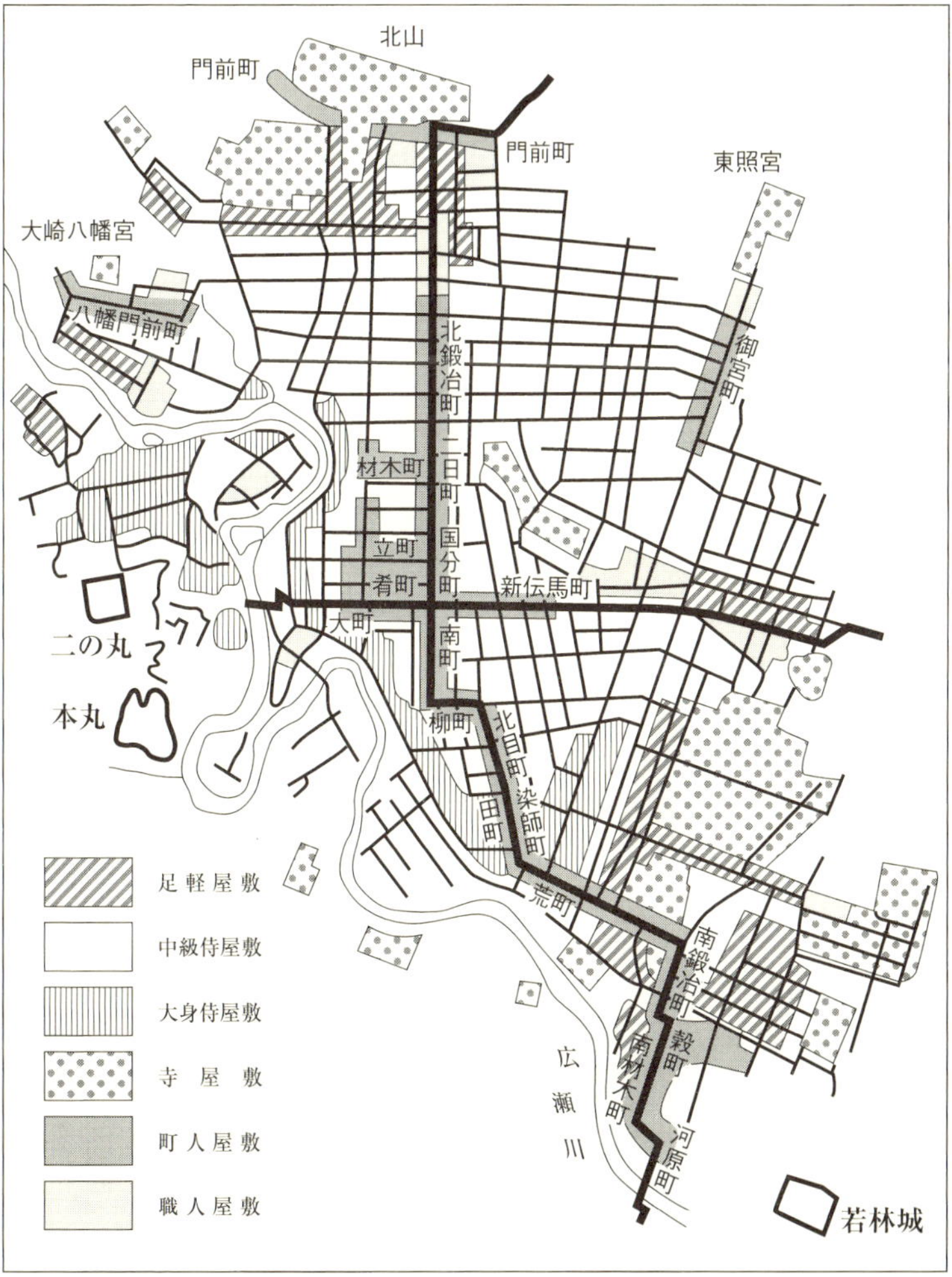

仙台城下の町割(『図説宮城県の歴史』より)

川のあいだで、柏木・錦町・花京院《かきょういん》・五橋《いつつばし》・土橋《どばし》を結ぶ線に囲まれた地域であった。寛永期（一六二四～四四）には、城下町東南の若林地区に政宗晩年の居館若林城が築かれたのにともない、宮沢渡しで広瀬川をこえていた奥州街道の道筋が変更され、若林城の西側で川を渡るようになった。そしてこの新奥州街道沿いに荒町が移り、穀《こく》町・南材木町などが設けられて城下町が拡張した。ついで、承応三（一六五四）年、東照宮《とうしょうぐう》の造営にともないその門前町宮町が開かれ、同時に北五・六番丁の拡張などをつうじて元禄期（一六八八～一七〇四）頃に城下町の完成をみた。この城下の範囲を当時「仙台輪中《わじゅう》」とよんだ。

城下町建設にともなって奥州街道と領内街道が整備された。中世の蛇行していた奥大道《おくだいどう》の道筋を改め、奥州街道を岩沼からまっすぐに北進させて城下に導き、さらに領内を北上させた。そして城下の国分町と北目町を伝馬《てんま》町と定め、城下の南の増田・中田・長町、城下の北の七北田《ななきた》・富谷《とみや》新町にそれぞれあらたに宿駅を設けるなどの整備を進めたのである。やがて城下の北目町を起点とする領内の道法も定まってくるのである。

太平洋を視野に●

仙台城の建設が一段落した頃の慶長十八（一六一三）年九月、伊達政宗は家臣支倉常長《はせくらつねなが》をメキシコ、イスパニア、ローマに派遣する。慶長遣欧使節である。

派遣のねらいはなんであったか。これまでさまざまにいわれてきたが、それは仙台藩が太平洋貿易に乗り出すための外交交渉であったといってよい。ポルトガル船が種子島《たねがしま》にきて鉄砲を伝えてから七〇年がすぎていた。この間、西日本・上方を中心にキリスト教の布教、ポルトガル、イスパニアさらにオランダなど諸外国との貿易が著しく進展し、加えて幕府・西日本大名などの派遣した朱印船《しゅいんせん》貿易が莫大な利益をえていた。伊達政宗はこの外国貿易のもたらす文明と利益を上方や江戸で見聞し、これを奥州にも導入しようとした。イスパニア特派大使ビスカイノ一行の帰国船が遭難したのを機会に、かわりの船サン゠ファン゠バウティスタ号を建造し太平洋に乗り出したのである。

政宗の外交方針は、支倉常長に携帯させたローマ法王などへの親書とイスパニア国王に提案した「申合《もうしあわせ》条々」にみることができる。その内容は、(1)仙台藩内でのキリスト教の布教を全面的に保護する。(2)わが船のノビスパニア（メキシコ）入港を認め交易を行なうこと。(3)イスパニア船の仙台藩内への来航を歓迎し、自由貿易を保証する。(4)イギリス・オランダ人を藩内に入れず排除する。キリスト教と貿易の分離を基本とする江戸幕府の方針と違うが、実現性のない提案ではなかった。これより先、江戸幕府とイスパニアが、日本とノビスパニアとの貿易開始について交渉を重ねてきたことでも明らかである。政宗の外交はこの折衝を積極的に継承するものであった。

使節支倉常長の行程は、実に七カ年におよぶ長期の外交の旅であった。慶長十八年九月十五日（一六一三年十月二十八日）、仙台湾に面する牡鹿《おしか》半島の月《つき》ノ浦《うら》（石巻市）を出帆した。使節船は五〇〇トン級の洋式船である。乗船者は総数一八〇人余、使節支倉常長をはじめ、今泉令史《れいし》・松木忠作《ちゅうさく》・西九助《きゅうすけ》・田中太郎右衛門ら仙台藩士、幕府船手頭向井忠勝の家臣一〇人余、ソテロ、ビスカイノら南蛮人四〇人ほど。それに日本の商人たちであった。

仙台湾を外洋にでた使節船は針路を東北東にとり、黒潮から北太平洋海流へ、さらにカリフォルニア海流へ乗り南下し、四カ月余の航海ののち、ノビスパニアのアカプルコ港に到着した。大歓迎をうけ首都メキシコ市にはいった常長一行はノビスパニア副王に政宗の親書を渡し、日本人随員七八人が洗礼をうけ、

❖コラム

慶長使節船サン＝ファン＝バウティスタ号の復元

仙台藩主伊達政宗が支倉常長を団長とする遣欧使節を派遣するにあたって、藩領月ノ浦で洋式船を建造した。この巨大な木造船はいま復元され、石巻市大森のサン＝ファン＝パークに係留されているが、海事博物館サン＝ファン館の目玉として訪れる人々に深い感銘を与えている（口絵参照）。そこで、仙台藩の船をなぜサン＝ファン＝バウティスタ号とイスパニア側の名でよぶのか、建設当時は仙台藩でなんとよんだのか、などとよく質問される。この船名はイスパニア側の名でよばれる名で、仙台藩の史料には黒船とあるだけで正確な和名はわからない。この船はイスパニア側の史料にでてくるスパニア（メキシコ）行きの船として建造され、国交のないノビスパニアの港に入港するにはあちらの船のよび名を必要としたのである。

設計図が残されていないのにどうして復元できたのであろうか。さいわいに伊達家の正史『伊達《だて》治家記録《じかきろく》』に、同船の規模・帆柱の長さなどが記されている。この記載を基にして現代造船工学の技法でシュミレーションを行ない復元したのであるが、そのときに問題となったのが「一間《けん》」の実際の長さである。尺貫法には歴史的な変遷があり、時代によって一間の長さが異なる。太閤検地《たいこうけんち》で用いられた一間＝六尺三寸ではないか、という意見もあった。しかし、仙台藩での建造であるから仙台藩の尺貫法が用いられたと考え、当時建築された仙台城の間尺、城下の屋敷割や文禄・慶長検地で用いられた一間＝六尺五寸でシュミレーションを行なった。その結果、この寸法で復元される船の構造が造船工学上も適合することがわかった。地域文化を考えるうえで、地域史に関する正確な知識が必要であることを示す事例でもある。

カトリック信者となった。五月八日、常長は随員を三〇人ほどにしぼり、イスパニア艦隊で大西洋を横断し、十月五日イスパニア本国に到着した。日本人初の大西洋横断である。一行はノビスパニア同様熱狂的な歓迎をうけた。十二月下旬に首府マドリードにはいり、翌年一月末に国王フェリペ三世に拝謁し、政宗の親書と奥州とノビスパニアとの平和通商条約案「申合条々」を奉呈した。そして、国王はじめ多数の顕官名士が列席する教会で、常長は念願の洗礼をうけた。随員のほとんどがメキシコで洗礼をうけ、常長ひとりマドリードで受洗したのは、そのほうが外交交渉に有利との考えによるのではなかったかと思う。しかし、イスパニア政府でアジア貿易を担当するインド顧問会議が、仙台藩との貿易は植民地のルソン、ノビスパニアの利益をそこなうと主張し、交渉は進展しなかった。

キリスト教信者となった常長は、当初の計画通りローマ訪問を希望した。インド顧問会議は、その必要も認めようとしなかった。常長一行の月ノ浦出帆後の江戸幕府のキリスト教大弾圧を知り、政宗の提案に疑問をもったからである。しかし、国王はキリスト教の発展に寄与するとこれを許可した。一行は一六一五年十月十八日ローマに到着した。月ノ浦を出帆してから二年後のことである。教皇パウロ五世に謁見し、ローマ市議会は「日本の大使」常長をローマの貴族に叙し、市民権を与えると議決した。ローマでも大歓迎をうけたが、常長の外交折衝に対する法王の助力は実質的でなく、彼は心の晴れぬままふたたびマドリードにむかうのである。

マドリードには日本でのキリスト教大弾圧の情報が刻々と伝わり、主君政宗が説くキリスト教保護も信用しがたいとし、案内者ソテロに対する不信もつのりつつあった。一行はマドリード滞在も許されず、港町セビリアに直行するよう命じられた。ここに一年余のあいだイスパニア国王の返事を待って滞在するが、結果は内容のない抽象的な返事であった。常長は交渉に成功せず、失意のうちにヨーロッパをはなれることになった。

常長帰国の連絡をうけた政宗は、ノビスパニアから羅紗《らしゃ》などの商品を積んで帰国していたサン＝ファン＝バウティスタ号を出迎え船として、ふたたびノビスパニアにむかわせた。仙台藩家臣横沢将監《しょうげん》を代表とする日本人二〇〇人と多くの商品を積んでの出帆であった。政宗はノビスパニアとの貿易にまだ意欲をもっていたのである。これに対しイスパニアは完全に冷えきっていた。

政宗の申し入れた「申合条々」は、通商平和条約というべき対等な貿易関係を結ぼうとするものであった。洋式船の建造もそのためであったが、イスパニアからみれば太平洋貿易に強力なライバルの登場を認めることになる。イスパニア国王は使節船の日本直航を禁じルソンにむかわせ、ここで船を事実上没収させたのもそのためである。

常長一行はルソンで二カ年ほど足どめを余儀なくされ、ようやく便船をえて元和六（一六二〇）年八月、七年ぶりに帰国することができたのである。

いまに輝く伊達文化●

城下町仙台は荒野に一気に建設された都市である。当時の建築技術・芸術・武芸などの粋を集めて建設されたことは当然である。このことは他の城下町にも共通することであるが、現在にその遺構を伝える都市は数少なくなった。そのなかでも仙台は比較的その姿を残している都市である。慶長十二（一六〇七）年造営の大崎八幡神社、同十五年落成の松島瑞巌寺《ずいがん》、仙台城諸建築の絵画美術などがその例である。それらは中央の美術・建築・技術などの直接導入による成果であったとしても、豪華絢爛《けんらん》な桃山文化の新生な精神をみちのくの一地点に具現した慧眼は、創造的な地域づくりの精神なくしてはうまれてこなかったはずである。

作事担当の工匠は上方方面から招いた(1表参照)。なかでも梅村家次《いえつぐ》系統と刑部国次《おさかべくにつぐ》が注目される。刑部国次は天下無双の匠人といわれ、梅村彦左衛門家次が雇ってきた者であった。絵師佐久間(狩野《かのう》)左《さ》京《きょう》一門も、梅村・刑部集団と同じく仙台開府に際して京都から招請されたものである。狩野光信《みつのぶ》の画系に属する絵師であった。

〔1表〕 おもな作事と工匠

作　事	担　当　者
仙台城本丸大広間	大工棟梁　梅村彦左衛門家次
	匠人　刑部左衛門国次(紀伊)
	画工　佐久間左京
大崎八幡神社	御大工　日向守家次(山城)
	棟梁　刑部左衛門国次
	棟梁　梅村三十郎頼次
国分寺薬師堂	御大工　駿河守宗次(和泉北根)
松島瑞巌寺方丈	大工棟梁　梅村彦左衛門家次
	匠人　刑部左衛門国次
松島五大堂	匠人　鶴右衛門(紀伊)
塩竈神社	匠人　鶴右衛門(紀伊)

慶長十五年、仙台城大広間が落成する。秀吉の聚楽第《じゅらくてい》の様式にならった千畳敷と称される大広間のほか、御座所・お懸造り・能舞台などが本丸に配され、広大な城郭が出現した。政宗の師虎哉宗乙《こさいそういつ》は「東国の洛陽《らくよう》城と謂《い》べきなり」と称賛した。今に残る「鳳凰《ほうおう》図屏風《ずびょうぶ》」は大広間上段間を飾ったと伝えられ、現存する工芸品らとともに推測すると聚楽第に匹敵する桃山式建築の白眉であったとみてよい。大崎八幡神社は近世初頭の神社建築を代表するもので、拝殿と本殿を石の間で結ぶ石の間造り(天地権現《ごんげん》造り)の典型で、装飾彫刻、漆塗・金箔《きんぱく》押しなどを用いた壮麗な姿も抜きんでる建造物である。

2　四十八館の配置

家臣の序列●

日本屈指の大大名となった伊達家は家臣も多く、直属家臣とその家臣である陪臣《ばいしん》を含めると、その総数は約三万三八〇〇余人（幕末期）にのぼり、諸藩随一の兵力を誇った。この家臣の多くは、戦国末期・近世初頭の領国拡張期に登用された。藩祖政宗時代に伊達家に敵対した旧戦国大名やその一族、あるいは百姓や商人からも登用され、尨大な家臣団の編成をみたのである。

家臣団は、大別して門閥《もんばつ》・平士《へいし》・組士《くみし》・卒《そつ》の四等級から編成され、組士以上が士分で、原則として知《ち》行《ぎょう》を土地で与えられていた。このなかで、藩政を握ったのが上層家臣の門閥である。門閥には、一門《いちもん》（一一家）、一家《いっか》（一七家）、準一家（一〇家）、一族（二二家）、宿老《しゅくろう》（三家）、着坐《ちゃくざ》（二八家）、太刀上《たちあげ》（一〇家）、召出《めしだし》（八九家）の家柄があった。それぞれの由緒・功績などによって列せられ、政宗時代から四代藩主綱《つな》村《むら》時代にかけて整えられた。

門閥家臣は知行高も大きく、万石以上の大名級が一一人もいたのは大きな特色である。角田《かくだ》の石川氏、亘理《わたり》の伊達氏、水沢の留守《るす》（伊達）氏、涌谷《わくや》の亘理（伊達）氏、登米《とめ》の白石（伊達）氏、岩出山《いわでやま》の伊達氏はそれぞれが一門で万石以上、一家の片倉氏（白石）、一族の茂庭《もにわ》氏（松山）も万石以上であった。寛文期（一六六一～七三）の伊達兵部《ひょうぶ》（一関）、田村右京亮《うきょうのすけ》（岩沼）の二人は分知大名としてそれぞれ三万石を与えられ、伊達騒動後、伊達兵部は改易、田村氏は一関に移って幕末まで分知大名として続いた。

一門には、亘理伊達氏、宮床《みやとこ》伊達氏、岩出山伊達氏、川崎伊達氏のように伊達家の血縁者がいたが、概して旧独立領主を客分的に特別に遇した家柄といってよく、いわば藩主の顧問的立場にあった。したがって、藩政に直接参与することはほとんどなかった。もっとも伊達騒動のように、藩政の非常時には積極的に発言し重きをなした。

藩政の執行にあたったのは、一家以下の家臣たちである。一家・一族は戦国期より伊達氏に服属した有力家臣で、藩奉行（家老職）の重職についた大条《おおえだ》・石母田《いしもだ》・片倉らの諸氏がいる。準一家は政宗の代に伊達氏に服属した外様《とざま》の有力家臣、宿老は本家家老の意味で、遠藤・但木《ただき》・後藤の三家はいずれも奉行職に就いている。着坐は低い身分から登用され功績のあった者のうち、登城し藩主に太刀《たち》・馬を献上し盃を賜わった者で、奉行職に任じられた家もある。太刀上は正月の賀礼に際し、藩主に太刀を献上し盃を頂戴できる家柄、召出は毎年正月の宴会に召し出される家柄の武士である。

この家柄の序列は、戦国大名のもとで形成された一家・一族の制をさらに拡大したもので、藩主と家臣の主従関係、家臣団秩序を維持するうえで有効に機能した。しかし、藩体制の確立期がすぎたころになると、むしろ藩政の施行に対し保守的機構として機能し諸々の障害となった。

要害の重臣たち●

知行を土地で与えられた家臣は、城下の屋敷のほか知行地の在地に館・屋敷を構え、知行地の支配を行なっていた。なかでも、上級の門閥は中世以来の城館を構える要地に配置され、城館を居所としていた（次頁2表参照）。

この種の城館は、近世の一国一城制のもとでは、藩主の居城を除き破却されるのが原則で、周知のよう

〔2表〕 仙台藩の城・要害制

名称・形態		拝領家臣 ( )内は本姓	拝領年月	家格	知行高
白石城	平城	片倉小十郎	慶長7.12	一家	13,000石のち18,000石
亘理要害(臥牛館)	平城	伊達成実	慶長7	一門	6,113石のち23,853石
角田要害(金鶏ケ館)	平城	石川昭光	慶長3	一門	10,000石のち21,380石
涌谷要害(涌谷城)	平山城	伊達(亘理)重宗	天正19.12	一門	8,850石のち22,640石
寺池要害(寺池城)	平山城	伊達(白石)宗直	慶長9.12	一門	15,000石のち21,000石
水沢要害(水沢城)	平城	伊達(留守)宗利	寛永6	一門	16,130石
岩出山要害(岩出山城)	山城	伊達宗泰	慶長8.11	一門	14,643石
岩谷堂要害(江刺城)	山城	伊達(岩城)左兵衛	万治2	一門	5,019石
川崎要害(前川城)	平山城	伊達村詮	享保7	一門	2,000石
舟岡要害(舟岡城)	山城	柴田宗意	天和1	一家	5,000石
高清水要害	平城	石母田興頼	宝暦7.1	一家	4,000石
坂本要害	平山城	大条宗綱	元和2.9	一家	2,000石のち4,000石
金ケ崎要害(白糸館)		大町定頼	寛永21	一族	2,000石のち3,000石
金山要害(金山城)	山城	中島伊勢	天正17	一族	2,000石
上口内要害(上口内城)	平山城	中島利成	元禄7.11	一族	2,000石
人首要害(人首城)	山城	沼辺重仲	慶長11	一族	1,260石
佐沼要害(佐沼城)		津田景康	文禄4	宿老	1,500石のち8,000石
不動堂要害		後藤近元	元和6	宿老	1,000石のち2,700石
岩沼要害(鵜ケ崎城)	平山城	古内広慶	貞享4	着坐	7,042石
平沢要害(寝牛館)		高野光兼	慶長4	着坐	1,650石
宮沢要害		長沼致真	延享4	着坐	1,500石

(注) この表は特定の時点での調べではない。また，所替えのあった要害は長く在城した家臣を示している。

に全国各地で破却された。ところが、仙台藩では主要城館が破却されなかったのである。こうした城館のある要地を含む家臣の在地は、その政治的・軍事的重要性から、城・要害《ようがい》・所《ところ》・在所《ざいしょ》の四種に区分されていた。

城は、藩主伊達氏の居城である仙台城のほか、白石城が正式な城であった。これに類する城館が他にありながら白石城だけが正式の城となった理由は明らかでない。城郭などが他よりすぐれていたというわけではない。初代城主片倉小十郎景綱《かげつな》が豊臣秀吉より大名に取り立てられながらも、伊達氏の家臣であることを理由に辞退した経緯があり、これをうけ片倉氏は

上口内
1,682
人首
1,000
金ケ崎
3,000
江刺郡
岩谷堂
5,010
水沢
16,135
胆沢郡
気仙郡
前沢
磐井郡
折壁
気仙沼
一関
(30,000)
薄衣
藤沢
栗原郡
岩ケ崎
平形
川口
八幡
本吉郡
大川口
真坂
石越
照越
登米郡
玉造郡
石森
西郡
米谷
宮沢
1,500
高清水
5,000
佐沼
5,000
岩出山
14,643
谷地森
寺池 20,000
宮崎
柳津
遠田郡
不動堂
2,700
小野田
城生野
中新田
志田郡
涌谷
22,644
永井
中津山
下中目
加美郡
下伊場野
松山
和渕
鹿又
黒川郡
大松沢
南境
(石巻)
小野
宮床
吉岡
中村
牡鹿郡
桃生郡
宮城郡
利府(塩釜)
松森
八幡
仙台城
蒲生
金華山
茂庭
柴田郡
名取郡
川崎
2,000
足立
村田
平沢
1,650
岩沼
7,042
舟岡
5,157
刈田郡
小堤
23,852
角田
21,339
藤田
島田
亘理郡
白石城
18,000
尾山
坂本
4,000
丸森
小斎
伊具郡
金山
2,000
宇多郡
駒ケ嶺
城
要害
所
在所
藩境
郡境
現県境
数字は知行高(石高)

四十八館の配置(『宮城県史』による) 宝暦年間の配置を示す。

江戸幕府のもとにおいても大名扱いをうけることがあったのである。

要害は、城に準ずる城館地で、城館は城に準じて扱われ、修補の際には城と同じく幕府に届け出て許可をうける必要があった。したがって、実質上は城であった。要害は、政宗時代に一二カ所ほどであったが、その後追加され、藩政中期には約二〇カ所を数えた。要害配置の家臣は、一門が七人、一家が四人、一族が四人、宿老が二人、着坐が三人と上級門閥の家臣たちであった。彼らは二、三を除き、藩政初期に配置されてから所替えもほとんどなかった。その地方の「殿様」であり、城郭がそびえ、領民は「城」とよんでいたのである。「城館下」には城主の家臣が侍屋敷の町並みを形成し、街路沿いには町屋敷が配置され町を構成していた。まさに城下町の構造で、要害の知行地は藩のなかの藩、という景観であった。

所は、地方「町場《まちば》」のある要地、あるいは町を欠くが藩が指定した要地であった。「所拝領」の家臣は町場の中心に陣屋を構え、その周辺に侍屋敷・寺屋敷・足軽《あしがる》屋敷などが配置されていた。在所は、原則として町場でなく、農村部に屋敷をもち、周りに家中《かちゅう》（陪臣《ばいしん》）屋敷が知行高に応じて一〇軒から数軒与えられていた。

館下町と在郷町場㊎

おもな要害の館下にはミニ城下町が形成された。また、交通商業の中心をなす「町場」には中級家臣が「所拝領」として配置されていた。今日、県内のおもな市や町の歴史をたどると、藩政時代にいわゆる四十八館《やかた》の館下や在郷町場であったところが多い。その二、三をみることにする。

角田《かくだ》要害（角田市）は平山城《ひらやまじろ》で金鶏《きんけい》ケ館・臥牛《がぎゅう》城ともいい、藩南部の防衛の拠点であった。角田ははじめ伊達成実《しげざね》に与えられ、その家臣がいたが、慶長三（一五九八）年十月、重臣石川昭光《あきみつ》が松山から入部した。石川氏はただちに居館の構築、阿武隈川《あぶくま》に備えた堤防の築造、館下町の建設などに着手した。館の下に家中屋敷を配置し、その東側を通る槻木《つきのき》からの角田道沿いに北から町屋敷の天神町《てんじん》・中町《なか》・本町《もと》を設けた。寛永期(一六二四~四四)の二度にわたる大火で焼失したが、あらたに町づくりを進め、町屋敷三町、家中屋敷一四町からなる館下町を建設し面目を一新した。寛延期(一七四八~五一)の調べによると、家中総数一二四〇軒のうち、館下の家中屋敷は三〇〇軒ほど、町屋敷は一九六軒であった。町屋敷の一軒屋敷は間口一〇間、奥行三〇~四〇間ほどの短冊型《たんざく》だが、大半の町人の居住屋敷は間口五軒の半軒屋敷で、店・居宅・土蔵などが並んでいた。いまでも市街地のなかに当時の町割の原型をみることができる。

石川氏の家中には、一族・着坐・大番組・御徒小姓《おかちこしょう》組・徒組の順の身分序列があった。序列間の身分差はきびしく、他の序列との縁組は例外を除き困難であった。一族は石川氏庶流家の者が多く、石川氏とともに石川郡(福島県)などから移住してきた者が多い。他の身分の家中にも、石川郡の小領主であった者がみられる。軽輩の家中になると、町人や農民から取り立てられた者もみられる。

町屋敷の町人にも、石川氏とともに石川郡から移住してきた者、米沢や下野から石川氏を頼って移住してきた者がみられる。出身地はわからないが、武家出自の者もみられる。彼らは館下町の町割の当初から角田に住み町の検断《けんだん》役なども勤め、館下町の形成に努めてきた。やがて近隣地域からも移り住む者、農民から転身する者などが集まり、しだいに町ができあがってきた。中期以降、伊具《いぐ》郡は紅花・茶に加えて養蚕が盛んとなった。仙台城下町商業の支配が薄い角田町は、阿武隈川舟運によって丸森・梁川方面、岩沼・荒浜方面に通じ、藩内外との商取引が盛んに行なわれた。規模は小さいが、明らかに城下町の構造であった。城下町の白石のほか、亘理・涌谷《わくや》・登米・川崎・岩出山・舟岡・佐沼・坂本・高清水・金山・岩沼などの要害には、角田要害と同じような館下町が発達したのである。

つぎに、「所拝領」で在郷町場である加美郡中新田《なかにいだ》（加美町）をみてみよう。

中新田は、中世から加美郡の交通商業の一拠点であった。この地方の幹道は古代は東山道《とうさんどう》であり、中世は奥大道《おくだいどう》であった。中新田はこの古くからの街道の道筋に位置し、また鳴瀬川沿いにあり水運利用に便利なところであった。この街道と舟運の接点であったのが中新田の四日市場《よっかいちば》である。ここには元宿《もとしゅく》というところもあり、旧大崎領屈指の町場として栄えた。中新田地区の中心であったのである。

藩政期にはいると幹道・藩内道とも整備され、交通商業網が大きく変わった。中新田地方では奥大道の道筋がより直線的となり、出羽街（海）道とよばれた。さらに中新田を起点に、古川・小野田・出羽銀山を結ぶ街道も整えられた。そして、この両道の交差する地点に町が取り立てられた。これが現在の中新田の母体となった藩政期の町場中新田宿である。

中新田宿が交差地点につくられたのは寛永総検地の時期で

白石城（白石市）　三層櫓などが復元された。

ある。出羽街道沿いに南町・西町、古川道沿いに両町に接続して岡町が取り立てられ、三町からなる中新田宿があらたに誕生したのである。町立ては藩の政策によるが、中新田の宿場づくりの中心となったのは旧大崎氏の家臣たちで、三町の検断・肝入《きもいり》などになっている。これにともない四日市場の町場は新中新田宿に移され、新宿は移住者を迎え、古川宿・高清水宿に匹敵する大崎地方最大の町場となったのである。

中新田が藩家臣の知行地となり、「所拝領」地として位置づけられるのは元禄期(一六八八〜一七〇四)からである。知行主は真山・佐々《さっさ》・長沼・葦名の各氏と変わり、宝暦期(一七五一〜六四)から只野《ただの》氏が一二〇〇石の知行を拝領し幕末に至っている。中新田町の南西部に武家屋敷街が形成され、同氏の在郷屋敷の前に家中屋敷四〇軒、足軽屋敷三五軒が並んでいた。只野氏は仙台城下町に常住しており、「所拝領」の中新田町場に対し伝馬《てんま》役などを徴発する権限をもっていたが、要害の館主の館下町に対するような強い支配権はもっていなかった。中新田と同じ「所拝領」の村田・吉岡・松山・宮崎は、このような構造の在郷町場であった。

藩境塚を築く●

藩境は他藩との境界として、当然ながら政治上・軍事上重視された。街道の関所《せきしょ》・番所《ばんしょ》などの設置がその表れである。旧仙台藩と旧南部《なんぶ》藩の藩境に設けられた藩境塚列もその一つである。

仙台藩が隣接する諸藩との境を意識しはじめたのは、天正十九(一五九一)年八月、伊達政宗の岩出山入部時からである。奥羽山脈という自然の藩(国)境を共有する出羽諸藩とのあいだにはほとんど藩境争論はなかった。ところが、平場の田園地帯で藩境を接する北の南部藩、南の相馬藩などとのあいだではそう簡単なことではなかった。とくに南部藩との藩境決定までには、実に五〇年余の歳月を要したのである。

奥羽仕置《しおき》の結果、伊達氏は旧葛西氏領、南部氏は旧和賀氏領をそれぞれ領有したが、旧両氏領境があいまいで流動的であり、村レベルの境となると検地《けんち》での決定を待たなければならなかったのである。

仙台藩と南部藩との藩境決定で注目されるのは藩境塚の築造である。西は奥羽山脈の駒ケ岳（一一二九・八メートル）頂上から、東は太平洋の唐丹《とうに》湾（岩手県釜石市）までの延々一三〇キロにわたる境塚列で、その長大さは日本中どこにもみられない。

両藩の藩境交渉は長期にわたり、藩境の確定から境塚の築造にも九年を要した。境塚には大小二種類があり、大塚は一三〇キロに三九カ所、小塚は大塚と大塚とのあいだに数カ所から一〇カ所程度築造された。実地踏査の報告書によれば、大塚の形状は円形でなく方形で、一辺の長さが一五尺（四・五メートル）前後が多く、一定したものではないという。塚の維持も重要で、両藩は、山中の塚は二年か三年に刈払いし、里前は四年か五年に刈払いを行なうと協定を結んでいた。

仙台藩は相馬藩との藩境に、南部藩は津軽藩・八戸藩との藩境にも境塚を築いている。また、仙台藩内では、家臣の知行地と知行地との境にも小塚を築いている例がある。

この領地境の確認と維持は隣接諸藩との緊張関係の反映にほかならず、当然ながら他領との往来をきびしく制限する領民支配策と基をともにするものであった。近世初期の人返《ひとがえ》し令、領民の還住奨励策はその表れで、越境領民に対しては厳罰を科した。

このように藩境塚は越境の厳禁政策のシンボルで、藩政期をつうじて維持された結果、言語生活（方言）・風俗などに至るまで明確な境界をつくることになったのである。

耕土を拓く

藩政前期（十七世紀）には、日本列島全域で新田開発が活発に行なわれた。史上有数の高度成長の時代となった。なかでも東北地方は未開墾地が各地に多く残っていたので、いっそう活発に行なわれた。仙台平野や庄内平野が全国有数の穀倉地帯となったのは、この時代の新田開発によるところが大きく、表高六二万石の仙台藩はこの時代だけで三十数万石の開発高があった。この耕土開発は、官民あげての大規模な治水工事、用水路の整備をともなう荒野開墾によって進められたのである。

仙台藩の治水で有名なのは、北上川改修工事である。慶長九（一六〇四）年十二月、胆沢郡水沢（岩手県奥州市）から登米寺池城《とめてらいけ》（登米市）に所替えとなった伊達宗直《むねなお》（一万五〇〇〇石）は、土地は荒れ、細民は所々に草屋を結び一日の露命をつなぐ状態で、寺池城もまた大破しすぐに入城できない状況であったという。そしてまた、北上川・迫《はさま》川が氾濫すると田園はいずこにもみえなくなる状況を目前にしたのであった。宗直は藩の許可をえて、北上川が氾濫し迫川と合流するのを防ぐため堤防を築き、北上川の流れを二股《ふたまた》川の流れに合流させ北上川の流路を整えたのである。堤防は宗直の名にちなんで相模土手《さがみどて》とよばれ今なお残る。

伊達宗直についで北上川の治水に従事したのが川村孫兵衛である。彼は長州出身の土木技術者で、近江を流浪中伊達政宗に登用されたといわれる。彼の事跡は後世の史料によるところが多いが、ほぼ信頼してよいであろう。彼は河道付け替え、河道開削などによる北上川改修工事を行ない、北上川本流を石巻湾に注ぐようにした。これにより石巻に通じる北上川舟運体制が確立し、あわせて北上川中下流域の遊水・洪水地帯の解消を促進させ、「幾万の田地」（「普誓寺縁起」）を拓く大きな契機となった。

新田開発は、農民の切添《きりそえ》開墾から、集団による規模の大きい開墾に至るまでさまざまであった。そのなかで注目されるのは、家臣による「野谷地《のやち》」開墾方式である。藩は家臣に知行高を与えるに際し野谷地を与えたが、その開発見込高を算定して与え、開墾後に検地を行ない、知行高を実地に確認して与える方式である。余分の高は藩が収公し蔵入《くらいり》高とした。

二代藩主忠宗《ただむね》時代頃になると、野谷地開発はいっそう活発となった。家臣の知行高が固定化するにともない、知行高に野谷地開発高を含ませる方式に加え、開発高の一部を加増するなどの施策を行ない、野谷地開発の増進を図った。下の図は、こうした新田開発の結果を反映している。

3 藩の仕組み

専制から奉行制へ●

藩成立期の政治は、藩主伊達政宗《まさむね》の専制政治であった。

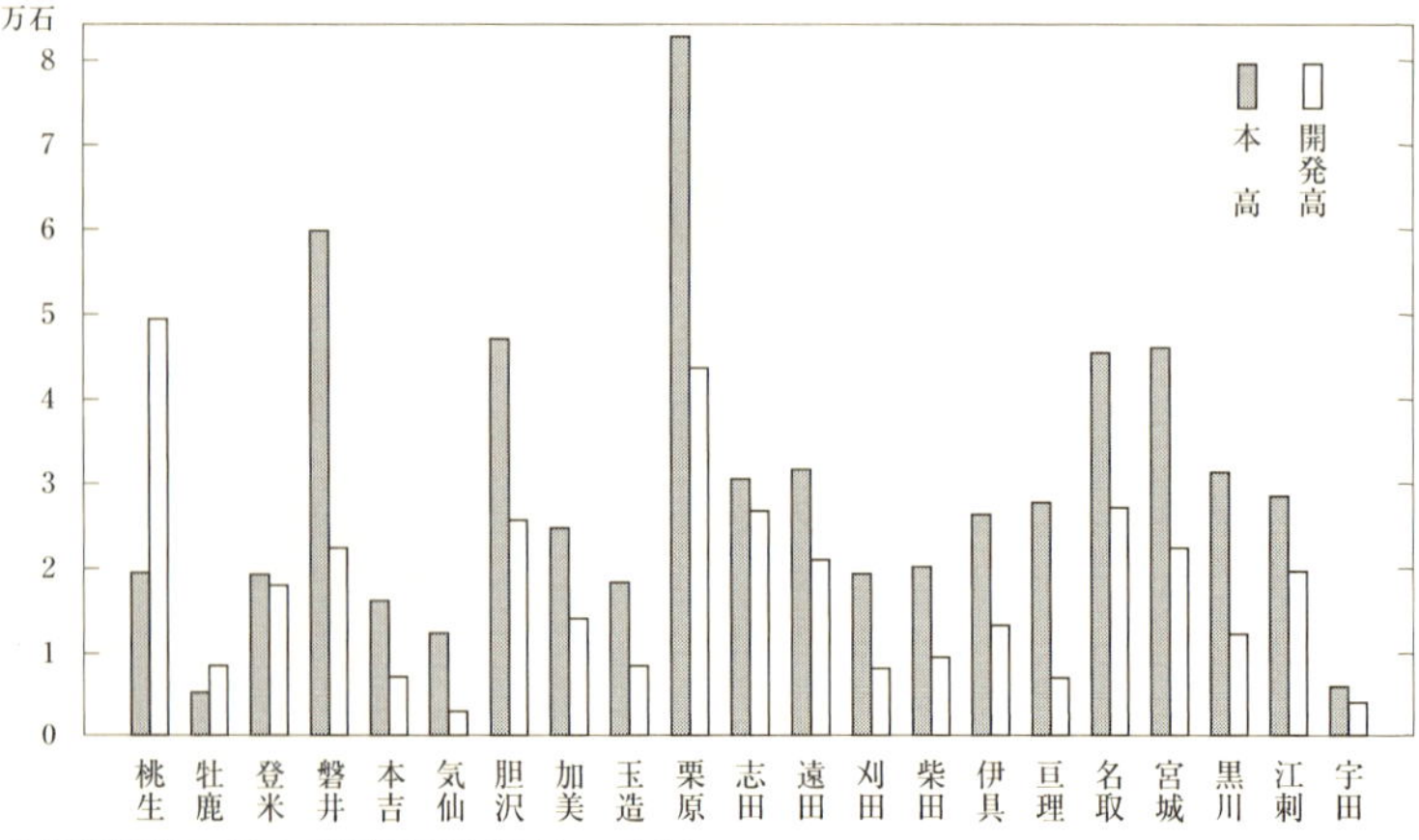

仙台藩前期の本田・開発高（貞享元〈1684〉年）

いずれの藩においても藩の成り立ちは藩主のパーソナリティーが色濃く影響しているものである。しかし、領国の拡大とともに権力の集中性、政治の組織的運営が求められ、しだいに藩の職制が整えられるようになった。職制の中心となったのは「奉行《ぶぎょう》」職で、他藩の家老《かろう》に相当する。戦国期にすでに奉行職の前身とみられる「宿老《しゅくろう》」がおかれていたが、奉行職が確立するのは伊達氏の米沢時代末期である。だが、この時代の領国経営は「一家・一族」の重臣たちの評定《ひょうじょう》によるところが大きく、したがって、奉行はまだ伊達家の執事的な役割が主で、重臣の所領などには権限がおよばなかった。この政治体制が大きく変わるのは、豊臣秀吉の奥羽仕置《しおき》で政宗が岩出山《いわでやま》に国替えとなってからである。もはや実力での領国の拡張は望めず、内政の充実が藩政の基本となったからである。重臣を領内の要地に配し地域の支配を固めさせる一方、政宗は行政・財政などに明るい直臣《じきしん》を奉行にとりたて、藩の統一的政治を進め支配体制の構築に努めた。家臣統制の基本は知行《ちぎょう》制にあったが、慶長十三（一六〇八）年、奉行は総検地の結果をふまえ知行割を行なっている。奉行職を中心とする行政機構は確実に整備されつつあったのである。さらに、城下町仙台を建設し商工業者の集住を図る一方、町奉行をおき商工業の一元的支配を進めた。

政宗時代にはじまる藩の職制は、二代藩主忠宗時代に整備・確立される。この時代は三代将軍徳川家光の時代で、幕府でも職制・支配機構が整えられた時代である。

第一は、六奉行・五評定衆の確立である。奉行はすでに政宗時代に四人となっていたが、寛永十三（一六三六）年八月、忠宗は初入国しあらたに二人を加え奉行を六人制とし、その下に評定役五人を任命し、藩職制の中枢部をまず編成した。そして、藩政の執行にあたっては奉行および評定衆の評定による合議とした。奉行は、「御上を補佐し、諸役人を選挙し、国政大小の事務を統《す》へ、金穀財用の要を裁す」とあるように、藩主を補佐し藩政を総理する職と定めた。なお、奉行はのちに文武行政担当六人、財用取切一人の七人制となった。評定役は藩の司法裁判を担当し、町奉行を兼ねていた。奉行・評定衆は就任にあたって起請文《きしょうもん》を提出し、役目を依怙贔屓《えこひいき》なく公平無私に務めること、評定にあたっては腹蔵なく意見をのべ意見の一致に努めること、評定で話し合ったことは他言しないこと、の三点を誓った。

評定は寄合日を定め定期的に開催された。奉行は月番の交代制をとり、二人は藩主の江戸参勤にしたがって江戸詰、二人は仙台勤務、他の二人は休暇で自分の知行地（在郷《ざいごう》）にいることと定めた。もっとも重要な議題のときの大評定は、全奉行の出席のもとで開催された。評定役も交代制であったと思われる。

第二は、執行部職制の整備である。奉行の支配下に、若年寄《わかどしより》・大番頭《おおばんがしら》・出入司《しゅつにゅうつかさ》・町奉行・近習目付《きんじゅうめつけ》などの役職が元禄期（一六八八～一七〇四）頃までの時期にかけて設けられた。

若年寄は奉行の補佐役で、奉行および出入司支配以外の庶務的職掌全般を指揮監督した。大番頭は仙台城の番役をはじめ、平士《へいし》の大番一〇組（一組三六〇人）および城下町近郊配置の足軽《あしがる》衆を支配下においた。出入司は他藩の勘定奉行に相当し、藩財政を担当した。はじめ三人だったが、のち業務多端で五人とした。その下に、郡《こおり》奉行・勘定奉行・知行割奉行・金山奉行・山林奉行・鍛冶奉行・津方穀横目《よこめ》などの財政系の多くの役職がおかれた。農村支配に直接かかわった郡奉行の人員は四人で、藩領の南・北・中奥・奥の四区にそれぞれ配置され、郡村の民政・司法・産業など広範な分野を担当した。郡村の代官、境横目、穀改役などはその支配下にあったのである。目付役は藩の監視機関として忠宗時代から設置され、八人の月番制であった。

町奉行は仙台城下町の市政、司法全般を担当した。町奉行は三～四人で月番制とし、町警察にあたる町同心《どうしん》五〇人ほどをしたがえ、役宅で職務を行なっていた。南方と北方の奉行所がおかれたのは幕末期になってからである。なお、港町の石巻や城下町の白石なども れっきとした町場で、こうした町場に他藩では町奉行をおいたが、仙台藩では仙台城下町以外の町場は郡奉行の支配下とした。仙台城下以外は「町」ではなかったのである。したがって、港町石巻の町人も白石城下町の町人も、町屋敷をもちながら身分的には「百姓」であったのはそのためである。

藩と江戸●

藩を運営するには、まずなによりも藩内をしっかり支配することが大切であったが、それに劣らず藩政にとって重要であったのは幕府との臣従関係の維持であった。

仙台藩は、初代藩主政宗と徳川家康との関係、関東以北の最大の藩であることなどから、幕府（徳川氏）との臣従関係は緊密なものがあった。藩主は徳川氏の擬制的親族として代々松平の姓と陸奥守《むつのかみ》の官職を与えられ、忠宗が二代将軍秀忠の一字を与えられたように、「一字拝領」といって藩主の嫡子が成人に達し幼名を改名するとき、しばしば将軍の名の一字を与えられた。幕府の有力大名に対する統制策であったが、一方、藩主に一種の権威を与えたことも事実である。藩はこうした権威を維持するためにも、軍役《ぐんやく》の奉仕はもとより臣従としての儀礼に心をくだいた。

近世大名の幕府将軍に対する最大の軍役は、江戸への参勤交代であった。大名の江戸参勤は関ケ原の戦い直後から一部はじまり、慶長八（一六〇三）年徳川家康が江戸幕府を開くと、不定期ながらも大名の江戸滞在が定めとなった。参勤交代は実質的に始動したのである。政宗もこれまで京伏見参勤であったが、同年から江戸参勤となった。また、政宗は家康から江戸屋敷を与えられ、他大名と同じく命をうけ長男秀宗を江戸に証人（人質）として差し出した。寛永十二（一六三五）年、幕府は武家諸法度《はっと》を改訂し参勤交代制度を定めた。すべての大名が、江戸参勤（在府）と帰国（在国）を一年交代で行なうことを義務づけられた。政宗最晩年のことで、彼もさっそく帰国して一カ年仙台に滞在し、翌十三年四月、交代の定めを守り病身を押して江戸参勤の途についた。その一カ月後、齢七〇の生涯を閉じたのであった。

参勤交代は仙台藩に莫大な財政負担を負わせた。仙台・江戸間の旅はほぼ片道七泊八日の道中で、四代藩主伊達綱基《つなもと》（のち綱村《つなむら》、幼名は亀千代）の初入国のときの供の者は三四八〇余人におよんだ。帰国の命をうけると、幕府老中《ろうじゅう》などに使者を遣わし礼をのべ、江戸屋敷で帰国の祝宴が開かれ、能十番も演じられた。道中、藩内では白石城・岩沼館に休泊するのが慣例で、一門・一家・一族が総出で出迎えた。帰国した藩主を迎える城下は、祭りのような大賑わいであった。

仙台藩主の参勤交代は派手な行列であった。豊臣秀吉の朝鮮出兵に際しての伊達軍の派手な出立ちに都人が驚嘆したというが、この伊達な出立ちは参勤交代の行列にも受け継がれていた。幕府巡見使一行の一人地理学者古川古松軒《こしょうけん》は、仙台藩主伊達重村《しげむら》一行の行列を『東遊雑記』につぎのように記している。

仙台侯同じく御発駕なり。これによって道中筋先となり後となりて、おりおり込み合いて途中もっともわずらわしく、駅所にて御行列を見るに、近年御勘略《かんりゃく》にて諸道具より御人数まで減じ給いしと聞きしに、なかなか美々しき多人数にて、薩州侯などの御行列よりは遥かに勝れり。大夫〔家老〕はいうに及ばず、すべての士格伊達道具を連ね、目を驚かせし供廻《ともまわ》りなり。御家の印は朱にて九曜《くよう》を画き、諸道具持ちは袖なし羽織《はおり》の長きを肩衣《かたぎぬ》の如く肩の上にて左右立つようにせしものなり。およそ国持ち方の行列は数多拝見せしに、いまだかほど立派なるは見ざりしなり。

時は天明期（一七八一〜八九）で、奥羽は度重なる冷害で飢饉が続き、仙台藩の財政は極度に窮乏していた。それにもかかわらず、伊達な遺風は頑固に守られていたのである。なお、藩の参勤交代にともなう直接的な支出だけでも年間数千両に上った。

大名は江戸に幕府から屋敷地を拝領し屋敷を構えていた。大名の格式、幕府による屋敷替え、さらには火災などで江戸屋敷の数は藩政時代を通して決まっていたわけではないが、仙台藩は延享二（一七四五）年の調べによると、芝口三丁目に上屋敷、愛宕《あたご》下に中屋敷、麻布・下大崎・品川にそれぞれ下屋敷、深川に蔵屋敷をもっていた。深川の蔵屋敷は藩蔵米の貯蔵蔵であるが、他の屋敷はその建築費はもとより、屋敷をもつことで藩主・家臣の滞在費、さらには将軍御成《おなり》費用など幕府・諸大名との交際費を必要とし、江戸での支出は巨額のものとなった。

この巨額の支出は、おもに藩米の江戸での販売によって賄われた。先にのべたように近世前期の新田開発によって仙台藩の実高は約一〇〇万石を数えたが、年間約二〇万石、多いときには三〇万石に達する産米が江戸に海上輸送され、江戸で販売された。江戸の消費米の四分の一程度は仙台藩米であったのである。この輸送に従事したのは石巻およびその周辺の廻船で、石巻穀船《こくぶね》とよばれていた。

一方、呉服・木綿《もめん》・瀬戸物・薬種・小間物《こまもの》など移入品のほとんどは、江戸からの下り物であった。これらの下り物は仙台城下町の特権商人である六仲間商人が独占的に仕入れることを藩から認められており、高級品の呉服は陸路を、その他の商品は石巻穀船が帰り荷として海上輸送してきたのである。

このような仙台藩の江戸との経済的関係は、当然、文化的・社会的なつながりともなった。この点は後にのべるところである。

国絵図の作成

仙台市博物館の常設展示室の真正面に大きな絵図が展示されている。正保元（一六四四）年の幕令により作成された仙台藩の正保《しょうほう》度の国絵図である。仙台藩の全体を俯瞰できる絵図であり、見る人を圧倒し、仙台藩の大きさを改めて認識させられる。もっとも、仙台藩は奥州領・近江《おうみ》領・常陸《ひたち》領から構成されている。したがって、厳密にいえばこの絵図は、仙台藩領六二万石の絵図ではなく、仙台藩奥州領六〇万石の国絵図ということになる。絵図の通例として作図年代の記入はみられないが、種々の考証の結果、正保度の国絵図であることがわかっている。幕府は国絵図と同時に、郷帳《ごうちょう》と城絵図の作成を各藩に命じ提出させた。各藩の確立と幕府の全国支配を示すものとして注目される。

江戸幕府は慶長（一五九六〜一六一五）・正保（一六四四〜四八）・元禄（一六八八〜一七〇四）・天保（一八三〇〜四四）の四度にわたり各藩に国絵図の作成を命じ、作成上の必要事項を指示し提出させたが、慶長度の提出は一部の地域に限られたようで、藩体制づくりが遅れていた陸奥・出羽両国では作成されず、正保度の国絵図作成が最初である。国絵図は古代に定まった国ごとに作成することを原則とした。出羽国では秋田藩が幹事となり、庄内・米沢などの各藩、および出羽幕府領からの報告をうけて一紙の出羽国絵図に作成している。陸奥国では、津軽・南部・仙台の各藩がそれぞれ藩絵図を作成し幕府に提出している。陸奥国は広大で一紙に作成することが困難であったからであろう。

国絵図の記載事項は、郡名・郡高・村名・村高・地勢・境界・道法《みちのり》・一里塚（山）・山川・舟渡・湊・海上航路などにおよんでいる。郡村名・郡村高は仙台藩初期の総検地をへて確定したものである。国絵図は基本的枠組みを国郡制において作成されたといえるが、道法をみると仙台城下の伝馬《てんま》町である北目《きため》町を起点として記入され、また、各宿駅間の道法も記入されている。主要街道では藩境界から仙台までの道法が記入されている。この国絵図が城下を基点として作成されたことを示している。また、主要湊の深浅、船泊の善悪、近隣の湊までの里数が記入されるなど沿海をも視野に入れて作成されている。

国絵図の作成と同時に、幕府は藩に正保・元禄・天保の三度にわたり郷帳を、そして正保度には城絵図を作成させ提出させた。郷帳は国郡ごとに各村の村高を調査し書き上げさせたものである。元禄郷帳は一部を欠き、天保郷帳は全国の郷帳が内閣文庫に現存している。正保郷帳は原本・転写本ともほとんど失われているが、地域によっては転写本が現存する。仙台藩の「正保郷帳」はその一つで、斎藤報恩会に現存する。郡高・村高は国絵図記入の高と一致し、田・畑・新田にわけて貫高《かんだか》で記載されている。また、宿駅のある村は村名が宿名で記されるなど、元禄・天保の両郷帳とは異なるところがある。正保度に幕府が国絵図・郷帳を全国に提出させたのは、各藩とも、寛永期（一六二四〜四四）頃までには藩領内の土地調査である総検地を実施し、藩内の高の把握を終了していたからである。仙台藩でも寛永十七年から五カ年をかけ、全領の総検地を実施し、村ごとに検地帳を作成している。

正保郷帳は、幕府が幕藩体制の確立した時期の全国の高を把握するために提出させたといえよう。元禄郷帳は正保郷帳を補正した内容で、より確実な高支配を意図し作成提出させたものである。これに対し天保郷帳は、動揺しはじめた土地制度を再把握し建て直そうとして作成した、といえる。

幕府が正保度に提出させた城絵図の一部は国絵図と同じく内閣文庫に現存するが、この城絵図もまた転写したものが各地に残っている。斎藤報恩会所蔵の「奥州仙台城絵図」がそれである。城絵図といわれるように城を中心とするが仙台城下町絵図でもある。郭内の本丸、二の丸と西屋敷（東北大学文系学部）、蔵屋敷（仙台市博物館）、堀の幅・深さなどが詳細に描かれ、侍屋敷・町屋敷の町割、街路の間数などが記入されている。主要な町人町の名が記入されている点は他の城下町の幕府献上図と違う。転写した際に加筆したのであろうか。城下の範囲を輪中《わじゅう》とよんだが、初期の仙台輪中は奥州街道を軸にすると、西北部は北山・八幡町、東北部はまだ東照宮はなく北四番丁、東は名懸丁《なかけちょう》、南東は薬師堂、西南は広瀬川をそれぞれ限りとする範囲であった。

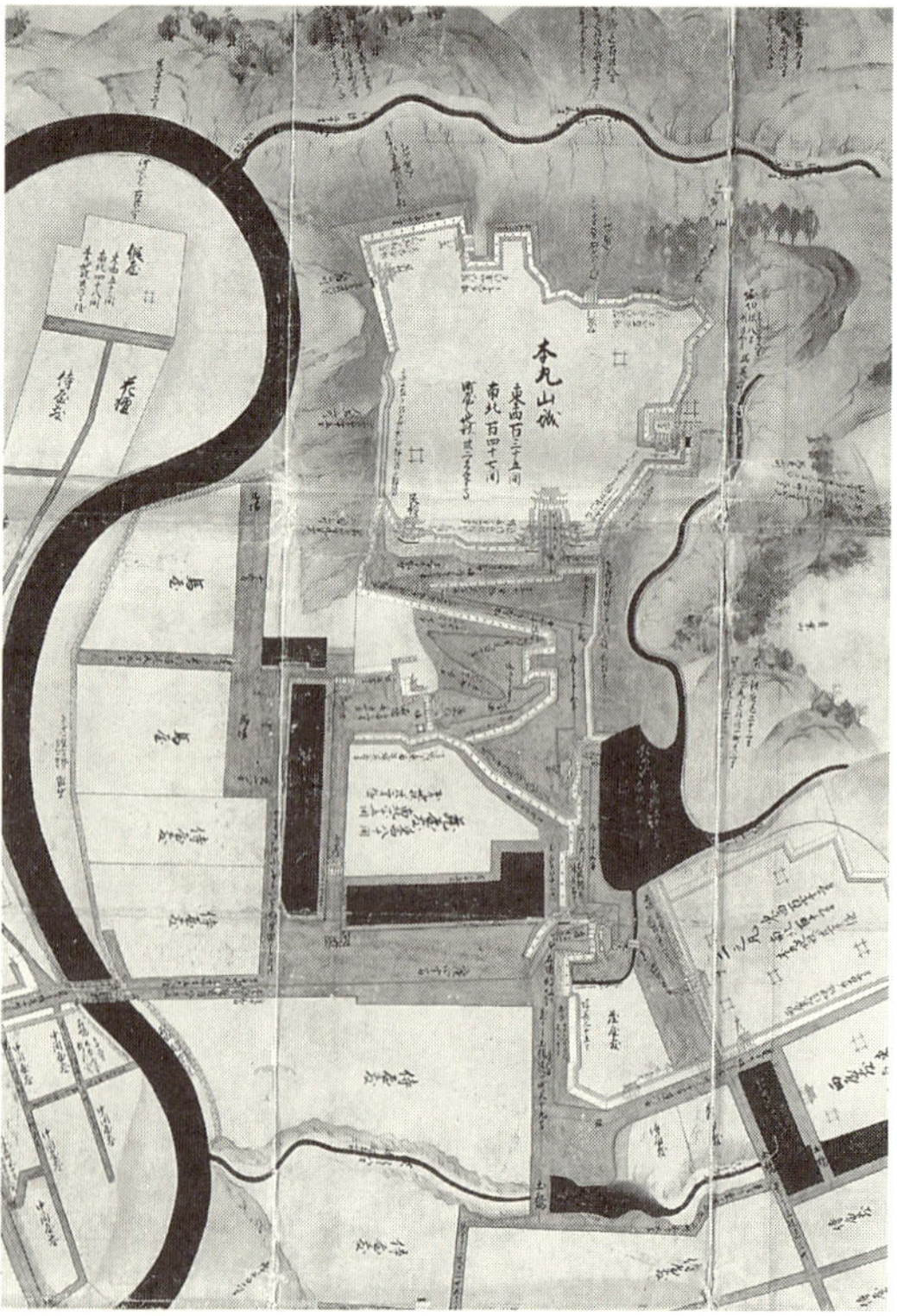

奥州仙台城絵図（正保2・3〈1645・46〉年）

町と村の行政●

藩政時代の町と村は制度的にきちんとわけられ、それぞれの行政組織があった。町は、そもそも領主の膝下の集落や交通の接点である集落に定期市などがたち、商工業者や雑業者が住むようになってうまれた。大名権力はこれを支配下におき、近世初頭、その集住化を強制し城下町などをつくった。そして町に住む商工業者を「町人」、農村に住みおもに農業に従事する者を「百姓」とよび、身分的にわけた。商農分離である。この原則は各地とも共通だが、具体的なあり方となるとそれぞれの特色がみられる。

仙台藩で身分上「町人」とよばれるのは、仙台城下町の町人だけである。仙台以外の石巻や白石などの「町」の住人は身分上は農村と同じく「百姓」であった。町奉行の支配下にあった仙台城下町の町人だけを身分上の「町人」としたのである。したがって、仙台藩には、町人の住む「町」と百姓の住む「町」があったことになる。

〔城下町の行政〕　仙台城下の侍屋敷は屋敷奉行が管轄し、家臣は身分・知行高に応じて大小の屋敷地を藩から拝領した。身分相応の家を構え見苦しくないように努めた。藩は寛文五（一六六五）年「仙台惣屋敷定」を定め、侍屋敷の維持・利用に基準を設け、家臣には隣保的五人組である「屋敷並五人組」のほか、支配頭を長とする職制にもとづいて組織される五人組をつくらせ、法度《はっと》の遵守を求めた。また、侍屋敷の前には一メートルほどの堀があり、隣との境にも一メートルほどの空地があって垣根がつくられていた。しかも、侍屋敷の特徴として、知行高と役職が変わると屋敷替えが行なわれたので、侍は城下住民としての結びつきが希薄だった。そのなかで、侍丁・小路におかれた辻番所一二五カ所には、諸士が禄高にしたがい番人を差し出していた。城下の夜間通行をきびしく取り締まったのである。

城下の町方は二四町を数えた。序列があり、大町三四五丁目・肴《さかな》町・南町・立《たち》町・柳町・荒《あら》町・国分《こくぶん》町・本材木町・北材木町・北目町・二日町・両染師町・田町・新伝馬町・穀《こく》町・南材木町・河原町・大町一二丁目・上御宮町・下御宮町・亀岡町・支倉《はせくら》澱橋《よどみばし》町・北鍛冶《かじ》町・南鍛冶町の順で、公式の場合にはすべてこの序列が守られた。町方は町奉行の支配で、はじめ役宅で事務を執り、幕末になって南方・北方の二町奉行所が設けられている。各町の町政には、町人から選ばれた検断《けんだん》・肝入《きもいり》・町年寄・組頭があたった。各町で町政を総理する検断は有力町人で、御用屋敷を与えられ、おおむね世襲であった。なかでも有力なのは大町三四五丁目検断の青山五左衛門家で、米沢時代から大町検断を勤め、町方検断を代表する地位にあった。大町一二丁目には検断に準じる年行仕《ねんぎょうじ》がおかれた。肝入も大町三四五丁目の只野家のように、世襲で有力町人が就いた。町方惣町の肝入は同役寄合講を結び、定会を開き役目を確認していた。町人は町屋敷一軒（間口六間）を基準に町役を負担した。大町では御野始《おのはじめ》の勢子《せこ》役、藩庁の蔵人足《くらにんそく》、北一番丁火《ひの》見櫓《みやぐら》番人、参勤交代時の伝馬町への助歩夫《すけかちふ》、辻番所番人などがあり、そのほか銭納分があった。

〔郡村の行政〕　仙台藩は仙台城下町以外を郡村扱いとし、出入司に属する郡奉行の支配下においた。奥州領二一郡九七〇カ村を南方・北方・中奥・奥にわけ、それぞれに一人の郡奉行がいて、郡内の行政・司法・警察をつかさどり、代官以下を指揮した。代官は藩内一九の代官区ごとに駐在し、郡奉行の命をうけ民政、年貢取り立て、徴税などにあたった。郡方横目は代官以下の役人の監督役で、代官区に一人おかれた。

郡村支配組織を通しての行政は、郡村の行政単位である村で施行された。施行にあたっては、代官区ごとに地方の有力者から任命された大肝入《おおきもいり》が代官の命をうけ、管内の行政・司法・警察など民政をつかさどり、その下に、村ごとに村内の有力者を村役人として肝入・組頭に任命し民政にあたらせた。村は年貢・諸役などを村人が連帯で請け負う組織として編成され、村役人はその納入方を最大の任務としたのである。そもそも村落は地縁的・同族的な共同体組織として成り立ち、長老的な村人のもとで運営されていた。藩は村落支配のため長老的村人を村役人に任命し、郡村行政の貫徹を図ったのである。なお、村役人は一般に名主《なぬし》(庄屋)・組頭と村人を代表する百姓代を加えて地方《じかた》三役というが、仙台藩では肝入(名主に相当)と組頭のみで百姓代はおかれなかった。村の自治的性格が弱かったことを示すものである。

先にのべたように、仙台藩では港町石巻や白石のような事実上の城下町も行政上は郡村扱いで石巻村や白石本郷とよび、住人の身分は「百姓」であるが、町地の住人は城下町と同じく町役を負担した。また、たとえば黒川郡今村(大和町)の吉岡《よしおか》宿が新田町・志田町・上町・中町・下町の五町から構成されていたように、宿場村内にも町がおかれた。町地に住む宿民の多くは、農耕のかたわら町役として伝馬役を負担していたのである。これらの町にも城下町の町人町と同じく検断がおかれ、町役の徴収や町場・宿場の運営にあたっていたのである。検断は肝入を兼ねる場合もあり、村の有力者が世襲的に任命された。

7章

藩の危機と安定

芭蕉の辻図(伊藤武陵筆)

1 伊達騒動

藩主逼塞と後見政治●

仙台藩の歴史でもっとも大きい事件といえば、伊達騒動あるいは寛文《かんぶん》事件といわれる事件である。藩の存続が問われたこの事件は、三代藩主伊達綱宗《つなむね》の逼塞《ひっそく》事件から原田甲斐《かい》の刃傷《にんじょう》事件に至る十数年にわたる騒動である。刃傷事件を単なる原田甲斐の狂気とすることはできない。酒井大老《たいろう》邸での審判が伊達安芸《あき》が後見人伊達兵部《ひょうぶ》の非法を幕府に提訴したことではじまったことでも明らかなように、まさに仙台藩の政治そのものが問われたのである。しからば問われた仙台藩の政治とは、どのようなものであったのであろうか。

指弾されるべき藩政の始まりは、綱宗が三代藩主となったときにさかのぼる。万治元（一六五八）年、綱宗は一九歳で父忠宗《ただむね》の遺領を相続するが、実は、忠宗は綱宗の剛気で酒好きをうれい、死の直前まで綱宗を三代藩主に指名しようとしなかった。危篤状態にせまってから、家老《かろう》の催促でようやく綱宗に家督相続させることを遺言したのであった。忠宗に殉死《じゅんし》した古内主膳重広《ふるうちしゅぜんしげひろ》も遺言のなかで、「藩にとって若殿の酒と兵部の才智が心配である」といったと伝えられている。そのように、綱宗の生活は乱れていた。夜ともなれば遊里に出入りし、重臣の諫めはもとより柳川藩主立花飛驒守忠茂《ひだのかみただしげ》など親戚大名の忠告にも耳を貸さず、幕府老中酒井雅楽頭忠清《うたのかみただきよ》の注意にも改めるところがなかった。藩主綱宗の不行跡は江戸市民の話題にのぼるありさまであった。幕閣の一部にはこれを理由に仙台藩を分割し、伊達兵部らに与える案が検討されているとの風聞も流れるようになった。仙台藩の重臣たちもまた、これを回避するには藩主の隠居《いんきょ》もやむなしとの覚悟を固めつつあった。

重臣たちの意志決定は早かった。万治三年七月九日、重臣らは連判をもって、綱宗の隠居願いと実子亀《かめ》千代《ちよ》の家督相続願いを幕府に提出した。幕府はこれをうけ、同月十八日、老中酒井雅楽頭邸に立花飛騨守忠茂、伊達兵部少輔宗勝《むねかつ》、重臣の大条《おおえだ》兵庫宗頼《むねより》・片倉小十郎景長《かげなが》・茂庭《もにわ》周防定元《すおうさだもと》・原田甲斐宗輔《むねすけ》がよびだされ、他の老中列座のもとで綱宗不届故に逼塞とし、跡目《あとめ》は追って仰せ渡すと命じた。藩主逼塞は藩重臣も望むところであったが、跡目に誰をすえるかが大事であるにもかかわらず、幕府は仙台藩の願いをただちに認めなかった。幕府と仙台藩との腹の探り合いがはじまった。八月にはいって、老中酒井雅楽頭は伊達兵部・伊達安芸・伊達弾正《だんじょう》・茂庭周防・大条兵庫・片倉小十郎・原田甲斐らをその邸によび、わずか二歳の亀千代ではなく政宗の血統で一七歳以上の者を改めて願い出よ、と命じたという。わずか二歳の者を跡目とすることに懸念をいだいたのであろうが、政宗の正統で一七歳以上の者といえばおのずと知れたことであった。時の国老茂庭周防は藩を代表し、亀千代以外に政宗の正統なしと主張し、これがうけいれられなければ仙台藩が亡国になっても致し方ないとのべたという。一方、幕府老中のなかにも亀千代の家督相続を支持する意見もあり、藩の願いどおり綱宗隠居と亀千代相続が正式に決定したのである。しかし、幕府は亀千代幼少を理由に政宗の一〇男伊達兵部宗勝と忠宗三男田村右京《うきょう》宗良《むねよし》を亀千代の後見人に指名し、それぞれに三万石を伊達六二万石のうちから与え大名格とした。また、国目付《くにめつけ》を仙台に派遣し藩の監視にあたらせた。

後見政治の実権は予想どおり知謀伊達兵部がにぎった。田村右京宗良は、綱宗の再起を幕府に願い出るなど後見人となることを必ずしも望まなかったようで、しかも病気勝ちであった。藩祖の子として気性が激しく、しかも、幕府老中酒井雅楽頭や親戚立花飛驒守を後楯とする伊達兵部が、藩の実権をにぎっていくのは必然であった。まず、奉行《ぶぎょう》ら藩執行部を交替させ、亀千代擁立派の勢力を弱めた。亀千代の擁立を強く主張した茂庭周防は、国詰《くにづめ》奉行の奥山大学《だいがく》の弾劾で奉行を罷免された。これにより、奉行は六人制だが兵部の信任をうけた大学の独壇場となり、大学の知行高は飛驒守および兵部の申し出で三〇〇〇石から六〇〇〇石に倍増された。大学は藩の建て直しを強く意識し調整より善悪をただす気性で、やがてみずからの施政に過信し専行を行なうようになった。その矛先は伊達兵部や田村右京をも例外とはしなかった。後見の両人は与えられた三万石の領地を事実上の藩と考え、幕府に対する献上を亀千代にさきんじて行ない、さらには領内に独自の制札《せいさつ》をたて、伝馬《てんま》・宿送《しゅくおく》りのことも独自の権限で定めた。三万石は仙台藩六二万石内の分知にすぎないとする大学は、これを六カ条にまとめ、寛文二（一六六二）年六月、幕府に訴えた（六カ条問題）。事を穏便にすまそうとする酒井雅楽頭は、すべて亀千代にしたがうことということにし、大学の訴えを認めた。しかし、大学の施政はそこまでであった。翌年早々、里見十左衛門が弾劾文を大学に突きつけた。大学を私欲・依怙贔屓《えこひいき》・色欲・酒宴・遊興などなどの不行跡者とし、彼が執権職にあっては国の安泰はないと、国目付（幕府）にも訴えた。六カ条問題で後見人の支持を失っていた大学は、これに抗する力もなく病気を理由に奉行を辞職した。一門《いちもん》ら重臣は免職では軽く、彼を処罰すべきであるとの意見が強く、その急先鋒はやがて後見政治批判に立ち上がる伊達安芸であった。激震のマグマが藩内で動きだしたのである。

寛文三年五月、伊達兵部・田村右京の両後見は、伊達家の財政不如意のため、総家中に加役を申し付けたいと一門衆に下問した。財政難の打開も後見政治の重要問題であったのである。これに対し涌谷《わくや》館主伊達安芸は、最近は功績もなく加増される者がいるなど藩の施政は公平でない。こんな不満があるときに加役を命ずれば幕府に訴える者もでかねない。自分の知行地の年貢を全部藩に納めるから加役はやめてほしい、と反対した。安芸は両後見に対等でものを申すことのできる数少ない重臣であった。里見十左衛門もまた加役は不当と訴えた。後見政治に対する家中の不満がつのるなかで、伊達兵部は目付役渡辺金兵衛を重用し、しだいに警察政治を進めるようになった。兵部に登用された奉行原田甲斐も口をだせず、目付による家中の悪事摘発はきびしく、処罰・処刑が続出した。医師河野道円《こうのどうえん》父子、ついで伊東一族の処刑と続き、のちに伊達安芸が訴えたことによれば、後見政治一〇年ほどのあいだに、切腹一七人、追放召放二二人、逼塞など八一人と計一二〇人が処分されたという。たしかに藩祖政宗の時代にはもっと多く処刑・処分が行なわれたが、藩づくりの時代のことで主従関係も不安定であったからである。知行制度も定まり、それぞれの家の維持が家臣の最大の関心となっていたこの時代においては、家臣の処罰・処刑は家臣間に疑心暗鬼をうみ、まさに恐怖政治となり、藩政は動揺しはじめた。

伊達安芸の提訴●

藩内の動揺と対立を決定的にしたのは、寛文五（一六六五）年、伊達家一門の涌谷館主伊達安芸が提起した、同じ一門の登米《とめ》館主伊達式部《しきぶ》との「野谷地《のやち》論争」である。紛争は寛文五年、安芸の知行地である遠田郡小里《おさと》村（涌谷町）と式部の知行地である登米郡赤生津《あこうづ》村（登米市）とのあいだの野谷地をめぐっておこったが、安芸の譲歩で解決した。ついで寛文七年の秋、式部は飛地である桃生《ものう》郡深谷《ふかや》の大窪《おおくぼ》村（東松島市）野谷地一〇町歩を家来（陪臣《ばいしん》）に知行として与え、この野谷地の開墾によって水利などで支障がないかどうかを安芸に尋ねた。これに対し、安芸はその地は遠田郡分で自分の領地であると主張し、境論争がおこり藩の裁定を仰ぐこととなった。「桃遠境論」とよばれる所以《ゆえん》である。この時代、とくに迫《はさま》川・江合《えあい》川を含む北上川水系流域には未開墾地の野谷地が多く存在していた。藩は新田開発を進めるため、家臣に田畑のほかに野谷地を知行として与えて開墾させ、開墾後に検地を実施して知行高に結ぶ方式を採用した。家臣は加増の機会ともなるので積極的に開墾したが、野谷地のなかの境となるとあいまいなところが多く、両人が開墾を進めていた紛争の野谷地も例外ではなかった。伊達安芸は本姓亘理《わたり》氏で、鎌倉時代の関東御《ご》家人《けにん》の由緒のある家柄で伊達家一門、一方の伊達式部は本姓白石氏で、戦国期以来の伊達家臣の家柄、かつ式部は二代藩主忠宗の子で登米伊達家の養子となった者、ともに重臣中の重臣であった。寛文五年に譲歩した安芸も今度ばかりはゆずろうとせず、藩奉行の調整にも応じようとしなかった。奉行は伊達兵部・田村右京の両後見に報告し、両後見は一門の石川民部《みんぶ》（角田）、一門の伊達弾正（岩出山）に仲裁を依頼した。しかし、安芸と式部の両者は主張をゆずらず、両後見は内々に大老酒井雅楽頭にも伺いをたて、そのうえで両後見は、紛争の谷地を安芸に三分の一、式部に三分の二をわけると決めた。安芸はいったんは拒否したが、「殿様御為」にとの論理でこの裁定を承認した。

ところが、裁定にもとづく実際の谷地配分に対し安芸は、藩役人の実測には偏りがあり、安芸に配分された谷地は四、五分の一にすぎず、安芸の代官はこれを不服としたが藩役人はこれを無視し、検分の絵図に調印を強要したと異議をとなえた。安芸は裁定を「殿様御為」としてうけいれたが、藩役人に逆に先祖代々から深谷地を横領してきたかのようにうけとられたと立腹し、実測にあたった藩役人の不公正を藩奉行に訴えでた。谷地紛争は振り出しに戻り、安芸は再三再四藩役人の穿鑿《せんさく》を求めた。しかし、藩奉行は藩目付役の今村善太夫らの立合の実測でもあり、安芸の訴えをただちにうけいれるわけにはいかなかった。業《ごう》をにやした安芸は寛文十年三月、江戸にいる伊達兵部・田村右京の両後見に目付役の専横を訴え、返答によっては出府すると伝えた。これより先、伊達安芸の家来一〇人は、安芸から谷地配分の不公正を藩に訴え、場合によっては幕府にも訴えでる決意であることをもらされ、その秘密を守ることを誓う血判の起《き》請《しょうもん》文につくっていた。安芸は、谷地論争に対する藩の対応を通して、兵部の後見政治そのものを弾劾し、幕府に訴える覚悟を固めはじめていたのである。安芸の数度にわたる訴えに困惑した両後見は、幕府の申《もうし》次《つぎ》衆に相談した。申次衆は亀千代のために堪忍すべきと安芸を説諭し、藩の重臣も説得を続けた。しかし安芸は承服せず、亀千代のためにも幕府の裁定が必要と正式に訴えるに至った。

やがて安芸に幕府からの召喚があり江戸にむかうが、出発にあたっては法名も決めた。先の血判の起請文といい、決死の覚悟での上京であった。幕府への訴えとともに、安芸は多方面に働きかけた。仙台藩の分家である宇和島伊達氏、老中の稲葉美濃守《みののかみ》・板倉内膳正《ないぜんのかみ》に訴えの趣旨を伝えた。兵部に与《くみ》する幕閣の中心、大老酒井雅楽頭派を意識しての運動であった。藩内でも岩谷堂伊達氏のように訴えに同調する空気もあり、藩内の勢力は伊達兵部・原田甲斐・渡辺金兵衛の派と田村右京・伊達安芸・奉行柴田外記《げき》らの派にわかれ対立した。さらに中級の家臣たちやかつての奉行奥山大学が、藩政の不正を幕府目付に直訴《じきそ》するなど、藩内は二派にわかれ対立が激化しつつあった。

原田甲斐の刃傷事件

寛文十一（一六七一）年二月十六日、江戸で幕府申次衆による事情聴取がはじまった。谷地検分の不正の有無を質そうとする申次役に対し、伊達安芸はそれは悪政の一例にすぎず、弾劾すべきは後見政治そのものとゆずらなかった。安芸は二十八日、八カ条からなる「口上之覚《こうじょうのおぼえ》」を幕府大老・老中衆に提出した。⑴伊達兵部は諫言《かんげん》を申した小姓頭里見十左衛門を憎み、これを死罪にした。⑵兵部は悪人渡辺金兵衛・今村善太夫を重用し、奉行を親疎にわけへだてるなど悪政を行なった。谷地検分がその一例である。⑶先祖が政宗時代に軍功のあった伊東一族を斬罪・切腹・流罪などに処した。⑷忠宗時代に勘定頭《かんじょうがしら》であった小《こ》梁川《やながわ》市左衛門の事績を穿鑿し逼塞処分にした。⑸茂庭大蔵《おおくら》・山崎平太左衛門の争論にことよせて、政宗・忠宗時代に証人をつとめた大蔵を処分した。⑹陸奥守一族で番頭の石田将監《しょうげん》・長沼善兵衛を処分した。⑺兵部が奉行をわけへだてするので奉行たちが起請文で一致を誓おうとしたが、私意ある者（原田甲斐）が同意しなかった。⑻後見政治のもとで二〇〇貫文以上の者六、七人、そのほかに斬罪・切腹・進退追放・逼塞・入寺などの処分をうけた者一〇〇人余りにおよぶ。家中は安堵《あんど》できずなげかわしい次第である。藩政を正すためこれらの悪事を訴え申し上げる。

幕府は、この訴えについて数次にわたり審問を行なった。当事者の安芸はもとより、藩政の執行部である奉行の柴田外記《げき》朝意《とももと》・原田甲斐宗輔・古内志摩《ふるうちしま》義如《よしゆき》がよびだされ、聞番《ききばん》蜂屋六左衛門可広《よしひろ》が陪席した。柴田・古内は兵部に批判的で、安芸の幕閣工作もあり、老中板倉内膳正らは安芸の陳述に理解を示し、兵部・甲斐・金兵衛らは予想に反してしだいに不利になりつつあった。運命の三月二十七日の対審も、原田甲斐にとっていちじるしく不利に進んだ。次回の審問では、安芸有利で決着をみる形勢となった。面目を失った甲斐は審問を終えて控えの間に戻ると、こともあろうに、やにわに己れのためにとさけび安芸に斬りかかった。不意をつかれた安芸は抜き合って抗したが、およばずついにその場で落命した。外記も甲斐に立ちむかい、駆けつけた酒井家の家来たちをまじえて敵味方なく斬り合いとなる修羅場と化し、外記は落命、ついで甲斐もまた蜂屋六左衛門によって斬られた。志摩は幸い別室にいて難をまぬがれた。

雄藩の仙台藩は、一瞬にしてその存続が問われる最大の危機に直面した。この悲報はただちに各方面に伝えられた。江戸にいた伊達兵部は刃傷の一報を聞き、言語に絶する驚きであったであろう。すぐさま江戸滞在の奉行津田玄蕃《げんば》をよびつけ、国元への指示を与えた。この事件は「自分喧嘩《けんか》」である。死亡した安芸と甲斐の知行地の家臣どもが騒動がましい行動にでないようにと厳命し、騒動がましいことは幼君亀千代のためにならぬと伝え、かつ藩内のようすを逐次伝えるよう命じた。兵部は表向き安芸と甲斐の喧嘩といいながらも、この刃傷事件が藩主亀千代の地位をあやうくする重大事件であるとの認識をもったのである。予想だにしない大烈震の急報に接し、仙台藩の動揺はただならぬものであった。驚きのあまり人々は発する言葉もなかったであろう。白石城主片倉氏の『片倉代々記』は、「爾時仙台御領内大噪動《そうどう》、近国亦如斯《またかくのごとし》」と短く記している。会津藩はただちに歩行目付《かちめつけ》所属の甲賀之者《こうがのもの》や足軽の間者《かんじゃ》を仙台藩に忍ばせ、町人二人を派遣して仙台城下のようすをさぐらせ、さら

逆門　原田甲斐邸の門で，現在は仙台市荘厳寺にある。

に家臣を派遣して藩境を固めさせている。

騒動の結末と波紋●

幕府の処断は意外に早かった。四月二日、藩主の綱基《つなもと》（亀千代、のちの綱村《つなむら》）は幼少で藩政に直接かかわっていないので別状なしと、その地位が安堵された。仙台藩の存続が確定したのである。事件の責任は当然ながら、両後見の伊達兵部と田村右京が問われた。兵部は三万石の所領没収のうえ、土佐国高知藩の山内豊昌《とよまさ》預かり、息子宗興《むねおき》も豊前小倉藩の小笠原忠雄《ただお》預かりとなった。右京は兵部より軽く閉門《へいもん》であった。ともに即日実行された。原田甲斐の家は断絶、子孫も連座して処刑された。兵部は配所の高知城下で過ごすこと九年、いま静かに彼地の山麓に眠る。

伊達騒動は、誰が善玉で誰が悪玉かという関心で語られてきた。広く知られる歌舞伎『伽羅先代萩《めいぼくせんだいはぎ》』は幼君鶴千代を亡きものにしようとする悪臣仁木弾正《だんじょう》と幼君を守る忠臣荒獅子男之助との対決、愛児を身代わりにして幼君を守りぬく政岡《まさおか》が主要登場人物である。善玉・悪玉の対決、義理と人情の葛藤を演じ長く庶民の心をとらえてきた。いうまでもなく悪臣の兵部、忠

伽羅先代萩（三代豊国画）

臣の安芸を語るのであるが、これはこの事件の基本史書である大槻文彦《おおつきふみひこ》著『伊達騒動実録』も同じである。反響の大きかった山本周五郎の小説『樅の木《もみのき》は残った』は、原田甲斐を幕閣の陰謀と対決した人物とみなした。

伊達安芸の主張の基調は、後見人政治に対する倫理的批判である。それは政治にとってきわめて重要であるとしても、時代は機関中心の藩政を求めていた。安芸の主張は、財政改革に対する主張一つとってみても門閥館主の保守的立場をふまえたものであり、山積する仙台藩政の問題に前向きの提言をともなうものではなかった。だからといって、原田甲斐の刃傷が許されるものではなく、ましてやこの刃傷で幕閣の陰謀が斬り落とされたわけでもない。仙台藩の存続を確実にしたのはなにかといえば、綱宗逼塞のときも刃傷事件のときも、陰謀を許すような藩門閥層の分裂がなかったことであろう。藩主権力のもとでの機関中心の藩政は、綱村・吉村《よしむら》時代を通して確立するのである。

2　藩財政の建て直し

窮乏する藩財政●

藩財政は六二万石の領地からあがる年貢《ねんぐ》・諸役金《やくきん》などでまかなわれた。伊達氏の領知高六二万石は寛永十一（一六三四）年に確定し、それ以降増減することはなかった。しかし、その後も北上川水系の流域を中心に盛んに新田開発が行なわれ、貞享元（一六八四）年までに開発高は三三万石余に達している。仙台藩は実質一〇〇万石の大藩になったのである。近世前期における実高の増加は各藩に共通することであるが、幕府はこれに対し、領知高の変更ではなく大名に手伝役《てつだいやく》を課すなどで対応した。したがって、新田開発によって藩の財政は規模は大きくなったが、ただちに豊かになったわけではなかった。

一〇〇万石のうち、家臣に与えた知行《ちぎょう》高の総計が六二万石程度、蔵入高《くらいり》が四〇万石程度であった。藩財政は、この蔵入高（地）からの年貢・諸役金でまかなわれるのが原則であった。

仙台藩は藩初より財政難で、それを打開するためにさまざまな政策を実施した。金山の開発、新田の開発、産業の開発、産業の振興などがその基本であったが、幕府の課す手伝役、参勤交代や江戸藩邸経費の膨張などによって、藩財政の支出は増大するばかりであった。どうしても遣り繰りができないときには、上方《かみがた》や江戸の豪商からの借金に頼った。

豪商からの借金は一時的融通にはじまり、しだいに深い関係となった。政宗《まさむね》時代に京都の大文字屋《だいもんじ》から金三〇〇〇両の融通をうけ、大文字屋は寛永三年には仙台藩の蔵元《くらもと》となっている。江戸・上方の豪商は年貢米の販売を請け負うなど、大名財政に深くかかわって成長したのである。二代藩主忠宗《ただむね》の晩年には大文字屋だけからの借金が八万八七〇〇両余にも達し、死去の際に四万両の借財があったという。大文字屋は四代綱村《つなむら》の時代には、毎年三万四〇〇〇両ほどの「買米本金」を伊達家に調達していた。

借財の膨張に対する藩の対策は倹約であった。寛文十二（一六七二）年八月、奉行は財政救済策二〇カ条を提出し、年末に倹約令が公布された。衣服を制限し木綿《もめん》着用の奨励、振舞の制限、華美な家作の禁止などを規定した。しかし、財政の実態はより深刻であった。延宝八（一六八〇）年暮れには、仙台藩の借金は約二十二、三万両に達した。具体的な対策として藩札《はんさつ》を発行し、家中に「手伝金」を課した。しかし、結果は綱村の失政といわれたようにかえって藩の疲弊を招いた。その後元禄元（一六八八）年、藩主伊達綱村は日光山普請の手伝いを幕府から命じられた。普請は元禄三年まで続いた大事業で、その負担費用は蔵元商人からの借金と家臣への手伝金賦課でまかなう以外なく、蔵元たちからの借金は四三万七〇〇〇両余にも達した。これに追い打ちをかけるように、天候不順による飢饉、洪水などの災害も発生した。元禄期は商品貨幣経済の進展が語られ、大名たちの「華麗の風儀」で表面は華やかであったが、藩財政の内実は窮乏の一途をたどりつつあったのである。

紆余曲折の藩札と鋳銭●

この時期の窮乏する藩財政を打開する方策として、藩は藩札の発行と鋳銭事業を採用した。

仙台藩の最初の藩札は、天和三（一六八三）年十二月晦日発行の「楮幣《ちょへい》」である。この藩札は残されていないが、翌貞享元（一六八四）年三月発行の金一分札《いちぶさつ》のことであろう。紙幣が通用するには正貨との交換が保証されてはじめて可能となるが、この藩札は財政の窮乏を打開するために発行されたもので、正貨の準備もない不換紙幣であった。むしろ、強制的に藩が藩札を正貨と引き換えさせ、正貨を藩に吸収しようとする政策で、一時的に藩財政を救っても、結果は物価騰貴をきたし社会に大きな混乱をもたらした。発行して一、二年で回収する必要にせまられたが、引換金はなかった。貞享三・四年度には累積している藩借金の返済を一時中止し、その金を藩札回収にあててようやく四年がかりで回収するありさま

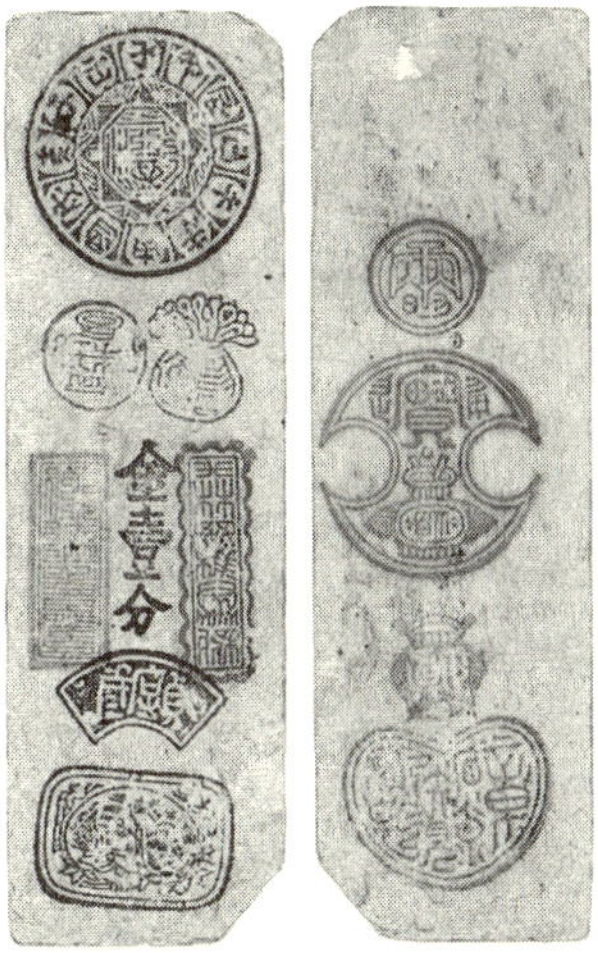

仙台藩の藩札（金１分札）

であった。

このにがい経験も、労なくして正貨を手にできる魅力にしだいにかすんでいった。元禄十六（一七〇三）年三月、ふたたび藩札を発行した。金一分札と金二朱札の二種類である。財政不如意ということで、むこう六、七年間、藩内での使用に限ると幕府に願い出てのことであった。前回の経験から金札が忌避され、正銭が退蔵されるなどの弊害をさけるためもあって、翌宝永元（一七〇四）年七月に銭札も発行した。百文札・五十文札・十文札の三種類である。そのうえで両札の交換比率なども定め布告した。⑴金一分札につき銭札一貫二〇〇文の値とする。⑵正銭と銭札の両替は、正銭九三八文に銭札一貫二〇〇文とする。⑶藩庫への納入にあっては、正銭一貫文に対して銭札は一貫二〇〇文とする。⑷他領へ出る者は、境目で銭札一〇〇文に正銭七八文、銭札一〇文に正銭八文宛を交換するとした。藩は銭札の通用を促進させる意図から交換比率を定めたのであるが、四日後に銭札を割引して使用する者がいるという理由で、百文札は一〇〇文というように額面通りの通用を命じる混乱ぶりであった。藩当局が金貨だけでなく銭貨も藩札としたため、正貨の使用が不可能となり徐々に藩札は通用したが、信用は低下し、物価が騰貴して領民を苦しめるばかりであった。藩は年末には藩札の廃止を検討しはじめ、引き替えの正金を家中からの「半知指《はんちさし》上《あげ》」（知行地の年貢を半分借りること）という手段で確保し、総家中に徹底した倹約を命じた。かわりに、諸士の役負担を多少軽減するなどの処置をとったが、家臣の不満をしずめることはできなかった。そこで借り上げの対象を百姓・町人にまで拡大し、借り上げた金で買米を行ない、江戸での払米代金で借用金を返済することとした。町人・富商のなかには、献金によって藩士の株を取得する者もでてきた。こうした施策を実施したのはおもに奉行布施定安《ふせさだやす》らであるが、宝永三年十月、一方的に藩札の通用を禁じ正金のみの通用とした。引き替えでなく、強制的に藩札を無効としたので被害はきわめて大きかった。藩は、家中に対する手伝い強要による財政打開は限界であることを知り、しだいに買米を重視することとなった。この政策転換については後で別にのべることとし、藩札の発行と類似する鋳銭についてふれておく。

仙台藩における鋳銭は、すでに二代藩主忠宗の時代に藩内の三迫《さんのはさま》で行なわれている。補助貨幣としての銭は、日常生活や小口取引に利用され全国に通用した。したがって、各地で鋳造することが望ましく、元禄時代には江戸・京都・大坂・長崎の四カ所で鋳造されている。正徳元（一七一一）年、仙台藩内で鋳銭を行ないたいとの江戸町人の願い出があった。藩も銭が不自由であり鋳銭が行なわれれば藩内もうるおうことになるし、銅は藩内の産銅を使うので、七カ年間の期限で許可されたいと願い出たが、幕府は許可しなかった。享保十一（一七二六）年三月、五代藩主吉村はふたたび鋳銭願いをだし、他領産銅を買い入れぬ条件で許可され、ようやく同十三年二月、石巻で寛永通宝《かんえいつうほう》の鋳造がはじまった。鋳銭の半高を藩内で、残る半高を江戸で売り、江戸払高の一〇分の一を幕府へ運上《うんじょう》する条件であった。鋳造事業は出銅不足などから一時休業もしたが、吉村時代の鋳銭は寛保二（一七四二）年十一月末まで一四年間にわたり行なわれた。この鋳銭事業で仙台藩は予想以上の収入をえることができ、後述する買米仕法の実施とあいまって、財政窮乏から脱却できる見通しが明るくなったのであった。

「大改」のねらい●

五代藩主吉村は後世に「御中興の英主」といわれる。吉村の四〇年の長きにわたる治世は初期・中期・後期の三期に大別できるが、吉村の改革は後期に本格化し財政再建に成功した。仙台藩の享保《きょうほう》の改革である。襲封の元禄十六（一七〇三）年から十数年の初期は、四代綱村の晩年に任命された奉行布施定安《ふせさだやす》を信任しての財政建て直しの時期である。おもな政策は手伝金・倹約令を軸とし、前述のように藩札の発行も行なった。中期は享保期（一七一六～三六）前半の約一〇年間で、従来の倹約政策を継続して「百姓条目《ひゃくしょうじょうもく》」や「町人条目」を制定し、かつ役人の綱紀粛正を求めるなど領内秩序の維持を図った。一方、いよいよ深刻になっている財政の建て直しについては、諸士の意見を徴した。そのなかに出入司《しゅつにゅうつかさ》岩淵安次《やすつぐ》の意見があった。新しい借金の中止、藩支出金未払いの根絶、他国塩の移入を止め塩の専売利益一万両を確保する、蔵元を二人とし融通を図るなど、新財源を確保する政策で採用された。また、江戸勤務などで生活が困窮する家臣対策として「催合《もあい》制度」（共済制度）を設け、その負担の軽減を図った。しかし、藩財政は改善されず、家中に至っては知行地を返上する者もでる始末であった。苦難と試行錯誤の道程はまだまだであった。そうしたなかで、抜本的再建策として打ちだされたのが「大改《おおあらため》」である。

「大改」とは総検地《けんち》のことである。藩が土地を耕作する農民から年貢・諸役を徴収するには、農民の土地保有・耕作関係を正確に把握しておく必要がある。一方、土地保有関係は農民の死亡、相続、没落、土地の質入れ（実質的売買）、新田開発などによってつねに移動するものである。だからといって藩内をくまなく検地しようとすれば数年の歳月を要し、家臣や農民の協力も必要で簡単に実施できることではなかった。

享保期頃になると、農村部に商品貨幣経済も浸透し、数十年前の寛永総検地で確定した農民の土地保有関係も相当変化していた。この検地帳を台帳として年貢・諸役を賦課する方式は、土地保有の実態を反映するものでなくなりつつあった。これを正すには再度総検地を実施し、新しい土地保有関係を基礎に年貢・諸役を賦課することが藩財政の建て直しにも不可欠なことであった。藩主吉村はこのことを痛感し、総検地を実施しようとしたのである。

総検地となれば、農民の隠田《おんでん》などを調べるだけでなく、家臣財政の基盤である知行地（高）の再確認となる。そこで切添《きりそえ》開墾などで持高より保有地を多くもつ村役人などの農民は当然検地に反対したが、より強く「大改」に反対したのは家臣たちであった。伊達家の表高六二万石に対し実高が一〇〇万石であったように、家臣もまた知行高の実高が多くなっていた。総検地となれば、知行高の実質的削減あるいは諸役負担の増加が予想されたからである。藩も、この辺は承知のうえで実施しようとしたのである。抵抗をやわらげるため、「小改」といって土地保有関係が混乱している所だけをまず検地することにし、「大改」の実施を数年後にしようとした。しかし、各方面の反対は深まるばかりであった。保国寺《ほこくじ》という匿名による批判は痛烈をきわめた。「大改」の非をつぎのように衝く。

今度、田地ノ竿目《さおめ》、大改トヤラ仰付由、御紙面ノ趣ハ、其ノ理アルニ似テ、実ハ御貪欲ヨリ起ル、コレマタ、下司《げす》等浅キ吟味ヲ以テ達ル所也、早ク止メタマヘカシ、（中略）御蔵入《おくらいり》不足故ニ御カツテ御相続支候ハヾ、百貫文已下知行ハ被召上、基高ハ御蔵前ニテ可被下、然ラバ百姓大ニ潤御タメシカルベシ、ソレハ下司ノ者ドモ面々イヤガルニヨッテ口ヲトヅベシ

大改案は理あるかにみえるが、実は貪欲な考えからでている。不忠の下司どもがよく考えもせず藩主に進言したもので、早く中止すべきである。そうでなければ地頭《じとう》・百姓はますます疲弊するばかりである。藩庫収入が不足ならば一〇〇貫文（一〇〇〇石）以下の家臣の知行地を召し上げ、蔵米を支給するようにすれば百姓はうるおう、と提案する。批判と提案の内容をみると、保国寺なる者は一〇〇〇石以上の知行高の大きい重臣ではないかと思われる。

さらに一門衆《いちもんしゅう》の一人である岩出山《いわでやま》館主伊達弾正《だんじょう》は、長文の意見書を奉行の亘理《わたり》石見《いわみ》に送り、今は士民ともに至極疲弊しているときで、「大改」を実施することは上の勝手ばかりを考えた利欲な企てである、もし実施すれば藩の存続を危くし「士民噪動《そうどう》」をひきおこすことになると主張し、「大改」を即刻撤回するよう要求した。

藩主吉村はこうした批判に強く反発し、不退転の決意で断固推進するよう奉行衆に命じた。だが、批判は高まるばかりで、結局「大改」を延期し事実上撤回した。

買米の強化●

藩主吉村は「大改」という藩財政の基盤をなす土地制度の見直しによってその再建をくわだてようとしたが、藩内諸勢力の反対が強く結局失敗に終わった。そこで吉村は享保十一（一七二六）年、蔵入地の歳入で財政をまかなうこととし、各部門の支出を半分に、役人の数も減らし財政改革にあたるよう指示した。後期の改革の始まりである。この方針のもとで提出されたのが、勘定奉行石川理兵衛《りへえ》の答申である。歳入金一〇万両、米八万石に対し江戸・国元の支出を金八万両、米七万石とし、残る金二万両、米一万石を蔵《くら》元《もと》への借金返済などにあてる。支出の節減は役人数の半減、高禄者には役料を支給しないことなどによるとした。大変な緊縮財政であるが、注目されるのは、この改革と同時に積極的な買米仕法《かいまいしほう》を打ちだしたことである。

買米制は藩政前期から実施されているが、買米本金の調達に苦しみ、十分な買い上げができない年もあった。そこで吉村は、家臣はもとより、百姓・町人からも借金し、この金で買米を行ない、売払い金で返済することとした。さらに、享保十四年から五カ年間、全家臣から五分一役金を徴収する非常手段によって金一〇万両の基金をつくった。そして買米にあたっては、家臣の知行米、農民の余剰米を藩の買米仕法で独占的に買い上げることとし、家臣・農民に前渡金を渡し、他領への勝手な出米をいっさい禁じた。

この結果、藩の江戸廻米高は増大し、多い年は三〇万石前後に達した。なかでも西国に蝗害《こうがい》のあった享保十七年には江戸米価が暴騰したため、多額の利益をあげることができた。藩は多年の財政難からようやく脱することができたのである。

しかし、この買米仕法の実施は仙台藩の経済に大きな影響を与えた。享保期は仙台藩でも商品流通が発達し、農村商業も芽生え、米産地では江戸廻米を行なう米穀問屋もいとなまれた。遠田郡南小牛田村《みなみこごた》（美里町）の門田《もんでん》家はその一例である。同家は涌谷《わくや》伊達氏の御用商人として、同氏の知行米の販売にあたるなど家臣の知行米を取り扱い、多い年には三〇〇〇〜四〇〇〇俵の米を石巻に地払いあるいは江戸・銚子に廻米し販売していた。しかし、藩の買米制が強化された享保十三年前後から、門田家の買米経営が衰えていった。このように藩の買米制は民間の商業経営を抑えての藩財政再建で、その後の仙台藩の商業の発達を抑制することとなった。

3　城下と田園の四季

城下と街道のにぎわい●

仙台城下町の中心は、大町《おおまち》通りと奥州街道が交差する芭蕉《ばしょう》の辻《つじ》である（章扉写真参照）。芭蕉の辻は他国にまで広く聞えた仙台城下の名所であった。ここを宝暦十（一七六〇）年に通った長久保赤水《せきすい》は「芭蕉逵《おほち》

(大路)に至る、市廛《てん》(商店)は皆瓦屋で、繁華は東都(江戸)に似る」と記し、寺西元栄《もとなが》は「芭蕉辻といふて四つ角の所なり、四つ角四軒の家皆大家也、家作二階造り惣瓦葺の屋根の隅々に獅子或は波に兎・童など、しゃちほこの如くに置き、殊外《ことのほか》目立つ家作也」と記している。芭蕉の辻の豪壮な白い瓦屋根の土蔵造りは、江戸に匹敵する繁華街と旅人の目にみえたようである。重臣の屋敷が並ぶ片平丁《かたひらちょう》は大名小路ともよばれ、芭蕉の辻と並ぶ仙台名所となっていた。

城下町仙台の要《かなめ》は仙台城であることはいうまでもないが、城下町の中心部である大町通り、国分《こくぶん》町・南町などには大きな商人が集住し、上方・江戸からの直仕入れの呉服・太物《ふともの》・小間物《こまもの》・菜種・繰綿《くりわた》・古手《ふるて》などを取り扱い、城下および藩内各地の在町への卸売りをもいとなんでいた。宝暦・天明期(一七五一～八九)頃になると、藩産出の紅花《べにばな》・煙草《たばこ》などの問屋請負商人が成長し、新しい近江商人の進出もみられた。たとえば、日野屋(中井)新三郎は大町一・二丁目に店を構え、古手・繰綿の販売と質屋をいとなみ、藩産出の生糸《きいと》・紅花を江戸・上方に送り巨利をあげた。また石巻《いしのまき》では質屋をいとなんだ。

大町にはほかに壺屋(四丁目、呉服・薬種)、谷口惣兵衛(一丁目、はじめ堤屋、のち大黒屋、木綿・古着)、大黒屋庄蔵(四丁目、呉服)らが、国分町には小谷新右衛門(薬種・瀬戸物)などの近江商人が大店《おおだな》を構えていた。飛脚《ひきゃく》や本屋(出版)などの店もあった。

このほか城下二四町には、五十集物《いさば》(海産物類)、塩店、油店、桶店、味噌・醬油店、畳店、紙店など大小の店が多種多様に存在し、城下のにぎわいを構成していた。

奥州街道のほか、仙台城下を基点とする領内道は近世前期にほぼ整った。領内の主要道には宿駅施設も設けられた。村のなかの宿駅にも宿駅業務を総括する検断《けんだん》(他藩の問屋)や馬指《うまさし》がいて、往還道には本陣《ほんじん》が設けられ、角田《かくだ》や中新田《なかにいだ》などにも城下同様に外人屋《がいじんや》があった。宿駅の出入口には木戸《きど》が設けられ、宿駅内の幅広い街道の両側には茶屋が並び、中央に中堰が設けられていた。そのほか禁令・駄賃銭や隣接の宿駅への里程などを掲示する制札《せいさつ》（高札《こうさつ》）板がたっていた。往来の多い宿駅には町場が形成され、賀美郡の中新田町（宿）のように地域商業の拠点としてしだいに在郷町《ざいごうまち》に発達した。今日の地方小都市の多くは、宿駅機能をもつこうした在郷町を母体として発達してきたのである。

街道の往来は、大名の参勤交代をはじめ君命による武士の旅ではじまるが、元禄期（一六八八〜一七〇四）頃からは文人《ぶんじん》・商人の旅姿が増え、文化・文政期（一八〇四〜三〇）頃になると家職《かしょく》や社寺参詣、さらには物見遊山の農商工民の旅が急増する。仙台藩でも例外ではなかった。俳聖芭蕉の「奥の細道」にひかれた文人墨客《ぼっきゃく》の奥州下りが増え、数々の紀行や風景画を残している。奥州街道や羽州街道の宿駅には浪華講《なにわこう》や東《あずま》講の看板を掲げ、往来する商人の定宿となる家も増えてきた。二、三人の小集団で、伊勢参詣

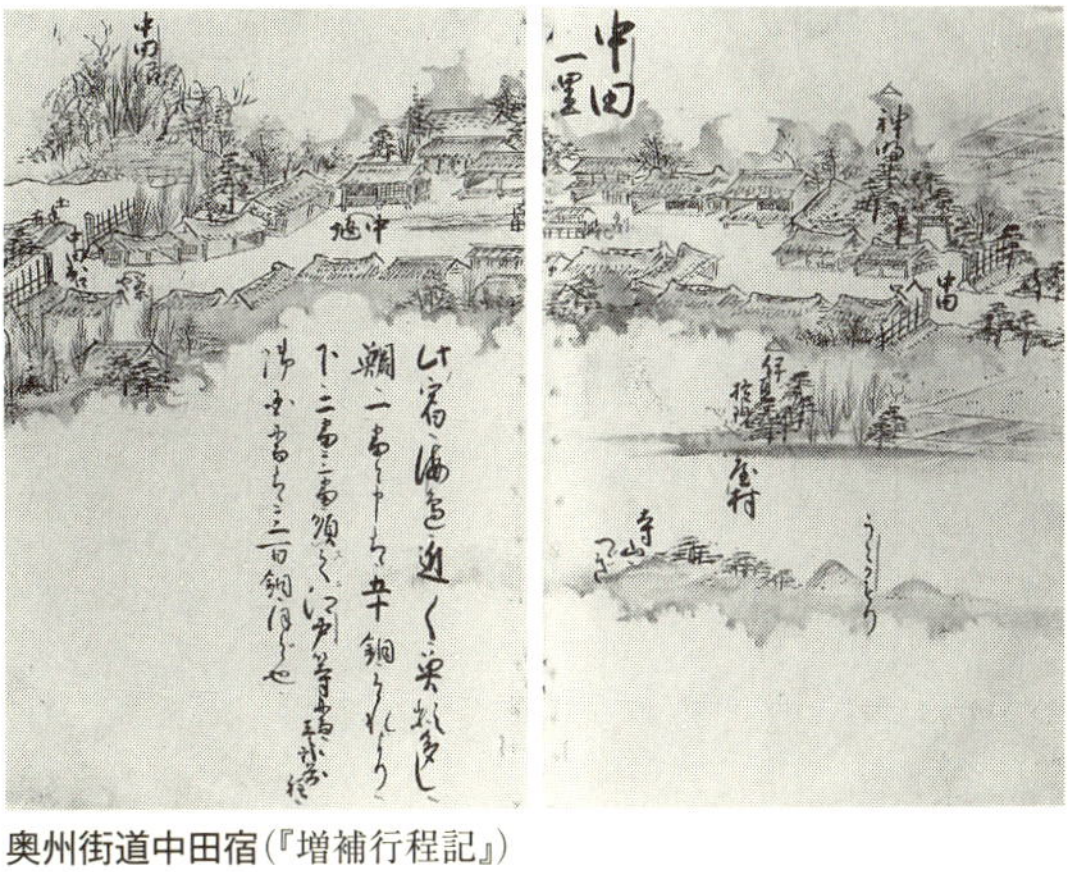

奥州街道中田宿（『増補行程記』）

や西国巡礼《じゅんれい》のため街道を上下する農民もめずらしくなくなった。仙台城下の東照宮《とうしょうぐう》の祭礼には、仙台藩内はもとより南部藩など他藩からも見物人が集まり、宿泊するところもなかったほどにぎわったと記録にある。文化九年九月、白河城下の商人川瀬氏もこの祭礼見物にきており、奥州道中記を書き残している。

　領内道、とくに仙台藩領から出羽への最上道《もがみどう》は、初夏になると、金山越え・笹谷《ささや》越え・軽井沢越えなどのいずれでも白装束の出羽三山参詣人の行列が続き、街道の一つの風物詩となった。石巻街道も金華山道《きんかさんどう》といわれたように、金華山の参詣の道であった。今はひっそりとしている二口《ふたくち》越え・軽井沢越えなどの最上道は、出羽国への海産物などの物資輸送路でもあった。のんびりとした峠道も、季節ともなると人・物・情報の交流の道となったのである。

集散する港町●

藩政時代、石巻は奥州随一の港といわれた。石巻港の起源は古く古代にさかのぼるが、今日の都市石巻の母体と

仙台藩寒湯番所跡（花山番所，栗原市，国史跡）

なった港町石巻の起源は藩政初頭にある。伊達政宗が招いたといわれる川村孫兵衛《まごべえ》が北上川の流路の改修につとめ、本流を石巻に注ぐようにし北上川舟運の発達を導いた。今日、彼が石巻の恩人として顕彰される所以である。もう一人の人物は、葛西浪人米谷喜右衛門《まいやきえもん》である。彼は奉行鈴木和泉《いずみ》の藩財政策に関する問いに答えて、石巻に藩の米蔵を建て、北上川および支流の迫《はさま》川・江合《えあい》川などを運んできた米を一時保管し、海船で江戸や仙台に移出すれば藩財政に資するであろうとのべたという。この開港構想は早速藩の採用するところとなり、元和八（一六二二）年、石巻に藩の米蔵が建てられた。

仙台藩の江戸廻米《かいまい》を示す最初の史料は元和六年である。したがっておそくとも、元和期から江戸廻米がはじまったといえるが、積船は奥州の沿岸を南下し、常陸の那珂《なか》湊《みなと》か下総の銚子口《ちょうしぐち》にはいり、利根川の川舟に積み替えて江戸に送っていた。冬船でしかも幾度か積み替える必要があり、目減りし経費がかさんだ。寛文期（一六六一〜七三）になると、江戸商人河村瑞賢《ずいけん》が奥州幕領米を夏船

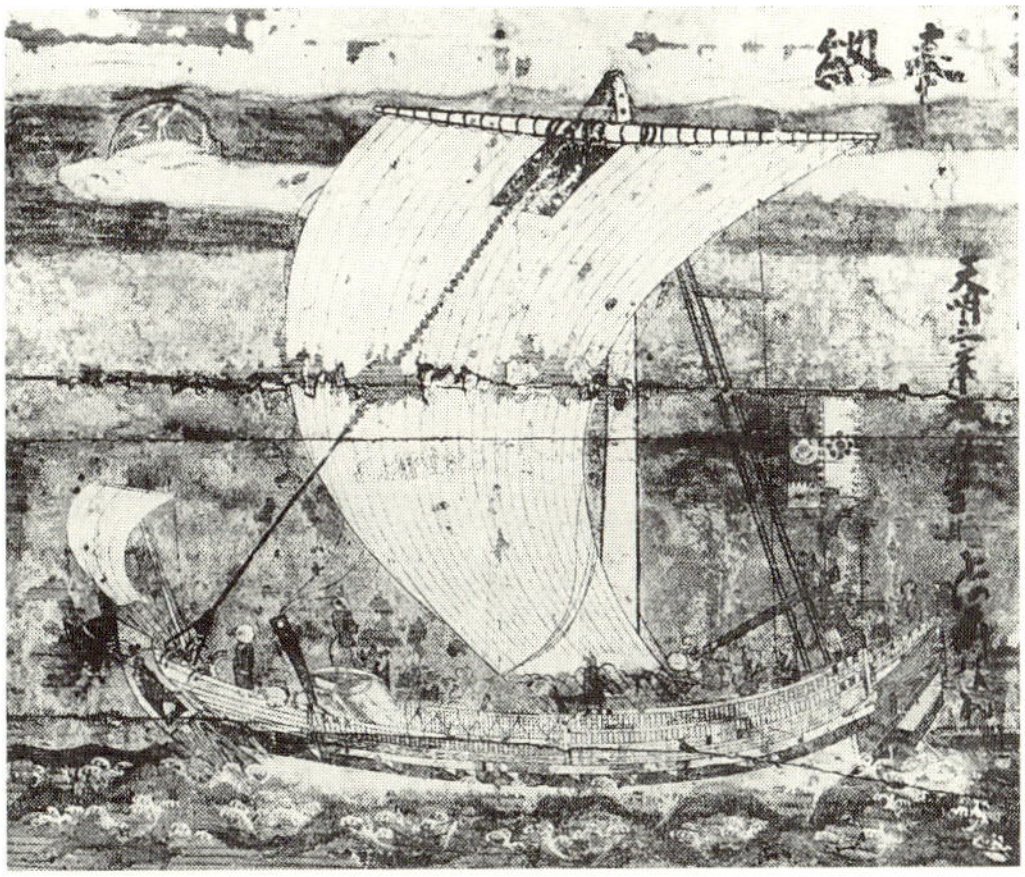

仙台藩の穀船　天明３（1783）年奉納の絵馬。

で房総半島を迂回して江戸に直送した。これが東廻《ひがしまわり》海運の画期的刷新で、以後、奥州諸藩の江戸廻米もこの航路で行なわれるようになった。廻船も沖合を航行する大型船の、いわゆる千石船《せんごくぶね》時代となった。仙台藩の大型廻米船は弁財船《べざいせん》系の天当船《てんとうぶね》である。宝暦六（一七五六）年の調べによると、藩内の商荷積船は三八三艘、穀船《こくぶね》は九六艘であった。安永期（一七七二～八一）の天当船は判明するだけで六四艘を数え、その多くは石巻および牡鹿《おしか》郡の海船であった。藩はこの地船を半ば強制的に「御穀船」に雇い江戸廻米にあたらせ、石巻穀船は帰り荷に城下の特権商人である六仲間の仕入荷を運んできたのである。

仙台藩の江戸廻米は、年間一五～一六万石、多いときには二〇万石にも達した。その多くは北上川およびその支流の舟運で石巻に運ばれ、米蔵に一時保管された。四〇棟をこえる米蔵・雑穀蔵・材木蔵・塩蔵などが、北上川河口左岸の湊町、右岸の門脇《かどのわき》・石巻・住吉《すみよし》の各町に軒を並べ、南部藩の会所《かいしょ》・蔵、登米《とめ》伊達氏の会所、藩の鋳銭所・代官所など、中州には造船所などの公的施設が所せましと並んでいた。これらの施設は藩政中期にほぼ出揃い、河岸通りは門脇町・石巻町・住吉町が町続きの大町となり、裏町・横町・新田町・蛇田《へびた》町も設けられた。対岸の港も拡大し、石巻は名実ともに都市としての港町石巻となった。

仙台藩には気仙沼《けせんぬま》・塩釜《しおがま》・荒浜《あらはま》など遠隔地と結ぶ港が発達したが、石巻港は大河北上川の舟運と直結し、仙台平野の米のほか南部藩・八戸《はちのへ》藩（志和領）・一関《いちのせき》藩などの江戸廻米、材木・銅・海産物などの積み出し、上方・江戸からの下り荷の移入でにぎわい、その規模は他港のおよぶところではなかった。集散する数百艘をこす廻船や北上川の艜《ひらたぶね》船、千石船と港を結ぶ艀《はしけぶね》船などの行き来する景観はまさに東海の「大湊」であった。

出版と庶民文化

人・物・情報の交流は、地域の出版文化に刺激を与えた。江戸時代の出版文化は京都をはじめ江戸・大坂の三都に集中していたが、名古屋・金沢・岡山・仙台など地方の有力城下町にも本屋（書肆《しょし》）が多くあり、出版活動を行なっていた。三都を含め出版活動が盛んとなるのは江戸時代後期であるが、仙台城下の最古の出版物は、明暦元（一六五五）年九月に城下国分《こくぶん》町の本屋西村治郎兵衛が出版した『古文真宝後集《こぶんしんぽうこうしゅう》』二冊であるといわれる。江戸での最初の出版が寛文元（一六六一）年といわれるから、それよりも先にはじまったことになる。

仙台の本屋は国分町の一角である「国分町十九軒」に軒を並べていた。その数は三〇軒をこえていた。おもな本屋を列挙すると、葎《りつ》堂（相沢屋甚三郎）、芳潤《ほうじゅん》館（池田屋源蔵）、裳華《しょうか》房（伊勢屋半右衛門・白木屋・伊勢半）、静雲《せいうん》堂（伊勢安右衛門・伊勢安）、加志和屋《かしわや》正六、静嘉《せいか》堂（菅原屋安兵衛）、流輝軒《りゅうきけん》（西村治右衛門・本屋）、西村治郎兵衛、文寿堂栄助、三浦屋玉爪《ぎょくそう》、宮城屋新左衛門、金華《きんか》房（柳川屋庄兵衛）、山田文可《ぶんか》、白居《はくきょ》堂（山田屋庄兵衛）などである。このほか、大町五丁目に岡埜屋《おかのや》小右衛門、同心町に川村屋源吉、北山東昌寺門前に菊田屋、南町に高橋屋長次、大町に三浦屋義兵衛などの店があった。

仙台城下以外では、白石《しろいし》に石津屋重郎左衛門、伊具郡角田には赤松定興《さだおき》、塩釜に前田屋茂吉《もきち》、石巻に三《み》春《はる》屋平吉、若柳中町に鈴木屋善蔵がいた。これらの本屋は藩校の教科書や武士の教養である儒学関係の本を多く出版したが、文化・文政期（一八〇四〜三〇）頃になると庶民向けの教養書をも出版するようになった。『庭訓往来《ていきんおうらい》』『商売往来』『農家手習状』『奥道中歌』『道中往来』『松島往来』『金華山《きんかざん》詣《もうで》文章』『仙府年中往来』などを盛んに出版した。そのほか『平泉往来』『湯殿山《ゆどのさん》往来』なども仙台・松島方面の旅人への案内書として出版され、幕末には出羽国山形・天童《てんどう》の本屋も提携し出版に加わっている。城下で出版された『諸方早見道中記』は、仙台を起点とするもので仙台・松島方面の観光客向けであったことがわかる。このほか『救荒須知録《きゅうこうすちろく》』のように、凶作対策や農作業の本なども出版された。こうした出版状況は、地域文化の発展とその高さを示すものとして注目される。

『国恩記』にみる宿の苦労●

先に宿駅《しゅくえき》がにぎわい町場に発展したとのべたが、どこの宿駅も順調に歩んできたわけではない。宿の住民は伝馬《てんま》役の負担を義務づけられ、参勤交代で通行する大名や公務の武士には「御定賃銭《おさだめちんせん》」といって幕府・藩の公定賃銭で人馬を提供し、ときには「無賃」による駄送を義務づけられていた。商人など庶民とは「相対賃銭《あいたい》」であった。したがって、参勤交代の通る街道は過重な人馬負担で苦しんだ。もっとも宿駅では市を開く権利を与えられていたが、その市商業にも地域差があった。

幕末の安政六(一八五九)年八月、仙台藩は「貧駅貧町」として仙台城下北目《きため》町・宮町、刈田郡金ケ瀬町、黒川郡吉岡《よしおか》下町、登米《とめ》郡西町、水沢町、江刺郡岩谷堂町の七カ所を指定し、その賑救策をほどこしている。これより先、貧駅の一つ奥州街道の吉岡宿では、宿民による宿場振興のための大規模な互助事業が行なわれた。『国恩記《こくおんき》』とは、この互助事業の組織・運営などを後日、吉岡の僧がまとめた記録である。

明和三(一七六六)年三月五日、吉岡宿の穀田屋《こくだや》十三郎が同宿の菅原屋篤平次《とくへいじ》と吉岡宿の貧窮打開について話し合った。宿民の生計困難で空家も増え、町の将来が心配である。吉岡は昔から田地不足で商売をやってきたが最近は不景気で、月六度の市もさびしくなった。これを打開する策として金一四〇〇〜一五〇〇両ほどを藩庁へ差し出し、その利息を藩から下付してもらい、町内の伝馬役負担者に配分し宿場御用をつとめるという話になった。二人だけではどうにもならない大きな問題で、まずこの救済事業に賛同する仲間を増やすことにつとめ、ようやく明和七年十二月、藩に願書を提出した。案の定願いは却下された。だが、宿民の基金つくりの熱意はかえって高まり、藩の方針も変わり、町は金一〇〇〇両をもって再出願した。その結果、藩は月八厘の利息つきでこの金を藩の蔵元《くらもと》に預け、毎年、その利息が蔵元から吉岡宿に支払われることとなった。発端から六カ年の歳月がすぎていた。

安永二（一七七三）年四月、前年の利息がはじめて支払われた。各家五〇〇文くらいずつ、借家にも各二〇〇文ずつを配分した。金額はわずかでも、宿民は年来の宿願が成就し喜びあった。願主仲間一行が仙台城下から帰町してきたとき、宿民はめいめい提灯をもって出迎えたという。この事業は以後三〇年間続いたが、享和年間（一八〇一～〇四）、藩の意向で元金済ましの法に変わり、文化十一（一八一四）年には元金もなくなり、事業は終了した。

吉岡宿はふたたび貧窮することとなった。事態をうれえた吉岡の領主但木山城《ただきやましろ》は、事業再興の検討を家老や宿役人たちに命じた。天保十（一八三九）年、基金二五〇〇両を調達し、ふたたび藩に願い出た。藩はその熱意にこたえて金二五〇両を加え基金とした。そして以後五カ年で基金を一〇〇〇両にし、弘化二（一八四五）年から毎年利息金一〇〇両を下付した。それでも宿駅の負担は重く、冒頭のように「貧駅貧町」に数えられたのである。

知行侍の日常●

地方《じかた》知行《ちぎょう》制のもと、知行侍は城下に屋敷を与えられ、領地と行き来する参勤交代のような生活であった。

只野敬之助が万延元（一八六〇）年八月、加美郡中新田《なかにいだ》の領主として初入部《にゅうぶ》した。そのときのようすを地元の記録「草刈玄水暦書込日誌」は、「初在所入ニ付、前後供人百人余、美々敷事也、右ニ付二十日夜、花火御覧、仕掛物三本、立龍数十本、諸見物五万人余ト申唱へ候」と記している。只野氏の知行高は一二○○石、「所拝領《ところはいりょう》」の知行侍で中新田に在郷《ざいごう》屋敷があり、その周りには家中《かちゅう》屋敷四○軒、足軽《あしがる》屋敷三五軒が並び、中新田の町場にも一定の支配権をもっていた。ミニ城下町の景観を構成していたのである。わが「殿様」の初入部を祝って花火大会が催され、五万人の見物人が集まったという。一方、元治元（一八六四）年八月、隣りの岩出山《いわでやま》館主伊達弾正《だんじょう》が供人数三○○人余をしたがえて「美々敷」く通過した。このとき、中新田駅では人馬一○○○人余を集めて荷物の運送などにあたらせたが、宿場は人馬でごった返す「大騒動」となった。いずれも知行侍が在所に大きな影響力をもっていたことの一端である。

平沢要害《ひらさわようがい》（蔵王町）を拝領する着坐《ちゃくざ》高野《たかの》家は知行高一六五○石（元禄九〈一六九六〉年）をもち、家中屋敷五○軒、足軽屋敷二六軒、寺屋敷三軒をかかえていた。二○代当主の高野備中倫兼《ともかね》は藩の若年寄《わかどしより》を務め、学識深く、詩歌をたしなみ、茶道につうじた人で、在所でも名君の誉れが高かったといわれる。今も旧在所に彼の遺訓「農作ひとすじに務むるハ農に有ての孝悌としるへし」と刻む石碑が立っている。

明和五（一七六八）年三月二十七日、二一代当主高野博兼《ひろかね》は子供をしたがえて、在郷屋敷近くにある湯《ゆ》口水《くちみず》神社の参詣にでかけた。当時彼は無役で平沢にいたのであるが、翌二十八日、仙台屋敷に残してきた荷物をとりに徒夫《かち》一人を城下に遣わした。ついでに歌詠みの師である斎藤永図《ながまろ》に手織りの羽織地一反を届けさせた。昨二十九日、徒夫が帰ってきて仙台屋敷になにも変わったことがないとの報告をうけ、日記に「府宅平安」と記している。

当時、藩内は打ちつづく不作と財政難から世情不安で、一触即発の情勢にあった。「府宅平安」と記しながらも心配だったのであろうか、足軽二人を城下屋敷に急行させた。四月一日は仙台屋敷近くの川内亀《かわうちかめ》岡《おか》八幡宮の祭礼である。東照宮をはじめ城下の神社の祭礼には、城下はもとより在郷からも老若男女が集まってにぎわうのが常であったが、この群衆にまじって、ならず者がなにをしでかすかわからない情勢であったからである。同三日には亀岡八幡宮の祭礼に名代を派遣し、八月にも諏訪社の神事に人を派遣し、初尾（穂）銭一、二文を献じている。在郷住居の身でも「定仙」の同輩や社寺とのつきあいは欠かせなかったのである。

表向き派手な知行侍も、藩主と同様に財政は火の車であった。中新田に入部してまもない宝暦十（一七六〇）年の只野家は、全知行地からの年貢を五八二石と見込んでいる。これで只野家の仙台屋敷・中新田屋敷の経費、家中・足軽の俸禄《ほうろく》や役料、当主の役務にともなう出費などをまかなう必要があった。収入は不作などで減少することもある。慶応四（一八六八）年の史料には借財が金三四二六両余りとある。この数字にはこの年の必要経費も含まれているようだが、只野家の家老は借財を軽減するために、当主とその家族が在所の中新田に引っ越すことを切願した。仙台屋敷の飯米である台所米を中新田から仙台に駄送するだけでも年間二五両ほどかかるからである。だが、当主たちは長い城下の都市生活に慣れ、ただちに城下を離れることができなかったようである。

農漁村の風景●

仙台平野が全国有数の穀倉地帯となったのは、江戸時代前期に行なわれた北上川水系地域の新田開発と耕地整理に負うところが大きい。知行侍が野谷地《のやち》開発に力を注いだことは前述の通りであるが、米づくりをいとなむ農民が農閑期に自分の耕地の周りを開墾し、耕地の拡大に努めたことも忘れてはならない。

農業には労働力と耕地のほか、水田経営には灌漑用水と刈敷《かりしき》といって肥料にする山林の下草などが不可欠である。しかし、用水と草を一人で確保することは無理で、農民は共同で用水や山・草地を利用したのである。江戸時代の村は、こうした生産条件を農民＝村人が共有する生産の場でもあり、また生活の場でもあった。

江戸時代、農民は「百姓《ひゃくしょう》」とよばれたが、経営規模に階層があり、法的な身分のほかに慣行的な身分があって村の秩序が維持されていた。経営の大きい農民は下男下女をかかえ、二町歩あるいは三町歩ほどの持地《もちち》（自作地）を耕作し年貢諸役を納めていた。農民から半ば強制的に買い上げる買米にも応ずることができた。江戸時代中期になると貨幣経済が農村にも浸透し、持地を失って小作で農業をいとなむ農民や借屋も増えてきた。安永期（一七七二〜八一）の志田郡南方新沼村（大崎市）には家数が一六二軒あって、そのなかに一人前の農民である本百姓《ほんびゃくしょう》（仙台藩では人頭《にんとう》とよんだ）一〇九人のほか、有力農民の隷属的農民である名子《なご》が五軒、水呑《みずのみ》が四軒、借屋が四四軒も含まれていた。

居久根林に囲まれた豪農　蔵王町の我妻家住宅。

いまでも、田園の広がる仙台平野に居久根《いぐね》林に包まれた大きな農家が点在する（七頁写真参照）。裏山は冬の季節風や吹雪などの自然の猛威から家屋をまもり、居久根林からは薪《たきぎ》や木材などを入手したほか、刈敷や落葉を集め肥料にしていた。こうした居久根林に囲まれた豪農はかつて村の肝入《きもいり》や大肝入をつとめ、地主になった者もいる。その周辺に名子や水呑あるいは借屋の家が点在していた。彼らは四、五反程度の土地を小作（借地）し、地主に高額の小作料を納めていた。ときに季節労働者となり豪農に雇われ、また街道の運送人夫などの雑業に従事し苦しい生活をささえていた。

農業の中心は米づくりであった。米づくりの作業は苗代《なわしろ》づくりと種蒔きではじまる。種蒔きは現在の暦で四月下旬から五月初め、田植えが六月上旬、稲刈が九月から十月であった。すべて手作業で、田起しは三本鍬（備中鍬《びっちゅうぐわ》）を用い、天日で乾燥させた稲を千歯扱《せんばこき》で脱穀した。反当り収穫量は天候・地味などによって変動したが、江戸時代後期で平均一石三斗程度であった。

喜びの収穫を手にするには天候に恵まれなければならない。天候不順で長雨ともなれば河川は氾濫し、流域の田園は冠水するのが常であった。三大飢饉といわれる宝暦五（一七五五）年、天明三・四（一七八三・八四）年、天保七・八（一八三六・三七）年のいずれの年も大洪水の年で、とくに北上川流域農村の打撃は大きく宿命的であった。

仙台藩は長い海岸をもち、日本三大漁場の金華山沖漁場をひかえて漁業が発達してきた。牡鹿《おしか》半島を境に、以南は砂浜が長く遠浅の海で、平目《ひらめ》・鰈《かれい》などの底魚類がとれ、以北はリアス式海岸で入江が深く、大小の島が点在し、各種の魚介類がとれた。海岸沿いに漁浦が点在し、漁民は半農半漁の生業であった。身分は農民と同じく「百姓」で漁業権をもつ瀬主《せぬし》（網株主）を中心にいとなまれ、小漁民の網子《あみこ》がこれに隷属していた。

漁船は小船のサッパ船から大型の五太木船《ごだいぎ》・与板船などさまざまであったが、小船が圧倒的に多かった。漁業は零細な地元漁業でも新しい技術も導入された。その一つが鰹釣漁業《かつおつり》である。延宝三（一六七五）年気仙沼湾にやってきた紀州の漁師から、生鰯《いわし》を餌に魚群をおびき寄せて釣る漁法を学び、従来の一〇倍の漁獲をあげることができた。幕末の嘉永年間（一八四八～五四）には土佐式の鰹節《かつおぶし》製法が伝えられ、気仙沼の鰹節の声価を高めた。

牡鹿半島の定置《ていち》網漁業は享保期（一七一六～三六）頃にはじまり、東北各地に伝えられているが、メジ・鮪《まぐろ》・鰤《ぶり》・鯛《たい》などを漁獲した。松島湾では鰈などの刺網《さしあみ》漁業、仙南の砂浜地帯では地曳網《じびきあみ》・手操網《たぐりあみ》などの漁法であった。唐桑《からくわ》半島最南端に「鯨塚」があるが、当時は沿岸で捕鯨が行なわれたのである。天保十年、藩は藩財政と漁村振興から桃生郡大須浜の阿部源左衛門、牡鹿郡狐崎浜の平塚雄五郎《ゆうごろう》を捕鯨組の責任者とする大規模な捕鯨をはじめたほどである。

漁獲物は、鮮魚・塩魚・干物《ひもの》などで販売された。近くでは仙台城下町が重要な市場であったが、奥羽山脈をこえて出羽国へ、海上を江戸・上方方面にも移出された。仙台藩の海産物が本格的に商品化するのはほぼ元禄期（一六八八～一七〇四）頃からで、上方・江戸方面の船や気仙沼・石巻などの地船が移出販売にあたった。藩政後期には、気仙沼で積船をもつ海産物商人が二〇数軒を数え、年に二、三度航海し巨利をあげていた。

❖コラム

潜穴

水稲に灌漑用水は欠かせないが、水の確保の方式は時代や地域によって違いがある。仙台平野が穀倉地帯となったのは、近世初期から盛んに新田開発が行なわれた結果であることは本文でものべた。では、この水をどのように確保したのであろうか。河川や沼の水を直接利用することもあったが、人工堰による導水も盛んに行なわれた。慶長九（一六〇四）年、宮沢（大崎市）の館主後藤信《のぶ》康《やす》が普請した後藤江は約四キロにおよぶ堰で、これにより小林地区（大崎市）の新田二〇〇町歩の灌漑用水が確保された。さらに長大な堰が栗原郡の伊豆野堰《いずのぜき》である。寛永十九（一六四二）年二代藩主忠宗の命で普請がはじまり、享保十二（一七二七）年にかけて普請が行なわれ、一迫町・築館町・志波姫町・若柳町（以上、栗原市）にわたる二一三二町歩を灌漑する全長二〇・八キロの堰で、現在も利用されている。

こうした堰の普請をみて感心させられるのが潜穴《せんけつ》方式である。奥羽山脈の裾が舌状の台地となって平野部に長くのび、平野部にも小高い山が所々に点在するのが宮城県の地形で、このため河川からの導水は地域的に限定され、灌漑用水を十分に利用できない地域があった。この条件を克服する工法として考えだされたのが、サイフォン式トンネルの潜穴である。工法は鉱山の発掘技術などに学んだものであろうが、この工法は灌漑用水の確保だけに用いられたのではない。高城川《たかぎ》（松島町）は人工川だが、吉田川中流域の遊水地帯を解消するためサイフォン式トンネルで水を松島湾に導水している。現在の穀倉地帯を考えるにつけ、先人の潜穴工法に負うところが大きいのである。

8章

停滞からの脱皮

開成丸の題字(大槻習斎筆)

1　米価低下と続く飢饉

江戸廻米のアキレス腱●

江戸廻米《かいまい》が仙台藩財政の根幹をささえていたことは、前にのべた。その数量は米作に豊凶があり一定しないが、前述した享保十七（一七三二）年のように、年間三〇万石前後に達し江戸の消費米の三分の一におよぶこともあった。江戸廻米は年貢米《ねんぐまい》と買米《かいまい》から構成され、藩の手で江戸に廻漕し、藩内より米価の高い江戸で販売したので藩は巨額の収入をえることができた。五代藩主吉村《よしむら》の財政再建はこの江戸廻米によったのであったが、享保期（一七一六〜三六）からの江戸の低米価によって収入はしだいに減少してきた（1表参照）。それに全国的な商品流通の展開、華美な生活の浸透により藩財政はしだいに放漫となり、ふたたび財政難となりつつあった。

このようなとき、宝暦五（一七五五）年の大凶作は仙台藩に五四万石の大損失を与えた。いっきょに深刻な財政難に落ち入り、買米本金を捻出することもできなくなった。藩は商人からの借金と献金でしのぐが、長年仙台藩の蔵元《くらもと》をつとめた大文字屋《だいもんじ》が破産するなど、藩の資金調達も苦しくなった。

ここで、藩財政の仕組みを文政二（一八一九）年の調べでみてみよう（2表参照）。総石高は一〇〇万石余（文政六年は一〇〇万九四六一石）。そのうち、家臣に与える知行高は六二万石程度（文政六年は六一万二七一八石）であった。したがって、藩主伊達家が直接支配する蔵入高《くらいりだか》（地）は四〇万石程度（文政六年は三九万六七四三石）で、伊達家の財政はこの蔵入地からの収入である年貢・諸役金でまかなわれるのが原則

〔1表〕 仙台藩の江戸廻米量

年　次	江戸廻米量
	石
文化元(1804)	175,620
2 (1805)	179,840
3 (1806)	144,630
4 (1807)	215,040
5 (1808)	196,040
6 (1809)	205,880
7 (1810)	224,580
8 (1811)	200,290
9 (1812)	168,720
10(1813)	102,780
11(1814)	171,670
12(1815)	124,430
13(1816)	192,040
14(1817)	194,120
文政元(1818)	174,220
2 (1819)	165,180
3 (1820)	184,100
4 (1821)	203,060
5 (1822)	216,800
6 (1823)	276,260
7 (1824)	200,030
8 (1825)	126,800
9 (1826)	250,210
10(1827)	197,570
11(1828)	141,330
12(1829)	195,240
天保元(1830)	111,400
2 (1831)	133,390
3 (1832)	110,600
4 (1833)	——
5 (1834)	118,444
6 (1835)	35,384

近世村落研究会『仙台藩農政の研究』などによる(一部補正)。

〔2表〕 文政2(1819)年の藩財政

①収　入		
米	79,513石	年貢・催合他
大豆	4,385石	年貢他
金	54,650両	年貢諸役
金	11,500両	塩利潤
金	1,000両	山林払い
金	1,000両	金山利潤
小計 米・大豆	83,898石	
小計 金	68,150両	
②支　出(国元)		
米	41,000石	家中渡し
金	60,267両	諸役所入用
金	10,000両	買米本金
小計 米	41,000石	
小計 金	70,267両	
③支　出(江戸)		
米	11,000石	江戸家中扶持米他
米	40,000石	江戸払米
金	25,800両	江戸用立金
金	2,410両	京都払い
金	3,576両	大坂払い
米・大豆	800石	膳前類
小計 米・大豆	51,800石	
小計 金	31,786両	
④支出総計(②+③)		
米・大豆	92,800石	
金	102,053両	
⑤差　引(①−④)		
米	−8,902石	
金	−33,903両	
⑥買　米		
米	24,000石	代金10,000両
金	−10,000両	見込みより
金	−8,000両	金銀相場違い
⑦総差引		
米	+15,098石	
金	−51,903両	

であった。

しかし、藩財政はこの収入だけでは不十分で、買米制のほか塩の専売制などを実施した。仙台藩の年貢制度は半石半永《はんこくはんえい》（金）制で、文政二年の米および大豆での収入は八万石余、金納分は五万五〇〇〇両近くであった。そのほか塩の販売利潤が一万一五〇〇両、山林・金山の利潤がそれぞれ一〇〇〇両であった。この総収入のうち国元で支出する項目と額は、役職給米や軽輩の家臣に支給する俸禄類が四万一〇〇〇石、そのほかに藩庁などで支出する行政経費の「諸役所入用」、江戸参勤の手当や入用、江戸廻米の国元払いの運賃などがあった。現物（米・大豆）収入の半分ほどが家中に支給され、収入金のほとんどが国元の費用にあてられている。現物の残りは江戸廻米となった。

この年、藩は買米本金一万両を用意し、買米二万四〇〇〇石を江戸に廻漕した。しかし、江戸は低米価で販売代金は見込みより一万両も少なく、金二万五八〇〇両もの大金を国元から江戸に送らなければならなかった。そのほか、金銀相場の見込み違いで金八〇〇〇両を損失し、この年の総差引では、米は一万五〇九八石売れ残り、金五万一九〇三両の不足となったのである。例年のように不足分は借金で穴埋めしたものの、藩の借金累積額は四一万二一三五両にも達していた。この頃になると、藩財政をうるおしてきた江戸廻米も江戸の低米価と支出の増大が続き、慢性的な財政難を再建することがますます困難となりつつあったのである。それを決定的にしたのが大飢饉である。

続く飢饉●

藩政時代、食物もなくなり、人命がおびやかされる飢饉がしばしばおこった。大洪水・大冷害・干害とその原因は別であるが、なかでも宝暦・天明・天保の飢饉は多数の死者をだし、社会的危機に襲われた。もっとも大きな損害を与えたのは冷害である。東北の宿命のようにいわれるが、社会の仕組みを要因とする人為的側面も否定できない。仙台藩の位置する東北の太平洋側は、夏季になってもヤマセという寒冷な北東風が海からはいり低温と長雨が続き、稲は実を結ばず立ち枯れとなり、畑作物も腐り、あげくに洪水にみまわれることがしばしばあった。そうなると、年貢の完納を強いられ、カテ飯を常食とする農民はもとより、その日暮らしの都市の小町人は食料の蓄えもなく餓死に直面することとなった。

宝暦の飢饉は、宝暦五（一七五五）年に最大となった。前兆は数年前からあった。延享四（一七四七）年の洪水、さらに寛延年間（一七四八～五一）の洪水と寒冷な気候が続いた。悪いことに疲弊した村々に流行病が発生した。このような状況で宝暦五年を迎えた。土用になっても綿入れを着なければならない冷夏で、稲は青立ちのまま、それに刈入れ期に洪水と重なり収穫は皆無となった。不作を見越して米価は上がりはじめ、米問屋にも米が入荷せず売米を制限するありさまとなった。人々は、雪のなかから葛《くず》・蕨《わらび》などの根を掘り出して食べた。藩も困窮者にお救い金を与えるなど対策をとったが不十分で、宝暦の飢饉による藩全体の死亡者は二万人近くにも達した。

天明の飢饉はいっそうきびしいものがあった。宝暦の飢饉で疲弊した村々が復興するまもないうち、明和年間（一七六四～七二）に数度の旱魃、つづく安永年間（一七七二～八一）にも旱魃と寒冷な気候のもと水害がくり返された。それに天明三（一七八三）年の大冷害である。土用になっても綿入れを着る寒冷な気候の日々であった。虻《あぶ》・蚊《か》・蠅《はえ》もまったくでない異常さであった。種籾もとれない大凶作で、藩全体で五六万五二〇〇石の減収であった。翌四年にかけて食料不足はきわめて深刻なものとなった。加美郡中新田町《なかにいだ》（加美町）の「備忘録」は「此年悪病ハヤリ死人五百人斗《ばかり》アリ」、さらに「此年諸物ナク蕨餅、葛団《だん》子《ご》、トコロ（野老）団子、カラシ瓜団子、大豆団子、根花粉（わらびの粉）、大麦団子ヲ食セリ」と記している。四～五月に田植えはしたものの、病人が多く田の手入れ、草取りもできず村は荒廃していった。大凶作は天明四年、同五年、同六年と続いたのである。

城下も目をおおうばかりの惨状であった。城下はずれには「色あしく、よろよろなる有様」の人々がうずくまり、食を求める飢死寸前の多くの人々が集まってきた。藩や有志は施粥所《せがゆ》を設け施粥にあたったが、群集する人々を救うにはほど遠く、近くには餓死者を埋葬する「人穴」があり、路傍には「犬烏の喰いみだす」ままに死体が放置されている惨憺たる光景があった。

この悲惨な状況は、五〇年後にふたたび現実のものとなった。天保四（一八三三）年から同七～八年の数年間に前代未聞の大災害が続いたのである。天保四年は、霖雨によって仙台藩は七五万九三〇〇石の減収となった。収穫は皆無に近かったことになる。同五年は旱魃ながらも小康であったが、同六年には冷害と洪水で大不作、七三万三五二二石の損亡であった。同七年は大冷害で、三月末（今の五月中旬）には季節外れの大雪となり晴天の日はなく、六月からはヤマセが吹き、稲は立ち枯れ、九一万五〇〇〇石の減収という収穫皆無の大凶作となった。年の暮れ近くになると病死・餓死者が続出し、翌年の収穫期まで未曾有の大飢饉が続いたのである。

農民一揆と転法●

重い貢租に加え、打ち続く飢饉・災害によって世情はすさみ、ときに農民は為政者に反抗して立ち上がった。その理由と反抗の形はさまざまだが、藩政中期以降の藩財政の立て直し政策の強行は年貢や諸上納のきびしい取り立てとなり、しばしば発行した藩札《はんさつ》は領民の小さな蓄財をうばいとることになった。凶作や村役人の不正発覚などをきっかけに、領民の積もり積もった不満が一気に爆発したのである。

藩政前期の農民一揆《いっき》は、村役人が代表となって知行主《ちぎょうぬし》の暴政を藩に直訴《じきそ》するなど、藩に反抗するものではなかった。しかし、中期以降になると、一般農民が徒党《ととう》を結んで肝入《きもいり》の不正を弾劾したり、富を蓄える富農・豪商を襲い金品を略奪するなどの暴動がおこった。都市と同じく農村にも商品経済が浸透し、町や村の共同体より、個々の経済的貧富によって利害が対立する時代になりつつあったのである。貧民が圧倒的に多く、飢饉ともなればこの利害の違いが一気に炸裂したのである。

天明三（一七八三）年九月、藩の飢饉対策に不満をもった下級武士や民衆数千人が城下で暴動をおこし、金上侍《かねあげざむらい》で藩財政の担当役人になっていた安倍清右衛門《せいえもん》の屋敷や米穀問屋大黒屋《だいこくや》を襲い打ちこわしを行なった。民衆は安倍の不正と大黒屋の米隠匿に怒りを爆発させ襲ったのであった。

寛政九（一七九七）年三月初めから二カ月にわたり空前の大一揆がおこった。江刺《えさし》郡伊手《いで》村（岩手県奥州市）の村民集会に端を発するこの一揆は、瞬く間に野火のごとく広がり、数千人にふくれあがった一揆勢は藩への要求を掲げて仙台に上ろうとした。各地の館主や藩役人がこれを阻止し、説得し、ときには家臣を出動して抑えようとしたが、つぎからつぎと各地で一揆が発生し鎮めることができなかった。一揆の勢いは増すばかりで、江刺郡から胆沢《いさわ》郡・西磐井郡・東磐井郡へと広まり、志田《しだ》郡・遠田《とおだ》郡でも農民が集会を開くなどさらに拡大していった。四月下旬になると奥諸郡および中奥の農民はいっせいに蜂起し、総数「四万」といわれる一揆衆が南下しはじめた。加美《かみ》・玉造・志田・遠田・宮城諸郡の村々もこれに呼応し、仙台藩はじまって以来の未曾有の大一揆となって城下にせまってきた。一揆は城下直前の七北田《ななきた》（仙台市）で藩兵に鎮圧されたが、その要求は三一カ条にわたった。おもなものは、⑴藩の不当な課税、借上げ反対、⑵過分な買米に対する反対、⑶郡方村方役人の不正・私曲《しきょく》に対する弾劾、⑷疲弊する農村に対する積極的な救済、などであった。藩は一揆の鎮撫につとめる一方、これを局地的にくいとめる方針から一揆の要求を受け入れ、民政の改革を行なうことを決した。寛政の転法である。

改革にあたって、藩はまず一揆時の郡奉行《こおりぶぎょう》をはじめとする郡村役人をいっせいに更迭し、在村の大肝入・肝入などを処分または交代させ、新しい郡村支配体制に改めた。改革の内容も、のちに「郡村の民風、此節より一変仕《つかまつ》」ったといわれるように、大一揆の反省にもとづく改革であった。その具体的内容は、⑴代官二八人を一九人に減員する。⑵山林方横目《よこめ》などを全廃し、代官および郡方横目の職務とする。⑶御《お》物成《ものなり》役人を約三〇〇人減らす。⑷脱石《だっこく》取締り小人《こびと》や御石改《おんこくあらため》役などを廃止する。⑸郡村の諸費用取り立てを吟味し、不用な取り立ては厳禁する。⑹切支丹《きりしたん》類族改、鉄砲改役人の廻村を廃止する、などであった。役人の削減など従来にない改革で、このほか在々の作事《さくじ》・普請《ふしん》の人夫など農民の負担を軽減した。

しかし、一揆がその改廃を要求した買米仕法についても、買付金額の上限を五万両と定めて引き高を認めるなどの譲歩を行なっている。改革には限界があったが、現状をふまえた政策がその後の藩政の基本となったことは注目される。天明の飢饉による人口減少に対しては、城下の松音《しょうおん》寺住職らが赤子《あかご》養育の大切さを説くなど民間の活動もみられるようになった。藩も寛政の一揆後の文化四（一八〇七）年に赤子養育法を制度化し、村に赤子養育制道（導）をおき、貧しく養育できない農民に対しては金穀を支給した。

こうした民風改革に積極的で、藩内の危機的状況を第一線で感じていた中級役人たちがいた。その一人、玉虫十蔵《たまむしじゅうぞう》は天明の飢饉のときに、仙台城下の町奉行職にあって、農村再建策の『仁政篇』を著している。郡村役人を減員し、「孝悌忠信」の道徳を説く一方で、村々をめぐる雑芸を演ずる者たちを取り締まるなどで疲弊した農村の再興をはかろうとする考えである。藩は寛政の大一揆をへてようやくこうした改革に着手したが、西磐井郡の大肝入大槻丈作《おおつきじょうさく》が上書《じょうしょ》で記すように、民風にはかつてのように質朴で権力に対する従順さはなくなり、とくに宝暦の飢饉、さらに天明の飢饉で一変し、領民は目前の利益を求め、権利を自覚しはじめ訴訟をおこす世となりつつあったのである。

財政破綻と升屋

仙台藩の財政は、買米制の運営に左右されてきた。そして買米制の運営は、買米本金をいかに調達できるかにかかっていた。享保《きょうほう》の改革で買米本金の積み立てを強行し買米制を再建したが、宝暦五（一七五五）年の飢饉でくずれ、その後、買米制は不調となっていた。ところが、低迷していた米価が天明期（一七八一～八九）に高騰し、寛政三・四（一七九一・九二）年には豊作で、しかも江戸は高米価であったため、藩は買米制により利益をえ、長年の借金の返済にあてることができた。

ところで、天明期までの買米制は農民に対し強制的であっても買米本金を藩が自前で調達し、まだ自立性があった。それが天明期以降になると、藩は自前で買米本金を調達できなくなり、蔵元《くらもと》商人の買上金を充当するようになった。これによって、買米は事実上において現金買いとなり、年貢同様の収奪的性格に加えて蔵元商人に対する借金のいわば抵当となった。

大坂の豪商升屋平右衛門《ますやへいえもん》が仙台藩の買米本金に出資するようになるのは宝暦年間からで、寛政十二年には仙台藩の蔵元となっている。これまで、京都の大文字屋や阿形作兵衛《あがたさくべえ》、あるいは江戸の海保半兵衛《かいほはんべえ》などが蔵元となって仙台藩への融通などを続けてきたが、仙台藩の返済が不調で結局貸し倒れとなった。升屋も仙台藩の財政難を承知していたので当初は辞退したが、結局、引き受けることになった。それなりの考えがあったからであろう。江戸廻米に際し、「サシ米」を加えることを藩に要求し、それを江戸で販売し利益をえたほか、時の経済学者である海保青陵《せいりょう》が「頗《すこぶ》る妙計」といった「升屋預り手形」を発行した。仙台藩では小判《こばん》があまり通用せず、蔵元が買米代金などに壱歩判《いちぶばん》・二朱判《にしゅばん》をもって支払ってきたが、両判金は江戸両替商でも払底しがちであるということで、升屋は仙台藩で金一切《ひときれ》（壱歩）・金二朱の二種の為替手形を発行し、この為替手形はいつでも小判に引き替えることができるものとした。形式上は幕府の許可を必要とする藩札ではないが、兌換できる事実上の藩札であった。もちろん升屋がたんに藩に代わって藩札を発行しようとしたわけではない。買米本金をこの為替手形で調達し、しかも、江戸における米の売払金（正金）を、調達した買米本金および藩の借金の返済分として升屋が受け取ることにしたのである。藩は買米本金の調達を行なう必要がなくなったが、蔵元升屋は預り手形を発行し、正金で受け取ることができたのであるから升屋にとってはきわめて有利な方策であった。

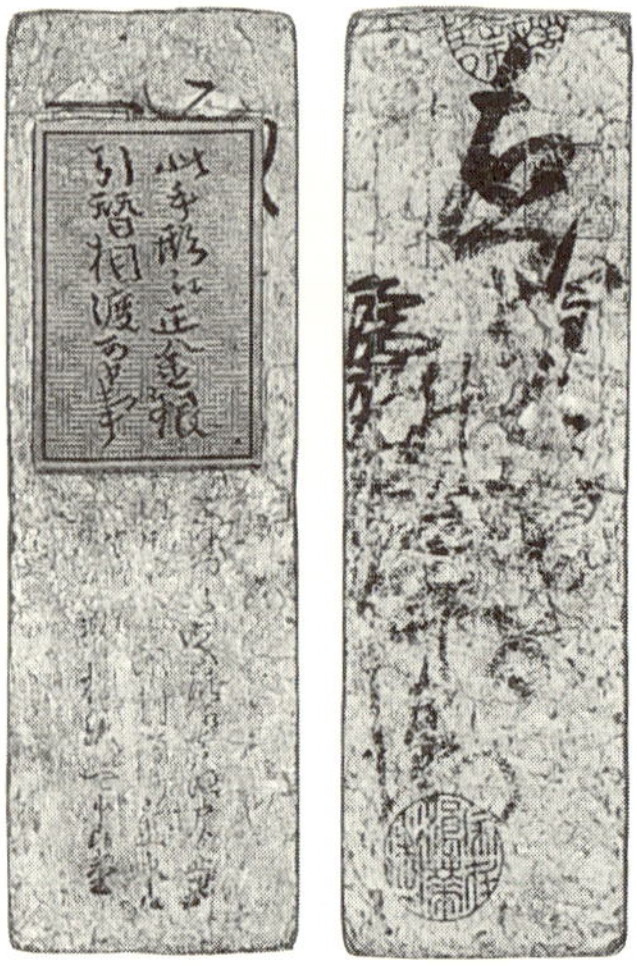
升屋預り手形　右が表、左が裏。

升屋の手形は、最初は円滑に通用しなかった。しかし、升屋が引き替えの正金を準備したので手形の信用がでてきた。そうすると正金に引き替えるとはかぎらず、しだいに藩札同然に通用するようになったのであった。

この妙計は升屋の大番頭山片蟠桃《やまがたばんとう》が考えだした方策であるが、仙台藩の升屋に対する財政上の従属は決定的となった。したがって、藩と蔵元との共存共栄も長くは続かず、天保五（一八三四）年で決裂した。藩は当時升屋に約五〇万両の借財があったが、凶作による困窮農民を救済する方法として、升屋に農民への前金貸し下げを依頼した。升屋は藩が借金を返済しないかぎり調達しないと通告し、融資を拒絶した。やがて、藩は力をもちはじめつつあった藩内の商業資本に目をむけるようになるのである。

2 国内外への関心と実学

漂流民世界一周●

仙台藩の蘭学者大槻玄沢《げんたく》が志村弘強《ひろゆき》の協力をえてまとめた『環海異聞《かんかいいぶん》』は、仙台藩の漂流民津太夫《つだゆう》らの見聞を記した名著である。石巻《いしのまき》を出帆した津太夫らがアリューシャン列島に漂流し、ロシア人に救助され、世界を一周した見聞録である。初期の支倉常長《はせくらつねなが》一行の遣欧に匹敵する長途の旅であった。

寛政五（一七九三）年十一月二十七日、仙台藩の江戸廻米船若宮丸《わかみや》が石巻港を出航した。船は八〇〇石積み二四反帆、船頭《せんどう》・水主《かこ》一六人乗りというからいわゆる千石船である。江戸廻米一三三二俵と藩御用の雑小間木四〇〇本を積んでの出帆であった。磐城《いわき》沖まで走ったところ、風が強く波が高まる荒天候にみまわれた。楫《かじ》は折れ、ついに帆も切り捨ててようやく船の安定をはかったものの、海流にまかせ漂流することとなった。帆一つの和船は、外洋船としての機能と遠洋航海術を欠き、一度荒天候になると遭難の危険にさらされる宿命にあった。若宮丸は積み荷も半分は捨て漂流すること六カ月、翌年五月、ようやく島を発見し島民に救助された。氷雪におおわれるロシア領アリューシャン列島であった。漂着後まもなく船頭は病死した。やがてロシアの役人によってナアツカ港（アンドレイ島）に連行された。ここで一カ年をすごし、翌年六月、ロシアの極東開発の拠点であるシベリアのオホーツク港に移送された。さらにシベリアの中心都市イルクーツクに移るが、道中は過酷で、出発時の馬五〇疋は到着時には一八疋になったという。イルクーツクに数年滞在し、一八〇三年三月、首都ペテルブルグにむかうが、この長途で病死する者、残留を決める者もあり、首都に到着した者は一〇人であった。ロシアの扱いは終始良好で、ここでは商務大臣の邸宅に滞在した。南下政策をとるロシアにとり漂流民送還が利すると考えての扱いであった。いよいよ、皇帝アレクサンドル一世に謁見し、送還されることになるが、キリスト教に改宗した者、ロシア人女性と結婚した者もあり、六人は残留を希望し、結局帰国の途についたのは津太夫ら四人であった。

一八〇三年八月、一行はロシアの遣日使節レザノフ一行とともにペテルブルグを離れ、バルト海を通りイギリスに寄港後、大西洋にでて南下し、南米大陸の南端ホーン岬を回って太平洋にはいり、ハワイからいったんカムチャツカに到着、一八〇四年九月ようやく長崎に入港した。だが、鎖国の方針をとる幕府は即座に漂流民四人を引き取ろうとしなかった。半年の交渉の末、津太夫らはようやく上陸できたのであった。漂流より一二年、世界一周の過酷な長途であった。

当時の航海は遭難覚悟で、したがって漂流は船乗りの宿命ともいうべくしばしばおこった。しかも、漂流民は津太夫らのように帰国できる者は好運で、漂流先で殺害される者、奴隷にされる者、帰化し残留する者とさまざまで、なかには送還されながらも、母国を目前にして入国できなかった不運な者もいたのである。津太夫ら一行の世界一周は奇遇ともいうべき出来事であったのである。

当時、北方は緊迫した情勢下にあり、北方をはじめとする海外への関心が高まりつつあった。仙台藩が津太夫らの世界見聞をまとめさせた背景でもあった。もとより、当時は鎖国下で、『環海異聞』は大黒屋光太夫《こうだゆう》の『北槎聞略《ほくさぶんりゃく》』などと同じく公表できるものではなかったが、写本が広く流布していることをみると、こうした状況下ではあるが豊富な海外情報源として識者に読まれたのであろう。

北への関心

鎖国体制のもと、海外の情報は長崎を唯一の窓口として紹介されていた。貿易や科学に関するわずかな情報は、鎖国の安眠をゆさぶるものとはならなかった。ところが、安永七（一七七八）年、ロシア船が蝦夷《えぞ》地《ち》に突如現れた。蝦夷地は松前物《まつまえもの》・俵物《たわらもの》といわれた海産物の宝庫でそれなりの関心をもたれていたが、アイヌ人と松前藩の地と認識されていた程度であった。北の大国ロシアの接近が幕府や識者に大きな驚きを与えたのは当然で、北への関心が一気に高まった。

こうした北の情勢にいち早く対応した知識人が、工藤平助《へいすけ》（球卿《きゅうけい》）である。彼は紀伊藩の医師の子であるが、仙台藩江戸藩邸の医師工藤氏の養子となった人である。彼は『赤蝦夷風説考《あかえぞふうせつこう》』を書き、ときの幕府老中田沼意次《おきつぐ》に献上した。そのなかで、ロシアの東方進出、日本への南下政策について警告し、わが国は積極的に蝦夷地経営にあたるべきであると論じ、鉱山開発などを主とする蝦夷地開発計画を提案し、さらに進んでロシアと貿易を行なう方策をたてるべきであると主張した。これを読んだ田沼意次は蝦夷地の調査を行なわせ、五八〇万石をこえる遠大な米穀の生産計画をたてた。しかし、田沼の失脚により計画は頓挫した。

工藤平助の具体的提案に比し、きびしい政治批判を行ない、わが国の国際的危機を指摘し警告を発したのが林子平《しへい》である。彼はもともと幕臣岡村良通《よしみち》の子であるが、事情があり、町医者の叔父林従吾《じゅうご》に育てられた。兄が仙台藩士に取り立てられると、子平もその「厄介《やっかい》」として仙台に移り住むことになった。子平一七歳のときである。彼は終生無禄で兄の家に居候《いそうろう》生活を送るのであるが、その間、再三にわたり江戸に遊学している。江戸では蘭学者の桂川甫周《ほしゅう》に学び、工藤平助の指導をうけた。それをもとに仙台藩に上書を提出し、殖産興業の方策、藩の専売仕法のあり方などについて種々提案した。さらに見聞を広めるため長崎に遊学し、地理など海外知識をえ、中国人やオランダ人と接し、海外の新知識を積極的に吸収した。とくに、オランダ商館長からは、ロシア人が南下し日本にせまっている事実を知らされた。こうした知識と情報に子平は座していられなかった。早速、北方に備えて文武兼備の人材を養成するため、大学を建設すべきことを藩主に上書した。さらに、考えと主張を『三国通覧図説《さんごくつうらん》』および『海国兵談《かいこくへいだん》』に著わし、わが国の緊迫した海外情勢と、これに対処するため国防の充実が急務であると論じた。

『三国通覧図説』は天明六（一七八六）年に刊行された。わが国の本州をとりまく朝鮮・琉球・蝦夷地・小笠原島の地理と風俗を図示・記述したもので、多くを蝦夷地にあてている。わが国の海防と蝦夷地開発の必要性を説き、北への強い関心で書かれたのである。『海国兵談』一六巻は、天明六年から寛政三（一七九一）年にかけて刊行された。子平は、刊行の意図を「予先に三国通覧を著す。その書は日本の三隣国、朝鮮、琉球、蝦夷地の地図を明かにせり、その意、日本の勇士、この三国に入ることあらん時の此の国を暗じて応変を望む為なり、海国兵談は、三国及び支那《しな》、魯西亜《ロシア》等より海寇あらん時の対策を詳述せるものなり」と記している。そして『海国兵談』では、有名な警告「江戸日本橋より唐《から》、阿蘭陀《オランダ》迄境なしの水路なり」とのべ、わが国の海防の緊急性と重大性を論じたのであった。子平の二著は、わが国のおかれている国際情勢を広く考察し、政治・経済はもとより、兵法・戦術について論及した先覚的発言であった。

ともに、鎖国体制のもとで惰眠を貪る為政者を覚醒させるに十分であった。しかし、民衆に与える衝撃の大きさを恐れた幕府は、「一己の名聞に拘り、取留もなき風聞又は推察を以て」異国の襲来をのべ、みだりに海防を論じたとして罰し、子平に蟄居《ちっきょ》を命じ、出版物と著書の版木《はんぎ》を没収した。

林子平はあまりにも先を見抜いたのであった。この先覚が世に受け入れられず、兄の家に蟄居の身で「親もなし妻なし子なし板木なし金もなければ死にたくもなし」と詠んで六無斎《ろくむさい》と号し、寛政五年六月、

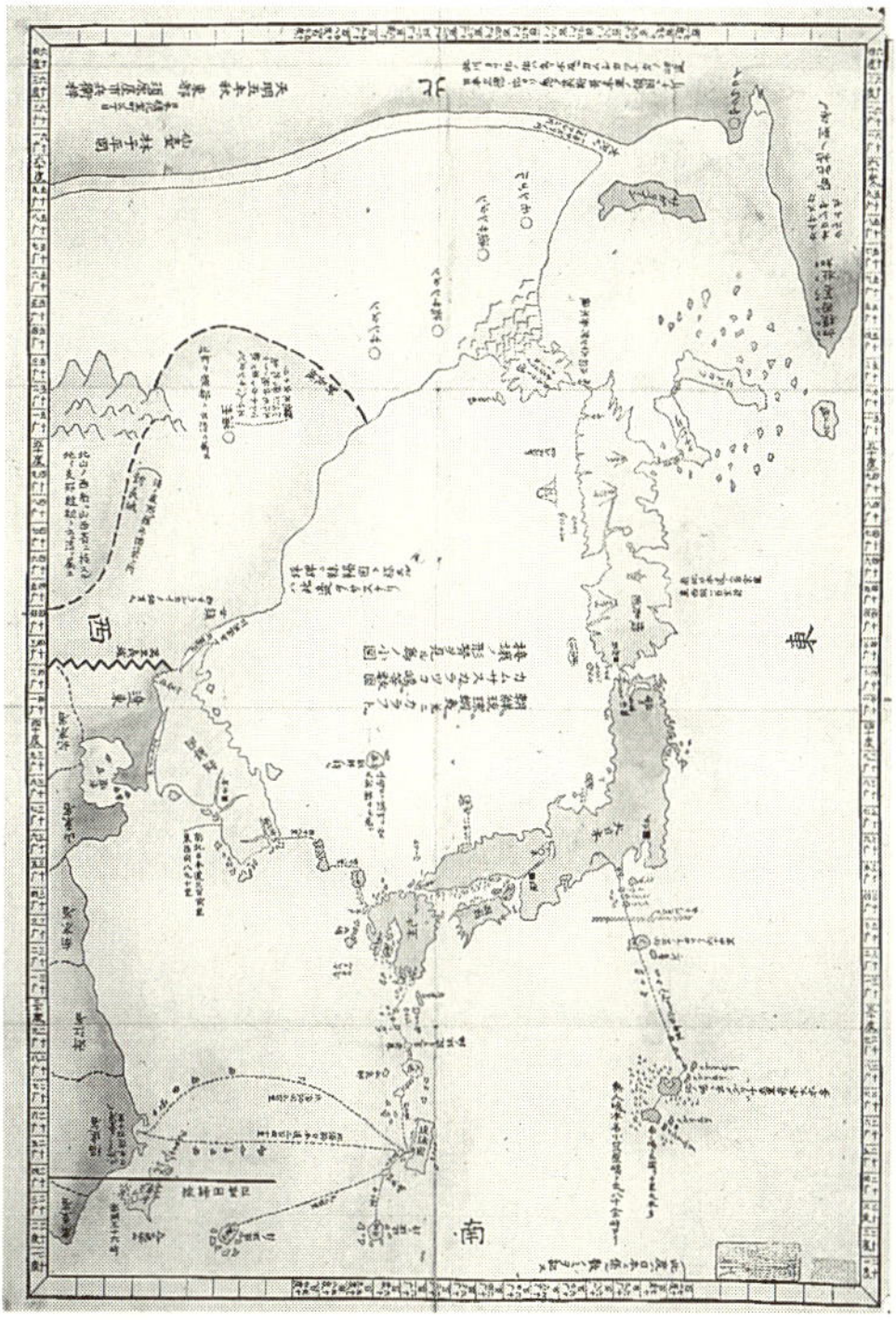

『三国通覧図説』の付図

五六歳で世を去ったのである。

蝦夷地警備●

先覚者の林子平が『海国兵談』を著わしてから六年目の寛政四(一七九二)年十月、彼が警告したようにロシアの南下が現実のものとなって出現した。ロシア遣日使節ラクスマンが日本の漂流民大黒屋光太夫《こうだゆう》・磯吉《いそきち》をともない、蝦夷地《えぞち》の根室にきて対日通商を要求したのである。幕府の目付《めつけ》が松前で対応し、「祖法」をたてに拒絶し交渉は成立しなかったものの、北方問題がきびしい海防問題であることを認識させるに十分であった。子平が指摘したように、境目なき海に対して長崎だけで対応しようとしても海防にはならないことが現実となった。もっとも、幕府は天明五・六(一七八五・八六)年に蝦夷地調査を実施し、調査隊はクナシリ(国後)島、エトロフ(択捉)島、北蝦夷地のカラフト(サハリン)にまで踏査の足をのばしていたが、南下するロシアに対する備えはほとんど行なっていなかった。寛政九年四月には、ロシア人が蝦夷地のエトロフ島に上陸した。幕府はようやく目を覚まし、国防上、蝦夷地経営の必要を認め、同十一年に太平洋岸ならびに島々の東蝦夷地を幕府の直轄とし、文化四(一八〇七)年には松前氏を陸奥国梁川《やながわ》(福島県)に転封し、西蝦夷地をも直轄とした。

これより先、文化元年に幕府は津軽・南部両藩に蝦夷地警備を命じた。同四年になるとロシアの北辺に対する進出が活発となり、エトロフ島・利尻《りしり》島に侵攻して幕府官船に火を放つ事件がおこった。幕府はこれを機に、奥羽諸藩に蝦夷地の警衛強化を命じた。十一月、仙台藩に対して兵六〇〇人に大銃を備えて蝦夷地エトロフ、クナシリおよび箱館《はこだて》を警備すべく命じた。仙台藩奉行中村日向《ひゅうが》は幕府より、「其ノ藩、従来武威群侯ニ卓越スルヲ以テ、特ニ蝦夷地戍衛《じゅえい》ヲ命ス、公尚幼ナリ、汝チ老職勉メテ防御ノ策ヲ立テ、天下ノ亀鑑ヲ為」と励まされたという。

翌年一月、仙台藩はエトロフ警備隊長の日野英馬《えいま》、クナシリ警備隊長の高野雅楽《うた》をはじめとする総勢一二二〇人に進発を命じ、二月には箱館警備隊長の芝多兵庫《ひょうご》ら総勢八〇〇余人にも進発を命じた。仙台藩にとってはこれだけでも大変な負担であったが、幕府はさらに蝦夷地の警備、朝鮮通信使の来朝を理由に、国役《くにやく》・高役《たかやく》として五年間に全一万五〇〇〇両の上納を命じた。蝦夷地問題は仙台藩にとって物心両面の大きな負担となってきた。その後、ロシアはクリミア半島をめぐる問題などもあり、北辺への侵攻が一時途絶えたので、幕府は文化十一年には警備兵を撤収させ、文政四（一八二一）年には蝦夷地を全部松前氏に返した。

しかし、ロシアのみならず欧米各国の極東への進出が活発となり、内外が緊迫してきた幕末の安政二（一八五五）年、幕府は再度東西蝦夷地の直轄化をはかり、仙台藩を含む奥羽諸藩に蝦夷地の警備を命じた。仙台藩の持場は、東蝦夷地の白老《しらおい》（胆振《いぶり》支庁）から厚岸《あっけし》（釧路支庁）をへて西別（根室支庁）まで、それにクリル（千島）列島のクナシリ島・エトロフ島であった。東蝦夷地一帯の警備で恒常的な施設も設けられた。白老には元（本）陣屋が、厚岸・根室・クナシリ島・エトロフ島にはそれぞれ出張陣屋が設けられた。白老の元陣屋は三七万五〇〇〇坪という広大な土地に、本陣・兵屋など一八棟の建物と土塁・柵・水堀などからなる城郭様式の陣屋であった。出張陣屋も、これに準じる構成であった。出張陣屋は松前藩の番所《ばんしょ》の転用であったようであるが、白老元陣屋は仙台藩の縄張りで設けられた。財政難の折、大変な負担であったが、藩は東蝦夷一帯を預地《あずかりち》として与えられるよう幕府に願い出た。安政六年九月に許可されるが、藩内にはこれを機会に東蝦夷地の経営を積極的に行なうという意見があったのである。藩士の次三男を屯《とん》田兵とすること、西洋人を雇って新式の開墾を行なうこと、外国貿易を行ない蝦夷地の海産物や毛皮を輸出し、西洋の商品を輸入しようとする意見などであったが、いずれもただちには実現できず構想にとどまった。

蝦夷地警備に従事した仙台藩兵は、各陣屋あわせて二八〇〜二九〇人前後で、そのうち白老陣屋への配属は一二〇人程度であった。警備はおよそ一年間の勤務がふつうで、警備兵は備頭《そなえかしら》らを除けば藩士の次三男の志願者や足軽《あしがる》層が中心であった。仙台藩の東蝦夷地警備は、戊辰《ぼしん》戦争の直前まで続いた。

藩校・郷学・寺子屋●

藩校養賢堂《ようけんどう》は、藩が儒学者高橋玉斎《ぎょくさい》の学問所建設の建議をうけて元文元（一七三六）年六月に創設され、はじめは明倫館《めいりんかん》養賢堂と称した。これより先、文運の興隆とともに高まりつつあった学問所設置の要望をうけての設置であった。高橋を主立《おもだつ》（のちの学頭）とし、藩士の子弟の教育を目的に、おもに経史《けいし》の素読・講釈をはじめた。設立当初は諸生も学業に熱心で出席者も多かったが、年を経るにつれ衰微した。七代藩主重村《しげむら》は再興をはかり、学問所を北三番丁から北一番丁に移して新増築し、学問を奨励した。学業の優秀者を藩費で江戸に遊学させたほか、藩校以外に家塾・寺子屋の開設をも奨励した。さらに安永元（一七七二）年には学問所の名称を明倫館養賢堂から養賢堂に改め、同九年には学頭職を設け、田辺楽斎《らくさい》を初代学頭に任じた。

養賢堂が飛躍的に充実するのは、文化七（一八一〇）年十月に二代学頭に就任した大槻平泉《おおつきへいせん》の時代からである。彼は江戸の昌平黌《しょうへいこう》で学び、関東・近畿・九州など五八カ国をめぐり、養賢堂刷新の「学制改革案十八カ条」をまとめ、江戸の恩師大学頭《だいがくのかみ》林述斎《じゅっさい》の意見を聞き、これにもとづいて朱子学を主とし一一学科を設けた。そのなかに蘭学・魯学・英学の外国語もおき、純理に加え応用の学問に力を入れるなど、平泉はつねに経世的識見をもって藩校の運営にあたった。

大槻習斎《しゅうさい》は、父平泉の職を継いで三代学頭となった。父の方針を継承したほか、彼は養賢堂構内に日《にっ》講所《こうしょ》を設け、城下の庶民の子弟を集めて経典《けいてん》をやさしく講釈して聞かせ、庶民への学問の普及につとめた。また武術を奨励し、巨砲の鋳造や船舶の建造なども行なっている。

四代学頭となったのが、漢詩人としても有名な儒者大槻磐渓《ばんけい》である。蘭学の泰斗《たいと》大槻磐水《ばんすい》（玄沢）の子で、江戸の昌平黌に学び、各地を遊歴し、江戸藩邸の侍講《じこう》、養賢堂学頭添役（副学頭）をへて、慶応元（一八六五）年に学頭となった。同三年、五代学頭となったのが新井雨窓《うそう》である。ともに国事多難の幕末期で、文筆や著述をつうじて士民に影響を与えたほか、奥羽諸藩の斡旋に奔走し、戊辰敗戦後ともに一時獄に下り、出獄後は藩に仕えることがなかった。養賢堂は名実ともに東北の雄藩にふさわしく、人材の育成、学問・思想・文化の拠点として強力な影響をおよぼしたのである。

養賢堂に代表される学問尊重の気風は、しだいに藩内に浸透していった。各地における郷学《ごうがく》の発達がその表れである。郷学とは城下以外の在町《ざいまち》などに設置された学問所で、多くは館主や郷士《ごうし》によって設立された準藩校的な教育機関で、公的性格をもち、藩校と寺子屋の中間的存在であった。

仙台藩の郷学として、岩出山《いわでやま》の有備館《ゆうびかん》をはじめ、涌谷《わくや》の月将館《げっしょうかん》、松山の大成館《たいせいかん》、亘理《わたり》の日就館《にっしゅうかん》、角田《かくだ》の成教《せいきょう》書院、一関の教成《きょうせい》館、水沢の立生《りっしょう》館、岩谷堂の比賢《ひけん》館、金ケ崎の明光《みょうこう》館のほか、金山《かねやま》小斎《こさい》・宮床などにも学問所が設けられていた。また、登米《とめ》などには郷学に匹敵する規模の大きい私塾もあった。

仙台藩の二〇余りの郷学・学問所のなかで、創設年代の古い有備館は全国的にも知られている。藩校養賢堂に先立つこと四五年である。岩出山伊達氏四代の伊達村泰《むらやす》は、領内の産業の発達と教育に力をそそぎ、寺子屋教育をおえた家中の子弟などにより高い教育を与える目的で、元禄四（一六九一）年に学問所を設け、有備館と名づけた。開校にあたっては、仙台藩を代表する儒者である佐久間洞巌《どうがん》を教授に招いている。涌谷伊達氏が直轄経営した月将館（はじめ日就《にっしゅう》堂）は、天明八（一七八八）年の設立で仁義忠孝の大義を旨とし、武士道を錬磨し、有為有能の士の育成にあたった。いずれもおもに文武両道の鍛錬を目的とするものであった。

　養賢堂や郷学が士分教育であったのに対し、庶民教育にあたったのが寺子屋である。藩政時代、仙台城下をはじめ各郡に設けられており、総数は六〇〇近くを数えた。仙台藩でももっとも古い寺子屋は、宮城郡利府《りふ》本郷（利府町）の士の笹町俊則《ささまちとしのり》の笹町塾で、元和四（一六一八）年の創始といわれる。つぎが同郡加瀬《かせ》村（利府町）の修験桜井蔵六《ぞうろく》の桜井塾（正保二〈一六四五〉年設置）で、同郡利府本郷の修験富士渓左岐雄《ふじけいさきお》の富士渓塾（元禄三年）、志田郡大迫《おおばさま》村（鹿島台町）の医師山岸定俊《さだとし》の山岸塾（元禄五年）と続く。天明年間（一七八一〜八九）以後しだいに増加し、文政年間

仙台藩最初の郷学有備館（大崎市、国史跡及び名勝）

（一八一八～三〇）には六三、天保年間（一八三〇～四四）になると激増し一六二を数え、弘化・嘉永・安政にそれぞれ増え、藩政末期に減少した。

寺子屋の師匠は武士が圧倒的に多く、つぎが農民・修験・医師・僧侶・神官の順であった。武士が多いのは仙台藩の特色で、士分といっても郷士・陪臣《ばいしん》、その他微禄の者であった。学科は読書・習字・算術などが中心で、教育は、士分の子弟には四書五経を、庶民の子弟には実用書の『実語教《じつごきょう》』『庭訓往来《ていきんおうらい》』などを教え、才能の勝れた者には経書も教授した。女子には学問の必要はないとの時代で、士分の女子にわずかに寺子屋式の教育や家庭教育を行ない、読み書きや裁縫などを教えた。

こうした学問・教育にともなって、仙台城下を中心に書物が盛んに出版された。藩校養賢堂に出版部門があり、四書五経を中心とする教本の出版を盛んに行なっていた。一方、民間の出版も盛んとなり、城下の国分《こくぶん》町に多くの書肆《しょし》（本屋）が店を開き、庶民向けの書物を出版し販売していた。『庭訓往来』『消息往来』『商売往来』『女大学』『子供早字引』などの家業や庶民学習物、さらに『松島往来』『金華山《きんかざん》往来』『平泉詣《ひらいずみもうで》』『湯殿山詣《ゆとのさんもうで》』『江戸道中往来』など旅行者を対象とする案内書などが数多く出版された。このほか、文芸物として大淀《おおよど》三千《みち》風《かぜ》の『松島眺望集』（天和二〈一六八二〉年刊）なども出版された。仙台城下以外の白石・角田・塩釜・石巻・若柳などにも本屋があり、現在の宮城県域だけでも四〇軒をこえる本屋があった。文運の興隆は藩内に広く浸透していたのである。

蘭学と洋式技術の導入●

文運の興隆と海外への関心は、当然ながら蘭学（洋学）への道を開くことになった。大槻玄沢《おおつきげんたく》・高野《たかの》長《ちょう》英《えい》・大槻俊斎《しゅんさい》といった日本蘭学史を飾る人物が仙台藩の出身であるのも故なしとしない。大槻玄沢は一関藩医建部清庵《たけべせいあん》のもとで医方を修め、安永七（一七七八）年二二歳で江戸にでて杉田玄白《げんぱく》に師事し、前野良沢《りょうたく》にも蘭学を学んだ。さらに長崎に遊学し、天明六（一七八六）年には江戸定住の仙台藩医となっている。桃生《ものう》郡矢本町赤井（東松島市）の出身である大槻俊斎は江戸にでて蘭学を修め、高野長英と同じく長崎に赴き、オランダ商館医シーボルトについて学んでいる。いずれも活躍の舞台は江戸で仙台藩ではなかったけれども、藩内に与えた影響はきわめて大きいものがあった。

仙台藩への蘭学の導入は、まず医学の分野からであった。養賢堂では宝暦十一（一七六一）年から医学の講義がはじまったが、独立した医学館設立の要望が強く、文化十二（一八一五）年、養賢堂医学講師渡辺道可《どうか》によって医学館が創設され、彼がその学頭となった。医学館で西洋外科医学の講義がはじまったのは文政五（一八二二）年三月で、大槻玄沢の高弟佐々木仲沢《ちゅうたく》が担当した。日本の医学校で最初の西洋医学講座である。翌年には、江戸で仲沢と同門であった庄内鶴岡の小関三英《こせきさんえい》が仙台の医学館に招かれ、西洋内科医学の講義を担当した。蘭方医学の外科・内科がそろい、仙台医学館は蘭方医学のメッカとなった。ところが、二代学頭・副学頭にいずれも漢方医が就任し、しだいに同館の蘭学は衰えた。嘉永期（一八四八〜五四）に原玄杏《げんきょう》が五代学頭となり再興されるが、その間は養賢堂の蘭学方が藩の蘭学をささえた。

文政二年、養賢堂の学頭大槻平泉《へいせん》が藩命によって「俄羅斯《オロシャ》版万国輿地図」を訳すが、その後、洋学の必要性を痛感し、門人にオランダ、ロシアの両国語を学ばせた。さらに、蘭学の翻訳にあたらせるなど洋学を積極的に導入し、文政五年に至り、医員庄子玄琢《げんたく》を養賢堂の蘭学和解方《わげかた》に登用し、蘭書の翻訳に従事させた。これが養賢堂蘭学方の始まりである。すなわち、養賢堂の蘭学方は医学館の蘭科と相前後して開設され、仙台藩の蘭学の中核となっていたのである。

養賢堂の洋学で注目されるのは、洋式技術の導入である。学頭大槻平泉は、学問の応用に力をそそぐ国益思想をもっていた。たとえば、仙台藩沿岸での捕鯨に着目し、鯨の生態、資源としての鯨、古今東西の捕鯨などについて詳細に研究したうえで、大砲を用いて鯨を捕る大銃射鯨を論じ、海防、水戦と鯨組、鯨船の関係におよんでいる。幕末に学頭となった大槻習斎《しゅうさい》は、養賢堂に鋳砲・操銃・造船の三科を設置し、洋式調練を行ない、産業開発に意をそそいだ。洋式の大砲および軍艦開成丸《かいせい》の建造も、習斎の意見によるものであった。洋式砲術の訓練にあたったのは、桃生郡赤井村（東松島市）出身の大槻竜之進《りゅうのしん》である。彼は高島秋帆《しゅうはん》・佐久間象山《しょうざん》らに学んで養賢堂洋砲教授となり、門弟二五〇〇人余、仙台藩洋式兵学の開祖であった。

こうした先進的な洋学の導入と関連するのが、和算《わさん》・天文学などの諸学問である。元禄時代（一六八八〜一七〇四）、江志知辰《えしともとき》（卜格《ぼくかく》）が藩主綱村の命で江戸にでて暦学者渋川春海《はるみ》、和算学者中西正則《まさのり》に学んで暦学・和算を仙台藩に導入し、江志の門弟である戸板保佑《といたやすすけ》は仙台藩随一の暦学・和算の大家となった。保佑は宝暦二年とくに選ばれて京都に招かれ、天文の観測に従事し「宝暦暦」の制定に関与した。

一関藩主田村氏の侍医であった建部清庵《たけべせいあん》（一七一二〜八二）は、在野にあって大槻玄沢など代表的な蘭学者をはぐくむなど仙台藩の蘭学の育ての親であると同時に、有名な救荒書（飢饉対策書）『民間備荒録』の著者として知られる。この本は、宝暦五年の飢饉で悲惨な農民の姿を目撃した清庵が、日頃禄をもらって医を職業にできるのも「吾人《ごじん》の天」である農民のおかげであるとして、人道的な認識をもって、かつ中国の救荒対策を参考にして書いたのであった。

3 開　国

激動の夜明け●

十八世紀後半からの外国勢力のわが国への接近は、しだいに国内政治に大きく影響を与えるようになった。仙台藩も例外ではなく、ロシアの南下に備えて、東蝦夷地《ひがしえぞち》は仙台藩の預地《あずかりち》となり、仙台藩は北方問題により直接にかかわることになった。さらにペリー率いるアメリカ艦隊の浦賀沖出現は大きな衝撃で、兵制の改革、軍備の充実、そのための藩財政の強化が藩政の緊急の課題となってきた。一言でいえば富国強兵である。

嘉永三（一八五〇）年、藩主伊達慶邦《よしくに》は家中に布告し、いったん緩急ある場合はただちに出動できるよう、つねに質素倹約を守り、文武に励み、武器の用意、兵馬の調練などを命じている。そして嘉永六年六月、幕府はアメリカの開国要求をうけて各大名に意見聴取を行なった。これに答えて、藩主慶邦は和親反対、通商拒絶、開戦も辞せずとの強硬な意見を提出した。しかし、そのような強気は通用するはずもなく、翌年三月、幕府は日米和親条約を締結し、下田・箱館《はこだて》の二港を開き、祖法の鎖国《さこく》政策を撤回した。さらにアメリカの通商条約の締結要求を前に大方の意見は開国通商やむなしと傾きつつも、諸大名は勅許《ちょっきょ》を仰ぐことの必要を主張し、政局は波瀾含みのきびしい状況となってきた。

これより先、仙台藩内においても開国攘夷《じょうい》の是非論が活発となっていた。大槻磐渓《おおつきばんけい》は、洋学者で外国の事情に通じていたこともあって開明的で、貿易の観点から親露説を唱え、ロシアに対する開国と軍備の充実を主張し攘夷論に反対した。しかし、彼の開国論はロシアに限定されるもので、運動にも限界があった。これに対し、桜田良佐《りょうすけ》は開国しても西洋の属国となるだけであると主張し、熱烈に尊王攘夷論を展開した。奉行遠藤允信《さねのぶ》は「近年幕府ニ匪政多ク財政空乏、殆ド処理ニ苦シミ、加之、外交ノ事務ニ達セズ」と幕府の秕政《ひせい》を弾劾し、尊王攘夷を主張した。こうした議論が活発に行なわれるなかで、藩は富国強兵策を積極的に進めたのである。

兵制改革では、洋式兵器および洋式砲術を採用した。このことは蝦夷地警備のためにも緊急を要する課題であったのである。数十門の洋式大砲を鋳造し、家中に対し洋式訓練を実施し砲隊を編成した。城下では洋式大砲・ゲベール銃などの試射を行なった。兵制の洋式化は城下だけではなく、涌谷《わくや》の伊達氏などでも家中に対しゲベール銃の伝習を行なっている。兵制の洋式化が藩をあげて進められていたのである。

仙台藩は軍艦をも建造した。嘉永六年九月、幕府は諸藩に対し祖法の一つである大船《たいせん》（軍船）禁止令を解いた。仙台藩は早速洋式の軍艦を建造することとし、安政二（一八五五）年四月、大槻習斎《しゅうさい》をその責任者に任命し、小野寺鳳谷《ほうこく》を相模《さがみ》・伊豆に派遣し、幕府の洋式軍艦を視察させた。翌三年、藩は高名な造船技師である三浦乾也《けんや》を江戸から招き、松島湾の寒風沢《さぶさわ》（塩竈市）に造船所を設置し、八月二十六日に建造に着手した。一カ年余りで竣功し、安政四年七月、江戸参勤を前に藩主が出席して進水式をあげ、十一月に建造が終了した。長さ一一丈、幅二丈五尺、高さ一丈九尺二寸、二本マストで砲六門、開成《かいせい》丸と命名された。「開物成務」、物を開いて務を成す。すなわち、人がいまだ知得していない所を開発し、人の成さんと欲する所を成してこれをまっとうすることが必要であるという意味をこめての命名であった。

開成丸の試航が同年十二月二十五日にはじまった。惣棟梁《そうとうりょう》三浦乾也ら総勢三七人が乗船し、気仙沼《けせんぬま》にむかった。祝砲数発、帆を巻き立て多くの人々に見送られての出帆であった。石巻港を経由し、牡鹿《おしか》半島を迂回して気仙沼湾にむかった。気仙沼港では見物に集まるもの数千人、船歌をうたって入港を祝った。もっとも、風を頼りとする帆船で、決して順調な航海とはいえないが、翌五年一月七日寒風沢に帰帆した。航海往復一四日、行程七八里であった。のち二回江戸へ航海した。激動を前にしての仙台藩高揚の一齣《ひとこま》であった。

財政政策の転換●

寛政期（一七八九～一八〇一）以降、仙台藩の財政を一手に牛耳ってきた升屋《ますや》は、天保五（一八三四）年の凶荒対策で藩と対立し融資を拒絶した後、藩はしだいに城下の豪商を登用するようになった。上方《かみがた》・江戸の豪商が財政難の仙台藩を見限ったともいえるが、藩の国家意識の強まりのなかで、成長してきた領内商人にゆだねる政策へ転換したのであった。藩は国産奨励に重点をおき、国産取扱所を設置して生糸《きいと》・紅花《べにばな》などの取引に実質的な専売制を実施し、城下商人中井新三郎ら一〇人に買方売方をゆだねた。国産の振興をはかり、正金銀の藩への流入を企図したのである。その方向はたしかに富国への道であったが、

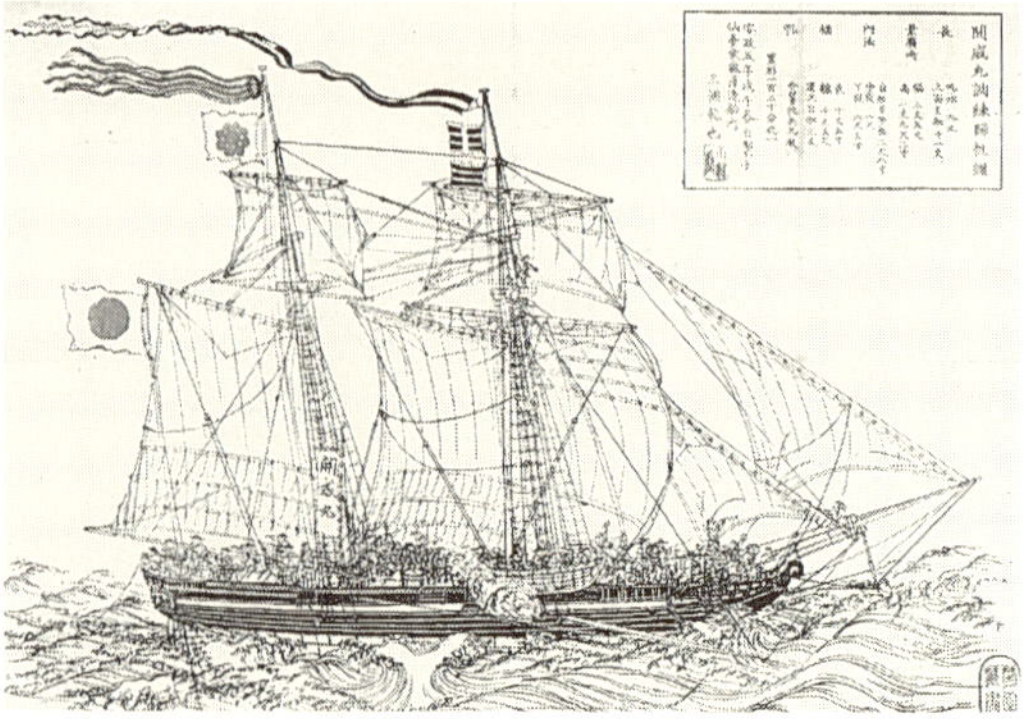

開成丸調練帰帆図

多年の財政難を克服するには道遠く、また、全国化している流通機構のなかでの転換であり、意図通りに展開するものではなかった。領内商人といっても、全国的な流通機構をもつ近江商人中井新三郎らの販売ルートにゆだねることとならざるをえなかったのである。

藩政末期、藩は城下豪商による御為替組・融通組とよばれる、藩に対する資金の調達機関を組織した。その業務は、江戸・上方と直取引する商人がその取引先へ支払うべき代金を藩に納め、藩が江戸・上方で売却した米の代金をもって支払う制度である。当然ながら城下豪商は江戸・上方からの仕入れより、国産の米などの江戸・上方への販売に関心をもつようになった。安政二（一八五五）年にはさらに一歩進め、藩は中井新三郎・岩井作兵衛《さくべえ》・小谷新右衛門《しんえもん》・佐藤助五郎の四人を主立とする城下豪商一〇人を「財用方御用達《ごようたし》」に任命し、彼らに藩内の米・雑穀の買い入れ、藩外への販売を一任し、代わりに藩資金の調達を命じた。中心となったのは中井新三郎で、翌年には升屋に代わって「米方蔵元」になった。この時期は「未曾有の御臨時」といわれ、蝦夷地《えぞち》警備、軍艦開成丸の建造、江戸大地震による江戸藩邸の破損、大小砲の鋳造といったことの出費は都合一一万両にもおよんだ。これらを御用達商人が調達した。

藩のこの時期の政策で注目されるのは、中井新三郎による新田開発と殖産興業政策である。安政四年一月、奉行芝多民部《しばたみんぶ》は藩財政の建て直し策として新田開発を計画し、その資金三万両を中井に調達させた。開発地の余剰米買い上げ、その販売を中井家に認めることを条件としてであった。開墾見込地として、名取郡植松村《うえまつ》（名取市）、桃生郡北方の大谷地《おおやち》（石巻市）など五カ所が選定され、最初に開発されたのは植松村で、のち中井新田とよばれた。中井新田は約二〇町歩で、最上《もがみ》地方（山形県）などからきた人たちによって開かれた。

同年三月、藩は従来領内産物の取り扱いを諸方にまかせてきたが、順調に進まないのでこれを中井新三郎に一任することとした。中井はこれをうけて藩を背景に、養蚕・生糸・紅花の元入金、仕入金を領内の産地に前貸融資することとなった。生産を刺激したが、中井による産品の一手支配となったことはいうまでもない。

こうした積極政策にもかかわらず、藩の財政困窮はいっこうに改善されず、領内では貨幣が著しく不足した。藩はこれまで再三にわたり藩札《はんさつ》を発行し懲りたにもかかわらず、またまた貨幣不足を解消するために藩札を発行した。一分札・二朱札・一朱札で、小口取引を念頭においての発行であった。安政三年には、升屋の預り手形と引き替える改正手形の引替業務を中井家にゆだね、また同六年には領内の銭払底対策として「銭預り切手」の発行を中井に認めている。同切手は中井家のもとで約二〇万枚製造されたという。

この手形と切手の発行には、中井は多額の資金を用意しなければならなかった。この準備金を当初は調達できたが、いつものようにやがて準備金以上に藩札を濫発するようになった。インフレをおこし、物価が騰貴し、領民の生活を圧迫するようになったことはいうまでもない。

ペリーの来航、日米和親条約などの締結、尊王攘夷運動の高まりなど激動する政局のなかで、この開物成務の積極藩政を推進してきたのは奉行の芝多民部であった。しかし、領民の負担増加はさけられず、藩

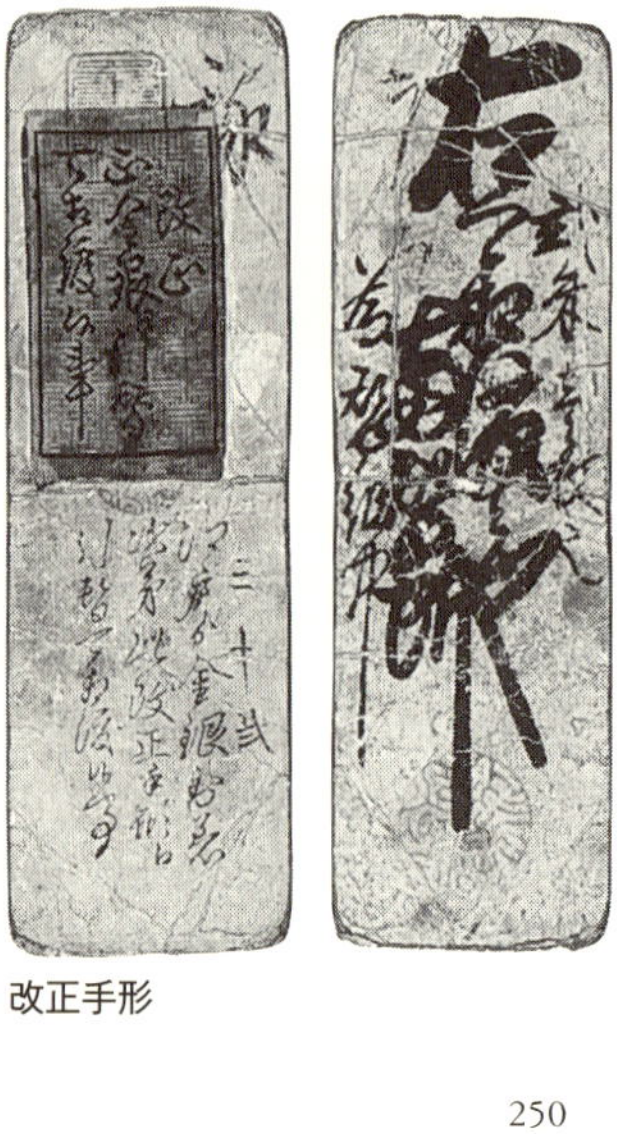
改正手形

❖コラム

中新田町の「私札」

幕末期に加美郡旧中新田町《なかにいだ》(加美町)で発行された「私札《しさつ》」がある。この「私札」については、最近刊行の『新編中新田町史』上巻に詳細に記述されている。仙台藩がしばしば藩札《はんさつ》を発行したことはよく知られているが、仙台藩での「私札」の発行についてはほとんど知られていなかった。「未十一月札」と「申正月札」の二種類で、同書によると、前者は安政六(一八五九)年十一月、後者は万延元(一八六〇)年正月にそれぞれ発行されたものである。

一方、この時期には藩の蔵元《くらもと》である日野屋中井新三郎が藩の両替所名義で発行した「改正両替所手形」(改正手形)が通用しており、中新田町でも使われていた。そうすると、「私札」はこの藩札を補完するものとして藩の了承のもとに発行されたものか、藩札とは無関係に発行されたのかなどが問題となる。残されている「私札」をみると、前者は木版刷で「覚　右之通勘定残代預里上申候已上　未十一月　町内商人仲間衆中様」とあり、銭額と振出人名を振出人が書きこんでいる。後者は木版刷で「中新田町商人仲間申合」とあり、銭額・「右預申候事」・年月・振出人名が墨書《ぼくしょ》されている。両札とも表裏に発行人・振出人の印が捺されている。

このような様式を考えると、両札とも中新田町内での通用を前提に発行され、不特定の人のあいだでの通用ではなく、商人仲間間での決済に利用する信用手形(小切手)であったといえよう。中新田町は、軽井沢越え最上道経由で石巻・古川方面と山形・大石田・酒田方面を結ぶ中継商業都市で、仙台方面から独立していた。「私札」はこの中新田の商業と藩札の流通度との関係で理解する必要があろう。

政に対する反発がしだいに高まってきた。かねてより芝多の施政、とりわけ放漫なインフレ政策の原因である財政改革に不満をもっていた一門の宮床《みやとこ》館主伊達六郎ら保守派は反発を強め、ついに芝多民部を失脚させた。芝多の改革は中途で挫折した。

万延元年四月、奉行となって芝多に代わって藩政を担当したのが、黒川郡吉岡の領主但木土佐《ただきとさ》であった。中井らも芝多とともに後退せざるをえなかったが、但木は芝多の積極政策を否定することはなかった。むしろ、洋式軍備の拡充と殖産興業などの政策には力を入れた。製塩法の改良、洋式織機の導入など生産基盤の強化をはかった。横浜が開港すると、国産の大豆・生糸・水油などを外国に輸出すべく幕府の許可を求めた。しかし、幕府は諸藩の直接貿易を認めず、そのため、仙台藩は、横浜に店をもつ三河商人高須清《たかすせい》兵衛《べえ》の手をへて国産品の輸出を行なった。また慶応三（一八六七）年には、幕府の後押しを獲得して横浜に店をもつ上州商人佐羽屋吉右衛門を通じ生糸輸出にのりだし、武器購入を行なった。このように、但木の施策は富国強兵を目的とする点では芝多の施策を継承したが、一方、批判の強かった放漫財政を改め、倹約を強調し、一〇万石で藩財政を運営する方針を定めるなど緊縮財政を旨とした。

新旧の対立と日和見主義●

万延元（一八六〇）年三月の大老井伊直弼《なおすけ》の暗殺、文久二（一八六二）年には老中安藤信正《のぶまさ》の坂下門外襲撃事件と、江戸からは激しい抗争が伝えられるようになってきた。仙台藩にもこうした動きを反映し、藩士の対立が激しさを増してきた。宿老《しゅくろう》遠藤允信を中心に、中島虎之助《とらのすけ》・佐々雅楽《さっさうた》・石母田但馬《いしもだたじま》・桜田良佐らは尊攘派を形成し、藩主は中央に進出し尊王攘夷の決意を表明すべきと主張した。藩主慶邦《よしくに》は、とりあえず伊達家と姻戚関係のある近衛忠熙《ただひろ》に、関白《かんぱく》就任の祝賀使として遠藤允信を派遣した。上洛した遠藤は、仙台藩主は攘夷決行の意思があることを関白に伝えた。遠藤の独断専行による決定だが、さらに来年の将軍上洛には随従せず藩主単独で上洛することを約した。関白からはこれを歓迎する内勅をえた。この内勅の諾否をめぐって、藩内は奉行但木土佐らの佐幕派と遠藤ら尊攘派との対立が決定的となり、藩主の前で激論がたたかわされた。尊攘派は佐幕派の一掃を藩主に訴え、但木らは尊攘論を浮浪無頼の危険思想と断じ、遠藤らを弾劾した。文久三年一月二十八日、藩主の裁断で内勅無視と決定し、遠藤・桜田らはそれぞれ閉門・蟄居《ちっきょ》・免職などの処分となり、尊攘派はまったく一掃された。仙台藩の尊攘派は、西南の雄藩のように下級武士や豪農商に広く支持されるまでに至っておらず、上層武士や一部の者にかぎられていたのである。

中央政局は、京都を中心に尊攘派の勢力が増し、幕府勢力と一触即発の状況にあった。さらに、長州藩は下関でアメリカ商船を砲撃、薩摩藩が鹿児島湾でイギリス艦隊と戦うなど、事態は急迫してきた。藩主慶邦は朝廷から公武周旋を求められ、さらに京都の守衛を命じられた。その一方で幕府からは至急出府すべしと命じられるなど、対応に窮する状態が続いた。しかし、ようやく意思を統一し、元治元(一八六四)年八月、幕府が長州出兵を計画したとき、仙台藩はこれに反対した。仙台藩はこの頃から中立主義をとるようになった。この立場は積極的な中立主義ではなく、日和見《ひよりみ》主義からの中立であった。仙台藩の態度は薩長の討幕同盟成立後も変わらず、慶邦は幕府からの再三の江戸出府要請にも応えず名代をだし、もっぱら藩の軍備拡張に力を入れたのであった。

慶応三(一八六七)年十月十四日、将軍徳川慶喜《よしのぶ》は大政を奉還し情勢は急変した。朝廷は大名の上洛を命じ、仙台藩はとりあえず但木土佐を上洛させた。藩主慶邦の上洛について、家中の意見は即時上洛論と門閥重臣の自重待機論にわかれ、慶邦は結局自重待機論にしたがうことにしたのである。十二月九日の王政復古後にも、上洛中の但木から藩主慶邦に再三にわたり上洛の要請があったにもかかわらず、一門ら重臣の保守派に抑えられ、ついに上洛の機会を失ったのであった。こうして、この日和見主義の態度が仙台藩に佐幕的とみられる立場を余儀なくさせ、戊辰《ぼしん》戦争に追いこまれたともいえるのである。

9章

近代のなかの宮城

五日市憲法草案の記念碑(栗原市)　千葉卓三郎の出生地に建立されたもの。

1　宮城県と東北

戊辰戦争と奥羽越列藩同盟●

慶応四（明治元＝一八六八）年戊辰《ぼしん》の年の一月三日、会津藩も加わった旧幕府軍と、薩摩・長州藩を主力とする新政府軍が鳥羽《とば》・伏見《ふしみ》で砲火をまじえ、明治維新の内乱がはじまった。王政復古で成立した京都政府は国内外に迅速な手を打ち、仙台藩に対しては会津藩征討を命じた。総督九条道孝《くじょうみちたか》、副総督沢為量《ためかず》、参謀醍醐忠敬《だいごただゆき》、大山格之助《かくのすけ》（薩摩）、世良修蔵《せらしゅうぞう》（長州）らを首脳とする奥羽鎮撫《おううちんぶ》軍が、大坂から海路をとり、仙台藩兵を先導に寒風沢《さぶさわ》島（塩竈市）に到着、仙台城下にはいったのは三月二十三日であった。徳川氏が京都政府軍に江戸城をあけ渡した四月十一日、仙台藩も鎮撫軍の督促に応じて会津征討の軍を出動させている。

　仙台藩主伊達慶邦《よしくに》は、すでに二月十一日京都政府に対して、徳川氏や会津藩などを「朝敵」として征討軍を出動させ内乱をおこすことに異を唱える建白書《けんぱくしょ》を起草していた。徳川氏の失政を認めながらも、大政《たいせい》奉還を評価し、外国の武力介入や万民の辛苦をさけるために、徳川氏や会津藩の追討は、あくまでも「諸藩の論定」の結果を待って決すべきであり、「天下と共に正大明白、無偏無党の公論」にもとづくべきだと主張したものである（「伊達家文書」）。大名を京都に招集し国是《こくぜ》を定めるという方針は、王政復古クーデタをおこす以前に朝廷が布令していた約束である。この建白は京都まで運ばれたが、在京藩士らの判断もあって正式には上呈されずに終わった。建白上呈の挙とともに、慶邦は米沢・秋田・盛岡（南部）・弘前・

二本松の各藩主に使者を送り、同心協力を要請した。これが奥羽列藩《れっぱん》同盟の契機になる。

秋田藩の意向はやや消極的であったが、他は賛意を表した。とくに米沢藩とは二月末から会津藩救済の打ち合わせを行ない連携を深めた。鎮撫軍の到来後、仙台・米沢両藩ともに藩論は動揺したが、四月十三日両藩の会津藩に対する説得工作の条件が合意された。会津若松城の開城、削封、伏見開戦の責任者斬罪の三条件をめぐる激しい交渉の結果、閏四月五日会津藩側もこれを承諾した。しかし、この間に鎮撫軍下参謀の方針との食い違いが明らかになりはじめ、「薩長諸軍ヨリ暴挙ニ及フ《ブ》アラハ奥羽連合以テ偽官軍ヲ払蕩セン」(『上杉家御年譜』)ことが両藩間で申し合わされたが、運動の主眼は、「天下の公議《こうぎ》」をもって決せられるよう解兵の方針を有志列藩に訴え、総督や京都朝廷に嘆願することにおいていた。

閏四月十一日、よびかけに応じて白石(白石市)に集まった奥羽諸藩の会議が開催され、嘆願書が作成された。この嘆願書は仙台・米沢両藩主が九条総督に提出したが、十七日却下が明らかになった。会議は奥羽地方すべての二五藩の盟約書、全国的な視野にたつ軍議書の策定へと進み、月末には会議所を仙台城下に移した。五月三日、最終的な建白書・盟約書の調印が行なわれた。この間四月六日には庄内藩があらたに「朝敵」藩にされており、閏四月二十日未明には下参謀世良修蔵が仙台・福島両藩士によって殺害された。この日、会津藩と旧幕府の脱走兵士軍が白河城を攻め占拠するが、五月一日には政府軍が列藩同盟の援軍の抵抗を排除して奪い返す。五月中旬、鎮撫軍総督は停戦を約束して仙台を出発し秋田に移ったが、秋田藩の同盟離脱と戦争の継続が宣言され、あらたな戦闘の段階にはいった。五月六日には同盟に北越六藩が参加し、三一藩の大連合となった。貿易港として注目される新潟も同盟軍の共同管轄下にはいり、寒風沢とともに外国武器商人との交易場になった。

この奥羽越列藩同盟が東北朝廷をつくったという風説がたった。江戸上野寛永寺の門跡輪王寺宮《もんぜきりんのうじのみや》（日光宮）公現《こうげん》法親王が、旧幕府老中板倉勝静《かつきよ》や小笠原長行《ながみち》らとともに上野の彰義《しょうぎ》隊の戦争後に列藩同盟を頼って下向した。六月十五、六日頃、列藩同盟は宮側に同盟の「管轄」を要望、法親王は即位して東武《とうぶ》皇帝と称し、年号を大政元年と改元、側近や鎮撫軍首脳、奥羽諸大名、旧幕臣などを朝臣に行政組織や軍事組織をつくったというものである。現在のところ改元された年号の使用例はなく、朝廷の名簿については史料により異同があるほかに、対立する勢力や不在の人物が混在するなど問題点が多く、実在し機能したものとは考えにくい。また、同盟の「統領」として諸事を「管轄」する権限は、結局のところ仙台藩主と米沢藩主に落ち着いたのであった（日本史籍協会叢書『維新日乗纂輯』五所収の「覚王院義観戊辰日記」）。宮の薩摩藩討伐の令旨《りょうじ》を奉じて正当性を獲得し、奥羽の旧幕府領を宮と旧幕府脱走軍の拠点として同盟の一部に組み入れる、という形になったとみるのが妥当と思われる。

宮を迎えた白石には奥羽公議府《こうぎふ》がおかれた。諸藩合議の政治がめざされ、ロシア、アメリカ、プロシアなどの諸外国勢力に対して和親交易の通達をだしていることは注目に値する。しかし、同盟は政府軍に軍事的に敗北し、あいついで降伏した。仙台藩士の一部は榎本武揚《たけあき》の率いる旧幕府艦隊に同行し、箱館五稜郭《はこだてごりょうかく》戦争に参加した。幕藩体制国家の最後の崩壊の時期に、仙台藩は奥羽同盟の組織化を主導し、公議輿論《よろん》の理念にもとづく公議所政府の樹立を試み、未完のままに倒れた。

新仙台藩と新県の行政●

九月十日仙台藩は降伏謝罪方針を決定し、十五日に相馬《そうま》口の政府軍に降った。十二月十二日、仙台藩は領地・人民をいったん収公されたうえで、改めて二八万石を下賜され、血脈の者をたて家跡をつぐことを許

<table>
<tr><th colspan="2">郡名</th><th>宇多</th><th>刈田 伊具 亘理</th><th>柴田</th><th>名取 仙台 宮城 黒川 加美</th><th>玉造</th><th>志田</th><th>遠田</th><th>登米</th><th>栗原</th><th>本吉</th><th>桃生 牡鹿</th><th colspan="2">磐井</th><th>胆沢</th><th>江刺 気仙</th></tr>
<tr><td>明治元</td><td>12月</td><td colspan="3" rowspan="3">盛岡藩
（旧領盛岡へ復帰）</td><td colspan="3" rowspan="6">仙台藩</td><td colspan="2">土浦藩＊</td><td>宇都宮藩＊</td><td colspan="2" rowspan="2">高崎藩＊</td><td rowspan="6">一関藩</td><td>平藩＊</td><td>沼田藩＊</td><td rowspan="3">松本藩＊</td></tr>
<tr><td rowspan="4">明治2</td><td>3月</td><td colspan="2" rowspan="2">涌谷県</td><td rowspan="2">栗原県</td><td colspan="2" rowspan="2">前橋藩＊</td></tr>
<tr><td>7月</td><td colspan="2">桃生県</td></tr>
<tr><td>8月</td><td colspan="3">白石県</td><td colspan="2" rowspan="4">登米県</td><td rowspan="4">胆沢県</td><td colspan="2" rowspan="2">石巻県</td><td colspan="2" rowspan="4">胆沢県</td><td rowspan="4">江刺県</td></tr>
<tr><td>11月</td><td colspan="3" rowspan="3">角田県</td></tr>
<tr><td>明治3</td><td>9月</td><td colspan="2" rowspan="2">登米県</td></tr>
<tr><td rowspan="3">明治4</td><td>7月</td><td colspan="3">仙台県</td><td></td></tr>
<tr><td>11月</td><td colspan="4" rowspan="2">仙台県</td><td>一関県</td><td colspan="2" rowspan="2">仙台県</td><td colspan="3">一関県</td><td rowspan="2">仙台県</td><td colspan="4">一関県</td></tr>
<tr><td>12月</td><td rowspan="2">水沢県</td><td colspan="3" rowspan="2">水沢県</td><td colspan="4" rowspan="2">水沢県</td></tr>
<tr><td>明治5</td><td>1月</td><td colspan="4" rowspan="2">宮城県</td><td colspan="2" rowspan="2">宮城県</td><td rowspan="2">宮城県</td></tr>
<tr><td>明治8</td><td>11月</td><td>磐井県</td><td colspan="3">磐井県</td><td colspan="4">磐井県</td></tr>
<tr><td rowspan="2">明治9</td><td>4月</td><td colspan="2">磐前県</td><td colspan="9">宮城県</td><td colspan="3" rowspan="2">（岩手県）</td><td>宮城県</td></tr>
<tr><td>8月</td><td>（福島県）</td><td colspan="10">宮城県</td><td></td></tr>
</table>

旧仙台領の分割と宮城県の成立過程（『宮城県議会史』第1巻により作成）　＊は取締地。

〔1表〕 明治初年の一揆・騒動

年　月		地　域	摘　要
明治元(1868)	11	西磐井郡赤萩村など14カ村	大肝入・肝入の交代
	11～12	登米郡狼河原村	検断・肝入打ちこわし
	12	東磐井郡諸村	大肝入・検断・肝入打ちこわし
	12	江刺郡諸村	大肝入・肝入打ちこわし
明治2(1869)	1	西磐井・栗原・登米3郡諸村	大肝入・肝入など打ちこわし
	1	牡鹿郡根岸村渡波	打ちこわし・村方騒動
	2	牡鹿郡狐崎浜・侍浜など	肝入打ちこわし
	9	刈田郡白石村など33カ村	加人馬負担反対など
	10	伊具郡西根24カ村	同　上
	10	伊具郡東根13カ村	同　上
明治3(1870)	1～3	登米郡寺池村・鵜波村	土地取り戻しなど
	11	東磐井郡都鳥村など4カ村	集会
	11	登米郡片子沢村など3カ村	一揆
	11	東磐井郡北小梨村など9カ村	打ちこわし，胆沢県大参事負傷
	12	栗原郡・登米郡・遠田郡52カ村	打ちこわし

渡辺信夫編『宮城の研究』6・近代篇，『石巻の歴史』第2巻・通史編下の2などによる。

された。旧藩主慶邦と宇和島藩から養子にはいった宗敦《むねあつ》は責任を問われ東京に移送されて謹慎、慶邦の子亀三郎（宗基《むねもと》）が新仙台藩主（版籍奉還後は知藩事）となった。ほかに一関藩が分離独立し、残る収公地には他藩の転封地や政府直轄領の預地《あずかりち》（取締地）が設定され、版籍奉還後に県となった。

政府の狙いは維新内乱後の混乱期を間接統治によって切り抜けることにあったが、全国的に展開していた民衆の世直しを望む騒動は、とくに新しい政府直轄の県になった地域を中心におこった。藩政末期に行なわれた臨時の課税や軍用金の徴収、専売制度への不満がいっきょにふきだした。領主支配の空白がうんだ激しい一揆《いっき》である。徳川脱走軍や政府軍に加え、領内の鉄砲持ちを徴発した山立《やまだち》猟師隊、農兵隊の取り立てによって、兵粮米《ひょうろうまい》や人夫・御用金の徴発があいつぎ、過重な負担になっていた。農民の蜂起は広い地域にわたり、村役人宅の打ちこわし、民意による村役人の交代が目立った。高利の貸付金の徳《とく》政《せい》要求や、困窮によって質入れしたり売り払ったりした田畑を取り戻し、農民の経営を安定させようとする要求もみられた。一揆・騒動を「天情」や「神の御道引《みちびき》」によっておこったものとし、たとえ裁判になっても藩役人や村役人の不正に対し「十分の勝沙汰」になるに違いないとのべる農民もあった（『北上市史』第三巻）。

このような社会情勢に対して、明治政府は「奥羽人民告諭《こくゆ》」を発布し、旧領主の罪を増す行為として一揆・騒動を禁じ、天皇の権威を説いて民衆の意識の統合を図った。また、戦場となった福島では、会津若松・白河・平などに民政局をおいて直接統治を行なったが、他の三陸・磐城《いわき》・両羽（羽前・羽後）には版籍奉還と時を同じくして巡察使《じゅんさつし》の派遣を決定した。ついで白石に按察府《あんさつふ》を設置し、明治三（一八七〇）年三月には直轄県である石巻（石巻市）に民部省通商司出張所をおき、藩県の行財政を間接的に指導監督する体制をとった。北上川河口にあって仙台藩や盛岡藩の米穀積み出し港であった石巻は、流通の中心地である。政府はここに石巻商社をつくり、仙台・石巻の有力商人を頭取《とうどり》などの役員に就任させ、東京の為替会社や商社と結ぶ全国的な流通網のなかに組みこんだ。

明治三年十一月に仙台・一関両藩と登米《とめ》（石巻県を合併）・胆沢《いさわ》・江刺《えさし》・盛岡の諸県の行政責任者を登米県庁に集め、政府民部・大蔵両省官僚と合同で開催した三陸会議は、按察府や通商司出張所の廃止にともなって、地方行財政の統一を策定しようとした。石巻商社も三陸商社に改組され、石巻元会所《もとかいしょ》のほか仙台・盛岡・涌谷《わくや》（涌谷町、登米県庁所在地）・一関・水沢・宮古と鍬ケ崎の間などに出張所をおき、貢租米や府県公金を取り扱うほかに殖産興業のための融資を行なう役割をになうことになった。しかし、この頃県政の貢租徴収法や雑税賦課方法のきびしさと不統一さに対する農民の不満は、ふたたび激しい一揆・騒動になって現れた。十二月の栗原・登米・遠田郡を中心におこった一揆は、約一万人を動員した大規模なものとなり、二三一二人にのぼる人々が処罰された。県政を担当する地方官は、なお強権的な政策を進めようとする政府側と対立を深め、政府の政策のあり方を批判した。政府はふたたび徒党《ととう》・強訴《ごうそ》を厳禁する布令をだすとともに、地方行政の修正の必要性を痛感するようになった。新県行政は、集権国家形成の試金石としての役割をはたしたのである。

士族の転身●

会津藩征討の勅命にそむき、奥羽諸侯の盟主になって抵抗した仙台藩の罪は会津藩より重い、と岩倉具視《ともみ》は三条実美《さねとみ》あての書翰でのべていた（日本史籍協会叢書『岩倉具視関係文書』四）。さらに、榎本武揚らの旧幕府艦隊が仙台藩領に寄港して兵力や金銭・糧食を補強し、箱館に拠って抵抗を続けたことは、政府の警戒心を強めた。明治二（一八六九）年四月、久我通久《こがみちつね》を総督とする鎮撫軍が再度仙台に派遣された。箱館にむかって脱走する二関源治《にのせきげんじ》らの見国隊や保勝隊などが、石巻周辺で金穀や船舶六艘を奪う事件が発生していたことがおもな原因であった。このため藩政の首脳部や戊辰戦争の責任を問われた藩士ら五七人が処罰された。かつて渡米したことのある玉虫左太夫《たまむしさだゆう》を含む七人が切腹・家跡没収となり、入獄・家跡没収・永預・謹慎などの処分が命じられた。

こうして、粛清された仙台藩政の新首脳部は、政府民部省の官僚から、名目は藩政だが実質は直轄県政と同じだと評価されるようになった。藩の存亡の危機とうけとめられ、必死の藩政改革がはじまったのである。政府の圧力のほかにも、大幅な削封による物質的な理由があった。石高が実質一〇〇万石をこえて

〔2表〕　仙台藩家臣団の知行制・禄制改革と階層別旧高・扶助米比較

直臣団の身分	旧員数	旧知行高計(A)	家中数	身分別扶助米高	員　数	扶助米高計(B)	B/A
	人	石	人	石	人	石	%
一　門	11	139,263.510	9,028	58.500	11	643.500	0.46
上　士	78	134,218.460	8,793	24.750	76	1,881.000	1.40
中士a	3,314	364,550.100	6,475	11.250	1,075	12,093.750	7.98
中士b				7.200	2,358	16,977.600	
下　士	987	40,923.720	—	5.400	743	4,012.200	9.80
卒　族	5,464	94,442.080	—	3.600	3,010	10,836.000	11.47
計	9,854	773,397.870	24,296	—	7,273	46,444.050	6.01

注1.『明治前期財政経済史料集成』第8巻所収「秩禄処分沿革概要」および『仙台藩士族籍』(明治2年)より作成。
2. 中士aは大番士100石以上，中士bは大番士100石以下。下士は諸組士である。

いたものが二八万石になり、領域も縮小されたため、地方《じかた》知行《ちぎょう》制によって郡村に居住していた家臣たちや、彼らがかかえている家中《かちゅう》とよばれる陪臣《ばいしん》家臣団の処遇が問題になった。

　地方知行の廃止と知行高や禄米《ろくまい》の大幅削減が第一の対策になり、2表に示すように、かわりにわずかな扶助米が給与されることになった。この扶助米がのちに秩禄《ちつろく》処分に際して仙台藩士の旧禄高と判定され、金禄《きんろく》公債証書を渡す基準にされた。士族が不利益をこうむっただけでなく、地域経済にとっても不利になったことは見落とせない。扶助米だけでは生活が困難になった士族や卒《そつ》族に対して、第二の手段として開拓地の無償給与が行なわれた。「士族割地」とも称され、希望者一人につき卒族で二〇〇〇～三〇〇〇坪、士族では五〇〇〇坪を標準に、上級士族には一万坪を与えた。実際に開拓した例もみられるが、開拓地が新封の藩領内に限られ遠距離の山林が主であったため、不動産所有の域にとどまったものが少なくない。

　もっとも効果をあげたのは、家臣団の耕作地を利用した

〔3表〕 仙台藩関係の北海道開拓許可地

年　　月		開拓支配	在　邑	開拓地国郡名	旧知行高
					石
明治2 (1869)	8	伊達邦成	亘　理	胆振国有珠	24,353
	9	片倉邦憲	白　石	胆振国幌別[a)]	18,000
	9	石川邦光	角　田	胆振国室蘭[b)]	21,380
	10	伊達邦直	岩出山	石狩国空知・札幌[c)]	14,643
	10	伊達宗広	宮　床	石狩国空知・札幌	8,071
	10	仙台藩	—	千島国紗那	—
	11	亘理胤元	涌　谷	石狩国空知・札幌	22,640
	11	仙台藩	—	日高国沙流	—
明治3 (1870)	5	伊達邦成	亘　理	胆振国室蘭[b)]	—
	5	片倉邦憲	白　石	胆振国室蘭[b)]	—
	5	仙台藩	—	千島国振別	—
	5	仙台藩	—	千島国蘂取	—
明治4 (1871)	3	伊達邦成	亘　理	胆振国虻田	—
	5	仙台藩	—	根室国月梨	—
	5	仙台藩	—	根室国標津	—

注1.『法令全書』により作成。知行高は石未満切り捨て。
2. a)はのちに石狩国札幌郡月寒へ。b)は明治3年5月，石川邦光については取り消し(遅延のため)，移住ずみの家中ともに伊達邦成・片倉邦憲へ分配。c)はのち厚田郡聚富をへて当別に変更。

帰農政策であった。それまでの地方知行制のもとで、給人《きゅうにん》ともいう知行取りの家臣は、農民が耕作する百姓前《ひゃくしょうまえ》とよばれる土地とともに、給人やその家中が耕作することが建て前になっている、奉公人前とよばれる土地を知行地として給付されてきた。この奉公人前を給人が家中にも分け与えて農業をいとなむことにするものである。仙台藩は削封決定後ただちに政府に願い出、政府の許可をうけた。農民と同じように租税を納め、武器刀剣類は没収するという条件つきである。

武士の誇りをすてなければならない帰農をうけいれることには相当の抵抗があったであろう。はじめ自発的な出願によっていた帰農は、明治三年になると強制的に帰農を命じる政策に変わっている。農民蜂起に参加した帰農者もみられ、藩庁や県庁では士族や帰農者を士族編舎《へんしゃ》あるいは帰農取締組と称する組織に編成して、綱紀の粛正を図った。帰農した家中クラスは耕地も少なく苦労を強いられたが、中級・上級の帰農者からは地域の官吏や議員・教員などの指導者が多く現れ、また精農経営として殖産の担い手にもなっていることは注目されよう。

北海道開拓に渡海した士族もいた。政府は明治二年八月、仙台藩には北海道を熟知する者も多いので開拓の志ある者をつのり、自費をもって漸次移住させるよう尽力せよと通達した。出願を前提にして藩や一門《いちもん》・一家《いっか》という最上級の家格に属する重臣で、大名並みの旧知行高をもっていた家が選ばれた。開拓がアイヌ民族の生活を圧迫した事実は忘れられないが、本庄陸男《むつお》の小説『石狩川』に描かれた伊達邦直《くになお》と家臣吾妻謙《あがつまけん》を中心にする岩出山《いわでやま》家中の苦心の開拓は有名である。その多角的な営農と自治村落の形成は、開拓使顧問のアメリカ人ケプロンの賞賛をうけた。北海道に伊達市の名を残す伊達邦成《くにしげ》と家臣の田村顕允《あきさね》を中心とする開拓も同様であり、白石の片倉氏家中も故郷の名を札幌に残している。

金禄公債証書が発行されると、これをもとに第四十六国立銀行と合併した第七十七国立銀行が結成され、士族興産会社をつくって紡績や養蚕生糸《きいと》などの殖産興業を図る動きもみられた。

第七十七国立銀行発行の紙幣（5円券）

東北のモデル❷

明治四（一八七一）年七月の廃藩置県《はいはんちけん》によって仙台藩の時代は終わり、仙台県が誕生した。前年十月、伊達宗基《むねもと》から知藩事をゆずられた伊達宗敦《むねあつ》は免官となり、登米《とめ》県大参事《だいさんじ》だった塩谷良翰《しおのやりょうかん》が仙台県参事・県令心得《けんれいこころえ》となる。政府派遣の官僚による地方支配が確立したのである。翌五年一月仙台県は宮城県と改称され、一関県（のち水沢県、磐井《いわい》県と改称）や磐前《いわさき》県との分離統合をへて、明治九年に現在と同じ区域の宮城県が成立した。藩制時代の郡村は明治五年から施行された大区小区《だいくしょうく》制の行政区画変更によって合併統合が進められ、明治九年の宮城県下では、かつての一六郡一区（仙台）七一八カ村が五大区六八小区にまとめられていた。小区の長である戸長《こちょう》のもとで、村々の事務を処理する村扱《むらあつかい》も三九二人にしぼりこまれていた。明治十一年の郡区町村編制法は、大区小区を廃止して右のように合併統合された町村を行政単位の基本とした。

廃藩置県後、仙台は政府の行財政上において東北の中心拠点になっていった。軍隊組織の確立を急ぐ政府は、明治四年四月、九州の西海道鎮台《さいかいどうちんだい》と東北の東山道《とうさんどう》鎮台の二鎮台をおくことにした。東山道鎮台は政府直轄地の石巻に設置される予定であったが、廃藩置県後の同年八月には東北・東京・大阪・鎮西《ちんぜい》（九州）の四鎮台をおくことに改め、石巻のかわりに仙台をその地に指定した。伊達氏の仙台城二の丸に東北鎮台が築かれる。

公的機関に東北の名を冠したはじめであり、その管轄地域に奥羽にかわる東北という新しい概念の地域用語を定着させる意味をもった。戊辰戦争以前には東北という語は、京都からみて東海・東山・北陸三道の地域を示す広い概念のものであったが、維新内乱の過程においてその意味を変えていったのである。

東北鎮台には、現在の宮城・福島・岩手の三県から、壮兵《そうへい》とよばれる旧藩兵などの徴募によって、歩兵一大隊を集めることになっていた。また青森に東北鎮台分営がおかれ、青森・秋田から歩兵四小隊を集めることになっていた。山形県の地域は、開港場として重視されていた新潟とともに東京鎮台の管下にはいっていた。明治六年、徴兵制の施行とともに六鎮台制になると、第二軍管区として仙台鎮台と改められ、宮城・福島・岩手南部を直接の徴兵区域とし、青森の鎮台分営に青森・岩手北部・秋田・山形の地域から徴兵を行なった。仙台鎮台は現在の東北六県の地域を統轄する軍事機関になったのである。なお、明治十七年の改正で新潟県が編入され、明治二十一年に仙台鎮台は第二師団《しだん》となり、明治三十一年には弘前に第八師団が新設されて独立するが、その骨格は東北鎮台からはじまったと考えられよう。

経済面で注目されるのは地租《ちそ》改正である。宮城県の地租改正は旧長州藩の山口県などと並んで、もっとも早く明治六年六月に着手され、明治八年には新しい地租が徴収された。すでに明治五年には、当時の県令心得(参事)であった塩谷良翰の『回顧録』によると、「東北地方の模範を作る心得」で地租の改正に取り組むよう要請され、大蔵省から吏員が派遣されてきたという。明治五年七月に政府は地券交付を行なうことにし、地租改正局をおいた。本格的な地租改正がはじまるのは翌六年七月の地租改正条例の布告、明治八年の地租改正事務局の設置をみてからである。宮城県の地租改正は文字どおり東北のモデル・ケースであるとともに、全国的にみてもそのテスト・ケースの位置を占める。それが藩閥《はんばつ》政府の中枢にある山口県と並び立つことは興味深い事実である。

従来の税額を減少させない方針であるため、地租改正施行担当者の苦心はなみなみではなかった。村の事情にもよるが、測量の結果は総反別の二割強から四割弱程度の増加になった。人民側の申告にこだわら

〔4表〕 旧仙台藩領2県の地租改正

県　名	改正総反別	地　価　金	地　租	旧貢租より増額分
	町反	円	円	円
宮城県	184,999.7	16,675,890	500,277	45,680
磐井県	265,109.9	13,602,645	408,079	83,924
計	450,109.6	30,278,535	908,356	129,604

注1.『府県地租改正紀要』,『宮城県史』9による。反未満・円未満切り捨て。
2. 磐井県に現在岩手県分の磐井・胆沢・江刺・気仙郡，宮城県に現在福島県分の宇多郡を含む。

ず官吏の収獲米量の査定が行なわれ、明治初年の凶荒時の高値を含む米価による収入算定が行なわれた。それでも地価は低額で、その一〇〇分の三の地租では減租になるので、旧貢租量を保つためには利子率などの人為的操作による一種の造価をするほかはない、と県は政府に訴えている。いったん六尺三寸の竿《さお》で計った面積を帳簿上で六尺の竿に改訂し、山林原野を高額に評価するなどの操作の結果、四万五六八〇円余の増税を実現した。県下の地租改正帳簿に朱書の訂正が残されている例が多いのはこのためである。黒川郡大郷《おおさと》町の古老の話によると、地租改正を「小反別騒ぎ」といったという。農民側の抵抗を推測させる逸話であろう。

田畑の地租徴収が可能になった明治八年十月、大蔵省は仙台に出納寮出張所を開設し、ここで東北諸県全部の国庫金出納を取り扱わせることにした。諸官衙設立による仙台の東北の中枢都市化は、以後、官立の師範学校や英語学校、仙台上等裁判所（のち宮城控訴院《こうそいん》）、宮城集治監《しゅうじかん》の設立などで推進され、明治二十年の官立第二高等中学校（のち第二高等学校）や明治四十年の東北帝国大学の開学につながっていく。大久保利通《としみち》の殖産興業構想によって明治十一年に着工され、明治十七年、秋の台風で突堤が崩壊して中途で失敗に帰した野蒜《のびる》（東松島市）築港は、東北の太平洋岸に貿易港を構築し、隣県を道路や水路で結び、物流の中心にしようとした試みで

❖コラム

鎮台兵のフランス行進曲

明治五（一八七二）年六月、フランス人宣教師ジャン＝マリ＝マランは函館からの旅の疲れを仙台城下の宿でいやしていた。朝五時、フランスの行進曲を奏するラッパの音に驚いてとびおきた。出て見ると、フランス歩兵とまったく同じ服装の日本兵が六〇〇人ほど整然と行進していくところであった。一瞬、彼は樹木の多い美しい景観のこの城下町をフランスの町と錯覚しかけたのであった。町の商店ではビールやウィスキー・ぶどう酒・シャンパン・練乳などを並べて売っていたという（佐藤直助「西洋人の見た明治初年の仙台と松島」『仙台郷土研究』六―一二）。

マランが見た日本兵は仙台鎮台の壮兵である。実は、すでに戊辰《ぼしん》戦争のときに仙台藩が編制した額兵《がくへい》隊と称する西洋式軍隊は、表が赤、裏が黒で両面を使えるビロード製のマントを着用し、同色のダンブクロ（ズボン）をはき、洋銃をにない、これにラッパや鼓笛を演奏する楽隊がついていた（大竹文書、伊藤清次郎『仙台昔語電狸翁夜話』）。戊辰戦争の最末期に独断で出陣しようとして藩主に制止された。

額兵隊の一部は脱藩して箱館五稜郭で榎本武揚《たけあき》軍に参加して戦ったが、半ばは残留した。徴兵令以前の鎮台兵に採用された者もあったことであろう。明治三年、藩政改革中の仙台藩は兵学教授早井亜幹《あかん》らや喇叭（ラッパ）教授島野翠《みどり》を東京に留学させ、兵部省の指導下に最新のフランス式兵制と軍事調練法を導入した。彼らによって教育された藩の常備兵二小隊一六〇人が鎮台兵に編入された（『宮城県国史』）。マランが聞いたラッパの音は彼らの演奏したものであったろう。東北の鎮台が仙台におかれるにあたっては、いろいろな要素が考慮されたに違いない。

ある。北上運河の開削により貞山《ていざん》運河で北上・阿武隈《あぶくま》両河川を結び、関山トンネル開削による作並《さくなみ》街道や、鬼首《おにこうべ》街道の整備による山形・秋田両県との連絡は、この企図に応じた各県の努力の遺産である。

2　自由と民権の系譜

自由民権の思潮と運動●

宮城県下における自由民権思想の普及は二つの源から出発した（佐藤憲一「宮城県の自由民権運動」『宮城の研究』6）。ハリストス正教徒の活動と仙台師範学校を中心にする教員の活動とがそれである。

ハリストス正教は開国により箱館にきたロシア人司祭ニコライと、仙台藩士らの接触、入信によって宮城県下に広まった。とくに戊辰戦争で箱館に脱走した仙台藩士が主である。明治五（一八七二）年には教徒が逮捕される弾圧事件もおきたが、県下にいくつもの教会ができ、東京神田ニコライ堂建設に尽力した教徒も多い。明治十年四月以後、彼らは定期的に演説会を開き、医師や教員・新聞記者らと連携して広く教育問題や自主・自由・権利などを主題とする啓蒙的な言論活動を行なった。その機関誌として発刊された『講習余誌』はよくその内容を伝えている。

のち特異なキリスト教思想家となる新井奥邃《おうすい》や、色川大吉『明治の文化』に、戊辰戦争後さまざまな思想遍歴をかさねた「放浪の求道者」として紹介され、「五日市《いつかいち》憲法草案」（私擬《しぎ》憲法）の起草者となった千葉卓三郎《たくさぶろう》などもハリストス教徒の経歴をもつ。のち友愛会をつくる鈴木文治《ぶんじ》の家もそうであり、社会的弱者の弁護を信条とした自由法曹会の闘士として知られる弁護士布施辰治《ふせたつじ》も、若い頃にハリストス正教にかかわり、これと決別した一人である。また、教徒がつくった佐沼広通《さぬまこうつう》社は米穀・生糸その他を扱う商社で、横浜との取り引きを行なった。野蒜《のびる》港への進出や、県下初の製糸工場である横山製糸場（登米市）の経営にたずさわるなど、経済活動でも新しいものへの意欲が顕著に現れている。

　師範学校の演説会も明治十年末からはじまった。慶応義塾出身の学校長箕浦勝人《みのうらかつんど》を社長として翌年十月、県下初の自由民権結社である鶴鳴《かくめい》社が結成される。これを契機に喈々《かいかい》社・時習《じしゅう》社・精法《せいほう》社などの結社が誕生した。しかし、その構成員はかなり重複し、教員や新聞記者・代言人《だいげんにん》（弁護士）が多かった。明治十二年、鶴鳴社は全国的な組織をつくり国会開設運動を進めようとする愛国社との同盟可否問題をめぐって分裂する。同盟を推進しようとする派は本《ほん》立《りつ》社を設立、独自路線を主張する派は進取《しんしゅ》社を設立した。本立社はその後、愛国社大会や国会期成同盟会に代表を送り、全国的な国会開設運動に参加した。進取社は『進取雑誌』を刊行し、東京や県内郡部の町村に分社をつくり、学習会や殖産事業を中心に啓蒙活動を充実させた。両社の活

旧石巻ハリストス正教会教会堂

動は郡部町村にその分社をうんだだけでなく、独自の結社を誕生させた。多様な演題の演説会や学習会が地域社会の要求や生活の実情にあわせて展開された。

東北の自由民権運動のリーダーであった河野広中《こうのひろなか》（福島県）は、仙台を東北六県の自由民権運動家の連合を図る会合の場に選んだ。明治十一年末から仙台で東北有志会が開かれ、明治十三年には本立社のよびかけで東北連合会が開かれた。このような歩みは必ずしも順調に進んだわけではなかったが、翌十四年三月には東北有志会大会が仙台で開催され、会長河野広中、副会長村松亀一郎《かめいちろう》（宮城）、幹事若生精一郎《わこうせいいちろう》（宮城）・鈴木舎定《いえさだ》（岩手）を選出、東北七州自由党盟約が採択された。七州とは磐城・岩代・陸前・陸中・陸奥・羽前・羽後をさし、現在の東北六県に党員を擁した「東北の民会」組織の結成である。

同年八月の東北七州自由党大会では、憲法原案を審議する予定になっていた。その事務を担当した進取社も一院制議会などを特色とする私擬憲法草案の骨子をまとめつつあったと考えられている（前掲・佐藤論文）。東北民権派の私擬憲法が出現するはずであった大会は、秋田事件や集会条例の影響か集まりが悪く、審議は次回に延期されている（『宮城県議会史』第一巻）。その後の経過は明らかでないが、検討が続いたことは確かである。十月には日本最初の本格的な政党として自由党が結成され、翌十五年三月には立憲改進党ができる。この両党の対立は、東北の民権派の団結という路線をむずかしくもしたのである。

宮城県では自由党は結成されず、五月に東北改進党が発足したが、正式に認可され再結成されたのは十一月である。一方、この間停滞していた東北七州自由党の活動を再興するため、東北会が結成された。自由党弾圧事件として有名な福島事件がおき、河野広中らが逮捕されたのは、この十一月である。同志として救援活動に奔走した村松亀一郎や弁護を引き受けた藤沢幾之輔《いくのすけ》ら仙台の民権派にも逮捕の手がのびた。

〔5表〕 宮城県の民権結社

郡区	町村	結社名	成立年
仙台区		鶴鳴社	明治11
		喈々社	12
		時習社	12
		断金社	12
		精法社	12
		本立社	13
		進取社	13
		仙台青年会	13
		宮城政談社	14
		共同社	14
		東北議政社	15
		仙台女子自由党	16
刈田	白石	先進社	14
	滑津	養生社	?
	小原	研究社	15
伊具	角田	本立社分社	13
	角田	聞天社	15
	伊手	義団社	14?
柴田	船岡	交友社	15
名取	前田	雷名社	16
宮城	岩切	宮城郡親睦談話会	15
	七ヶ浜	屈伸社	16
黒川	吉岡	吉岡進取社	14
	吉岡	先憂社	15
	三ヶ内	共同講談会	15
	三ヶ内	好夜会	15
	大平・土橋	耕心会	15
志田	古川	信友社	12
	古川	青藍社	13
	古川	(仮)古川自由党	15
加美	中新田	中新田進取社	?

郡区	町村	結社名	成立年
加美	中新田	中新田演説社	明治15
栗原	—	栗原郡親睦会	14
	志波姫	伊豆野青年会	14
登米	佐沼	佐沼進取社	14
	佐沼	佐沼公愛会	14
	吉田	吉田進取社	14
	赤生津	一志社	14
	米谷	交誼社	14
	米谷	米谷公愛会	14
	米谷	自来社	?
	米谷	学術研究会	17
	登米	登米青年会	14
	登米	東北社	16
	—	天民社	17?
遠田	涌谷	涌谷自由党	14
桃生	寺崎	寺崎進取社	13
	赤井	赤井進取社	14
	小野	共進社	14
	広淵	共興社	15
	野蒜	求伸社	15
	大須浜	交究舎	?
牡鹿	石巻	郷愛社	13
	石巻	大成社	15
	石巻	亦説会	15
	石巻	精理会	16
	渡波	傍聴同盟会	16
本吉	気仙沼	大日本東北共盛社	14
	柳津	啓蒙社	14
	志津川	志津川進取社	13
	入谷	大日本自由民権入谷村山内総兵衛壮年学校	17

佐藤憲一「宮城県の自由民権運動」『宮城の研究』6による。

東北団結の運動はこの後もなくなったわけではないが、この影響は大きく結社や演説会までもが姿を消していく情勢となった。明治二十年、大同団結運動がおき、政党の活動もふたたび活発になったが、中央政局の動向に左右される色あいを濃くしていった。帝国議会の開設にともなう衆議院議員選挙が、さらにその性格を強めた。

大正デモクラシーの裾野●

志田郡大柿村（大崎市）に生まれた吉野作造《さくぞう》は仙台の宮城県尋常中学校・第二高等学校で学んだが、その間に尚絅《しょうけい》女学院を開いたミス・ブゼルのバイブル・クラスに出席、洗礼をうけた。東京帝国大学に進学すると本郷教会に通い、東京帝国大学法科大学助教授時代にヨーロッパに留学したときも、教会関係者との交流を保っている。帰朝後の大正五（一九一六）年、吉野は「憲政の本義を説いて其有終の美を済《な》すの途を論ず」と題する論文を『中央公論』に発表し、民本主義を主唱して「大正デモクラシー」の旗手になった。最近、吉野の国際認識や人道主義と、クリスチャンとしての立場や大学の講師時代の中国滞在経験との関連などが注目されている。

宮城県では自由民権運動の穏健派ともいうべき進取社にハリストス教徒が多く、また明治中期から充実してくる中等教育機関において、東華中学校、東華女学校、仙台神学校（東北学院）、宮城女学校（宮城学院）、尚絅女学校（尚絅学院）、仙台女学校（白百合学園）などのキリスト教系の私学の役割が大きかった。

吉野作造と家族

吉野もその空気のなかで育った。彼の盟友であった本吉郡気仙沼出身の小山東助《おやまとうすけ》や黒川郡富谷《とみや》出身の内ケ崎作三郎も同様である。小山はジャーナリストや関西学院文科長として活躍後、吉野の理論のように理想選挙を標榜して衆議院議員に郷里から立候補、当選した（立憲同志会・憲政会に所属）。内ケ崎も早稲田大学教授ののち、同様に立候補、当選した（民政党系）。なお内ケ崎は東京でユニテリアン教会の牧師をつとめ、その一室において鈴木文治《ぶんじ》らの友愛会が誕生した。栗原郡金成《かんなり》（栗原市）出身の鈴木は中学時代を古川で送り、吉野や小山・内ケ崎と知り合い、後を追うように受洗して東京帝国大学・本郷教会・新人会への道をたどり、労働問題に傾倒していった。

相馬黒光《そうまこっこう》は仙台藩士の星家に生まれ、本名を良《りょう》といった。明治三十四（一九〇一）年東京でパンなどを商う中村屋を開業して経営の才を発揮するとともに、『黙移』『広瀬川の畔』などの作品を残し、荻原守衛《おぎわらもりえ》らの若い芸術家を育て、ロシアの亡命詩人エロシェンコやインドの独立運動家ラス＝ビハリ＝ボースの亡命を助け、新しい女、女丈夫の評をうけた。黒光の家もクリスチャンで、彼女も洗礼をうけており、宮城女学校・横浜フェリス女学校・明治女学校に学んでいる。黒光の叔母である佐々城豊寿《ささきとよじゅ》は明治初年に仙台で英語を学び、中村正直《まさなお》やフェリス女学校に学んだ。のちに矢島楫子《かじこ》を会頭にする東京婦人嬌風会《きょうふうかい》を結成し、さらに婦人白標倶楽部《はくひょうクラブ》を組織して女性の政治活動参加をめざした。各種の評論を執筆し、自由民権の理論家で女性の社会進出や職業をもつ自立の重要性を説いた植木枝盛《えもり》らと交流していた（『黙移』）。

本吉郡歌津《うたつ》（南三陸町）の出身である山内みなは大正二年、子守りをしながら通学した小学校を卒業すると、すぐに東京モスリンの工場で働くため上京、十二時間昼夜二交代制の労働につく。工場のストライキを契機に、鈴木文治らの友愛会婦人部の結成に参加した。大正八年女性労働者として初の演説を行ない、ジャーナリズムの注目を集めたが解雇され、知己となった市川房枝《ふさえ》らが結成した新婦人協会の書記になった。同郷人として意識しながらも鈴木らの路線には批判的になり、戦後最初の衆議院議員選挙には宮城県で日本共産党から立候補している（『山内みな自伝』）。彼女らの発行した『労働婦人』は、男女平等賃金の確立や夜業の禁止などを主張して、女性労働運動の先駆的役割をはたした。

民本《みんぽん》主義思想を発展させ、教育の自由主義化を図る教員たちの運動も盛んであった。雑誌『宮城教育』には、現場の教員たちの熱心な研究や実践が掲載された。河北新報第二代社主となった一力《いちりき》次郎らも積極的にこれを支持し、仙台文化生活研究会・石巻文化協会などでは吉野や鈴木はもとより、時代の新思潮を代表する文化人や社会主義者を招いて講演会を開催し、多くの聴衆を集めた。日露戦争後に顕著になる地方改良運動のなかで、とくに青年や女性に対する国家的統制組織の強化が進み、内務・文部両省や陸軍省の指導方針にもとづく青年団や愛国婦人会・在郷軍人会の活動がはじまっているが、大正デモクラシーの母体を形成した郷土の文化環境の特徴と、その受容については、多角的な視野から積極的に評価されてよい人物や事績が少なくないように思われる。

米騒動の社会的影響●

大正七（一九一八）年の米騒動は、その後の社会の動向に大きな影響を与えたと考えられている。宮城県の民衆運動や知識人の活動をみても同じことがいえる（中川正人「米騒動と民衆運動の展開」『宮城の研究』6）。米騒動は、シベリア出兵のための投機的買い占めにより米価が暴騰したことを原因としておこった。県下でも、米騒動が発生した八月中旬の米価は一升四二〜四四銭になっていた。騒動のなかで民衆が要求した米価は二〇銭ないし二五銭で、これは一月ないし五月頃の値段であった。大変な値上がりで庶民の生活を困窮させていたことがわかる。

七月に富山県で発生した騒動が全国に飛び火し、仙台で発生したのは八月十五日から十七日にかけてである。約八〇軒が襲撃対象となったが、その過半は大規模経営の米穀商人、金融業者、地主でもある酒造業者である。騒動に参加して起訴された人々の職業をみると、家内工業職人や町工場職工・車夫《しゃふ》・日雇《ひやとい》・小売商人などが多い。夜間外出は禁止されたが、なお値下げの約束の履行や救済資金の寄付、警察に拘引された者の釈放を要求する行動が続いた。県知事は十六日、第二師団に出兵を求め、歩兵第四連隊や第二九連隊などから出動、市民と衝突する場面もあった。ほかに町内青年会や消防組合・在郷軍人会も自衛団として動員された。

米騒動は十六日に石巻でもおこり、米穀業者や警察署に押し寄せた。十八日には遠田郡涌谷《わくや》で発生した。塩竈、本吉郡柳津《やないづ》（登米市）、柴田郡大河原《おおがわら》にも不穏な動きがあったという。石巻・涌谷で起訴された人々も、ほぼ仙台と同じような職種の人々である。騒動の三、四日前にビラが張り出されて集会場所や日時が知らされ、集会場で演説が行なわれており、投石や打ちこわし、例外的に出火のあった例もあるが、多くは「強要」「談判」によって値下げや救助金寄付を承諾させている。そのリーダーを江戸時代の義民佐倉宗五郎にたとえる民衆もあった。県内選出の政友会代議士沢来太郎《らいたろう》も演説会を開催し、困窮する人々に対する同情からおこった人道上の義による米価調節運動である、とのべて満場から拍手をうけたが、その結果、罰金刑に処せられている。この後も市民側は、弁護士の布施辰治を迎えて物価問題とシベリア出兵問題についての演説会を催し、地元新聞『河北新報』も知事の軍隊出動要請を批判した。

米騒動の翌年から、県内には各種の企業において労働者による賃金値上げ要求やストライキなどの運動がおこるようになった。仙台には大正八年に普通選挙期成同盟が結成され、活動をはじめた。翌年の大会には角田・古川・石巻からも団体参加者があり、県民大会の実をそなえた。米騒動事件の弁護人や学生たちのなかからも、労働者や民衆との結びつきによるあらたな組織をつくる動きが現れた。労働問題や社会問題の研究会、借家人同盟や人力車挽子《ひきこ》組合の結成などである。普通選挙・婦人参政権・労働組合・八時間労働や司法省の廃止と裁判権の独立・陪審制度など、既成政党にかかわらない独自性を綱領にもりこんだ青年自由革新党の結成も注目されよう。

また、吉野作造と関係の深い新人会の仙台支部がつくられ、東北帝国大学や第二高等学校・東北学院の学生たちが活動していたが、これを中心に青年労働者を組織して、大正九年に平民協会がつくられた。平民協会は思想研究団体であったが、東北労働者大会を開催するなどの活動も行なった。明治三十一（一八九八）年の日本鉄道会社東北線の機関方の争議などはあったが、それまで数少なかった労働争議が増加し、農村の小作《こさく》争議の発生や農民組合結成が進みはじめていた。大正十二年には東北帝国大学を中心に社会科学研究会がつくられ、玉城肇《たまきはじめ》や島木健作《しまきけんさく》らが労働者との交流を図ったセツルメント活動をはじめる。昭和前期に軍国主義が台頭して思想・組織弾圧が強化されるようになるまで、危険視する官憲の圧力のもとで活動は続く。これらの時代的潮流が、第二次世界大戦後の政治的社会的変革の地下根をつくる役割をはたしたと考えることができるであろう。

❖コラム

祖国への視線

宮城県から海外へ渡航した人々といえば、ハワイをはじめ中南米諸国への移民や「満蒙《まんもう》」開拓団の人々が念頭に浮かぶことだろう。なかでも特色があるのは登米《とめ》郡鱒淵《ますぶち》村（登米市）で製糸場をいとなんだこともある及川甚三郎である。カナダのフレーザー川の鮭漁に注目して帰国した彼は、明治三十九（一九〇六）年、八二人の集団密航を企て、迂余曲折のはてに移民としてうけいれられるのに成功した（小野寺寛一『カナダへ渡った東北の村』、新田次郎『密航船水安丸』）。

国際交流や民族間の相互理解の流れのなかで、個人の足跡も重要な意味をもつことが多い。二、三の例をあげてみよう。遠田郡涌谷《わくや》出身の菅原伝《でん》は明治十九年、二三歳でカリフォルニア州パシフィック大学に留学した。同志とともに祖国では挫折しはじめた自由民権の原理を説く論陣を張る。愛国有志同盟と、編集長としてかかわった機関誌『第十九世紀』がその舞台であり、ハワイの革命を支援して孫文《そんぶん》ともめぐりあった。のち政友会代議士となった伝の青春譜である（色川大吉『自由民権』）。登米郡登米《とよま》町（登米市）出身の佐藤三千夫は大正八（一九一九）年、ウラジオストックに渡り、日本人商店で働いていたが、祖国のシベリア出兵に反対、パルチザンに身を投じて活動し、二三歳に満たない短かい生涯を終えた（渡辺信夫編『図説宮城県の歴史』）。

石巻出身の安田恭輔《きょうすけ》は、三菱汽船などで働いたのち、サンフランシスコに渡って密猟捕鯨船取締りのためアラスカにいき、やがて少数民族エスキモーと生活をともにし、金鉱発掘や毛皮取引で窮迫する生活に活路を見出して人々の敬愛をうけながらアラスカの大地に没した（『石巻市史』5、新田次郎『アラスカ物語』）。彼らには少数者の立場から祖国や世界を問い直す視線がある。

3　近代の転回

治水と稲作●

北上川と阿武隈《あぶくま》川の両大河をはじめ、いくつもの中小河川が貫流する広大な平野に水田が展開する宮城県にとって、水害は最大の悩みの種であった。藩制時代から明治時代をつうじて、くり返しおこる水害は凶作や冷害とあいまって県民を苦しめてきた。河川が交通、とくに物流の主幹線であった頃には、浅瀬を除き舟の航路を確保し、洪水は遊水池で処理しようとする低水工事が主体だった。明治十三（一八八〇）年から明治三十五年にわたった内務省土木局直轄の北上川改修も、まだ低水工事の段階にあった。

明治二十年に日本鉄道会社の東北線が上野・塩竈間を結び、明治二十三年には盛岡へと延長されていくと、県内では停車場（駅）へ続く道路が整備され、馬車による運輸へ変化した。こうして明治二十九年から三十一年におよぶ連年の大水害を契機に、水害予防工事の施行議案が県会に上程されたが、経費調達のための県債の可否をめぐって激しく対立、県会の議員は山党と川党にわかれ暴力沙汰まで生じた。しかし、明治三十八年の冷害による大凶作と水害、同じく四十三年の大水害は国家的な問題になり、政府はようやく抜本的な治水計画を策定した。これによって宮城県では、北上川・阿武隈川・鳴瀬《なるせ》川・名取《なとり》川が国の直轄改修工事の対象になった。

このうち最初の計画にとりいれられた北上川は、翌明治四十四年から着工された。その基本計画は連続堤防の構築や放水路開削を行なう高水工事で、洪水防御の治水が中心であった。従来の北上川は計画流量の一五%を流す分流にされ、本流として柳津《やないづ》（登米市）から飯野川《いいのがわ》（石巻市）まで河道を開削、飯野川で追波《おっぱ》川へ合流させることになった。飯野川には、当時の土木技術の粋をつくした可動堰が設置された。このほか要所に洗堰《あらいぜき》や閘門《こうもん》が新設され、築堤工事が行なわれて北上川の相貌は一変した。工期は予定よりも延び昭和九（一九三四）年に完了した。

北上川改修の結果、遊水池であった低湿地帯に大規模な新田開発が可能になった。米山短台谷地《よねやまたんだいやち》など一一地区三六〇〇ヘクタールの水田が実現する。県南の地帯から明治末年以来進んできた耕地整理が、この過程で急速に進展し、乾田馬耕《かんでんばこう》の近代農法が定着していった。また、別に東京への陳情にも野良着《のらぎ》にわらじばきで出かけ「わらじ村長」の異名をとった鎌田三之助らの努力により、明治三十九年から着工された品井沼《しないぬま》干拓も難工事の末に成就した。この例のような低湿地開拓の進展は、国策の河川法、水利組合法、開墾助成法などと関連しながら、宮城県の米作県としての基盤を強化していった。

しかし、次頁の図表に示すような明治以降の米作の発展は、安定耕地の増大による作付面積の増加だけでなく、水稲品種の選択や購入肥料の使用によるところが大きい。明治期においては、収穫高の増加は作付面積の増加によるよりも、魚粕や大豆粕《だいずかす》の施肥、愛国や豊後《ぶんご》、この後に導入された亀の尾などの優良品種の普及による反当り収穫量の増大によっていたことが知られる。大正・昭和前期には化学肥料の普及、陸羽一三二号や福坊主などの品種によってより促進された。昭和二十年の生産の減退は、戦争による物資不足と兵役による基幹労働力不足の影響が大きかったことを物語る。

ただし、農民の努力による農業生産力の向上は、地主小作制度の進展をともないながら、明治十年代後半や明治三十年代前後の不安定な停滞期をはさんでいて、つねに向上していたわけではなかった。自作経営規模以上の土地を所有する地主から借地して耕作し、多額の小作料（地主の取得分と租税負担分からなる）を納入していた小作人の数はしだいに増加した。明治十九年に小作地率は三〇％に達し、明治末期の水害や凶作の連続のなかで所有地を失う自作農が増えた。大正初期には全国平均を上まわる五〇％台になり、自作兼小作農家四二％、小作農家三四％で、八〇％に近い農家が地主の土地を借りるようになっていた。昭和初期にはまた深刻な恐慌がおきて農村に打撃を与え、県下の小作地率は五七％に達して全国四位になり、八〇％以上の農民が地主制の支配下にくみこまれた。

　地主と小作人の対立関係もしだいに強くなった。明治三十一年に、日露戦争にそなえ軍備拡張を急ぐ政府は、東北地域を中心とする反対運動を押し切って、地価修正と抱き合わせで地租増徴を行なった。宮城県の場合、地租は三〇％以上の増徴となり、小作料負担に転嫁された。明治四十一年には、県は産米改良

わらじ村長鎌田三之助像（鹿島台〈大崎市〉）

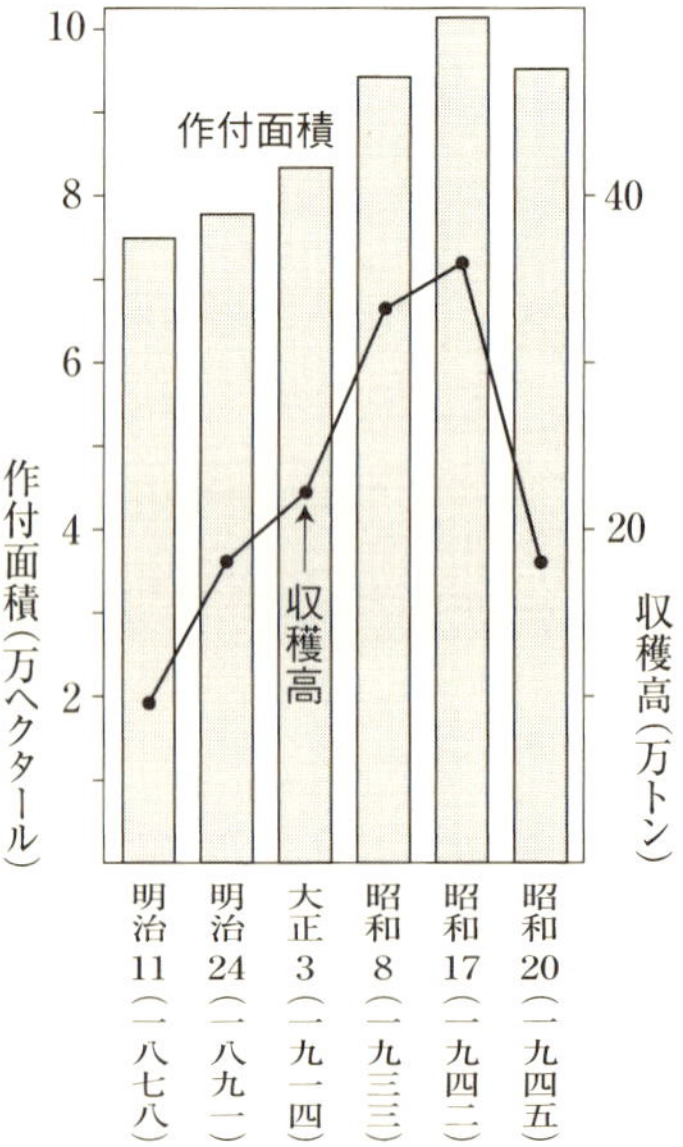

宮城県下の作付面積と収穫高の推移（『宮城県累年統計書』〈昭和29年〉,『宮城県史』9による）

を目的に生産米に等級をつける検査制度を実施した。地主たちは農会や地主会組織をとおして、販売小作米の商品価値を高めるため良質の小作米納入を強制するようになり、小作人側も組合を結成して対抗し、小作争議がおこってきた。大正十二（一九二三）年には日本農民組合の支部が桃生郡鹿又《かのまた》村（石巻市）にはじめて誕生し、県内各地に広まった。昭和三年におこった前谷地《まえやち》事件は、県下最大の一四三九ヘクタールを所有した地主斎藤家に対する前谷地村（石巻市）の小作農民の紛争を、日本農民組合各支部が組織的に支援した代表的な小作争議である。小作争議は昭和恐慌期にピークに達し、弾圧の強化にもかかわらず、昭和十一年に三六九件ともっとも多くなっているが（中村吉治編『宮城県農民運動史』）、以後、しだいに戦時体制のなかにのみこまれていった。近代の米作県宮城は、このような風土の変貌と生産関係のうえに維持されていた。

東北振興運動の背景と実際

近代の宮城県の産業の中心は、米と繭《まゆ》の生産にささえられた農業であった。そのなかから自生的に工業化の道をたどれる可能性があるのは製糸業である。明治二十（一八八七）年の『宮城県統計書』をみると、伊具郡丸森村（丸森町）に武揚館、同郡金山村（丸森町）に弘栄館（のち佐野製糸場）、遠田郡涌谷《わくや》村（涌谷町）の涌谷製糸会社、登米郡米川村（登米市）に鱒淵製糸場、同郡北方村字本郷（登米市）に佐沼製糸場、本吉郡横山村（登米市）に横山製糸場の六器械製糸工場があったにすぎず、まだ農家副業の座繰《ざぐり》製糸が優勢だった。器械製糸はしだいに増え明治三十年には二三工場になり、最盛期には三八工場を数えた。養蚕地帯にある地元生産者の組合や地主の経営である工場がほとんどである。

一つの転機は明治三十八年に訪れた。製糸業の先進地となった長野県からでた片倉組が進出し、仙台製

〔6表〕 明治30(1897)年の製糸工場

	所在地	名称	創業年月	職工数
1	伊具郡金山村	佐野製糸場	明治19.7	254
2	名取郡秋保村	秋保製糸場	24.7	20
3	生出村	茂庭組合	29.6	21
4	宮城郡大沢村	大槻製糸場	27.1	21
5	遠田郡田尻村	田尻製糸場	25.6	51
6	志田郡古川村	米屋製糸場	28.7	255
7	加美郡宮崎村	宮崎製糸場	21.8	55
8	小野田村	小野田製糸場	23.8	46
9	玉造郡岩出山村	岩出山製糸場	21.9	75
10	岩出山村	共働製糸場	27.7	47
11	登米郡米川村	鱒淵製糸場	19.5	105
12	桃生郡中津山村	西条製糸場	28.1	72
13	桃生村	山田製糸場	25.11	30
14	栗原郡金田村	栗原製糸株式会社	23.4	70
15	岩ヶ崎村	精光館	23.7	92
16	本吉郡志津川村	旭　館	21.7	273
17	歌津村	竜峰製糸場	30.7	38
18	御岳村	山田製糸場	29.9	102
19	横山村	大成館	20.7	86
20	新月村	新成製糸場	26.5	15
21	御岳村	吉野製糸場	23.8	102
22	小泉村	泉　館	29.7	26
23	松岩村	松陽館	29.4	55

『宮城県統計書』による。

糸所を開設、県内産の繭を原料に生産をはじめた。これを境に競争が激しくなって県内の製糸工場数は減少にむかう。昭和初期の不況がさらに追い打ちをかけ、県内の製糸業はそれ以上の発展をみせることはできなかった。

このほか注目されるものに、明治十七年に荒巻村三居沢《さんきょざわ》（仙台市）において操業をはじめた二千錘紡績機をそなえる宮城紡績会社があるが、経営は苦しく、副業であった電灯の営業に重点を移していった。明治末期から大正期にかけて、県内の中小河川を利用した群小の電気・電灯会社が設立されたが、仙台市や県が買収し公営化する。宮城紡績電灯会社が日本最初のカーバイト（アセチレン・ガス原料）製造に乗り出したことや、細倉鉱山の鉛・亜鉛生産などが特色ある数少ない鉱工業の成果であった。

こうして日本近代の資本主義確立期であった明治期末にも、県内産業は農林漁業の第一次産業を基礎としていた。企業は銀行、醸造、製麺、薪炭、海産物、石材、手工業規模の製紙・織物・鉄工所などを主とし、移入商品を中心とする商業、金銭貸し付け、米穀類の物流にかかわる運輸交通や倉庫業などが首座を占めた。明治末から大正期に会社設立とともに農民の販売・購入・信用の共同組織としての産業組合が増加していくが、基本的にこのような構成が変わることはなかった。

明治三十八年の冷害大凶作は、宮城県の稲作に壊滅的な打撃を与えた。作況は平年の一三％、県の窮民調査によると、全県民の三人に一人の二九万人弱が飢餓状況に追いこまれていた。東北には稲作は不適切であるという議論も生じ、とくに工業化の立ち遅れが意識されるようになった。資本主義社会の形成は、工業労働力とその食料の補給地を必要とする。工業化の要求は補給地からの不平等性に対する異議申し立ての意味をもった。

大正二（一九一三）年の冷害を契機に、原敬《たかし》や渋沢栄一《えいいち》らは東北振興会を結成したが、帝国議会に意見書を提出するにとどまった。いったん停滞した東北振興会は、昭和二（一九二七）年にあらたに再組織された。折からの世界恐慌の影響をうけるなかで、「満州事変」のおこった昭和六年には深刻な冷害が発生し、翌年になると欠食児童や娘の身売りの激増が社会問題になった。東北の飢餓状況と農民運動の激化は、五・一五事件にかかわった青年将校らによっても取り上げられ、政治問題化した。こうして東北振興会の活動は、農業関係団体や地方行政団体の陳情運動とあいまって活発化し、昭和八、九年の三陸津波や冷害も重なって、国家的組織である東北振興調査会の発足となった。会長は首相岡田啓介《けいすけ》で、関係閣僚や次官・両院議員・官吏・学識経験者らによって構成された。

東北振興調査会の答申は、当時、全国的に展開されていた農山漁村経済更生運動と共通する点があり、多方面にわたっている。とくに実際的な効果を期待されたのは、この答申にもとづいて昭和十一年に決定された東北興業株式会社と東北振興電力株式会社の設立であった。県知事はすでに軍需工場や大工場の分工場を誘致設立する請願を行なっていたが、東北興業株式会社は東北振興を目的とする起業や起業助成を行なう会社で、つぎつぎと事業計画を実行していった。宮城県内では刈田郡大平村《おおだいら》（白石市）の種畜場、遠田郡大貫村（大崎市）の鉱山、片倉製糸の仙台製糸所工場を買収した宮城県《けん》是共栄《ぜきょうえい》蚕糸株式会社や渡波《わたのは》製氷冷凍冷蔵（石巻市）、東北振興パルプ（石巻市）、東北船渠《せんきょ》鉄工（塩竈市）、東北振興皮革（仙台市）、東北振興ゴム（仙台市）などの各株式会社があり、ほかにも助成投資が行なわれた。東北振興電力株式会社は東北六県に水力発電所を建設し、一六万キロワット弱の電力を開発しようとする国策会社であった。東北振興調査会は昭和十三年に解散するが、政府内に新設された東北局が両社の業務を監督した。

この東北振興政策は東北の産業の振興とならんで、広義国防の充実を図るという軍事目的を掲げていて、しだいに後者の目的が重視されていった。戦時体制が強化されると、新規事業は停滞し、東北振興電力は国策の日本発送電株式会社に併合された。昭和十六年に陸軍は仙台市原町に陸軍造兵《ぞうへいしょう》廠を建設、ついで海軍も多賀城造兵廠を建設した。ほかに海軍は柴田郡船岡《ふなおか》（柴田町）に火薬廠を建設しており、学徒動員や女子挺身《ていしん》隊の動員先となる役割をはたした。

杜の都と村の生活●

県庁所在地仙台が「杜《もり》の都」とよばれることが多くなったのは、明治末年からであったという。それまで行政管理都市の性格が強く、武家屋敷の豊かな屋敷林を残した旧城下町は、周辺の丘陵の緑につつまれて、森（杜）を逆に意識させない都市だったのであろう。大正八（一九一九）年に都市計画法が公布され、仙台も大正十二年、他の二五都市とともに、指定都市になった。この頃から仙台の都市構造にはいくつかの変化がみえはじめていた。

明治期には八万～九万人台にあった仙台市の人口は、昭和元（一九二六）年には約一四万人になる。合併などのない人口増である。住宅問題が発生し、最初の市営住宅が大正十年に建設される。また市の南郊外の長町方面に旭紡績（三万錘）や東北館製糸場、仙台駅北東部の小田原・原町方面に片倉製糸場やキリンビール工場（地元資本の東洋醸造を買収）など、それまでの五〇人以下の労働力による町工場とは異なる規模の大きい工場が出現しはじめた。

明治四十（一九〇七）年に設置が決定し、四年の準備期間をおいて開学した東北帝国大学には、本多光《こう》太郎《たろう》を中心とする金属材料研究所が大正十一年に付設された。その指導や技術提携のもとに、市内に大正十四年に東洋刃物、昭和十二年に東北特殊鋼、翌年に東北金属などが設立され、産学協同の成果がうみだされた。これらは第二次大戦後にも操業を続けて、県内産業界の骨格の一角をになっている。実業界だけではなく市民に開かれた学問の府は、杜の都の重要な一要素であった。東北帝国大学の教授陣は、開学当初から一般市民むけに公開講座として、学術講演会のほか春秋二回の通俗講演会を開いた。大正二年には女性の入学を認めて、全国初の事例として注目された。

こうして仙台は官公吏や軍人・学生の街である形態が整うとともに、印刷・醸造・農機具・織物・染色など各種の「工場」（大正十年『宮城県統計書』）をあわせた一五九工場のほか、金融・商業などの諸企業・店舗をもつ都市になった。労働運動も盛んになり、昭和元年に結成された仙台一般労働者組合を中心に、翌二年には県下初のメーデーが、ものものしい官憲の警戒のもとで実施された。労働運動は、昭和十三年の宮城一般労働組合や、東北帝大助教授宇野弘蔵《こうぞう》らに対する弾圧事件を契機に解体させられていく。

都市仙台の住居環境からみて、市民の生活を村民の生活と比較した場合、かなりにその格差が広がっていった時代だったと考えられる。市中心部では上下水道・ガス・市街電車の敷設など環境の都市化が進み、常設活動写真館（映画館）や大衆食堂が軒を並べ、デパートが進出して人々を魅了した。公園が遊園地の性格を強める施設・設備をもちはじめ、大小の博覧会や催し物が都市文明を誇示する。文明開化時代とは異なる大衆的欲望を対象にした商業主義があからさまになり、やがて軍当局はその宣伝媒体の偉力に熱い視線をむけはじめる。

農村の場合には台所が広い土間《どま》にあり、土間の入口脇には小便所が設けられ、土間はすべての屋内農作業の場で、これに面した囲炉裏《いろり》周辺が食事の場であったのが一般の農家である。さすがに小便所は明治中期から庭に追われるか、家の北裏につけられるかしていったが、仕事場兼用の暗い台所は長く残り、その改良は昭和初年からはじまって、第二次大戦後におよぶ生活改善運動の目玉になった。運動の目標は食生活や衣料などの全面におよぶようになっていった。その反面では、健全な村と堕落腐敗の都市という対立的な価値観が喧伝されてもいたが、村の女性たちの生活改善意欲は高まりつつあった。

大正十四年に仙台・塩竈間を結び、昭和三年に石巻まで延長した宮城電気鉄道や、同じ大正十四年に電化した秋保《あきう》電気軌道が、東京・大阪にならって沿線に住宅地を開発して郊外へ居住空間を拡大した。そして遊園地や湯治場を整備して都会客を誘致するようになると、都市型生活への欲求はしだいに周辺の村にも浸透していった。当時、沿岸地帯の気仙沼・石巻周辺では水産加工業の中小工場が急増し、大企業の進出がみられるようになっていた。気仙沼周辺に仙台につぐ一四〇工場、石巻周辺に五三工場ができ（大正十年『宮城県統計書』）、塩竈港は大正四年から第二種重要港湾指定による工事が開始され、昭和八年に完成して都市化した。東北振興計画は、前述のようにこのような都市を中心に策定されていて、都市的基盤を利用していることが明らかである。

強兵の故郷●

はじめて仙台鎮台《ちんだい》の軍隊が出兵したのは九州におこった西南戦争の鎮圧で、明治十（一八七七）年のことだった。明治十七年には朝鮮でおこされた甲申《こうしん》事件で初の海外派兵となる。第二師団になって日清戦争・日露戦争などに参戦し、以後、軍事大国大日本帝国の膨張と崩壊の過程を体験することになる。その過程には日本民衆の幾多の悲劇とともに、戦争対象国がロシアや第二次大戦中の欧米連合国であった場合でも、戦場はつねに東アジアや東南アジア、太平洋諸島といったアジア圏を主にし、その住民に多大の犠牲と被害をもたらしたことは忘れられない。

日露戦争は、世界の戦争史のうえでも特筆される、大量殺傷戦争の開幕を告げるものだった。明治三十七年二月十日に開戦されると、宮城県下ではあらたに一万八八四七人が召集され（県庁文書）、「銃後」を守る県民も増税や五度にのぼる国債割り当てをうけ、さまざまな負担を強いられた。万死に一生をえた兵にも、大凶作に襲われた留守宅の心配で、戦勝や帰還の喜びの色はなかったという（『河北新報』明治三十九年二月二十三日付)。基幹労働力になる青壮年の戦時召集と海外派兵、しだいに数を増す戦病死者、その結果としての凶作という構図は、昭和六(一九三一)年からはじまる一五年間の戦争期に、より増幅されてくり返された。

昭和六年九月の「満州事変」開戦直前に第二師団の兵たちは現地に送られ、最初の戦闘で二九人の戦死者をだした。地元の『河北新報』は、残された老父母や、多人数の弟妹をかかえて貧におびえる病弱の親などの「涙の留守宅」を報道した。十五年戦争の、正確な数も知られていない長い犠牲者リストの第一ページに書きこまれるはずの〝東北の強兵〟は、昭和恐慌ただなかの冷害の故郷に想いを残した若者たちであった。やがて戦火は中国大陸に広がり、国内では国民精神総動員運動がおこされ、国家総動員法や国民徴用令が公布された。

戦争の長期化によって国民生活はしだいに窮乏の度を深めた。主食の米も生産者に割り当て供出させ、消費者に配給する制度になった。生活必需品の多くが配給品になる。しかし、主食すらも配給の遅配・欠配が生じた。当局の取り締まりや町内会・部落会、その下部組織である隣組《となりぐみ》をつうじての統制にもかかわらず、民衆はヤミ取り引きに頼って、かろうじて生活をささえた。昭和十五年のドイツ、イタリアとの三国同盟、翌年にかけての仏印《ふついん》への侵入は、中国大陸からの撤兵を求めるアメリカを硬化させ、日本軍のハワイ真珠湾急襲を契機に、ついに太平洋戦争に突入する。

第二師団は第十六軍に属し、ジャワ(インドネシア)、ニューブリテン島、ソロモン諸島のガダルカナル島、フィリピン諸島、マレー、ビルマなどに派遣され転戦した。昭和十七年後半期から日本軍の敗北がはじまる。第二師団の経た戦場は、「餓島《がとう》」と称されるに至ったガダルカナルや、フィリピン、ビルマ戦線など悲惨な飢餓と疫病におおわれた戦場が多いが、戦病死の地は全戦域に広がり、千島や「満州」からシベリアに強制連行され、極寒の地の労働に倒れた犠牲者もある。

昭和十九年マリアナ諸島が連合国軍の手におちると、アメリカ軍機による無差別爆撃（空襲）がはじまる。東京の学童が集団疎開《そかい》で松島や県内の温泉地にきたが、同年十二月二十九日に県下初の塩竈空襲があり、五七〇戸余が被災した。昭和二十年六月、宮城県知事は地方総督府総監に任命され、他の東北諸県知

〔7表〕 旧宮城町(仙台市)出身兵士の戦病死者

地域＼年次	昭和17〜18	昭和19	昭和20	昭和21以降	計
中国	10	19	24	5	58
舟山諸島	0	1	0	0	1
ガダルカナル	18	0	0	0	18
ブーゲンビル	1	0	0	0	1
ラバウル	0	0	1	0	1
スマトラ	1	0	0	0	1
ソロモン	0	1	0	0	1
ニューギニア	0	1	1	0	2
マリアナ	0	2	0	0	2
サイパン	0	1(1)	0	0	1(1)
ビルマ	0	11	9	0	20
北方海上	0	4	0	0	4
バシー海峡	0	1	0	0	1
バリンタン海峡	0	1	0	0	1
仏印	0	0	2	0	2
シャム	0	0	1	0	1
モルッカ	0	0	1	0	1
セレベス	0	0	1	0	1
ボルネオ	0	0	3	0	3
トラック	0	0	1	0	1
ミンダナオ	0	0	2	0	2
レイテ	0	0	5(1)	0	5(1)
ルソン	2	2	15	0	19
硫黄島	0	0	2	0	2
沖縄	0	0	1	0	1
輸送船内	0	0	1	0	1
南方(地名不明)	0	3	0	0	3
シベリア	0	0	0	6	6
計	32	47(1)	70(1)	11	160(2)

注1.宮城町役場兵事係『戦死者ニ関スル調』による。
2.( )内は戦病死通知後，生還した者。ビルマにはインパール作戦による戦病死者が含まれる。

❖コラム

活気があった水産県宮城の時代

宮城県が発信地である名代《なだい》の食品といえば、米と魚のうまさということになり、それだけに素材に頼りすぎるきらいはある。付加価値の創意が求められよう。菓子類や長ナス漬け、牛タンがあり、冷し中華や回転寿司の発祥の地であるとか、納豆菌の市場シェアの高いことなどの情報もあるが、笹蒲鉾《ささかまぼこ》や焼き竹輪《ちくわ》などの海産物加工品をあげる人も多いことであろう。笹蒲鉾はベロ（舌）蒲鉾とか、木の葉蒲鉾などともよばれていた。気仙沼ではフカのひれが名産になり、スープの缶詰も売り出されている。現在、県は海底牧場計画を提唱している。

宮城県水産業は明治末から大正期に発展した。発動機船の導入や漁網の改良が進み、鉄鋼船による遠洋漁業が活気をよぶ。カツオなどの節物製造所、蒲鉾・竹輪製造所、魚肥工場、缶詰工場などが、県統計書によると大正十（一九二一）年頃、気仙沼を中心にする本吉郡、石巻を中心にする牡鹿郡の町村に、百数十カ所も設立され盛況を呈していた。これらの加工業はタラやサメなどの利用や婦女子労働の道を開いた。刻昆布《きざみこんぶ》やトコロテン、アワビなどの加工業もあって、県も発展産業として期待をよせていた。

サンマや遠洋マグロ船の水揚げが全国一となった気仙沼と並び、鮎川（石巻市）は捕鯨の町として知られた。明治三十九（一九〇六）年東洋漁業の進出以来、遠洋捕鯨基地になる。国内捕鯨会社の過半が集まり、金華山漁業・鮎川捕鯨などの地元会社も創立され、港には鯨油・鯨肥工場もできた。昭和五十七（一九八二）年、国際捕鯨委員会が商業捕鯨の全面禁止を決定した。鮎川には現在、鯨博物館「牡鹿ホエールランド」が建てられ、かつての繁栄を伝えている。

事や各省出先役所の長を指揮し、本土決戦体制にそなえた。七月十日、仙台空襲。被災戸数一万一九三三戸（人口五万七三二一人）、確認死者数一〇六四人、ほかに不明死者数三三五人（『仙台空襲』『仙台はフェニックス』）とされる。ただし、この死者数には七、八月中の艦載機による機銃掃射・爆弾攻撃による死者も含まれている。牡鹿《おしか》郡女川《おながわ》港や江ノ島、桃生郡矢本飛行場（海軍松島航空隊基地）、石巻市をはじめ多くの市町村に爆弾投下や機銃掃射が行なわれた。金華山《きんかさん》灯台には艦砲射撃が加えられた。海軍は牡鹿半島周辺や桃生郡宮戸《みやと》島（東松島市）に、連合国軍の本土上陸を予定した、敵艦体当たり攻撃用の特攻艇基地を建設していた。一部の特攻艇配備中に敗戦を迎えている（『石巻の歴史』第二巻）。

また県下から一万人をこえる「満蒙」開拓民が海を渡った。そのなかで独自の分村計画を企図した遠田郡南郷村（美里町）をはじめ、伊具郡耕野《こうや》村（丸森町）や志田郡鹿島台村（大崎市）などの開拓団がある。また、統制経済のもとで生業を維持できなくなった小規模経営の商工業者が、なれない開拓に望みを託した仙台開拓団などが注目される。十五年戦争中に宮城県民にはおよそ四万八〇〇〇人にのぼる戦病死者があったといわれるが、ソ連参戦後に現地に棄民となり悲惨な逃避行を体験した「満蒙」開拓民は、約四〇％の人々が故郷の地を踏めずに死亡したといわれる。昭和二十年八月十五日の大日本帝国敗戦の日、仙台市中心部は焼け野原であり、田野は凶作の憂いにとざされ、県民は経済破綻の混乱のさなかにあった。

10章

現代の変貌

新装なった仙台空港(名取市・岩沼市)

1　戦後改革の諸相

戦後改革と民主化●

ポツダム宣言受諾によって、第二次世界大戦が終結すると、連合国は日本占領のための軍隊を駐屯させた。東北の軍事的中枢都市でもあった仙台がある宮城県には、アメリカ第八軍の指揮下にあった第十四軍団（のち第九軍団に統合）に属する第十一空挺師団約一万人が占領軍として進駐した。昭和二十（一九四五）年九月十一日に横浜からジープに分乗した先遣隊が松島に到着すると、十五日には塩竈港に東北地区進駐軍の最高幹部が上陸、翌日から大規模な進駐がはじまり、仙台・多賀城・松島・塩竈・石巻・古川・船岡などの各地に駐屯した。

十月十一日、ポツダム宣言の具体化の第一歩として、連合国最高司令官ダグラス＝マッカーサーは日本政府に対し五大改革指令を発した。婦人に参政権を与えその解放を図ること、労働組合の結成を促進すること、学校教育の自由主義化、内務省や特高警察・治安維持法などの廃止、経済制度の民主化と独占的な産業支配の是正などがその内容であった。戦後改革と総称される広範な社会組織の改編がここにはじまった。この変革は、たとえば戦争に協力したとして公職追放処分をうけた従来の支配層に属する人々や地主たち、あるいは一般の庶民や抑圧をうけてきた人々など、さまざまな立場の人々によって受容の仕方も違い、また、考え方も複雑にからみあう。そのうえ、米ソの冷戦構造という国際関係の決定的な影響をうけて進行したが、敗戦直後においては地域社会や子供の世界でも「民主主義」は一種の流行語であった。昭和二十一年十一月三日日本国憲法が公布され（翌年五月三日施行）、県下各地で提灯行列などの祝賀行事が行なわれ、講演会や学習会が開かれて、その思潮はしだいに浸透力を深めた。

とくに農地改革は大きな変化をもたらしたが後述することとし、その他の分野について二、三の事象を紹介しよう。婦人参政権は昭和二十年十二月の衆議院議員選挙法改正で決定され、翌年四月十日に初の投票が行なわれたが、三月にはGHQ（連合国最高司令官総司令部）民間情報教育局企画部婦人課長のイセル＝ウィード中尉が女性問題の状況視察に来仙した機会に、地元の河北新報社が主催する座談会が開かれ、婦人参政権などについて論議された。これを契機に婦人文化クラブが結成され、市川房枝《ふさえ》を招くなど活発な活動が行なわれるようになっていた（『仙台市史　特別編　市民生活』）。やがて新日本婦人同盟や主婦連合会などの全国組織に結ばれる女性たちの自立的活動が発展する。

生活の場においても、農業改良普及事業とあいまって生活改良普及員の設置や、生活改善クラブの活動がはじまり、改良かまどや土間・台所などの改善、電化生活の普及など近代化とともに女性の家事労働の質量の転換がおこり、社会活動への進出が認められていった。教育制度も戦後の混乱期をへて、六・三制の義務教育化とともに原則的に男女共学が制度化され、男女同権の理念が教えられた。それらが新鮮な感覚を人々に与え、地域社会を変えていったことは疑いない。当時の日本放送協会のラジオ番組（これが唯一のものであった）に放送討論会や街頭録音が登場して庶民の意見が報道され、「婦人の時間」「労働の時間」「農民の時間」などの番組が特設されたことは、この時期の雰囲気をよく物語っている。

労働組合結成の奨励方針と、食糧難やインフレが続く経済事情のなかで、昭和二十年十月、塩竈港運株式会社労働組合と全石巻合同労働組合がいちはやく結成されたのをはじめとして、あいついで組合結成や争議が行なわれ、戦時体制下の抑圧からの解放気運がみなぎった。翌年にかけて組合の全国的な組織化に応じ、県下でも日本労働組合総同盟宮城県連合会と全日本産業別労働組合会議系の宮城県地方労働組合協議会が結成された。戦後の労働運動の最初の転換点になった昭和二十二年の二・一ゼネストがＧＨＱの干渉によって挫折したのち、県下の労働組合の多くが集まった宮城県労働組合合同協議会（合同労協）が有力になったが、これもふたたび分裂して二十四年には仙台地方労働組合協議会（のち宮城県全労働組合会議と改称）と合同労協が改称した宮城県労働組合会議との二つの組織が対立、全国最初の分裂メーデーを開催した。後者（県労会議）がレッドパージの影響下で勢力を弱めたのに対し、前者（全労会議）は総同盟組合と統合して宮城県労働組合評議会（宮城労評）を組織し、日本労働組合総評議会（総評）に属して勢力を強めた。

昭和二十五年には東北大学でイールズ事件がおきた。前年の中華人民共和国の成立や松川事件などの「黒い霧」事件のなかで、ＧＨＱの反共姿勢は強化されていた。ＧＨＱ民間情報教育局顧問イールズは全国の大学をまわってレッドパージを目的と

イールズ事件　東北大学の学生大会。

する教授追放の講演をしたが、東北大学の学生が学問の自由を守る立場から、はじめてその講演を阻止したものである。退学者三人を含む一三人の処分者をだしたこの事件は、占領軍の政策転換とそれに対する批判の運動として全国的な注目を集めた。

戦後日本の歩みは、昭和二十五年の朝鮮戦争の勃発による警察予備隊の設置などを境に大きく変化した。それはやがて自衛隊になり、多賀城に陸上自衛隊第六管区総監部と主力部隊がおかれた。昭和二十六年のサンフランシスコ講和条約締結後も、日米安全保障条約の規定によって駐屯を続けていたアメリカ軍は、昭和三十二年秋までにひきあげたが、仙台市苦竹《にがたけ》の旧米軍キャンプ跡の過半が東北地区を統轄する東北方面隊総監部と主力諸隊の所在地になった。

農地改革●

神格天皇制による大日本帝国憲法下の政治構造は、天皇の人間宣言や新しい日本国憲法の主権在民規定で改革された。一方、アメリカの日本社会研究者によっても、その経済的な基盤と考えられた財閥による独占的な企業支配の解体と、農村での地主支配の解体が、経済改革の中核にすえられた。地主王国といわれた県の一つである宮城県の場合、農地改革はもっとも大きな意味をもった。それまでの農地の所有状態の大変革を行なったもので、地主の所有地を制限して小作農民の所有に移し、自作農民を増加させて生産意欲と経済力の向上、村の民主化などを図ろうという目的をもっていた。

農地改革案を最初に作成したのは日本政府だったが、GHQはより徹底的な改革を求める指令を覚書《おぼえがき》として日本政府に発した。昭和二十一年十月、指令にそう農地調整法の改正と自作農創設特別措置法が成立し、これにもとづいて第二次農地改革が実施された。その主要な内容は、不在地主の所有する農地は全部を買収、在村地主の所有する小作地の限度を平均一ヘクタールとし超過分は買収、小作地を含む所有農地の限度を平均三ヘクタールとし超過分は買収（限度面積は北海道では各四倍）するものと定め、買収行為は国家が行ない、買収農地は耕作していた小作農民が優先的に購入できるというものであった。なお、農地価格は水田が賃貸価格の四〇倍、畑が四八倍とされ、小作料は金納として最高限度額を定め、その低額化を図った。

宮城県下の実施状況は1表のとおりである。昭和二十年の耕地総面積の四六％にあたる六万四五四〇ヘクタールが買収や管理換えによって国有地とされ、その九七・四％が昭和二十五年七月までに売り渡されている。宮城県では不在地主の所有する小作地はすべて買収したが、在村地主の小作地の所有限度は通常

〔1表〕宮城県下農地改革の実績

	内　　訳	面　　積
		ha　　%
昭和20年の所有別農地	自作地	58,334(41.6)
	小作地	81,769(58.4)
	（うち不在地主分	23,859(17.0)
	うち在村地主分）	57,910(41.3)
	小　計	140,103(100.0)
農地改革の実績	買収農地	54,725
	管理換え農地	9,815
	小　計	64,540
	売り渡し農地	62,848
	買収牧野	5,898
	売り渡し牧野	5,896

農地改革記録委員会『農地改革顚末概要』，『宮城県議会史』第5巻による。

〔2表〕農地改革による経営形態別農家戸数の変化

	昭和20	昭和25
	戸　%	戸　%
自　作	23,153(21.5)	74,293(61.6)
自小作	39,887(37.0)	41,489(34.4)
小　作	44,737(41.5)	4,743(4.0)

『宮城県累年統計書』による。

の地域では一・五ヘクタールとし、耕地の少ない町場や山村・漁村などの場合は〇・七ヘクタールとして、二地域に区分して定めた。自作地と小作地をあわせた所有限度も同様に四・七ヘクタールと二・六ヘクタールの二地域区分で定めた。前述した全国の平均限度額をこえる基準を設定し、耕地の少ない場所ではそれ以下にして調整している。このほか牧野や延べ四九五ヘクタールの宅地も対象となった。

こうして買収対象になった不在地主二万七〇六〇戸、在村地主二万三八三八戸に対し、売り渡しをうけた農家一一万三八九三戸という大規模な改革が行なわれた。これにより前頁の2表のように自作農家戸数が約三倍に増加し、小作のみの農家戸数はわずか四%にまで激減した。選挙によって選出された小作農民代表一〇人、地主代表六人、自作農民代表四人、中立・学識経験者五人からなる農地委員会が、その推進母体であった。

農地改革によって、戦前の地主・小作制度を特質とした農村は大きく変貌した。地主による大土地所有が国家政策によって解放され、中堅的な自作農を中心とする農村が形成された。これによって地主と小作人のあいだの人格的な上下関係や小作争議はなくなっていった。農村の経済力は経営の平均化や生産意欲の向上によって増大し、購買力を強めて、戦後の資本主義の復興と発展をささえる要因となった。それはまた政治的には農民組合運動の変質をうながし、保守政権党の票田ともいわれるようになった。農民組織としては、昭和二十二年の農業協同組合法の成立以後、「農協」が大きく発展した。

2　地域社会の変貌

地方自治制と町村合併●

昭和二十一（一九四六）年に公布された地方自治法によって、地方自治体の長がはじめて公選されることになる。翌年四月の選挙で、任命制最後の知事だった千葉三郎が当選して、公選制初の宮城県知事となった。市町村でも同様に民主的な地方自治制への脱皮が図られた。財政面ではデトロイト銀行頭取のドッジ公使が来日し、昭和二十四年から日本経済の自立をめざす強力な緊縮財政がしかれた。その一環として国家財政と地方財政の均衡と区分、補助金の削減が課題とされた。

これを税制面から改革したのが、コロンビア大学教授シャウプを代表とする使節団の勧告である。地方税制については国と県、とくに市町村の財源を分離して地方自治体の自主財源を確保するとともに、財源格差を是正するために地方財政平衡交付金制度を創設して、国に対して自治体の収入不足分を補塡する義務を課した。この勧告にもとづいて地方税法改正が行なわれた昭和二十五年に、宮城県の県税収入は約一六億円から八億一〇〇〇万円余にほぼ半減し、全歳入の約三分の一ずつを二〇億円前後の平衡交付金と国庫支出金が占めていた。県財政の自立には遠い結果に終わったのである。

この地方税法はしばしば改正された。昭和二十九年改正によってシャウプ勧告の意図からは後退した内容となり、〝地方自治の逆コース〟という批判をうけた。平衡交付金はしだいに地方の自主財源から国庫補助金へとその性格を変えていっていたが、三大国税の所得税・法人税・酒税の一部をふりあてる地方交付税が設けられることになって、国の統制が強化された。以降、県税では住民税・事業税、市町村税では住民税・固定資産税が主要な柱になった。

戦後復興事業や社会資本の必要、国政委任事務の増大などで、地方自治体には赤字財政に悩むところが少なくなかった。東北諸県と同じく、宮城県もその一つであった。昭和三十一年、県財政の赤字額は一四億二五〇〇万円に達し、申請の結果、自治庁から地方財政促進特別措置法適用団体の指定をうけた。以後昭和三十九年まで九年間の財政再建計画の承認をうけ、さらに一三億三〇〇〇万円の再建債を借りうけて財政再建に努め、昭和三十八年三月に完了した（『宮城県議会史』第五巻）。

また、昭和二十八年に、国は昭和三十一年九月三十日までの時限立法として町村合併促進法を成立させた。全国市町村の行政の広域化・合理化と財政力向上をめざし、人口八〇〇〇人未満の町村の合併を促進して、町村数を三分の一程度に減少させようとするものであった。宮城県では町村合併促進審議会条例を定め、基本計画を策定した。解説パンフレットやポスター、県の公報はもとより講演会や映画、移動県民の室などの啓蒙活動が展開された。さらに合併推進のための緊急対策本部を設置して、人口八〇〇〇人未満の町村一四一を、編入合併二七カ町村、新設合併（平均四カ町村相互の合併）一一四カ町村の方法によって解消しようとした。

結局、町村合併促進法の期限までに一九カ村が合併を完了できずに残り、昭和三十一年十月に施行された新市町村建設促進法による委員会に引き継がれた。合併町村に対する施設整備補助金の給付などの国策もあって、合併は推進され、昭和二十七年に五市五一町一三四カ村であった県内の市町村は、三十三年十月には八市五三町一五カ村になった。明治二十二（一八八九）年の市制・町村制施行に際して行なわれた

〝明治の大合併〟につぐ、もっとも目ざましい〝昭和の大合併〟と称されるゆえんである。

村が消え広域にわたる市や町が増えた。昭和五十三年に加美郡色麻《しかま》村が町制を施行して、村は栗原郡花山《はなやま》村と黒川郡大衡《おおひら》村の二カ村のみになった。昭和六十二年とその翌年に仙台市と宮城町および泉市・秋保《あきう》町の編入合併が行なわれただけで、現在は一〇市五九町と二カ村になったが、〝平成の大合併〟によって現在は一三市二一町と一カ村（大衡村）になり、人口移動による過疎問題や地域開発格差、高齢化や少子化などへの対策が欠くことのできない課題となっている。行政空間の拡大は、生活環境や自然景観の大きな変貌と重なりあいながら進行したのである。

戦後社会の転換と東北振興●

昭和二十六（一九五一）年、財閥解体などでむしろ機動力を増した日本の産業界は、ほぼ戦前なみの経済水準を回復した。昭和三十一年の『経済白書』は「もはや戦後ではない」と宣言し、新しい日本資本主義経済発展の到来を告げた。昭和三十年は高度経済成長がはじまった年であり、政治の世界では社会党左派と右派の統一が行なわれ、これに対抗する保守合同によって自由民主党が

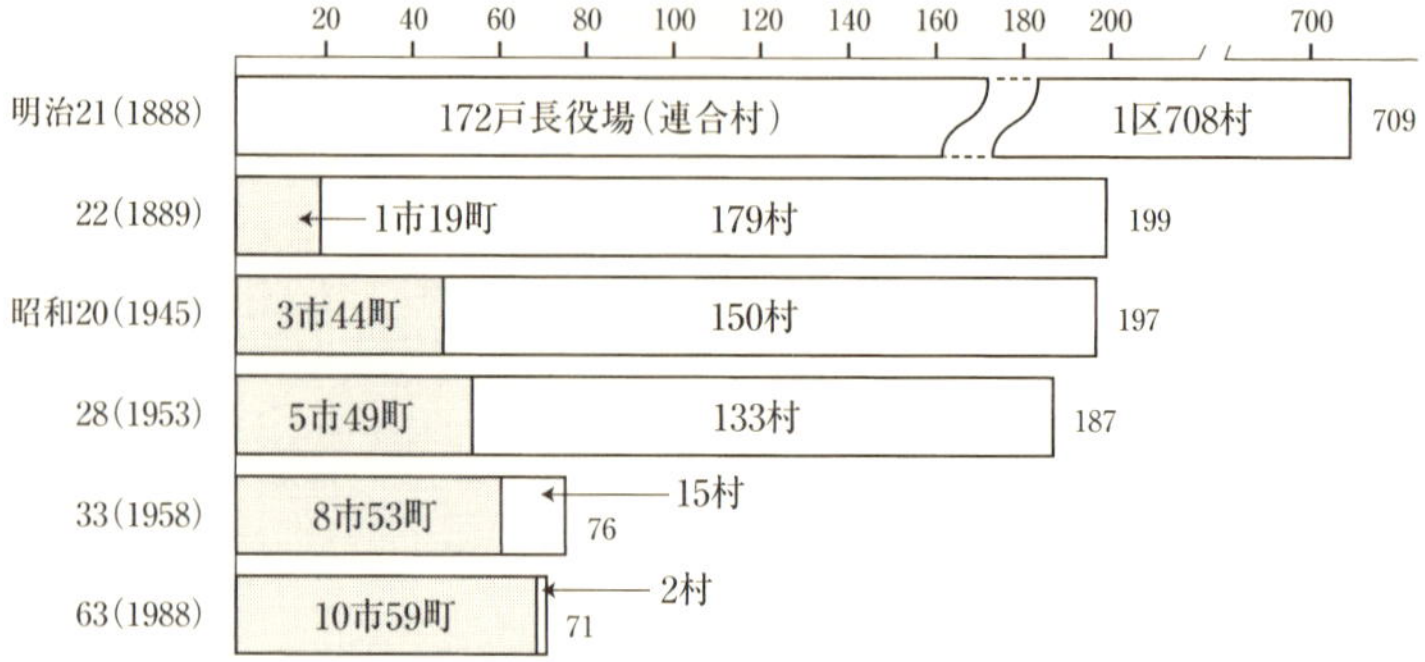

宮城県下の合併による市町村数の推移

成立して、保守長期政権を実現させた。

昭和三十五年には改定新日米安全保障条約の締結に反対する全国的運動のなかで、宮城県安保廃棄・改定阻止県民会議が結成され、公務員や労働者の組合、学生、婦人団体、文化団体や商工業者連合会などが参加する数千人から一万数千人規模の集会やデモ行進が行なわれた。広い範囲の県民が参加した大きな市民運動となったが、新安保条約が自然承認され、その後しだいに新安保体制が事実上安定化していくにつれ運動は縮小されていった。この前後には県政にも仙台市政にも革新政治を掲げる首長が当選した。国政との一体化を説く保守政権に対して、地方自治のあり方が論議された時期であった。

この間に進展した驚異的な高度経済成長は、県民の生活や意識を根底から変えるほどの影響力をもった。マイカーや電化生活の普及、情報社会化などの諸現象は全国一律の変化であるが、全国開発計画のなかで行なわれた地域開発の特徴を見落とすことはできない。

戦前の東北振興政策をうけて、戦後初めには東北興業株式会社や国・県を中心に、北上川など重要河川流域の治山・治水と発電を目的とするダム建設が計画された。戦争による荒廃の後におこった昭和二十二年のカスリーン台風や翌年のユーニス台風・アイオン台風などによる大水害対策も、食糧増産の要請にこたえるためには急務であった。昭和二十五年になると北上川流域を中心とする諸地域が国土総合開発法による特定地域に指定され、花山・玉山（栗原市）や鳴子（大崎市）の三ダムの着工、石巻港改修、農林鉱産事業の振興といった総合的開発計画が立案されるようになった。翌年には仙塩（仙台・塩竈）特定地域総合開発計画ができ、昭和二十八年には県が工場誘致条例を制定し、総合開発計画を策定した。国に対しては東北地方開発促進法の制定を要請する運動を展開した。

昭和三十二年の東北開発三法の制定は、このような気運をさらに高めた。北海道・東北開発公庫法、東北開発促進法、東北開発株式会社法の三つの法を総称するもので、戦後の東北開発が本格化する契機となる。宮城県では塩竈・石巻などの仙台湾臨海特定地帯をはじめ、気仙沼・船岡・岩沼などに工業地区造成を企画した。また、建設省直轄事業として多目的ダム大倉ダムの建設、東北電力の仙台火力発電所建設の着工、鉄道の複線・電化促進、工業用水道事業、塩竈港修築などに積極的に乗り出した。

昭和三十九年の国による仙台湾地区の新産業都市指定は、前々年の新産業都市建設促進法にもとづくものであるが、このような社会資本整備のうえに決定された。新産業都市仙台湾地区は、合併前の旧泉市・秋保町・宮城町を除く仙台市をはじめ、石巻市、稲井町（のち石巻市と合併）、女川町《おながわ》、牡鹿町《おしか》（石巻市）、矢本町・鳴瀬町（東松島市）、松島町、利府村《りふ》（のち町）、塩竈市、多賀城町（のち市）、七ケ浜町、名取市、岩沼町（のち市）、亘理町《わたり》、山元町の各市町村で、指定当時において四市一町一カ村にわたる広範囲の太平洋沿海地帯であった。仙台市東部に造成される仙台港、これを補完する塩竈港、そして石巻工業港の造成が中核になる工業団地の形成がめざされた。

ふり返ってみると、前述した明治中期の野蒜《のびる》築港挫折以降、野蒜（東松島市）をはじめ花淵《はなぶち》（七ケ浜町）、女川、本網（石巻市）などを候補地にする築港運動がくり返されてきた。ようやく明治四十三（一九一〇）年に塩竈港が第二種重要港湾に指定され、大正十一（一九二二）年に石巻港が港湾法にもとづく普通港湾に指定されて、修築工事が軌道に乗ったが、野蒜築港にみられた大規模な複合的貿易港の計画とは異なる漁港の性格が強かった。それに対して、重化学工業団地を背景にし、将来は東北の太平洋岸の中心港湾にしようとする仙台港や石巻工業港が期待を寄せられたのは無理もないことであった。こうして石巻工業港は昭和四十二年から一部使用が開始され、仙台港も昭和四十六年に開港式を挙行した。いずれも臨海鉄道を敷設して運輸体系を整備した。工業団地の敷地造成も進み、企業の進出もはじまったが、高度経済成長の終息を告げる第一次オイル＝ショック（石油危機）が襲うのは、ほどない昭和四十八年のことである。

また、昭和三十六年制定の低開発地域工業開発促進法にもとづいて、白石《しろいし》・角田《かくだ》、大河原《おおがわら》・村田・柴田の二市三町の仙南地区、気仙沼《けせんぬま》市の気仙地区、古川市（大崎市）と小《こ》牛田《ごた》町（美里町）に中新田《なかにいだ》（加美町）・三本木（大崎市）・岩《いわ》出山《でやま》（大崎市）三町、さらに田尻（大崎市）・高清水（栗原市）・瀬峰《せみね》（栗原市）三町を追加した一市七町の古川地区の三つの低開発地域工業開発地区が指定されている。

工業開発において県が重点目標にしたのは、製鉄所や石油精製関係工場の誘致であった。しかし、仙台港の東北石油株式会社の開業や一部鉄鋼会社の進出はあったが、実際には電気機械部品や食料品、繊維関係などの軽工業が主体になっている。昭和四十六年に国は農村地域工業導入促進

開港した仙台港

❖コラム

宮城県沖地震――過密化する都市化と災害

六月十二日は「県民防災の日」である。昭和五十三（一九七八）年のこの日、午後五時十四分、激しい横ゆれに続いて体が浮き上がるほどの強烈な上下動の地震がおこった。過密化した現代都市型地震のはじめての事例として、全国の注目を集めた宮城県沖地震である。震源は金華山《きんかさん》東方沖合い一〇〇キロ地点の海底、深さ六〇キロ、マグニチュード七・四と発表された。震度五の強震が仙台・石巻・大船渡・福島・新庄。東京など諸地域で震度四の中震が観測され、有感地震は北海道から近畿地方東部の広い地域にわたった。

県内の被害は死者二七人、負傷者一万九六二人、全壊家屋一三七七戸、半壊家屋六一七一戸、道路損壊個所二一五四カ所、被害総額二六八七億六四一四万円とされている。水田は水しぶきを吹き上げ、土壁の家は砂煙に包まれた。とりわけ仙台市とその周辺住宅地の被害が大きく、丘陵部の谷あいに埋め立てで開発された新興住宅街や地盤の軟弱な沖積平野部の被害が注目された。死者はブロック塀や門柱の下敷きになった犠牲者が多く、電気・ガス・水道などのライフラインが損傷・分断され、とくにガスの完全復旧には三二日を要するなど、市民生活は大きな影響をうけた。火災も八カ所で発生したが、初期消火で大事にいたらなかったことが不幸中の幸いとなり、夕食の仕度時であったにもかかわらず市民の冷静な対応が評価された。

昭和三十五年五月二十四日のチリ地震津波は、宮城県三陸地帯に忘れられない甚大な被害をもたらした。阪神・淡路大震災、奥尻島の津波災害などでくり返される悲劇は、現代生活がつくりだす人災的側面への対策の急を警告している。

法、翌年には工業再配置促進法を制定した。これにより臨海地域の仙塩地域や気仙沼・石巻のほかに、内陸部の築館（栗原市）・古川（大崎市）・迫《はさま》（登米市）・仙南の各工業地区が形成された。

「一町村一工場」あるいは「一町村二工場」のスローガンのもとで、昭和四十七年に県の工場誘致条例が廃止されるまでのほぼ二〇年間に約三二〇社が進出した。それは農村からの人口流出や長期の出稼ぎ労働をある程度防止する役割をはたしたが、農家の農業外収入への依存度を高め、兼業農家を増加させた。平成八（一九九六）年度の専業農家は県下総農家戸数九万三三四四戸中の約九％で、農家所得中に占める農業所得の割合を示す農業依存度は約一七％にすぎなくなっている。農業外収入の主要なものは、被傭労賃や給料・俸給である（宮城県農政部『宮城の農業』平成十年度）。

県民生活環境の現況●

新産業都市指定をうけた仙台湾地区では、昭和四十二（一九六七）年から翌年にかけて企業の進出が集中的に行なわれたが、重化学工業の進出は期待通りには進まなかった。そのような事情もあって昭和四十四年の新全国総合開発計画（新全総）以後には、仙台港は北方のシベリアやアラスカなどを視野に入れた国際貿易拠点の機能をもつ総合港とされ、工業港から商業港への性格を強めることになった。また国際研究学園都市建設計画や首都圏隣接地域という視点が強調され、現在話題になっている首都圏機能移転問題につながるものとなった。

同時に計画され、着工・完成をみた東北新幹線（昭和四十六〜五十七年）、東北縦貫自動車道（昭和四十七〜六十一年）や、昭和三十二年の仙台・東京間の就航にはじまって、現在は国際路線数をも増加させつつある仙台空港の航空便、仙台港から名古屋や苫小牧を結ぶフェリー就航などの交通体系と情報システムの急激な拡大・充実が進んだ。このような社会資本の投下による基盤整備が、低開発地域工業開発の一定度の進展をもささえることになった。新全総が発表された昭和四十四年は、県下の産米額が約六〇万五四〇〇トン、作付面積も約一二万九〇七〇ヘクタールと、いずれも過去最高に達した年である。新全総でも東北は日本最大の食糧供給基地と位置づけられていた。戦後に海外から引き揚げてきた人々による苦難にみちた開墾をはじめ、食糧増産のスローガンのもとで達成された成果であった。しかし、この成果は皮肉な結果を招く。国はこの年から米余り（過剰米）対策として生産調整政策をとり、減反割り当てを実施した。自主流通米制度も採用され、農業政策は一八〇度の転換を迎えた。

二十世紀初めの日露戦争前後から凶作や貧困を地域の固有のイメージとして語られるようになった東北の人々は、寒冷な自然条件下に過重な負担をおいながら、資本主義発展をささえる食糧供給基地としての位置づけに耐えうる生産力の獲得に努めてきた。新渡戸稲造《にとべいなぞう》の説いた稲作不適切論も、東北の風土からみた困難さの人道的指摘である。しかし、苦境からの脱出のためにこそ稲作の改善努力はより熾烈に続けられた。その歴史環境がいまや一変し、食糧基地としての期待は過去のものとなってしまった。

同様に、それまでの労働力供給地としての位置づけや役割も変化していった。戦後の当初は、県内に滞留する「次三男対策」が社会問題であったが、やがて「金の卵」と称された中学卒業生が集団就職列車で都会に吸収され、その多くが都会に定着して高度経済成長をささえた。一方、戦後の第一次ベビーブーム後、県下でも昭和二十五年から三十年頃にかけて急激な出生率の低下がみられはじめ、少子化の時代にはいった。核家族化はこの両側面から進み、家父長制的な人間序列関係を解消した。民法改正によって家の相続も旧来の観念を変え、旧社会の基盤にあった「家」の解体が進んだ。「日本列島改造」を標榜した開発計画の全国ブロック化構想は、このような人口・労働力構造の変化に対応するものであった。

宮城県民の産業別就業者の推移にも画期的な変化がみられる。高度経済成長のはじまった昭和三十年に五三%を占めていた農林水産業を中心とする第一次産業の就業人口は、二十世紀後半の四〇年間に八%にまで減少した。低成長期にはいってもその趨勢はとまっていない。

とくに山間部町村や離島を有する地域では人口流出が激しく、平成二(一九九〇)年制定の過疎地域活性化特別措置法による県下の指定町村は、それらの地域に集中して存在し一八町一村にのぼった。平成元年に政令指定都市になった仙台市(宮城町・秋保町・泉市と合併)とその周辺市町の人口が増加していることと対照的である。一方、工業化地域への企業誘致の結果、第二次産業の就業人口は同じ期間中に約二倍の二七%強に増えている。もっとも多くの人口を吸収しているのは第三次産業であり、同じ四〇年間に三三%強から六四%に肥大化した。商業や流通、金融、サービス業などの職種が中心で、「支店経済」といわれる仙台を中心とする本県の特色を示す。

生活基盤の根元的変化は多くの社会問題をうんだ。乱開発や技術革新の結果が、いままでに経験のない環境破壊や「公害」を発生させた。

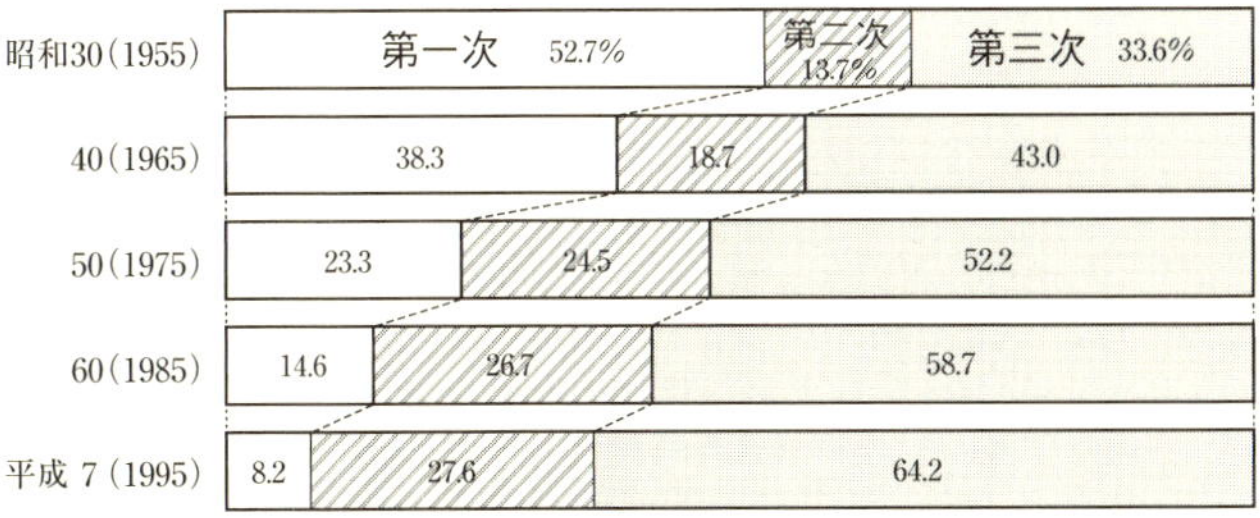

宮城県下の産業別就業者の推移　国勢調査の結果による。『宮城県統計書』, 宮城県総務部市町村課『市町村要覧』など。

仙塩地区や古川・気仙沼その他の地下水汲み上げなどによる地盤沈下、仙台・塩竈などの光化学スモッグの発生、農薬による土壌汚染や健康障害、工場・生活排水や廃棄物による汚染などがつぎつぎと話題をよんだ。女川《おながわ》原子力発電所（女川町・石巻市）が建設され、「核の火」の安全性論議が県民の関心を集めた。過密都市と過疎地域の発生は地域社会を変容させ、人間関係の希薄化を招き、家族意識の変化や、高学歴社会の到来とともに、さまざまな教育問題を提示するようになった。労働運動にあっても総評の解散・解体と日本労働組合総連合会（連合）の結成に応じ、連合宮城が優勢になり、一方では組合の組織率が低下するなど価値観の多様化が進んでいる。

県民生活をとりまく二十一世紀への課題は少なくはない。そのなかで、車の粉塵公害追放に立ち上がって全国的な注目を集め、その先駆となった脱スパイク運動は、このような課題への県民の新しい運動として評価される。平成五年には、仙台市長・宮城県知事があいついでゼネコン（総合建設会社）にまつわる収賄容疑で逮捕され裁判となる衝撃的な事件がおきた。この間に結成された仙台市民オンブズマンの情報公開要求の活動も全国的な注目を集めたが、地方自治と住民意思にかかわる問題提起である。

自然環境の保全とリゾート開発、産業廃棄物処理問題などをめぐる自治体・企業・住民参加の合意形成にも新しい動きがうまれはじめているように思われる。湖沼・干潟《ひがた》・森林・河川保全美化運動などの各地の取り組みもある。緑の自然が多いといわれる東北に位置する宮城県でも、現代にあっては保全の努力なしに自然環境は維持できない。歴史的にも無償の自然はなく、人間の叡知や労働と資産の投下によって遺産としての自然との共生が維持されてきたことを銘記すべきであろう。

平成二十三（二〇一一）年三月十一日十四時四十六分ごろ、経験したことのない長い激しい地震が起こった。この激震に続いて、宮城県、福島県、岩手県沿岸を中心に太平洋沿岸地帯にかつてない巨大津波が襲来し、多大な人的犠牲と物的被害をもたらした。東日本大震災と称される。震源は北緯三八度〇六・二分、東経一四二度五一・六分、深さ約二四キロメートルの三陸沖（宮城県の牡鹿半島の東南東約一三〇キロメートル付近）、マグニチュード八・八（のち九・〇に修正）と発表された。宮城県内では栗原市のマグニチュード七をはじめ、広く六強ないし六弱の震度が計測された。大津波の衝撃的な光景はさまざまな媒体をとおして伝えられたが、その後もたびたび余震が発生し、とくに四月七日夜半におきたマグニチュード七・二の地震はさらに被害を拡大させた。県の公表（平成二十七年八月三十一日現在）によると、地震や特に大津波の襲来によって死亡された九六二七人の犠牲者と震災関連による九一三人の犠牲者をあわせ一万五四〇人の命が奪われ、いまだ発見されない行方不明者も一二四一人にのぼっている。地震や津波による家屋全壊八万二九九八戸、半壊以下約三八万戸などの被害が生じ、ライフラインや交通網の途絶による生活の混乱も深刻だった。

全国からの自治体職員の派遣や多数のボランティアの人びとの長期にわたる善意に支えられつつ、県民の復旧への歩みが始まったが、被害の大きさは財政や経済だけの問題にとどまらず、さまざまな社会的、心理的な問題を県民に残している。現在もまだ仮設住宅に暮らす人びと、生活基盤の再建の見通しが立たず悩む人びと、心の傷に苦しむ人びとは数多い。歴史的な遺産である景観や文化財など失われたものも少なくはない。また深刻な震災事故を起こした東京電力福島第一原子力発電所の放射性物質の除染土壌や廃棄物の最終処理場設置に関して、宮城県も設置候補地の一つにされている問題など、東日本大震災が残した課題はいまだに続いている。

あとがき

新版の『宮城県の歴史』をお届けいたします。高橋富雄先生がお一人で執筆された旧版の『宮城県の歴史』は、県史シリーズのなかでも大変好評で版を重ねてまいりました。今回新版の編集執筆にあたりましては、この点を十分に考慮し新版の県史に値するよう心がけました。日本史は日本列島史であるといわれますように、われわれの歴史理解には地域史の理解が不可欠なものとなっています。そうした問題意識からの地域史研究が近年著しく深まり、各時代とも多方面にわたって新しい発見と知見が加えられつつあります。また県民の地域の歴史・文化への関心が年々高まり、地域史に関する知識も広く深くなっています。こうした動向を認識したうえで、新版の県史は十分に地域史の研究を反映したものであること、読者に明確な宮城県の歴史像を与えうる県史であること、そしてできるだけ平易に記述し、話題となる内容豊かな県史となるよう努めました。この方針のもとで各時代に十分に目配りのきいた叙述となるよう配慮し分担執筆としました。「風土と人間」を渡辺、原始・古代（1～3章）を今泉隆雄氏、中世（4・5章）を大石直正氏、近世（6～8章）を渡辺、近現代（9・10章）を難波信雄氏がそれぞれ分担執筆しました。なお、近現代は別に刊行される『宮城県の百年』（山川出版社刊）との重複をさけるとの出版社の方針で頁数を若干抑制しましたが、本書は原始より現代に至る宮城の歩みを十分にご理解いただける構成と内容になったと思います。また、コラム欄を適宜設け、その時代に関するトピック的な問題や特定の問題を取り上げました。地域の歴史を多角的に考え、あるいはより詳細に理解する参考にしていただければ幸いです。各時代の参考文献・年表はそれぞれの時代の執筆者が担当し、地域史研究の現状と課題の執筆、辞典・通史・県史・市町村史リストの選択は渡辺が担当しました。祭礼・行事は宮城県文化財審議会委員の千葉雄市氏にお願いし、国郡・市郡沿革表は難波氏と渡辺が担当しました。

本書の編集執筆にあたりましては、巻末にあげました参考文献のほか多くの研究成果に学ばせていただきました。本書の性格上いちいち記すことができなかったことをご了承願います。また、写真などの掲載にあたりましては史資料の所蔵者・所蔵機関などに大変お世話になりました。お名前を巻末に一括して記させていただきました。あわせて深く感謝申し上げます。

本書が旧版同様一人でも多くの県民と歴史愛好家に読まれることを念願し、あとがきとします。

一九九九年一月

渡　辺　信　夫

宮城県全図
都道府県界
市郡界
町村界
JR線
高速道路
有料道路
国道
県庁
秋田県
岩手県
山形県
宮城県
湯沢市
横手市
東成瀬村
奥州市
金ケ崎町
平泉町
一関市
いちのせき
藤沢町
住田町
陸前高田市
大船渡市
気仙沼市
けせんぬま
栗原市
大崎市
登米市
本吉郡
南三陸町
加美町
加美郡
色麻町
大衡村
黒川郡
大和町
大郷町
美里町
遠田郡
涌谷町
石巻市
牡鹿郡
女川町
金山町
鮭川村
新庄市
しんじょう
最上町
大蔵村
舟形町
大石田町
尾花沢市
村山市
東根市
さくらんぼひがしね
河北町
寒河江
栗駒山
1627
高松岳
1348
虎毛山
1433
荒雄岳
984
小滝山
1262
花渕山
985
みみずく山
802
翁峠
1075
船形山
1500
白髪山
1284
北泉ケ岳
禿原岳
1127
阿原山
782
鷹ノ巣山
792
室根山
895
氷上山
875
東北新幹線
東北本線
陸羽東線
なるこごてんゆ
奥羽本線
山形新幹線
大船渡線
気仙沼線
東北自動車道
三陸自動車道
ふるかわ
こごた
まえやち
くりこまこうげん
いしこし
もとよし
おながわ
皆瀬川
磐井川
迫川
江合川
北上川
鳴瀬川
広田湾
気仙沼大島
出島
4
13
45
47
107
108
340
342
343
346
347
397
398
456
457
284

渡辺　信夫　わたなべのぶお

1932年，山形県に生まれる
1957年，東北大学大学院文学研究科修士課程修了
元放送大学教授・東北大学教授・文学博士
主要著書　『幕藩制確立期の商品流通』（柏書房，1966年），『海からの文化』（河出書房新社，1992年）

今泉　隆雄　いまいずみたかお

1947年，福島県に生まれる
1972年，東北大学大学院文学研究科博士課程中退
元東北大学大学院文学研究科教授・博士（文学）
主要著書　『古代宮都の研究』（吉川弘文館，1993年），『古代木簡の研究』（同，1998年）

大石　直正　おおいしなおまさ

1931年，東京都に生まれる
1960年，東北大学大学院文学研究科博士課程単位取得退学
現在　東北学院大学名誉教授
主要著書　共編著『よみがえる中世７　みちのくの都　多賀城・松島』（平凡社，1992年），監修・著『北辺の中世史―戸のまちの起源を探る』（名著出版，1997年）

難波　信雄　なんばのぶお

1936年，福島県に生まれる
1970年，東北大学大学院文学研究科修士課程修了
現在　東北学院大学名誉教授
主要論文　「仙台藩民風改革とその背景」（渡辺信夫編『近世日本の民衆文化と政治』河出書房新社，1992年），「日本近代史における『東北』の成立」（東北学院大学史学科編『歴史のなかの東北―日本の東北・アジアの東北』同，1998年）

宮城県《みやぎけん》の歴史《れきし》　県史　4

1999年３月25日　第１版第１刷発行　2015年12月30日　第２版第３刷発行

著　者　渡辺信夫《わたなべのぶお》・今泉《いまいずみ》隆雄《たかお》・大石直正《おおいしなおまさ》・灘波信雄《なんばのぶお》
発行者　野澤伸平
発行所　株式会社　山川出版社　〒101-0047　東京都千代田区内神田１-13-13
電話　03(3293)8131(営業)　03(3293)8134(編集)
http://www.yamakawa.co.jp/　振替　00120-9-43993
印刷所　明和印刷株式会社　製本所　株式会社ブロケード
装　幀　菊地信義

ISBN978-4-634-32041-3

付　　録

■ 索　　引

● あ 行

● か　行

● さ　行

● た 行

● な 行

●は　行

●ま　行

●や　行

●ら・わ行

■ 年　　表

年代	事項
3万年前	後期旧石器時代始まる。
2万年前	富沢遺跡の後期旧石器時代の森。
1万3000年前	縄文時代始まる。
1万年前	氷河時代終わる。
6000年前	宮戸島に人が住み始める。
4500年前	宮戸島に大規模なムラできる。
前4世紀	北九州に稲作伝来し，弥生時代始まる。
弥生前期	東北地方・宮城県で稲作始まる。
弥生中期	富沢遺跡で水田作られる。
3世紀末	古墳時代始まる。
古墳前期	宮城県で方形周溝墓を築造。仙台平野で遠見塚古墳・雷神山古墳・薬師堂古墳・宮山古墳・観音塚古墳・山居古墳，大崎平野で青塚古墳・京銭塚古墳・夷森古墳・石の梅古墳などを築造。
5世紀後半	大古墳が衰微し中規模古墳が築造される。経の塚古墳・名取大塚山古墳・裏町古墳・兜塚古墳。
6世紀後半	前方後円墳の消滅，横穴式石室の導入。群集墳と横穴が築造され始める。

西暦	年号		事項
645	大化	元	*8-5* 東国国司を派遣。陸奥を管轄する国司に注意を与える。
649		5	653(白雉4)年頃までに道奥国を置き，評を設ける。
659	斉明	5	*3-17* 飛鳥に朝貢した陸奥国などの蝦夷に須彌山の園池で宴を賜う。
663	天智	2	白村江の敗戦。この戦いに陸奥国信太評の人が出征。天智朝期に太平洋岸ぞいの遠征のために船を造る.
676	天武	5	*1-25* 国司任用の冠位を決める。陸奥国は高位の者をあてる。
688	持統	2	*12-12* 陸奥国の蝦夷に飛鳥の飛鳥寺の西の槻の下で宴を賜う。
689		3	この年，陸奥・越国の蝦夷の僧に仏像・仏具を与える。
707	慶雲	4	*5-26* 陸奥国信太郡見える。
708	和銅	元	この年の「陸奥国戸口損益帳」が正倉院文書に残る。
709		2	*3〜8-* 陸奥・越後国で蝦夷を征討。
710		3	*1-1* 藤原宮に朝貢した蝦夷が朝賀に参列。
713		6	*12-2* 丹取郡を置く。
715	霊亀	元	*5-30* 坂東6カ国の富民1000戸を陸奥国に移民。この頃，黒川以北十郡を置く。*10-29* 香河村・閉村に蝦夷の郡を置く。
716		2	*9-23* 陸奥国最上・置賜郡を出羽国(712年設置)に移管。
718	養老	2	*5-2* 陸奥国から石城国・石背国を分置(724年までに陸奥国に併合)。
720		4	*9-28* 蝦夷が反乱をおこし，陸奥按察使《あぜち》を殺害。征討軍を派遣。
721		5	*8-19* 陸奥按察使が出羽国を管轄。*10-14* 柴田郡から苅田郡を分置。
722		6	閏 *4-25* 陸奥・出羽国の調庸の徴収をとどめ，税布徴収を始め，在京の人を本国に返し，他国からの移民の免税期間を1年とする。陸奥鎮所に穀を運ばせる。*8-29* 諸国から1000人の柵戸を陸奥に移民する。

724	神亀　元	*3-25* 海道の蝦夷が反乱し陸奥大掾を殺害。4～*11-* 蝦夷を征討。この年，多賀城を設置(第1期)，鎮守将軍を置き鎮兵制が始まる。この頃，黒川以北十郡の城柵・官衙を整備し，多賀城廃寺を造営。
728	5	*4-11* 丹取軍団を玉造軍団と改称し，白河軍団を置く。
730	天平　2	*1-26* 田夷村に遠田郡を置く。
737	9	*2～4-* 多賀城から秋田の出羽柵までの連絡路の開削事業。
746	18	*12-15* 陸奥国の軍団を6団・兵士6000人とする。この年，鎮兵制を廃止。
749	天平勝宝元	*1-4* 陸奥国小田郡から黄金900両を産出。*5-27* 産金により陸奥国など免税。閏 *5-11* 産金関係者を褒賞。この頃，小田郡産金の地に仏堂造営。
752	4	*2-18* 陸奥国から調庸として金を納入させる。
753	5	*6-8*，*8-25* 牡鹿郡の丸子氏25人に牡鹿連(おしかのむらじ)の姓を賜る。
757	天平宝字元	この年から鎮守府常置となる。この年，鎮兵制を復活。
758	2	この年，桃生城の造営開始。
759	3	*7-23* 鎮守府の鎮官に公廨(くがい)・事力(じりき)を支給。
760	4	*1-4* 桃生城・雄勝城完成し，関係者を褒賞。
762	6	この年，多賀城を修造し(第2期)，多賀城碑建立。
764	8	*9-11* 牡鹿連嶋足が恵美押勝の乱で軍功を上げ，従四位下に叙位，牡鹿宿禰を賜姓。
766	天平神護2	*11-7* 宮城・石城郡の穀1万6400石を貧民に与える。
767	神護景雲元	*10-15* 伊治(これはり)城完成。*11-19* 栗原郡を置く。*12-8* 道嶋嶋足を陸奥国大国造に，道嶋三山を国造に任じる。
768	2	*9-28* 陸奥国の鎮兵3000人を500人に減らし，軍団兵士6000人を1万人に増す。*12-16* 伊治・桃生への移民を募る。
769	3	*3-13* 賀美・柴田・牡鹿・曰理・黒川・苅田・新田・玉造郡などの人に賜姓。
770	宝亀　元	*4-1* 黒川以北十郡の俘囚3920人を公民とする。*8-10* 蝦夷の宇漢迷公宇屈波宇(うかめのきみうくはう)らが本拠地に逃げ帰る。
774	5	*1-7* 蝦夷の上京・朝貢をやめる。*7-25* 海道の蝦夷が反乱し桃生城を侵す(三十八年戦争開始)。*11-10* 多賀城に漏刻(ろうこく)設置。
777	8	*4-* 陸奥国の山道・海道の蝦夷を討つ。
780	11	*2-2* 覚鱉(かくべつ)城造営計画。*3-22* 蝦夷の伊治公呰麻呂(あざまろ)が反乱し，伊治城に出征中の按察使紀広純を殺害し，多賀城を焼亡(伊治公呰麻呂の乱)。
781	天応　元	*5-* 征東大使藤原小黒麻呂，征討に失敗。
784	延暦　3	*2-* 大伴家持(やかもち)を征東将軍に任じるも戦果なし。
786	5	*8-8* 第1次征討の準備を開始。
787	6	*1-21* 陸奥・出羽国で王臣・国司が蝦夷と交易することを禁ずる。
789	8	*6-3* 征東大使紀古佐美(きのこさみ)が胆沢で大墓公阿弖流為(たものきみあてるい)ら蝦夷軍に大敗。征軍5万2800人。
790	9	閏 *3-4* 第2次征討の準備開始。
794	13	*6～10-* 征夷大将軍大伴弟麻呂が征討し勝利。征軍10万人。
796	15	*10-27* 多賀神に従五位下を授ける。

797	延暦	16	*1-13* 日理・黒川・富田・小田・遠田郡などの人に賜姓。*11-5* 坂上田村麻呂を征夷大将軍に任じ，第3次征討の準備開始。
798		17	*6-28* 陸奥国の按察使・国司の定員を定める。
799		18	*2-1* 新田郡の百姓を蝦夷を騒動させた罪で日向国に配流。*3-7* 陸奥国富田郡を色麻郡に，讃馬郡を新田郡に，登米郡を小田郡に併合。
801		20	*9-* 征夷大将軍坂上田村麻呂が征討し勝利。征軍4万人。
802		21	*1-* 坂上田村麻呂が胆沢城の造営開始。浪人4000人を胆沢に移民。*4-15* 胆沢の夷首大墓公阿弖流為，盤具公母礼(ばんぐのきみもれ)らが降伏。*8-13* 阿弖流為・母礼を河内国で処刑。この頃，鎮守府を多賀城から胆沢城に移す。
803		22	志波城の造営開始。
804		23	*1-19* 第4次征討の準備開始。*11-7* 栗原郡に3駅を置く。
805		24	*12-7* 征夷と平安京の造営を停止。
806	大同	元	*10-12* 陸奥・出羽国に擬任の郡司・軍毅を任じる。
808		3	この年以前は按察使・陸奥国司・鎮官は兼任を原則とし，これ以後は3官が別に任じられる。
811	弘仁	2	*1-11* 和我(わが)・薭縫(ひえぬい)・斯波3郡を置く。*10-* 征夷将軍文室綿麻呂(ふんやのわたまろ)が爾薩体(にさったい)・幣伊(へい)の蝦夷を征討(三十八年戦争の終結)。閏 *12-11* 陸奥国の兵士を4団4000人から2団2000人に，鎮兵を3800人から3000人に削減。
812		3	*9-3* 遠田・小田郡の田夷に田夷の姓を除き公民の姓を賜う。この年，志波城をやめて徳丹城を造営。陸奥国の鎮兵を1000人に削減。
815		6	*3-26* 遠田郡の田夷に田夷の姓を除き公民の姓を賜う。*8-23* 陸奥国の軍制改革。鎮兵をやめ兵士6団6000人，健士2000人とし，兵士・健士1500人を分配して多賀城・胆沢城・玉造塞を守る。
836	承和	3	春から翌年春にかけて奥邑の民が動揺し，栗原・賀美郡の百姓が逃亡。
837		4	*4-* 玉造塞の温泉石(ゆのいし)神が鳴動。
839		6	この年から翌年にかけて陸奥国で凶作のため百姓・俘囚動揺し，出兵。
848	嘉祥	元	*5-13* 刈田嶺神に正五位下を授く。伊具・色麻郡などの人に賜姓。
866	貞観	8	*1-20* 常陸国鹿島大神が伊具・日理・宮城・黒川・色麻・志太・小田・牡鹿郡などの苗裔神に幣帛を奉る。
869		11	*5-26* 陸奥国大地震。多賀城の城下に津波来襲し，建物倒壊す。
870		12	*9-25* 陸奥国修理府を置き多賀城の復興開始(第4期)。
873		15	*12-7* 国分寺に五大菩薩像を安置。
934	承平	4	閏 *1-15* 陸奥国分寺七重塔が落雷によって焼亡。
958	天徳	2	この年，双林寺建立と伝える。
1051	永承	6	この年，源頼義，陸奥守となり，前九年合戦始まる。
1057	天喜	5	この年，安倍頼時，源頼義に反し，衣川関を塞ぐ。頼義，平永衡(ながひら)を切る。藤原経清，安倍頼時のもとに走る。
1062	康平	5	*9-15* 源頼義，安倍貞任を厨川(くりやがわ)柵に討ち，前九年合戦終わる。
1070	延久	2	散位藤原基通，陸奥国の印鎰(いんやく)を奪う。*7-* 下野守源義家，基通の帰降の由を朝廷に言上。
1080	承暦	4	閏 *8-* 陸奥国司が小田郡黄金明神に一階を授け，封戸を与えること，国分尼寺の転倒のことを申請。

1083	永保　3	この年，後三年合戦始まる。
1087	寛治　元	*12-* 源義家，清原武衡(たけひら)を出羽国金沢柵に討ち，後三年合戦終わる。
1096	永長　元	陸奥国府で館が焼ける。
1148	久安　4	この年，藤原忠実，本良荘・高鞍荘などを藤原頼長に譲る。
1153	仁平　3	この年，本良荘・高鞍荘などの年貢についての藤原頼長と藤原基衡の交渉がまとまる。
1177	治承　元	この年，角田市高蔵寺阿弥陀堂が再建される。
1189	文治　5	この年の秋，源頼朝，藤原泰衡(やすひら)を攻める。*8-8*〜10 伊達郡阿津賀志山(あつかしやま)合戦。西木戸国衡(くにひら)，柴田郡大高宮の辺りで討たれる。*8-12* 源頼朝，多賀国府に入る。*9-6* 藤原泰衡，河田次郎に討たれる。この日，源頼朝その首を実検させる。 *9-22* この日，葛西清重，陸奥国御家人の奉行を命じられ，ついで平泉郡内検非違使所(けびいしどころ)を管領せしめられる。*10-1* 源頼朝，多賀国府に郡・郷・荘園の所務について張文を行なう。
1190	建久　元	*1-* 大河兼任(かねとう)の乱。*2-9* 陸奥国の新留守所・本留守，兼任同意の罪科によって，葛西清重に預けられる。*3-15* 伊沢家景，陸奥国留守職になる。
1200	正治　2	*9-14* 芝田次郎，芝田館において攻め殺される。
1229	寛喜　元	この頃，名取新宮寺で一切経書写の事業が行なわれる。
1259	正元　元	この頃，法身禅師，松島円福寺の住持となる。
1301	正安　3	*2-* 大勧進阿闍梨簒円(あじゃりさんえん)ら，北条貞時の悉地成就を祈願して，伊具荘斗蔵寺の鐘を鋳造する。
1307	徳治　2	*3-15* 匡心・孤雲ら30余人，師頼賢(らいけん)のために，松島の雄島に一山一寧(いっさんいちねい)筆の板碑を建てる。
1333	正慶　2 （元弘3）	*5-* 六波羅・鎌倉あいついで落ち，鎌倉幕府滅亡。*8-5* 北畠顕家，陸奥守となる。*10-20* 顕家・親房，義良親王を奉じて陸奥国に下向。
1335	建武　2	*12-* 北畠顕家，陸奥国の武士を率いて西上，足利尊氏を西海に追う。
1336	3 （延元元）	*3-* 北畠顕家，鎮守府大将軍として多賀国府に再下向。
1337	4 （　2）	*1-* 北畠顕家，多賀国府を捨てて，伊達郡霊山に移る。*2-* 石塔義房，奥州大将となる。*8-* 北畠顕家再度の上洛。
1342	康永　元 （興国3）	*10-* 石塔義房，北畠顕信と栗原郡三迫に戦う。
1345	貞和　元 （　6）	*7-* 吉良貞家・畠山国氏，奥州管領として多賀国府に下向。
1351	観応　2 （正平6）	*2-* 吉良貞家，畠山高国・国氏父子と府中，岩切城に戦い，勝利。 *10-* 北畠顕信，多賀国府を奪う。
1352	文和　元 （　7）	*3-* 吉良貞経，多賀国府を奪回。北畠顕信，田村荘宇津峰に移る。この頃，宗久が塩釜・松島を旅し，『都のつと』を著す。
1354	3 （　9）	春頃，吉良貞家死し，斯波家兼，奥州管領となる。
1377	永和　3 （天授3）	*10-10* 余目参河守，伊達政宗と一揆契約を結ぶ。

1380	康暦　2 （天授 6）	*6-1* 名取新宮寺において，当国大将石橋殿源棟義のために，一切経の読誦を行なう。
1392	明徳　3 （元中 9）	*1-* 陸奥・出羽両国，鎌倉府の支配下に入り，奥州管領制廃止。
1400	応永　7	この年，斯波氏(詮持または満持)，奥州探題となるという。
1457	長禄　元	*4-* 奥州探題大崎教兼，南部一族の官職任命を幕府に推挙。
1469	文明　元	この年，大崎氏の領内に争乱がある。
1487	長享　元	この年，聖護院門跡道興，塩釜・松島・名取川などを旅する。
1514	永正　11	この年，『余目氏旧記』ができる。
1515	12	この年，葛西宗清，桃生郡の山内首藤氏を攻め滅ぼす。
1535	天文　4	*3-* 伊達稙宗，『棟役日記』をつくる。
1536	5	*4-* 伊達稙宗，『塵芥集』を制定。*5-* 伊達稙宗，大崎義直の求めに応じて，志田郡に出兵。その後，稙宗の子息小僧丸(義宣)が大崎氏に入嗣する。牛猿丸(晴胤)も，この頃葛西氏に入嗣する。
1538	7	*9-* 伊達稙宗，段銭古帳をつくる。
1542	11	*6-* 伊達氏天文の乱がおこる。
1548	17	この頃，『留守分限帳』ができる。
1553	22	*1-17* 伊達晴宗，家中に一斉に知行判物を交付する(『晴宗公采地下賜録』)。
1567	永禄　10	*3-7* 伊達晴宗の三男，政景が留守氏に入嗣する。
1577	天正　5	*12-* 伊達晴宗の五男，盛重が国分氏に入嗣する。
1588	16	*1-* 伊達政宗が留守政景・泉田重光を主将として大崎義隆を攻めさせるが，敗北する。*9-* 葛西晴信が伊達政宗と起請文を取り交わし，服属する。
1589	17	*4-16* 大崎義隆が最上義光の仲介によって伊達政宗に服属する。*6-* 伊達政宗，会津の蘆名義広を攻め滅ぼす。
1590	18	*6-5* 伊達政宗，小田原の豊臣秀吉のもとに参向。*7-* 政宗，秀吉に旧蘆名領を没収され米沢城に退く。*8-9* 秀吉，黒川城に着く。奥羽仕置令を発す。これ以前，葛西・大崎氏の所領を没収し木村氏に与える。*10-16* 葛西・大崎一揆始まる。*11-24* 政宗，佐沼城に籠城中の木村吉清父子を救出。
1591	19	*2-4* 政宗，入京し謀反の申し開きを行なう。*6-14* 政宗，米沢を出発，葛西・大崎一揆の討伐に向かう。*7-3* 佐沼城陥落。葛西・大崎一揆終わる。*9-23* 政宗，長井郡など本領の一部を没収され，かわりに葛西・大崎領を与えられ，玉造郡岩手沢(岩出山)に入る。
1592	文禄　元	*3-17* 政宗，朝鮮出兵を命じられ，肥前名護屋に着陣する。
1600	慶長　5	*7-25* 政宗，上杉陣の白石城を攻め落とす。*8-22* 徳川家康，政宗の旧本領の回復を約す。*10-19* 政宗，今井宗薫に家康への10カ条要求を託す。*12-24* 政宗，千代城を仙台と改め居城に決め，仙台城の縄張を行なう。
1601	6	*1-11* 仙台城の普請を始める。*3-5* 政宗，家康より近江領5000石を与えられる。*4-14* 政宗，仙台に移る。
1602	7	*2-1* 侍以下，岩出山より仙台に移る。
1604	9	*8-15* 松島瑞巌寺方丈再興の縄張。*12-15* 松島五大堂の再興なる。

1606	慶長	11	*3-3* 政宗，常陸領1万石を与えられる。
1607		12	*2-14* 政宗，領内検地を命じる。*6-20* 塩竈神社の造営行なう。*8-12* 大崎八幡宮の造営なる。*10-24* 国分寺薬師堂の造営なる。
1608		13	*1-* 政宗，将軍秀忠より松平の姓を賜り，陸奥守となる。*9-* 家中の知行割を行なう。
1611		16	*10-4* イスパニア大使セバスチャン＝ビスカイノ来仙。*10-28* 大地震あり。津波で領民1783人，牛馬85匹水死する。
1613		18	*9-15* 政宗，サン＝ファン＝バウティスタ号を建造し，遣欧使節支倉常長(はせくらつねなが)ら180人が乗船，牡鹿郡月ノ浦を出帆。
1614		19	*12-28* 政宗の長男秀宗，伊予国宇和島10万石を与えられる。
1615	元和	元	*1-* 支倉常長，イスパニア国王に謁見。*9-4* 常長，ローマ法王に謁見。
1620		6	*8-26* 支倉常長ら帰国。この頃，仙台藩の江戸廻米始まる。
1623		9	*12-* 仙台藩，キリシタンを広瀬川で水責めにする。この頃，川村孫兵衛重吉，北上川改修工事に着手。
1624	寛永	元	*1-2* キリシタン14人を火あぶり・水責めにする。この年，天候不順のため領内飢饉となる。
1626		3	この年，牡鹿郡稲井村菊地与惣右衛門，渡波(わたのは)に塩田を開き，城下国分町の真壁屋市兵衛，仙台味噌を製造販売するという。
1627		4	*2-23* 若林城の造営を許される。
1634		11	*8-2* 政宗，近江国蒲生郡・野洲郡に5000石を加増される。*8-4* 政宗，家光より領知高61万5000石の判物を与えられる。総領知高62万石となる。
1636		13	*4-20* 政宗，江戸参勤のため若林城を出る。*5-24* 政宗死去。殉死者15人。*5-26* 忠宗，2代藩主となる。
1638		15	*9-4* 仙台城二の丸の造営始まる。
1640		17	*7-1* 藩，総検地を始める。この月，亀岡八幡宮の造営なる。
1644	正保	元	この頃，仙台藩は国絵図，仙台城の絵図を作成し幕府に提出。
1646		3	*4-26* 大地震あり。城の石垣崩れる。
1649	慶安	2	*8-17* 東照宮の造営に着手。この年，岩沼に馬市開かれる。
1657	明暦	3	*1-19* 江戸大火。米価騰貴し，石巻穀船80隻で米を回漕。
1658	万治	元	*7-12* 忠宗死去。*9-3* 綱宗，3代藩主となる。
1660		3	*7-9* 仙台藩重臣，綱宗の隠居と亀千代の家督相続を幕府に願い出る。*7-18* 綱宗逼塞を命じられる。*8-25* 亀千代(4代藩主綱村)が家督相続し，伊達宗勝・田村宗良が後見人となる。この頃，塩釜・蒲生間の運河開削に着手。
1661	寛文	元	この年，岩沼の馬市100日のうち50日を城下国分町に移す。
1668		8	*7-21* 大地震，仙台城本丸の石垣崩れる。
1671		11	*2-13* 伊達安芸，幕府に後見政治を訴え江戸に登る。*3-4* 伊達安芸・柴田外記・原田甲斐，幕府老中の訊問をうける。*3-27* 甲斐，安芸に刃傷におよび，安芸・外記・甲斐落命する。*4-6* 幕府，伊達綱村の領地を安堵し，伊達兵部らを処罰。*7-* 河村瑞賢，東廻海運を刷新。
1675	延宝	3	*3-* 城下御譜代町の特権を廃し，城下での小売りを認める。*9-* 記録

			所を設け，伊達家史の編纂に着手。
1682	天和	2	この年，国分町・岩沼・岩出山・岩ケ崎の4カ所を上馬・小荷駄馬の市と定める。
1683		3	***12-31*** 藩，楮幣(藩札)を発行。
1693	元禄	6	***3-*** 一門衆，藩政を批判し綱村に諫書する。この年，品井沼開墾に着手。
1696		9	***10-7*** 藩，財政窮乏のため家中に7カ年間の手伝金を命じる。一門・奉行ら，綱村の治政を批判し諫書する。
1703		16	***5-19*** 藩，財政難のため再び藩札を発行。***8-26*** 綱村隠居し，吉村5代藩主となる。***9-25*** 吉村，家中に倹約令を発し支出の削減を命じる。
1708	宝永	5	閏 ***1-24*** 仙台大火，焼失家屋2135戸。
1725	享保	10	***8-*** 藩主吉村，奉行葦名刑部らを抜擢して藩政改革を始める。
1726		11	***9-5*** 諸役所の人員を削減。この年，勘定奉行石川理兵衛ら藩財政改革案を建言。この頃，買米仕法の改革を行なう。また百姓一揆が各地でおこる。
1727		12	***3-16*** 仙台城下に大火，1525戸を焼失。
1728		13	***3-19*** 藩，石巻で鋳銭を始める。***11-6*** 家中に倹約令を出す。
1736	元文	元	***3-20*** 大地震，城中・城下の被害甚大。***10-5*** 石巻で鋳銭を再開。***11-1*** 城下細横丁に学問所を開設。
1739		4	***5-23*** 牡鹿郡網地島長渡浜の沖合にロシア船アルハンゲルミハイル号など3隻が出現。
1743	寛保	3	***7-25*** 吉村隠居し，宗村6代藩主となる。
1749	寛延	2	***11-9*** 諸士に倹約令を発する。***12-*** 伊達・信夫両郡に百姓一揆おこり，仙台藩は兵300人を派遣。
1752	宝暦	2	***2-6*** 仙台城下に大火，1527戸を焼失。
1755		5	この年，天候不順のため大飢饉となる。
1756		6	***5-24*** 藩主宗村死去。***7-9*** 重村7代藩主となる。
1765	明和	2	***6-21*** 領内旱魃，藩は法蓮寺・竜宝寺・千手院に雨乞いをさせる。***11-13*** 藩，財政難のため諸士に4年間の借上を命じる。
1767		4	***1-29*** 幕府から関東諸川修理を命じられ22万両を支出。
1768		5	***6-26*** 仙台藩，幕府から7カ年間の鋳銭を許される。
1772	安永	元	***5-3*** 大地震，家屋の破壊多い。この年，仙南の商人に呉服太物の直仕入れを許す。
1773		2	閏 ***3-28*** 家中に綱紀粛正を求める。***6-2*** 旱魃につき，法蓮寺などに雨乞いをさせる。
1775		4	閏 ***12-24*** 伊達郡・標葉郡のうち6万石，仙台藩預地となる。
1776		5	***4-18*** 仙台城下に大火，1553戸を焼失。
1782	天明	2	この年，大町三丁目に国産会所を設ける。
1783		3	***9-15*** 安倍清右衛門，米を買い占め窮民に払い下げる。***9-19*** 米価高騰し，前出入司安倍清右衛門・大黒屋清七宅を打ちこわす。***10-23*** 藩，損亡高56万5200石と報告。この年，飢饉のため死者多し。工藤平助『赤蝦夷(あかえぞ)風説考』を著す。
1784		4	***2-*** 石巻で仙台通宝を鋳造。***4-10*** 藩，銀札を発行。

1785	天明	5	この年，林子平『三国通覧図説』を成稿，翌年刊行。
1786		6	この年，大洪水・大凶作。***12-28*** 窮民に施米・施金を行なう。
1788		8	この年，大槻玄沢『蘭学階梯』を著す。
1790	寛政	2	***6-23*** 重村隠居し，斉村８代藩主となる。***12-29*** 藩主斉村，10年間，15万石での財政運用を命じる。この年，国産会所を廃止。
1791		3	この年，林子平『海国兵談』全巻を出版。
1792		4	***5-*** 林子平，出版取締令違反の罪で在所蟄居を命じられ，『海国兵談』の版木没収される。翌年死去。
1796		8	***7-27*** 藩主斉村死去。***9-27*** 周宗９代藩主となる。
1797		9	***4-*** 仙北諸郡に百姓一揆おこる(寛政の大一揆)。この年，農民夫役の軽減，代官の削減などを行なう(寛政の転法)。
1799		11	この年，升屋平右衛門，仙台藩蔵元となる。
1804	文化	元	***6-24*** 仙台城二の丸など焼失。***9-6*** 世界一周の漂流民津太夫ら帰国し，翌々年３月に帰郷。
1807		4	***11-1*** 幕府よりエトロフ・クナシリ・箱館の警衛を命じられ，藩兵1700人を派遣。この年，品井沼浚渫工事に着手。
1808		5	閏 ***6-11*** 蝦夷地(えぞち)警衛などが重なり藩財政窮乏し，諸士に５年間１万5000両の借上を命じる。
1809		6	この年，仙台藩蔵元の升屋，升屋手形を発行。
1812		9	***2-*** 周宗隠居し，斉宗10代藩主となる。
1819	文政	2	***5-24*** 藩主斉宗死去。***7-15*** 斉義11代藩主となる。
1822		5	***2-*** 医学館，全国初の洋学講座を開く。
1827		10	***11-27*** 藩主斉義死去。***12-25*** 斉邦12代藩主となる。
1833	天保	4	***10-23*** 藩，損亡高を75万9300石と幕府に報告。***11-4*** 米銭相場を定める。
1834		5	***1-11*** 藩主斉邦，５カ年間10万石での財政運用を命じる。***10-18*** 酒造を城下は１町１軒，在町は１宿１軒に制限。
1836		7	この年，大飢饉。死者多数出る。
1839		10	***2-5*** 藩，財政難により幕府に江戸参勤の９月延期を願い出て許される。
1841		12	***7-24*** 藩主斉邦死去。***9-7*** 慶邦13代藩主となる。
1845	弘化	2	***2-2*** 城下24カ町の町人，凶作に備えて日懸銭を始める。***12-1*** 藩，損亡高67万8567石と幕府に報告。
1850	嘉永	3	この年，養賢堂で洋式調錬を始める。
1853		6	***6-6*** 南部藩農民が仙台藩領に逃散する。***7-29*** 藩主慶邦，幕府の求めに応じて米国国書に対する意見書を提出。***7-*** 養賢堂，洋式大砲を鋳造。***11-5*** 藩，幕府に損亡高68万7300石と報告。
1854	安政	元	***2-1*** アメリカ船浦賀に来航，江戸警衛のため藩兵を出す。***4-*** 大槻磐渓(ばんけい)，西洋銃モルチールの試射を行なう。
1855		2	***4-1*** 藩，幕府から蝦夷地警備を命じられる。***4-24*** 異国船，石巻に着岸。***12-13*** 中井新三郎ら仙台為替組の商人10人，藩の財用方用達を命じられる。
1856		3	***7-28*** 諸士に西洋砲術の伝習を奨励。***8-26*** 松島湾の寒風沢(さぶさわ)に軍艦造船所を設置。***11-29*** 中井新三郎，仙台藩蔵元となる。

1857	安政	4	***7-*** 藩の軍艦開成丸進水する。***12-16*** 藩，損亡高70万7380石と幕府に報告。
1858		5	7月頃，領内にコレラ流行。この頃，藩論が攘夷派と開国派に分かれる。
1859		6	***11-26*** 藩，幕府から東蝦夷地の警衛を命じられる。***12-14*** 藩，損亡高70万1376石と幕府に報告。
1860	万延	元	***1-19*** 玉虫左太夫，幕府遣米使節に随行し渡米。***4-16*** 但木(ただき)土佐らが奉行に就き，芝多民部逼塞を命じられる。
1861	文久	元	この年，養賢堂に開物方を設け，製塩・織物・陶器など開発奨励する。
1862		2	***10-3*** 藩主慶邦，諸士に13カ条の財政改革案を示す。
1863		3	***1-28*** 藩主慶邦，尊攘派を処分。***9-1*** 10万石格の財政運用を命じる。***10-2*** 藩，幕府より江戸警衛を命じられる。
1864	元治	元	***4-24*** 藩主慶邦，幕府から宰相に推挙されたが固辞。
1865	慶応	元	***12-11*** 芝多民部の但木土佐失脚計画が露見，幽閉される。
1866		2	***6-28*** 伊達・信夫両郡に農民一揆おこり，鎮撫の幕令下る。
1867		3	***10-*** 大政奉還につき衆議のため，但木土佐上京する。
1868	明治	元	***1-17*** 仙台藩に会津藩征討令。***3-23*** 奥羽鎮撫総督軍，仙台に入る。閏 ***4-11*** 仙台藩など東北諸藩代表が白石に会合，会津藩救済を嘆願。***5-3*** 奥羽列藩同盟成立(25藩)。***5-6*** 越後長岡藩など6藩が加入，奥羽越列藩同盟結成。***9-10*** 仙台藩，降伏を決定。***12-7*** 仙台藩新知28万石に削封。この年11月以降翌年2月まで一揆・騒擾が続発。
1869		2	***2-20***「奥羽人民告諭」布達。***4-*** 政府，鎮撫軍を再派遣し仙台藩首脳部を粛清。***6-17*** 藩籍奉還により伊達亀三郎仙台藩知藩事となる。***8-5*** 白石に三陸・両羽按察府設置。***9-6*** 白石周辺33カ村一揆。***10-4*** 伊具郡下37カ村一揆。
1870		3	***3-*** 石巻に民部省通商司出張所設置。***11-13*** 登米県庁(涌谷)で三陸会議開催。***11-23*** 東磐井郡一揆。***12-15*** 登米県下52カ村一揆。この年，旧藩士族の帰農を強制施行。
1871		4	***3-*** 岩出山伊達家家臣団の北海道移住始まる。***4-23*** 東山鎮台を石巻に置く。***7-14*** 廃藩置県により仙台県・一関県成立。***8-20*** 仙台に東北鎮台を置く。***12-13*** 一関県を水沢県と改称。
1872		5	***1-8*** 仙台県を宮城県と改称。***2-*** ハリストス正教徒が弾圧される。
1873		6	***1-*** 東北鎮台を仙台鎮台と改称。***2-7*** 塩谷良翰に代り，宮城時亮が宮城県参事となる。***2-*** 宮城新聞創刊。***3-*** 官立宮城師範学校開設。***6-*** 宮城県，地租改正に着手。***7-28*** 共議会(地方議会)開設を布告。
1874		7	***6-5*** 東北新聞創刊。***9-30*** 山林・原野を除き宮城県の地租改正完了。
1875		8	***2-*** 水沢県，山林原野を除く地租改正完了。***3-14*** 宮城県地租納入為替業務などを三井組に委託。***11-12*** 水沢県を磐井県と改称。
1876		9	***4-18*** 刈田・伊具・亘理3郡磐前県に編入される。***6-*** 明治天皇，宮城県巡幸。***8-21*** 現在の宮城県域が成立。***12-14*** 第一国立銀行，仙台・石巻に出張所を開設。
1877		10	***2-3*** 宮城県会開催。***11-25*** 士族会議を開催，銀行設立など決議。
1878	明治	11	***4-26*** 仙台に第七十七国立銀行開設認可。***7-*** 政府，野蒜(のびる)築港に着手。***7-20*** 松平正直，宮城県令として着任。この年，河野広中ら仙

			台で東北有志会を開く。
1879		12	1- 第1回県会議員選挙。3-20 第1回宮城県会開催。9- 洋風建築の宮城集治監設立。
1880		13	2-15 仙台で民権派の東北連合会開催。
1881		14	3-4 河野広中ら，仙台で東北有志会を開き東北七州自由党結成。この年，県内の総人口62万5312人。
1882		15	10- 宮城・山形県境関山峠の隧道工事完成。11-1 仙台で東北七州自由党連合大会開催。11- 東北改進党結成。この年，コレラ流行。
1883		16	12-10 奥羽水陸運輸会社開業。
1884		17	5-2 宮城紡績会社開業。9-15 野蒜港，台風で被害をうけ築港中止。
1885		18	3- 県下の政治結社解散。5-11 刈田・伊具・柴田郡下に借金党騒擾事件おこる。
1886		19	2- 宮城師範学校生徒の服装を洋服に改める。6- 仙台神学校(のち東北学院)創立。9- 宮城女学校(のち宮城学院)創立。
1887		20	4-1 第二高等中学校(のち第二高等学校)創立。12-15 東北線上野・仙台・塩竈間開通。
1888		21	5-28 仙台鎮台，第2師団となる。
1889		22	4-1 市制・町村制施行により県内は1市19町179村に統合される。5-11 貞山堀の改修掘削完成，運河取締規則を制定。
1890		23	2-2 仙台活版業職工，職工同盟会を結成。4-16 東北線仙台・一ノ関間開通。11- 仙台南町に近代的劇場「仙台座」が開かれる。
1891		24	6- 仙台商業会議所創設。
1893		26	5- 私立仙台女学校(のち仙台白百合学園)開校。
1894		27	1- 宮城水力紡績会社が三居沢発電所を建設。7- 蔵王山噴火。7-15 仙台市中に初めて電灯がつく。
1895		28	3-31 仙台後備部隊の兵卒110人，士官に反抗して脱営。この年，県内にコレラ流行。
1896		29	6-15 三陸沿岸に大津波，家屋約1万3000戸が流失。
1897		30	1-17 河北新報創刊。4-15 仙台で非藩閥東北同盟結成大会。4-28 活動写真を仙台座で初公開。11-10 常磐線(磐城線)岩沼・中村(相馬)間開通。
1898		31	2-25 東北線機関士，待遇改善を要求して仙台・福島駅などでストライキ。3-1 第七十七国立銀行，株式会社七十七銀行に改組。
1899		32	4-18 仙台で東北減租同盟大会開催。4-22 宮城県機械製糸同業組合設立。6-7 仙台市，下水道第1期工事に着手。この年，私立尚絅女学校創立。
1900		33	1-1 全国三大模範村の一つとされた名取郡生出村の村是調査書が作成される。
1901		34	4-1 仙台医学専門学校設置。8-9 仙台で社会問題研究会結成。12- 愛国婦人会宮城支部成立。
1902		35	この年，県下の人口89万384人。
1903		36	10-17 東北女子職業学校(三島学園)創立。
1904	明治	37	9- 魯迅(ろじん)，仙台医学専門学校入学。
1905		38	2-5 松島湾のカキ，東京に初出荷。4- ロシア人捕虜2000余人を仙台

			に収容。*9-9* 対露講和問題県民大会開催。この年，東北大凶作(宮城県８割７分減収)。
1906		39	*3-29* 仙台高等工業学校設置。*5-18* 品井沼干拓工事起工。*9-1* 及川甚三郎ら82人のカナダ移民，密航船水安丸で荻浜出航。この年，鮎川村に東洋捕鯨会社開設。
1907		40	*6-21* 東北帝国大学設置。
1908		41	この年，県が「検査規則及米取締規則」制定，小作人同盟の結成，小作争議が盛んになる。
1910		43	*5-* 塩竈港第二種重要港湾に指定される。*8-11* 豪雨により県下水害被害甚大。
1911		44	*4-* 北上川の本格的改修工事に着手。*9-* 東北帝国大学開講。
1912	大正	元	*10-28* 仙北軽便鉄道，小牛田・石巻間開通。
1913		2	*3-* 仙台市，上水道第１期工事に着手。*4-1* 宮城県女子師範学校創設。*4-* 陸羽東線小牛田・岩出山間開通。*9-12* 東北帝国大学に全国初の女性３人が入学。
1915		4	*4-25* 塩竈港新築工事始まる(昭和８年完工)。*9-* 松島湾汽船会社，塩竈に設立される。
1917		6	*11-* 陸羽東線小牛田・新庄間開通。この年，東北帝国大学教授本多光太郎，ＫＳ磁石鋼を発明。
1918		7	*7-* 蔵王山噴火。*8-15* 仙台に米騒動おこる。*8-16* 石巻に米騒動おこる。*8-18* 涌谷町に米騒動おこる。
1919		8	*11-10* 仙台市街自動車会社開業。
1920		9	*9-9* 平民協会(この年，２月仙台に結成)が東北労働者大会を開催。*10-1* 第１回国勢調査，本県人口96万2364人，世帯数15万5367戸。*12-11* 仙台市借家人同盟会結成。
1921		10	*11-13* 仙台に赤化協会設立，社会主義講演会開催。この年，広淵沼干拓に着手(昭和８年完成)。
1922		11	*12-3* アインシュタイン博士来仙。
1923		12	*1-* 東北学生連盟結成。*2-20* 財団法人斎藤報恩会創設。*5-29* 仙台市が都市計画適用都市に指定される。
1924		13	*11-* 仙台警察署，流行歌「籠の鳥」と「ストトン節」を禁止。
1925		14	*6-5* 宮城電気鉄道，仙台・西塩竈間開通。*11-1* 仙台市街電車軌道敷設着工。
1926	昭和	元	*6-6* 仙台一般労働者組合結成。*8-* 八木秀次ら八木アンテナを発明。
1927		2	*5-1* 宮城県の第１回メーデーが行なわれる。
1928		3	*3-15* 三・一五事件，県内で約50人が逮捕される。*3-29* 仙台市電循環線開通式。*3-31* 前谷地事件おこる(千町歩地主斎藤家に対する小作争議)。*4-15* 東北産業博覧会開催。*6-16* ＮＨＫ仙台放送局，ラジオ放送を開始。*11-23* 宮城電鉄，仙台・石巻間開通。
1929		4	*4-16* 四・一六事件，県内で約100人が検挙される。
1930		5	*4-1* 塩竈魚市場開設。
1931	昭和	6	*3-18* 第２師団「満州守備」隊が渡満を開始。*10-* 東北地方は冷害により翌年にかけて飢饉，失業問題が深刻化。
1932		7	*12-* 失業救済事業として仙台(霞目)飛行場の建設起工。

1933		8	*3-3* 三陸沿岸に大地震，津波の被害甚大。***5-11*** 塩竈港の竣工式。*11-19* 仙台市上水道青下ダム竣工式。
1934		9	*12-24* 内閣に東北振興調査会設置。この年，東北地方は冷害凶作。
1935		10	*9-13* 旭紡績仙台工場の女工350人が待遇改善要求のストライキ。
1936		11	*1-18* 仙山線面白山隧道工事中の列車が転落，死傷者60余人。*10-7* 東北興業会社，東北振興電力会社が設立される。
1937		12	*11-10* 仙山線が全線開通。
1938		13	*1-9* 船岡村に海軍軍需部特殊工場(火薬廠)設立。*2-1* 第二次人民戦線事件で宇野弘蔵・佐々木更三ら14人が検挙される。*4-* 大日本農民組合宮城県連合会設立。
1940		15	*12-23* 大政翼賛会宮城支部結成式。この年，砂糖・たばこ・米の切符制・配給制実施。岩沼町に熊谷陸軍飛行学校分校設立(現在の仙台空港所在地)。
1941		16	*10-10* 日本銀行仙台支店開設。この年，仙台市原町に陸軍造兵廠建設。
1942		17	*6-* 多賀城に海軍工廠建設着手。*8-21* 仙台市営バスが営業開始。*9-* 矢本町に海軍松島航空隊基地飛行場建設。
1944		19	*5-16* 仙台で東北六県学徒勤労動員実施協議会。*8-10* 東京方面からの疎開学童県内割り当て１万1115人。*12-29* 塩竈市空襲。
1945		20	*7-10* 仙台空襲。以後，県内で空襲続く。*9-15* アメリカ軍第８軍第14軍団第１空挺師団の県内進駐始まる。
1946		21	*5-1* 復活メーデー，県庁前に２万人が集まる。*8-7* 仙台七夕復活。*11-28* 宮城県労農市民大会開催。
1947		22	*3-31* 農地改革，第１回の買収開始。*4-5* 県知事・市町村長の公選実施。知事に千葉三郎当選。*4-17* 新制中学開校。*5-3* 仙台高等裁判所・地方裁判所など設置。*9-26* カサリン台風に襲われる。
1948		23	*4-1* 新制高等学校発足。*9-16* アイオン台風に襲われる。
1949		24	*2-22* 県知事選挙で佐々木家寿治当選。*4-1* 新制大学発足。*9-1* 市町村立公民館設置。
1950		25	*5-2* 東北大でイールズ事件おこる。*8-25* 警察予備隊地方本部の仙台設置決定。
1951		26	*5-1* 東北電力株式会社設立。*12-10* 国土総合開発法による北上川特定地域の指定。
1952		27	*4-1* 民間放送ラジオ仙台(のち東北放送)放送を開始。*7-* 日米安保条約により，在日米軍の施設が仙台の川内・苦竹などに決定。*10-5* 県知事選で宮城音五郎当選。*10-19* 第７回国民体育大会を宮城・山形・福島３県で開催。
1953		28	*2-6* 北上特定地域総合開発実施事業決定(開発関係地域県下２市27町76村)。
1954		29	*7-1* 自治体警察廃止。
1955		30	*3-22* 県花ミヤギノハギ指定。
1956	昭和	31	*3-1* ＮＨＫ仙台放送局テレビジョン試験放送開始。*9-20* 県知事選挙で大沼康当選，初の社会党知事誕生。
1957		32	*2-12* 国鉄気仙沼線開通。*4-22* 仙台空港(岩沼・名取)開港式。*5-18*

			東北開発三法成立。*11-13* 仙台の川内・苦竹キャンプ返還。*10-2* 鳴子ダム完成。
1958		33	*4-4* 花山ダム完成。
1959		34	*3-1* 県知事選挙で三浦義男当選。*4-1* 民間初の東北放送テレビジョン放送開始。*7-2* 東北電力仙台火力発電所の1号機に火入れ。
1960		35	*5-24* チリ地震津波が三陸海岸を襲う。*11-1* 仙山線全線電化完成。
1961		36	*3-1* 東北本線，上野・仙台間の電化完成。*6-17* 大倉ダム完成。
1962		37	*3-31* 栗駒ダム完成。*4-30* 県北部に地震，被害額約40億円。*11-9* 蔵王エコーライン全線開通。
1963		38	*1-11* 宮城工業高等専門学校設置決定。*8-8* 蔵王国定公園指定。この年，「ササニシキ」米誕生。
1964		39	*3-3* 仙台湾地区(4市12町村)新産業都市指定の閣議決定。*6-1* 国立公園「陸中海岸」に唐桑・気仙沼地区を編入。
1965		40	*3-28* 県知事選挙で高橋進太郎当選。*7-30* 県鳥ガン，県獣シカ指定。*9-15* 東北大学で全学ストライキに突入。
1966		41	*3-25* 陸奥国分寺の東門跡と多賀城跡を特別史跡指定。*4-6* 仙台バイパス開通。*9-30* 県木ケヤキ指定。*12-8* 東北経済連合会設立。
1967		42	*2-28* 仙塩地区町村合併計画流産。*6-1* 石巻工業港開港指定(第1船入港は3月10日)。
1968		43	*7-22* 栗駒国定公園指定。*10-1* 東北本線全線電化完成。
1969		44	*3-23* 県知事選挙で山本壮一郎当選。この年，大学立法に反対し，東北大・宮教大・東北学院大でストライキ，大学封鎖が行なわれる。
1970		45	*4-24* 仙台バイパス全線開通。*7-1* 釜房ダム給水開始。*11-6* 第三セクター仙台臨海鉄道設立。
1971		46	*2-10* 東北電力，女川原子力発電所着工。*4-1* 牡鹿半島コバルトライン開通。*7-17* 仙台新港開港式。
1972		47	*2-6* ガダルカナル島に鎮魂レリーフ建立。
1973		48	*4-8* 名古屋・仙台・苫小牧間フェリー就航。*8-17* 塩竈に光化学スモッグ注意報。
1974		49	*10-2* 伊達政宗墓所の発掘調査。
1975		50	*3-31* 東北自動車道の岩槻・仙台間開通。*12-2* スト権ストにより，仙鉄局管内の列車が1週間にわたって全面ストップ。
1976		51	*3-31* 仙台市電が50年間の営業を終える。
1977		52	*12-11* 国鉄気仙沼線全線開通。
1978		53	*6-7* 多賀城跡から漆紙文書出土。*6-12* 宮城県沖地震，県民生活がマヒ状態に陥る。総被害額約2000億円。*12-2* 東北自動車道の岩槻・盛岡間全通。
1979		54	*3-30* 南三陸金華山国定公園指定。*12-25* 東北電力，女川原子力発電所正式着工。
1980		55	*4-15* 国道286号笹谷トンネル開通。*5-30* 仙台市の地下鉄に正式免許。この年，東北地方に冷害。
1982	昭和	57	*6-23* 東北新幹線開業。
1984		59	*6-1* 東北電力，女川原子力発電所営業運転開始。*11-2* 仙台北部中核工業団地造成開始。

1985		60	*1-21* 伊豆沼・内沼湿地ラムサール条約指定(*9-13*登録)。*12-* 宮城県スパイクタイヤ対策条例制定。
1986		61	*7-1* 第三セクター阿武隈急行開業。
1987		62	*3-* 細倉鉱山閉山。*7-15* 仙台市地下鉄開業。
1989	平成	元	*2-6* 東北インテリジェント＝コスモス学術機構発足。*4-1* 仙台市政令指定都市となる。区制施行。*3-19* 県知事選挙で本間俊太郎当選。
1990		2	*4-1* 21世紀プラザ研究センター完成。
1991		3	*6-20* 東北新幹線東京駅乗り入れ。*10-22* 七ケ宿ダム完成。
1993		5	*5-22* 慶長遣欧使節船サン＝ファン＝バウティスタ号が復元進水。*6-29* 仙台市長収賄容疑で逮捕。*7-24* 仙台市民オンブズマン発足。*9-27* 県知事収賄容疑で逮捕。*11-21* 出直し県知事選挙で浅野史郎当選。
1995		7	*4-1* 第三セクターくりはら田園鉄道(旧栗原電鉄)発足。*5-3* 白石城復元完成。
1996		8	*8-8* 鳴子町・秋田県雄勝町を結ぶ鬼首道路(エコロード)開通。*12-19* 宮城大学新設認可。
1997		9	*4-20* 沖縄駐留米軍の実弾射撃訓練を陸上自衛隊王城寺原演習場で実施することを防衛庁より通告。*7-11* 仙台空港新旅客ターミナルビル全面開業。*11-10* 王城寺原演習場で米軍実弾射撃訓練(～20日)。*11-26* 徳陽シティ銀行営業権譲渡を決定。
1998		10	*3-26* 仙台空港3000メートル滑走路使用開始。*6-23* 多賀城碑(壺碑)，国の重要文化財に指定される。*10-28* 東北横断自動車道酒田線の村田・山形県西川間供用開始。*11-28* 中華人民共和国江沢民国家主席が来県，魯迅の足跡などを視察。
1999		11	*5-11* 仙台市の人口が100万人を超える(1,000,045人)。*5-27* 仙台城の本丸石垣修理により，３期にわたる石垣が現れる。
2000		12	*11-5* 旧石器発掘捏造問題が明らかになる。
2001		13	*6-22* 支倉常長の肖像画ほか『慶長遣欧使節関係資料』が国宝に指定される。*8-9* 村田町・山形県酒田市間の山形自動車道，全線開通。*10-13* 第56回国民体育大会を宮城県で開催。
2003		15	*5-26* 三陸南部地域を中心とするマグニチュード7.0の地震が発生。*8-27* 仙台城本丸跡の一部，国の史跡に指定される。
2005		17	*10-23* 県知事選挙で村井嘉浩当選。*11-8* 蕪栗沼などがラムサール条約の湿地に登録される。
2008		20	*6-14* 岩手・宮城内陸地震が発生，マグニチュード7.2，栗原市などに被害。

■ 沿 革 表

1. 国・郡沿革表

（2009年10月現在）

国名	延喜式	吾妻鏡その他	郡名考・天保郷帳	郡区編制	現在 郡	現在 市
陸奥		本吉 元良	本《もと》吉《よし》	本吉	本吉郡	気仙沼市
	登《と》米《よめ》	登米	登《と》米《よま》	登米	登米《とめ》郡	登米市
	栗《くり》原《はら》	栗原	栗《くり》原《はら》	栗原	栗原郡	栗原市 大崎市
	新《にい》田《た》					
	長《なか》岡《おか》					
	遠《とほ》田《だ》	遠田	遠《とお》田《た》	遠田	遠田《とおだ》郡	大崎市
	小《を》田《た》					
	玉《たま》造《つくり》	玉造 葛岡	玉《たま》造《つくり》	玉造	玉造郡	大崎市
	賀《か》美《み》	賀美 神野	賀《か》美《み》	加美	加美《かみ》郡	
	色《しか》麻《ま》					
	志《し》太《た》	志太 志田	志《し》田《だ》	志田	志田部	大崎市
	桃《もも》生《のふ》	桃生	桃《もの》生《う》	桃生	桃生《ものう》郡	東松島市 石巻市
	牡《を》鹿《しか》	牡鹿	牡《を》鹿《しか》	牡鹿	牡鹿《おしか》郡	石巻市
	黒《くろ》川《かは》	黒川	黒《くろ》川《かは》	黒川	黒川《くろかわ》郡	
	宮《みや》城《き》	宮城	宮《みや》城《ぎ》	宮城	宮城郡	仙台市 塩竈市 多賀城市
	名《な》取《とり》	名取	名《な》取《とり》	名取	名取郡	名取市 岩沼市 仙台市
	柴《しは》田《た》	柴田	柴《しば》田《た》	柴田	柴田郡	
	刈《かり》田《た》	刈田 葛田	刈《かっ》田《た》	刈田	刈田郡	白石市
	曰《わた》理《り》	亘理	亘《わた》理《り》	亘理	亘理郡	
	伊《い》具《く》	伊具	伊《い》具《く》	伊具	伊具《いぐ》郡	角田市

2. 市・郡沿革表

（2009年10月現在）

仙《せん》台《だい》市

明治22年4月1日　市制施行

昭和3年4月1日　名取郡長町（大正4年2月1日，茂ケ崎村が町制施行して長町となる）・宮城郡原ノ町（明治22年4月1日，町制施行）・宮城郡七郷村大字《おおあざ》南小泉の一部を編入

昭和6年4月1日　宮城郡七北田村の一部を編入

昭和7年10月1日　名取郡西多賀村を編入

昭和16年9月15日　名取郡中田村・六郷村，宮城郡岩切村・七郷村・高砂村を編入

昭和31年4月1日　名取郡生出村を編入

昭和62年11月1日　宮城郡宮城町（昭和30年2月1日，広瀬村と大沢村が合併して宮城村となる，昭和30年4月1日，名取郡秋保村大字新川を編入，昭和38年11月3日，町制施行）を編入

昭和63年3月1日　泉市（昭和30年4月10日，宮城郡七北田村・根白石村〈明治30年9月7日，泉嶽村が名称変更〉が合併して泉村となる，昭和32年8月1日，町制施行により泉町となる，昭和46年11月1日，市制施行）・名取郡秋保町（昭和42年4月1日，秋保村が町制施行）を編入

平成元年4月1日　政令指定都市となる。区制（青葉区・宮城野区・若林区・太白区・泉区）施行

石《いしの》巻《まき》市

明治22年4月1日　町制施行

昭和8年4月1日　牡鹿郡蛇田村の一部を編入，市制施行

昭和24年4月1日　牡鹿郡蛇田村の一部を編入

昭和30年1月1日　牡鹿郡蛇田村を編入

昭和30年4月10日　牡鹿郡荻浜村を編入

昭和34年5月15日　牡鹿郡渡波町（明治22年4月1日，町制施行）を編入

昭和42年3月23日　牡鹿郡稲井町（昭和34年4月1日，稲井村が町制施行，昭和34年5月15日，牡鹿郡渡波町の一部を編入）を編入

平成17年4月1日　牡鹿《おしか》町（昭和30年3月26日，牡鹿郡鮎川町〈昭和15年12月1日，町制施行〉・大原村が合併，牡鹿町となる）・河北《かほく》町（昭和30年3月21日，桃生郡飯野川町〈明治34年3月26日，町制施行〉・二俣村〈大正12年1月，二俣村が名称変更〉・大川村・大谷地村が合併，河北町となる）・雄勝《おがつ》町（昭和16年4月1日，桃生郡十五浜村が町制施行，雄勝町となる）・河南《かなん》町（昭和30年3月21日，桃生郡広淵村・須江村・北村〈いずれも明治29年4月1日，深谷村より分村〉・前谷地村・鹿又村が合併，河南町となる，昭和32年4月1日，桃生町の一部を編入）・桃生《ものう》町（昭和30年3月21日，桃生郡中津山村・桃生村が合併，桃生町となる，昭和32年4月1日，一部を河南町へ）・北上町（昭和30年3月30日，桃生郡橋浦村・本吉郡十三浜が合併，北上村となる，昭和37年4月1日，町制施行）を合体

塩竈《しおがま》市

明治22年４月１日　町制施行

昭和13年９月１日　宮城郡多賀城村・七ケ浜村の一部をそれぞれ編入

昭和16年11月23日　市制施行

昭和24年12月１日　宮城郡多賀城村の一部を編入

昭和25年４月１日　宮城郡浦戸村を編入

大崎《おおさき》市

平成18年３月31日　古川市（明治22年４月１日，町制施行，昭和25年12月15日，志田郡荒雄村・志田村，栗原郡宮沢村と合併，市制施行，昭和25年12月16日，栗原郡長岡村・遠田郡富永村〈昭和５年４月１日，一部を志田郡荒雄村へ〉・玉造郡東大崎村〈明治29年４月１日，大崎村より分村〉を編入，昭和29年８月１日，志田郡敷玉村〈青生地区は遠田郡小牛田町へ〉を編入，昭和29年10月１日，志田郡高倉村・栗原郡清滝村を編入，昭和30年４月10日，玉造郡岩出山町の一部を編入，昭和30年４月14日，小山田地区を栗原郡高清水町へ，昭和30年７月10日，字新沼の一部を志田郡三本木町へ，昭和31年１月１日，遠田郡小牛田町の一部を編入，昭和32年４月１日，玉造郡岩出山町の一部を編入）・松山町（明治23年３月15日，町制施行，昭和23年７月６日，志田郡鹿島台《かしまだい》村の一部を編入，昭和24年12月12日，志田郡鹿島台村の一部を編入，昭和30年３月31日，志田郡下伊場野村大字下伊場野と合併，昭和30年10月１日，志田郡三本木町の一部を編入）・三本木《さんぼんぎ》町（明治28年10月31日，町制施行，昭和30年３月31日，志田郡下伊場野村大字伊場野と合併，昭和30年７月10日，古川市の一部を編入）・鹿島台町（昭和23年７月６日，志田郡鹿島台村〈明治22年４月１日，村制施行〉の一部を松山町へ，昭和24年12月12日，一部を松山町へ，昭和26年７月１日，町制施行）・岩出山町（明治22年４月１日，町制施行，昭和29年４月１日，玉造郡西大崎村〈明治29年４月１日，大崎村より分村〉・一栗村・真山村と合併，昭和30年４月10日，一部を古川市へ，昭和32年４月１日，一部を古川市へ）・鳴子《なるこ》町（大正10年４月20日，玉造郡温泉村〈明治22年４月１日，村制施行〉が分村，一部が町制を施行して鳴子町となる。一部は川渡《かわたび》村となる，昭和29年４月１日，玉造郡川渡村・鬼首《おにこうべ》村と合併）・田尻町（明治35年12月26日，町制施行，昭和29年５月３日，遠田郡沼部村・大貫村と合併）が合体，市制施行，大崎市となる。

気仙沼《けせんぬま》市

明治22年４月１日　町制施行

昭和28年６月１日　本吉郡鹿折《ししおり》町（昭和26年４月１日，町制施行）・本吉郡松岩村と合併，市制施行

昭和30年４月１日　本吉郡階上《はしかみ》村・新月村・大島村を編入

平成18年３月31日　本吉郡唐桑《からくわ》町（昭和30年２月11日，町制施行）を編入

平成21年９月１日　本吉町（昭和16年11月３日，本吉郡御岳村が町制施行，津谷町となる。昭和30年３月30日，本吉郡小泉村・大谷村と合併，町制施行）を編入

白《しろ》石《いし》市

明治22年4月1日　町制施行

大正15年3月29日　刈田郡白川村の一部(小下倉)を編入

昭和29年4月1日　刈田郡越河村・斎川村・白川村・大鷹沢村・福岡村・大平村と合併，市制施行

昭和32年3月31日　刈田郡小原村を編入

名《な》取《とり》市

昭和30年4月1日　名取郡増田町(明治29年6月30日，町制施行)・閖上《ゆりあげ》町(昭和3年4月1日，東多賀村が町制施行，閖上町となる)・下増田村・館腰村・高館村・愛島《めでしま》村が合併，名取町となる

昭和33年10月1日　市制施行

昭和52年9月1日　一部を岩沼市へ

角《かく》田《だ》市

明治22年4月1日　町制施行

昭和3年4月1日　伊具郡舘矢間村の一部(字小田)を編入

昭和29年10月1日　伊具郡桜村・北郷村・西根村・枝野村・藤尾村・東根村と合併

昭和33年10月1日　市制施行

多《た》賀《が》城《じょう》市

明治22年4月1日　村制施行，宮城郡多賀城村となる

昭和13年9月1日　一部(一本松地域)を塩竈市へ

昭和24年12月1日　一部(牛生《ぎゅう》地域)を塩竈市へ

昭和26年7月1日　町制施行

昭和46年11月1日　市制施行

岩《いわ》沼《ぬま》市

明治22年4月1日　町制施行

昭和22年2月11日　亘理郡逢隈村の一部を編入

昭和30年4月1日　名取郡千貫村・玉浦村と合併

昭和46年11月1日　市制施行

昭和52年9月1日　名取市の一部を編入

東《ひがし》松《まつ》島《しま》市

平成17年4月1日　鳴瀬《なるせ》町(昭和30年5月3日，桃生郡宮戸村・野蒜《のびる》村・小野村が合併，鳴瀬町となる)・矢本町(昭和15年4月1日，桃生郡鷹来村が町制施行，矢本町となる，昭和30年5月3日，桃生郡赤井村・大塩村〈両村とも明治29年4月1日，深谷村より分村〉が合体，市制施行，東松島市となる

登《と》 米《め》 市

平成17年4月1日　迫《はさま》町(昭和30年4月1日，登米郡佐沼町〈明治22年4月1日，登米郡北方村のうち字本郷が分村，町制施行〉・新田村・北方村が合併，迫町となる，昭和32年4月1日，登米郡中田町の一部を編入)・登米《とよま》町(明治22年4月1日，登米郡登米村・日根牛村が合併，町制施行)・東和《とうわ》町(昭和32年5月1日，登米郡日高村〈昭和31年9月30日，登米郡米川《よねかわ》村・錦織村が合併，日高村となる〉・米谷《まいや》町〈明治36年12月11日，町制施行〉が合併，東和町となる)・中田町(昭和31年4月1日，登米郡石森町〈明治45年5月15日，町制施行〉・宝江村・上沼村・浅水村が合併，中田町となる，昭和32年4月1日，一部を迫町へ)・豊里《とよさと》町(昭和25年4月1日，町制施行)・石越《いしこし》町(昭和34年4月1日，町制施行)・南方《みなみかた》町(昭和39年4月1日，町制施行)・米山町(昭和32年12月25日，登米郡米山村〈昭和11年1月20日，一部を吉田村へ〉・吉田村〈昭和11年1月20日，米山村の一部を編入〉が合併，米山町となる)・津山町(明治39年11月1日，本吉郡麻崎村が町制施行，柳津《やないづ》町となる，昭和29年11月3日，本吉郡横山村と合併，津山町となる)が合体，市制施行，登米市となる

栗《くり》 原《はら》 市

平成17年4月1日　築館《つきだて》町(明治29年6月30日，町制施行，昭和29年8月10日，栗原郡玉沢村・宮野村・富野村と合併，昭和31年8月10日，栗原郡栗駒町の一部を編入)・若柳《わかやなぎ》町(明治22年4月1日，町制施行，昭和29年12月1日，栗原郡有賀村・大岡村・畑岡村と合併)・栗駒《くりこま》町(昭和30年4月1日，栗原郡岩ケ崎町〈明治22年4月1日，町制施行〉・尾松村・鳥矢崎村・文字村・栗駒村および姫松村のうち片子沢と宝来〈昭和30年4月1日，栗原郡姫松村から分村〉が合併，栗駒町となる，昭和31年8月10日，一部を築館町へ，一部を一迫《いちはさま》町へ)・一迫町(大正12年4月10日，町制施行，昭和30年4月1日，栗原郡長崎村・金田村および姫松村のうち玉沢〈昭和30年4月1日，姫松村から分村〉と合併)・高清水《たかしみず》町(明治35年7月15日，町制施行，昭和30年4月14日，古川市の一部を編入)・瀬峰町(昭和26年4月1日，栗原郡藤里村が町制施行，藤里町となる，昭和26年4月2日，名称変更により瀬峰町となる)・鶯沢《うぐいすざわ》町(昭和26年4月1日，町制施行)・金成《かんなり》町(昭和30年1月1日，栗原郡沢辺村・金成村・萩野村・津久毛村が合併，町制施行)・志波姫《しわひめ》町(昭和40年1月1日，町制施行)・花山《はなやま》村(明治22年4月1日，村制施行)が合体，市制施行，栗原市となる

刈《かっ》 田《た》 郡

蔵王町《ざおうまち》　昭和30年4月1日　刈田郡宮村・円田村が合併，蔵王町となる

七ケ宿町《しちがしゅくまち》　昭和32年4月1日　町制施行

柴《しば》 田《た》 郡

大河原町《おおがわらまち》　明治22年4月1日　町制施行

昭和31年9月30日　柴田郡金ケ瀬村と合併

柴田町《しばたまち》　昭和31年4月1日　柴田郡槻木町(明治37年4月1日，槻木村が町制施行)・

船岡町(昭和16年11月3日，船岡村が町制施行)が合併，柴田町となる

村《むら》田《た》町《まち》　明治28年10月31日　町制施行
昭和30年4月20日　柴田郡沼辺村，富岡村のうち大字菅生と合併
昭和35年3月14日　柴田郡川崎町のうち字櫛挽・道海・道海前山と東湯沢山の一部を編入

川《かわ》崎《さき》町《まち》　昭和23年5月3日　町制施行
昭和30年4月20日　柴田郡富岡村のうち大字支倉と合併
昭和35年3月14日　字櫛挽・道海・道海前山と東湯沢山の一部を村田町へ

伊《い》具《ぐ》郡

丸《まる》森《もり》町《まち》　明治30年2月9日　町制施行
昭和29年12月1日　伊具郡金山町(明治30年2月9日，金山村が町制施行)・大内村・小斎村・舘矢間村(昭和3年4月1日，字小田を角田町へ)・耕野村・大張村・筆甫村と合併

亘《わた》理《り》郡

亘《わた》理《り》町《ちょう》　明治22年4月1日　町制施行
昭和30年2月1日　亘理郡荒浜町(昭和18年4月29日，荒浜村が町制施行，昭和23年12月13日，一部を逢隈村へ)・吉田村・逢隈村(昭和22年1月11日，一部を名取郡岩沼町へ，昭和23年12月13日，荒浜町の一部を編入)と合併

山《やま》元《もと》町《ちょう》　昭和30年2月1日　亘理郡坂元村・山下村が合併，山元町となる

宮《みや》城《ぎ》郡

松《まつ》島《しま》町《まち》　昭和3年1月1日　町制施行

七《しち》ケ《が》浜《はま》町《まち》　昭和34年1月1日　宮城郡七ケ浜村(昭和13年9月1日，一部を塩竈市へ)が町制施行

利《り》府《ふ》町《ちょう》　昭和42年10月1日　町制施行

黒《くろ》川《かわ》郡

大《たい》和《わ》町《ちょう》　昭和30年4月20日　黒川郡吉岡町(明治22年4月1日，今村が町制施行，吉岡町となる)・宮床村・吉田村・鶴巣村(昭和8年5月1日，一部を黒川郡富谷村へ)・落合村が合併，大和町となる

富《とみ》谷《や》町《まち》　昭和38年4月1日　黒川郡富谷村(昭和8年5月1日，鶴巣村の一部を編入)が町制施行

大《おお》郷《さと》町《ちょう》　昭和29年7月1日　大谷村・大松沢村・粕川村が合併，大郷村となる
昭和34年4月1日　町制施行

大《おお》衡《ひら》村《むら》　明治22年4月1日　村制施行

加《か》美《み》郡

色《しか》麻《ま》町《ちょう》　昭和53年4月1日　町制施行

加《か》美《み》町《まち》　平成15年4月1日　中新田《なかにいだ》町(明治22年4月1日，町制施行，昭和29年8月1日，加美郡広原村・鳴瀬村と合併)・小野田《おのだ》町(昭和18年2月11日，町制施行)・宮崎《みやざき》町(昭和29年7月1日，加美郡宮崎村・賀美石村が合併，宮崎町となる)が合併，加美町となる

遠《とお》田《だ》郡

涌《わく》谷《や》町《ちょう》　明治22年4月1日　町制施行

昭和23年12月1日　遠田郡元涌谷村と合併

昭和30年7月15日　遠田郡篦岳《ののだけ》村と合併

美《み》里《さと》町《まち》　平成18年1月1日　小牛田《こごだ》町(明治40年4月1日，町制施行，昭和29年4月1日，遠田郡不動堂町〈昭和25年4月1日，町制施行〉・中埣《なかぞね》村・北浦村と合併，昭和29年8月1日，志田郡敷玉村青生地区を編入，昭和31年1月1日，一部を古川市へ)・南郷《なんごう》町(昭和29年7月1日，町制施行)が合併，町制施行，美里町となる

牡《お》鹿《しか》郡

女《おな》川《がわ》町《ちょう》　大正15年4月1日　町制施行

本《もと》吉《よし》郡

南三陸町《みなみさんりくちょう》　平成17年10月1日　志津川《しづがわ》町(明治28年10月31日，本吉郡本吉村が町制施行，志津川町となる，昭和30年3月1日，本吉郡戸倉村・入谷村と合併)・歌津町(昭和34年4月1日，町制施行)が合併し，町制施行，南三陸町となる

■ 祭礼・行事

（2008年８月現在）

〔１月〕

3　**釜谷《かまや》の大般若巡行《だいはんにゃじゅんこう》**　➔石巻市釜谷(JR 仙石線石巻駅下車，タクシー)
年の始めにあたり，大般若600巻の経典を納めた６個の経櫃を担いで集落を回り，悪魔悪霊を祓って集落の安全を祈願する。前日の夕刻から祭壇前にてお日待ちの行事があり，３日の早朝から神風講の講中により行列が組まれる。同時に春祈禱の獅子舞が家毎に巡って悪魔祓いをする。

14　**月浜のえんずのわり**　➔東松島市宮戸(JR 仙石線野蒜《のびる》駅下車，タクシー)
月浜の７歳から15歳の男子供組，天神講による鳥追いの行事。11日の夕方から鎮守の五十鈴神社参道脇の岩屋に米・味噌・炊事用具を持ち込んで籠る。12日から山に入り松の木で棒を作る。14日の夕刻に集落の家々の前に並んで唱え言をしながら調子をとって棒で地面を突く。国指定無形民俗文化財。

14　**大崎八幡宮のどんと祭《さい》**　➔仙台市青葉区八幡(JR 仙台駅下車，西口バスプール⑩乗車八幡宮前下車)
近世以来，旧正月15日早暁の暁詣りに市中の門松を社地に集めて焼き「どんと祭」と称してきた。もとは造り酒屋の杜氏たちが裸詣りをしていたが，近年は市中の商店・会社などから数十組もの裸の男女が繰り出している。

14・15　**柳沢《やなぎさわ》の焼八幡《やけはちまん》**　➔加美郡加美町柳沢(JR 古川駅下車，宮城交通バス三ケ内行柳沢下車)
柳沢の若者たちは14日の晩，藁束や藁小屋に火をつけたのち宿で冷や酒を汲み交す。15日早暁，裸形となり酒桶と松明を手に家々を回り神酒を勧める。夜明けに「オコヤ」に火をつけ作況を占う。県指定無形民俗文化財。

15　**ささよ**　➔本吉郡南三陸町歌津寄木(JR 気仙沼線歌津駅下車，タクシー)
夕方，寄木の小中学生全員が，揃いの法被姿で海岸に集まって行列を組み，大漁旗を先頭にして各家の門口から庭に入り，独特の大漁唄い込みの唄を掛けて祝う。唄の掛声の「ササヨ」からこの行事名がついた。祝いを掛けられた家からはハナ(御祝儀)が出される。

旧暦15　**切込のすみつけ**　➔加美郡加美町切込(JR 古川駅下車，宮城交通バス三ケ内行朝日下車)
「裸カセドリ」ともいう小正月の行事。切込の15歳以上の男たちが各戸より１人宛出て宿に集まり，うち若者組は裸となって顔や全身にヘソビ(釜墨)をぬりたくり，初参加の者，初婿，厄年の者を冷や酒で祝いあったのち，手桶の水を浴びせられながら家々を回って家人にヘソビをつけまわす。

24　**名振《なぶり》のおめつき**　➔石巻市雄勝町名振浜(JR 仙石線石巻駅下車，タクシー)
浜の男たちは山車と丁印を担ぎ，獅子舞をまわし浜中を回る。４カ所の家の庭で「おめつき」とよぶ即興の寸劇で作りものの陽物などをあやつり観衆の笑いをさそう。山車は夕暮れまでにもみこわされる。県指定無形民俗文化財。

17〜26　**篦岳白山祭《ののだけはくさんまつり》**　➔遠田郡涌谷町篦岳(JR 石巻線涌谷駅下車，タクシー)

一山衆徒による篦峯寺《こんぽうじ》と白山神社の神仏習合の正月行事。17日より宮座的な諸行事があり，25日は白山宮例祭の「お弓神事」が２人の稚児によって行なわれ，その夜「福田会《ふくでんえ》」が終夜にわたって続けられ，明け方「当渡し」となる。県指定無形民俗文化財。

〔２月〕

初午　**米川《よねかわ》の水かぶり**　➔登米市東和町米川(JR 東北本線石越駅下車，タクシー)

五日町の厄年の男を中心とした若者たちが初午の朝方に宿に集まり，裸に藁の装束をまとい顔に釜墨をぬり，町並を奇声を発しながら歩く。家々では手桶の水を若者たちに掛け，藁束を争って引き抜く。火伏せの行事とされてきたが，成人儀礼や小正月の訪問行事とも解される。国指定無形民俗文化財。

旧暦初午〜１週間　**竹駒神社初午大祭**　➔岩沼市(JR 東北本線岩沼駅下車)

日本三稲荷として近郷の信仰を集め五穀豊穣の神とされる。初日と中日は神輿渡御があり，「竹駒奴」の奴行列を先頭に200人の神子，稚児，騎馬武者などが供奉し，参詣者が県外からも満ちあふれる。

８日に近い日曜日　**アンバサン**　➔石巻市長面八雲神社(JR 仙石線石巻駅下車，タクシー)

昼前は浜の寺，龍谷院にて百万遍の念仏供養をし，昼過ぎに八雲神社に祀られる大杉神社に祝詞と供物をあげて祭りをし，浜の人たちは先を切った大根にヘソビ(釜墨)をつけて参詣者の顔にも塗りつけてまわる。浜の人たちは太鼓を打ちながらアンバ囃子の唱え言を３回くり返す。

旧暦15　**波伝谷《はでんや》の春祈禱**　➔本吉郡南三陸町戸倉(JR 気仙沼線陸前戸倉駅下車，タクシー)

南三陸から牡鹿半島一帯にかけて，春祈禱の獅子舞が正月の各浜で行なわれているが，波伝谷の漁浦では旧暦２月に行なわれる。特に獅子の口中へ各家の縁側に供えてある豆腐を，悪魔を封じ込めるとして咬ませて出させる。獅子舞は全戸を回ると，村境で海にむけて口を大きく開け，悪魔を海へ流し送る。

〔３月〕

旧暦15　**宮崎熊野神社の例祭**　➔加美郡加美町宮崎(JR 古川駅下車，宮城交通バス三ケ内行中町下車)

この社では元応２(1320)年から20年毎に，鳴瀬川沿いにはるばる河口の浜市に神幸して潮垢離の神事が行なわれてきたが，毎年の例祭には神輿渡御に供奉し，勧請された故事にかかわる獅子舞が古態をみせて行なわれる。

３月の第３日曜日　**石尊《せきそん》さまの水かぶり**　➔栗原市若柳武鎗《むやり》石尊神社(JR 東北本線石越駅下車，タクシー)

石尊講の講中により社前で御膳上げが行なわれ，昼過ぎから「ぼんでん」を先頭に行列が組まれ，行者２〜３人が裸形にて集落の全戸に用意された水を

掛けて歩く。この日社前では武鎗神楽と武鎗鹿踊がある。

〔4月〕

第1日曜日　**小迫祭**《おばさままつり》　➔栗原市金成津久毛小迫(JR 東北本線石越駅下車，くりはら田園鉄道乗換え沢辺駅下車，タクシー)
真言宗勝大寺小迫観音堂と白山神社の神仏混淆の古くからの祭りで，一山衆徒によって中世さながらの「小迫の延年」がくり広げられる。「飛作舞」の扇，「田楽舞」の花笠，実馬6頭による「馬上渡し」の大的などは，呪物として観衆によって奪いあわれる。国指定重要無形民俗文化財。

第2日曜日　**泉谷**《いずみや》**お屋敷祭り**　➔栗原市瀬峰大里字中泉谷(JR 東北本線瀬峰駅下車，タクシー)
泉谷の金澤寺《こんたくじ》では，正保4(1647)年に橋本宗円の屋敷ができ集落が形作られたことをしのんだ伝統の祭りののち，年中行事に行なわれていた「藁人形送り」と「稚児行列」が加わって行列が仕立てられて集落を練る。

15・16　**桑浜白銀**《しろがね》**神社例祭**　➔石巻市雄勝町桑浜(JR 仙石線石巻駅下車，タクシー)
15日朝神幸が行なわれ，宮守の家の庭に仮設された神楽舞台前に安置された神輿の前で湯立の神事があったのち，国指定重要無形民俗文化財となった雄勝法印神楽が2日間にわたって演舞される。15日夕刻に獅子舞が激しく練り回される。法印神楽は仙台藩領北東部の修験の神楽で里人の人気が高い。

19　**熊野新宮社例祭**　➔名取市高館熊野堂(JR 東北本線南仙台駅下車，タクシー)
社前の池の上に常設する神楽殿にて，宮城県南に広く分布する熊野堂系神楽の始祖とされる黙劇の十二座神楽が行なわれたあと，西側の池に仮設した舞台で山形県山寺から移伝されたという舞楽がある。県指定無形民俗文化財。

第3日曜日　**木下**《きのした》**白山神社の祭り**　➔仙台市若林区木下(JR 仙台駅下車，西口バスプール⑤市営バス薬師堂聖和学園前下車)
天平9(737)年に聖武天皇により陸奥国分寺が木下白山神社の社地を借りて建立されたと伝え，この社を「地主権現」ともよぶ。祭りは白山神社に縁の深い国分家の家臣の家系を継ぐ人々によって，林家舞楽の流れという舞楽3番と木下白山丹波神楽が舞われる。

第3日曜日　**鹿島ばやし**　➔桃生郡河南町広淵(JR 石巻線佳景山駅下車，タクシー)
鹿島神社の例祭に神幸する神輿に供奉して，町上・町下の2組から山車が出る。伝統の山車屋台の上には人形や動物・花樹などが作りものとして飾りつけられ，屋台の中では子供を主とした鹿島囃子が奏される。

29　**秋保**《あきう》**大滝不動尊の祭り**　➔仙台市太白区秋保町馬場(JR 仙台駅下車，西口バスプール⑧宮城交通バス秋保大滝行終点下車)
名取川の源流近くに秋保大滝があり不動尊が祀られる。春の例祭は28日から行なわれるが，29日には国指定重要無形民俗文化財の秋保田植踊のうち馬場

田植踊，県指定無形民俗文化財の滝原《たきのはら》の顕拝《けんばい》と野口の鹿踊《ししおどり》が境内にて踊られる。

29　**火伏せの虎舞**　➔加美郡加美町（JR陸羽東線西古川駅下車，宮城交通バス小野田行西町下車）

中新田の町は春の強風による大火にみまわれることが多く，稲荷神社の初午まつりに火伏せの虎舞で町中を練り回してきた。山車の囃子に乗せて，大虎は消防団が主となり，小虎は子供たちが舞手となり数十組が繰り出す。特に商家の屋根に上っての舞振りは人気が高い。県指定無形民俗文化財。

〔5月〕

1　**船形山《ふながたやま》神社の梵天《ぼんてん》ばやい**　➔黒川郡大和町吉田（JR仙台駅下車，西口バスプール①古川行または中新田行吉岡下車，タクシー）

船形山麓の集落の人々が，船形山神社の里宮がある薬師堂の境内で，神官が投げ出す2メートルほどの青竹にたくさんの紙垂《しで》を飾った梵天を激しく奪いあうことから「梵天ばやい」とよばれてきた。奪った梵天を先に地面に立てた者の集落に豊作がもたらされるという。県指定無形民俗文化財。

1～3　**青麻《あおそ》神社例祭**　➔仙台市宮城野区岩切（JR東北本線岩切駅下車，祭典日臨時バス運行）

眼病と中風の神として名高く県外からも参詣者がある。1日と3日には神楽殿にて青麻神社神楽が舞われる。黙劇の十二座神楽で，仙台神楽独特の軽妙な舞振りが特徴的である。岩切の青年たちが継承している。

3　**宇那弥《うなね》神社の祭り**　➔仙台市青葉区芋沢字明神（JR仙台駅下車，西口バスプール⑩市営バス芋沢明神下車）

午前の神事のあと，県指定無形民俗文化財の芋沢田植踊が奉納され，続いて神輿の神幸となる。芋沢の田植踊は旧態が残り，女装した男たちが早乙女となって本踊があったのち，以前あった地芝居の歌舞伎踊から転化した獅子舞の振りが田植踊の中に組みこまれ，独特の芸風を伝えている。

4～5　**江島久須師《えのしまくすし》神社のオボンレイ**　➔牡鹿郡女川町江島（JR石巻線女川駅下車，船）

女川港から13キロ沖合いの離島の祭り。神社や旧家に祀られているオボンレイとよぶ1メートルほどの棒に紙垂《しで》と赤い布をかぶせたものを持ち寄り，神輿とともに浜下りをして海中で激しく揉みあう。神社境内では県指定無形民俗文化財の江島法印神楽が舞われる。

5　**お鉄砲祭り**　➔栗原市花山御嶽神社・花山ダム湖畔（JR東北本線石越駅下車，くりはら田園鉄道乗換え細倉駅下車，タクシー）

旧藩時代，御嶽神社の神幸に鉄砲足軽が警固した伝統が引き継がれた。神輿渡御の行列に鉄砲隊が供奉してダム湖畔に至り，一列に散開した鉄砲隊が3度まで銃火を放つ。神社の境内では花山神楽という大衆に人気のある南部神楽などが行なわれる。

7～9　**薬莱《やくらい》神社春季例祭**　➔加美郡加美町薬莱山・上野目の里宮（JR古川駅下

車，宮城交通バス小野田行終点下車，タクシー)
加美富士とも別称される薬莱山頂の薬莱神社山宮まで行列して神体を遷し，終夜かがり火を焚いて夜籠りをする。山麓からその火が見えれば豊作とされる。日の出とともに厨子が開帳され，8日夕方下山する。9日は里宮で下山祭があり，県指定無形民俗文化財の薬莱神社三輪流神楽が奉納される。

10　**伊達《いだち》神社稚児行列**　➔加美郡色麻町四竈(JR古川駅下車，タクシー)
ご膳講とよばれる献膳の稚児の練り行列で，太鼓打ちなどの狩衣姿の男児たちが先駆となり，稚児装束をした70人の女児が捧げもつ三宝に，野山の初菜とする山菜などの供物を盛って従い，10人ほどの総代たちが付き添う。

第3土・日曜日　**仙台青葉まつり**　➔仙台市青葉区(JR仙台駅下車)
藩祖伊達政宗を祀る青葉神社の祭礼。仙台七夕まつりとならぶ市民参加の観光行事として盛んになってきた。第1日目は宵祭りとして「すずめ踊りコンテスト」があり，本祭りにはマーチングバンドや時代行列，山鉾11基が大通りを練行する。

〔6月〕

1　**大根《おおね》のアワビ祭り**　➔宮城郡七ケ浜町花淵浜鼻節《はなぶし》神社(JR仙石線多賀城駅または下馬駅下車，タクシー)
大根という岩礁の上を通った船が船底の穴で浸水したとき，大きなアワビが穴をふさいでくれたという伝説があり，花淵浜の漁民が鼻節神社の祭りにアワビをとって神前に供える。

第1日曜日　**新田子松《にいだこまつ》神社例祭**　➔大崎市古川新田(JR古川駅下車，宮城交通バス伏見要害行途中フリーバス子松神社前下車)
さなぶり祭とも称する子松神社春祭で，神輿の渡御に際して稚児による献膳行列，獅子舞，人形と花を飾った山車屋台で新田囃子をはやしながら集落を練行する。献膳の供物には生きた雀や鯉も供えられる。

15　**笠野八重垣《かさのやえがき》神社祭礼**　➔亘理郡山元町高瀬字笠野(JR常磐線山下駅下車，タクシー)
土地では「ご天王さまのお浜下《はまお》り」という。葦を用いた特殊な御幣が神主によって海中に流されると同時に，浜下りの神輿の担ぎ手となってきた若者たちによって御幣が奪いあわれ，手にした者が幸運をえるといわれる。そのあと神輿の御潮垢離がある。土地の者はこの日まで海に入らないという。

〔7月〕

4～6　**御釜神社藻塩焼《もしおやき》神事**　➔塩竈市本町(JR仙石線本塩釜駅下車)
塩竈神社の末社御釜神社にて行なわれる。ホンダワラを採取する藻刈，釜へ潮水を入れ替える水替，釜で潮水を煮詰める藻塩焼などが主となる製塩の一連の神事である。県指定無形民俗文化財。

旧暦6・7　**定義《じょうげ》まつり**　➔仙台市青葉区大倉西方寺(JR仙台駅下車，西口バスプール⑩市営バス定義行終点下車)
平重盛の家臣貞能《さだよし》がこの地に落ちのびて，主君から寄託の霊像定義如来を護

持したと伝え，東北の霊場の一つとして参詣者が年中絶えない。縁日には県指定無形民俗文化財の大倉役人田植踊や土地の芸能と花火大会が行なわれる。

第４土・日曜日　**志津川湾夏まつり**　➔本吉郡南三陸町(JR 気仙沼線志津川駅下車)

志津川湾の荒島《あれしま》鎮座荒島神社の祭りに町の夏祭りが加わり，海上安全豊漁祈願の海上行事が行なわれる。宵祭りには数百隻の漁船がかがり火を点し，御座船に伴走すると同時に打上げ花火大会が行なわれる。本祭りには山車やパレードで町通りは賑わう。

旧暦24　**甘酒地蔵尊祭り**《あまざけ》　➔気仙沼市早稲谷(JR 気仙沼駅下車，タクシー)

昔，乳の出ない母親が，この地蔵に甘酒を供えて拝み，その甘酒で赤児を元気に育てたという伝説があり，縁日には甘酒を供え参詣者に振舞う。また早稲谷集落の新仏の供養に県指定無形民俗文化財の早稲谷鹿踊が踊られる。

25・26　**磯良《いそら》神社のお河童《かっぱ》さま**　➔加美郡色麻町(JR 古川駅下車，宮城交通バス加美一ノ関下車)

河童大明神として水難や足腰の病に信仰の篤い磯良神社の祭り。宵祭りには境内の舞台で「河童踊り」の輪が広がる。踊手の背には河童の甲羅をつけたり，菅笠をかぶった女たちが夜更けまで踊る。本祭りには子供や若者たちの飾りみこしが練り回る。

最終土・日曜日　**栗駒山車まつり**　➔栗原市栗駒岩ケ崎(JR くりこま高原駅下車，タクシー。または東北本線石越駅下車，くりはら田園鉄道乗換え栗駒駅下車)

城下町の岩ケ崎に伝統的な山車まつりがあり，全町から約10台の風流山車が繰り出す。山車屋台には作りものの人形・動物・花樹などが飾りつけられ，その華麗さと祭り囃子を競う。翌日の月曜日には輓馬競技大会も行なわれている。

〔８月〕

１・２　**石巻《いしのまき》川開き**　➔石巻市市中・北上川(JR 仙石線石巻駅下車)

北上川河口での川施餓鬼が古くから行なわれ，また石巻開港の恩人川村孫兵衛の追悼として川開きが市をあげ行なわれてきた。飾りみこし・大漁踊りパレード，水上では孫兵衛船競走・流灯大会があり，メーンは１日夕方からの打上げ花火大会で著名である。

４・５　**塩竈みなと祭**　➔塩竈市市中・港(JR 仙石線本塩釜駅下車)

古社塩竈さまの年中の祭礼は，帆手祭・花祭・例祭と大きな祭りが多い。特に「みなと祭」は塩竈神社の神輿を鳳凰をかたどった御座船に奉安し，100隻近い供奉船が五色の吹流しをなびかせ，華やかな海上ショーとなる。港町では種々の催し物があり，４日夜の花火大会は夜空を彩る。

6　**金津《かなづ》七夕《たなばた》祭り**　➔角田市尾山金津(JR 東北本線槻木駅より阿武隈急行に乗換え角田駅下車，タクシー)

７歳から15歳までの男の子供組が，町毎に提灯・吹流し・短冊・色紙などを

つけた竹飾りをもち，夕方6時頃から隊列を組み，拍子木の音にあわせて『新古今集』にある短歌の一首を唱和しながら，金津の町を練り歩く。邪霊を鎮送する送り行事である。県指定無形民俗文化財。

6〜8　**仙台七夕《たなばた》まつり**　➡仙台市青葉区(JR 仙台駅下車)
市内の各所には伝統的で素朴な七夕の竹飾りが立てられているのも少なくないが，中心街で行なわれる「仙台七夕」はぜいたくな和紙で数カ月をかけて準備される豪華な飾りつけで，東北の三大夏祭りの一つに数えられている。七夕パレードも行なわれ，期間中は観光客で賑わう。

15・16　**弥勒尊《みろくそん》大祭**　➡登米市中田町上沼弥勒寺(JR 東北本線石越駅下車，タクシー)
盆の15日に法会が行なわれ，献膳式などの行事が夜半まで続けられ，遠くからの参詣者で賑わう。千体堂には地蔵千体仏が安置され，亡児に似た顔の仏を探す母親たちがおしかける。平成10(1998)年の盆には33年毎の御開帳があった。

下旬(二百十日)　**米岡《よねおか》風追《かざお》い祭り**　➡登米市米山町西野(JR 東北本線田尻駅下車，宮城交通バス登米行，または石巻線陸前豊里駅下車，佐沼行米岡中町下車)
宿場町米岡には台風の多い二百十日前に風追い祭りが古くから行なわれており，四つの町内の若者たちが輪番制で2台の山車を作り，その年の干支《えと》にちなんだ動物の作りものを飾り，打囃子とども町境に至ると一同奇声を張りあげて悪風を追い祓い豊作を祈念する。

〔9月〕

9　**米倉鹿島《よねくらかしま》神社の献饌《けんせん》**　➡大崎市古川米倉鹿島神社(JR 陸羽東線塚目駅下車)
「お九日」の新穀感謝の古意を残す物静かな夜祭りで，古式にしたがい雌雉子の肉が用いられる。初穂献上からはじまる献膳の儀が中心となる祭りである。翌10日神輿の渡御がある。県指定無形民俗文化財。

旧暦9　**百矢納め**　➡白石市小原小倉熊野神社(JR 白石蔵王駅または東北本線白石駅下車，宮城交通バス関開発センター行または江志行学校下下車)
小原地区の5カ所の神社で講中による百矢納めの神事が行なわれている。熊野社のものは，径5尺2寸の大的を的場の前方に立て，氏子たちによる的射りが1人2射ずつ，的中100本になるまで続けられ，終わって径8寸の揚げ的に対しても射る。小原地域のみに行なわれる矢射りの卜占である。

14・15　**大崎八幡宮例大祭**　➡仙台市青葉区八幡(JR 仙台駅下車，西口バスプール⑩市営バス八幡宮前下車)
大崎八幡宮の社殿は桃山建築の傑作として国宝に，長床も国指定重要文化財となっている。14日夕刻より長床にて県指定無形民俗文化財の大崎八幡宮能神楽8番が奉納される。本祭りには流鏑馬が行なわれ神輿の渡御がある。子供神輿などの練り行列が加わり，奉納行事も各種催される。

14・15　**まめからさん祭り**　➡登米市豊里町上町(JR 気仙沼線陸前豊里駅下車)

もとは稲荷神社の芋名月(旧暦８月14・15日)の祭りであった。神社周辺の畑は大豆の収穫期にあたり，宵宮の参詣の男女たちで踏み荒らされ，いつしか「まめからさん祭り」とよばれるようになった。境内の仮設舞台では上町《かんまち》法印神楽が奉納される。神歌と舞人の言い立てる神諷《かんなぎ》によって神話の舞が続けられる。

15　**寺崎八幡神社例祭**　➔石巻市桃生町寺崎(JR 気仙沼線陸前豊里駅下車，タクシー)

毎年の例祭には境内の仮設舞台で県指定無形民俗文化財の寺崎法印神楽が行なわれ，寺崎の町筋には山車の囃子に乗って寺崎はねこ踊りフェスティバルが練る。オリンピック開催年にあたる４年毎に大祭があり盛大に催される。はねこ踊りは躍動感のある豊年踊で，近年全国各地で人気となっている。

15　**入谷《いりや》八幡の祭り**　➔本吉郡南三陸町入谷(JR 気仙沼線志津川駅下車，タクシー)

二人立ちの獅子舞がついた華麗な囃子の山車祭りで，祭りの名を「入谷打囃子」とよんできた。山車と丁印は古い型の構造と様式をもち，たくさんの花バレンで飾られる。獅子の舞子や太鼓打ちたちもこの地方独特の扮装を伝えている。入谷の４集落が輪番で祭りを担ってきた。

旧暦18　**若宮八幡湯立《ゆたて》神事**　➔大崎市三本木新沼若宮八幡神社(JR 古川駅下車，宮城交通バス仙台行陸前三本木下車，タクシー)

例祭日の夜，神社参道の両側に氏子の家々から持ち寄った数十基の次釜と本釜という大釜の湯を薪火でたぎらせ，白衣の神主が笹葉の束を熱湯にひたして自身にも観客にも振り掛ける。旧修験による荒業の湯立神事である。

19　**水分《みくまり》神社秋まつり**　➔刈田郡七ケ宿町関(JR 白石蔵王駅または東北本線白石駅下車，宮城交通バス関開発センター行終点下車)

水分神社はもと御岳蔵王権現社と称されていた。早朝祭儀を終えたあと神輿が町筋を巡行するが，花山車・子供みこし・稚児行列も供奉して，行列は総勢100人をこえる。神社境内では古式の流鏑馬も行なわれる。4月29日にも行なわれる。

第３土・日曜日　**登米《とよま》の秋まつりの山車行事**　➔登米市登米町寺池(JR 気仙沼線柳津駅下車，タクシー)

仙台伊達家一門の登米伊達氏の城下町鎮守登米神社の例祭である。往年の仙台東照宮の「仙台祭」を思わせる風流の飾り山車が十数台出る。屋台上には毎年作り替えられる人形や動物・花樹が飾りつけられ「とよま囃子」が奏され，各山車は飾りつけと囃子を競う。宵祭りには新設された能舞台で郷土能の県指定無形民俗文化財の「登米能」が舞われる。

旧暦23日に近い日曜日　**山田大名行列**　➔気仙沼市津谷山田(JR 気仙沼線本吉駅下車)

津谷の御岳神社の神輿は山田から登米沢まで御潮垢離のため行列をもって下るが，供奉の行列は山田地区の氏子たちによって，先陣旗・前鉄砲・大鳥毛

など約130人の大名行列に仕立てられている。昼過ぎに登米沢から津谷の町を再び奴振りをしながら行進して帰還する。数年おきの不定期で行なう。

〔10月〕

第１・第２日曜日　**金華山の鹿の角切り**　➔石巻市金華山(JR 仙石線石巻駅下車，宮城交通バス鮎川行終点下車，船)

金華山島の鹿は現在400頭が住みつき，10月の発情期になると大角の危害が心配となるので，「角切り」を黄金山神社の神事として行なっている。１カ月前より鹿を囲いに追い込み，当日角切り広場で勢子たちに取り押えられる。

10　**白鳥《しらとり》神社布袋《ほてい》祭り**　➔柴田郡村田町村田(JR 東北本線大河原駅下車，宮城交通バス村田行村田中央下車)

七福神の一つ，布袋人形が乗った山車屋台の中では太鼓打ちの子供たちが着飾って座り，布袋人形が山車の進行につれて上下左右に動く。山車の曳き子たちの掛声と布袋ばやしで町中を練り歩く。ミニ山車なども出て町は賑わう。

〔11月〕

３　**薬師まつり**　➔栗原市築館(JR くりこま高原駅または古川駅下車，タクシー。仙台駅前より JR バス，古川駅より宮城交通バス築館下車)

杉薬師として霊験あらたかと伝える双林寺薬師如来の祭りで，奥州藤原一族の薬師詣りにちなむ練り行列が，泰衡《やすひら》と北の方を乗せた御所車を中心に約100人が扮装して練り歩く。町中では種々の催し物が行なわれる。

〔12月〕

15　**島田飴まつり**　➔黒川郡大和町吉岡八幡神社(JR 仙台駅下車，宮城交通バス古川行吉岡下車)

吉岡八幡神社の若い別当が高島田の花嫁に恋こがれ病に臥したが，吉岡の飴を食べたところ縁がかなったという伝説により，島田髷の形をした大型の飴が売り出されて大人気となり，毎年吉岡八幡神社の境内に７～８軒の出店が立ち並び，良縁を望む善男善女が夕方から境内を賑わす。

■ 参考文献

【宮城県における地域史研究の現状と課題】

はじめに通史について，自治体史の編纂状況などを通じて概観する。県史として『宮城県史』全35巻は，戦後早々に進められた画期的な県史であったが，地域史研究が盛んとなる以前の編纂であり，現在では不十分さはまぬがれない。その後活発となった地域史研究は，当県域でも例外ではなく数多くの研究論文が報告されている。そうした第一線の研究者が論文を書き下ろし，宮城県史の特色と問題点を通史的に編集したのが渡辺信夫編『宮城の研究』全８巻(清文堂)である。通史の一般的著述としては，高橋富雄『宮城県の歴史』(山川出版社)，渡辺信夫編『図説宮城県の歴史』(河出書房新社)がある。市町村史は，戦後昭和20年代にいっせいに編纂されたが，近年いわば第２次の編纂時期を迎えている。現在，新『仙台市史』全30巻の編纂が進行中で，一藩一県ということもあって当分宮城県通史の役割をもになうであろう。『石巻の歴史』全10巻が最近完結した。塩竈市・気仙沼市・古川市・多賀城市などでも，新しい市史の編纂が終了したかまたは続行中である。概していえば，各自治体史とも同じ構成といった弊害が少なくなり，それぞれの地域の歴史を掘り起こし地域の特色をふまえた編集となっている。

こうした自治体史の編纂の背景に，本格的な地域史研究がある。つぎに，その動向をみると，縄文文化については本県は遺跡も多く戦前から研究されてきたが，近年は旧石器文化の発掘・発見が話題となっている。戦後の宮城県古代史の最大の研究テーマは，多賀城をはじめとする古代城柵の発掘・研究であった。近年には，多賀城以前の全国的にみても早期の官衙である郡山遺跡が全面的に発掘・研究され，古代東北における本県地域の拠点性がより明確になりつつある。蝦夷論は東北・北海道の考古学研究，中世の蝦夷論をも加えて，東北・北方史の観点から研究されている。中世は文献が少ないが，近年は城館・板碑などで成果をあげ，近刊の仙台市史の『板碑編』は学会でも注目された。最新の史料集として，仙台市史の各時代の史料編と『伊達政宗文書』編がある。後者は３巻の予定で，『伊達家文書』『伊達治家記録』『伊達政宗卿伝記史料』『石母田家文書』などとともに仙台藩の基本史料となろう。しかし，刊行された仙台藩の基本史料はごくわずかであり，戦前に刊行された『仙台叢書』のようにより積極的に史料集類を公刊する必要があろう。本格的な仙台藩史が望まれている。最後に余り利用されていないが，近現代史の基本的通史として『宮城県議会史』既刊６巻をあげておきたい。

【通史・辞典・郡誌など】

河北新報社編『宮城県百科事典』 河北新報社 1982
菊田定郷編『仙台人名大辞典』 同刊行会 1933(復刻 歴史図書社 1974)
菊地勝之助編『宮城県郷土史年表』 宝文堂 1972
高橋富雄『宮城県の歴史』 山川出版社 1969

東北学院大学史学科編『歴史の中の東北』 河出書房新社 1998
宮城県議会史編纂委員会編『宮城県議会史』既刊6巻 宮城県 1968-96
宮城県史編纂委員会編『宮城県史』全35巻 宮城県 1954-87
宮城県姓氏家系大辞典編纂委員会編『宮城県姓氏家系大辞典』 角川書店 1994
渡辺信夫編『宮城の研究』全8巻 清文堂 1983-87
渡辺信夫編『図説宮城県の歴史』 河出書房新社 1988

伊具郡教育会編『伊具郡誌』 1926
牡鹿郡役所編『牡鹿郡誌』 1923(復刻1975)
刈田郡教育会編『刈田郡誌』 1928
加美郡教育会編『加美郡誌』 1925(復刻1972)
栗原郡教育会編『栗原郡誌』 1918(復刻1972)
黒川郡教育会編『黒川郡誌』 1924(復刻1972・86)
気仙郡教育会編『気仙郡史』 1910
志田郡役所編『志田郡沿革史』 1912(復刻1982)
柴田郡教育会編『柴田郡誌』 1925(復刻1972)
玉造郡教育会編『玉造郡誌』 1929(復刻1972)
遠田郡教育会編『遠田郡誌』 1926(復刻1972)
登米郡役所編『登米郡誌』上・下 1923(復刻1986)
名取郡教育会編『名取郡誌』 1925(復刻1973)
宮城郡教育会編『宮城郡誌』 1928(復刻1972)
本吉郡町村長会議編『本吉郡誌』 1949(復刻1973)
桃生郡教育会編『桃生郡史』 1923(復刻1973)

【市町村史】

秋保町史編纂委員会編『秋保町史』1・2 秋保町 1975・76
石越町史編纂委員会編『石越町史』 石越町 1975
石巻市史編纂委員会編『石巻市史』全6巻 石巻市役所 1953-63
石巻市史編さん委員会編『石巻の歴史』1-10 石巻市 1987-98
泉市誌編纂委員会編『泉市誌』1・2 泉市 1987
一迫町史編纂委員会編『一迫町史』 一迫町 1976
岩出山町史編纂委員会編『岩出山町史』上・下 岩出山町 1970
岩沼市史編纂委員会編『岩沼市史』 岩沼市 1984
鶯沢町史編纂委員会編『鶯沢町史』 鶯沢町 1978
歌津町史編纂委員会編『歌津町史』 歌津町 1986
大河原町史編纂委員会編『大河原町史』1・2・年表 大河原町 1982・84
大郷町史料編纂委員会・大郷町史資料編集委員会編『大郷町史』全4巻 1980-86
大島郷土誌刊行委員会編『大島誌』 気仙沼市 1982
大衡村誌編纂委員会編『大衡村誌』 大衡村 1983

雄勝町史編纂委員会編『雄勝町史』 雄勝町 1966
牡鹿町誌編纂委員会『牡鹿町誌』上・下 牡鹿町 1988・89
女川町誌編纂委員会編『女川町誌』 女川町 1960
小野田町史編纂委員会編『小野田町史』 小野田町 1974
角田市史編さん委員会編『角田市史』1－3，別巻1・2 1984-86
鹿島台町史編纂委員会編『町史わが鹿島台』 1971
河南町誌編纂委員会編『河南町誌』上・下 河南町 1967・71
河北町誌編纂委員会編『河北町誌』上・下 河北町 1975・79
唐桑町史編纂委員会編『唐桑町史』 唐桑町 1968
川崎町史編纂委員会編『川崎町史』1・2 川崎町 1972・75
金成町史編纂委員会編『金成町史』 金成町 1973
栗駒町誌編纂委員会編『栗駒町誌』 栗駒町 1963
気仙沼町誌編纂委員会編『気仙沼町誌』 気仙沼町 1953
気仙沼市史編纂委員会編『気仙沼市史』全8巻(10冊) 気仙沼市 1986-98
小牛田町史編纂委員会編『小牛田町史』全3巻 小牛田町 1970-73
蔵王町史編さん委員会編『蔵王町史』全4巻 蔵王町 1987-94
三本木町誌編纂委員会編『三本木町誌』上・下 1966
塩竈市史編纂委員会編『塩竈市史』全6巻 塩竈市 1955-87
色麻町史編纂委員会編『色麻町史』 色麻町 1979
七ケ宿町史編纂委員会編『七ケ宿町史』全4巻 七ケ宿町 1978-84
柴田町史編さん委員会編『柴田町史』全5巻 柴田町 1983-92
白石市史編さん委員会編『白石市史』全5巻・別巻 白石市 1972-87
志波姫町史編纂委員会編『志波姫町史』 志波姫町 1976
瀬峰町史編纂委員会編『瀬峰町史』 瀬峰町 1966
仙台市史図録編纂委員会編『目で見る仙台の歴史』 仙台市 1959(増補1980)
仙台市史編纂委員会編『仙台の歴史』 仙台市 1989
仙台市史編纂委員会編『仙台市史』全10巻 仙台市 1950-56(復刻1974・75)
仙台市史続編編纂委員会編『仙台市史続編』全2巻・別巻 仙台市 1969-70
仙台市史編纂委員会編『仙台市史』 仙台市 1988-(全30巻中，既刊10巻)
大和町編『大和町史』上・下 大和町 1975・77
高清水町史編纂委員会編『高清水町史』 高清水町 1976
多賀城市史編纂委員会編『多賀城市史』全7巻 1984-97
田尻町史編さん委員会編『田尻町史』全3巻 田尻町 1982・83
築館町史編纂委員会編『築館町史』 築館町 1976
津山町史編纂委員会編『津山町史』全4巻 1989-93
東和町史編纂委員会編『東和町史』 東和町 1987
豊里町史編纂委員会編『豊里町史』上・下 豊里町 1974
登米町史編纂委員会編『登米町史』全5巻 登米町 1990-93
富谷町誌編纂委員会編『新訂富谷町誌』 富谷町 1993

中田町史編纂委員会編『中田町史』 中田町 1977
中津山村誌編纂委員会編『中津山村誌』 中津山村 1955
中新田町史編纂委員会編『中新田町史』上 中新田町 1997
名取市史編纂委員会編『名取市史』 名取市 1977
鳴子町史編纂委員会編『鳴子町史』上・下 鳴子町 1974・78
鳴瀬町史編纂委員会編『増補改訂版 鳴瀬町史』 鳴瀬町 1985
南郷町史編さん委員会編『南郷町史』上・下 南郷町 1980・85
迫町史編纂委員会編『迫町史』 迫町 1981
花山村史編纂委員会編『花山村史』 花山村 1978
古川市史編纂委員会編『古川市史』上・下 古川市 1968・72
松島町史編纂委員会編『松島町史』全4巻 松島町 1989–93
松山町史編纂委員会編『松山町史』 松山町 1980
丸森町史編さん委員会編『丸森町史』全2巻 丸森町 1980・84
南方町史編纂委員会編『南方町史』全3巻 南方町 1975・76
宮城町誌編纂委員会編『宮城町誌』全2巻 宮城町 1967–69
宮崎町史編纂委員会編『宮崎町史』 宮崎町 1973
村田町史編纂委員会編『村田町史』 村田町 1977
本吉町誌編纂委員会編『本吉町誌』全2巻 本吉町 1982
桃生村誌編纂委員会編『桃生村誌』 桃生村 1961
桃生町史編纂委員会編『桃生町史』全5巻 桃生町 1985–96
山元町誌編纂委員会編『山元町誌』全2巻 山元町 1971・86
矢本町史編纂委員会編『矢本町史』全4巻 矢本町 1973–86
米川村誌編纂委員会編『登米郡米川村誌』 登米郡米川村 1955
米山町史編纂委員会編『米山町史』 米山町 1974
利府町誌編纂委員会編『利府町誌』 利府町 1986
若柳町史編纂委員会編『若柳町史』 若柳町 1974
涌谷町史編纂委員会編『涌谷町史』上・下 涌谷町 1965・68
亘理町史編纂委員会編『亘理町史』上・下 亘理町 1975・77

【原始・古代】
岡村道雄『縄文物語—海辺のムラから』〈朝日百科日本の歴史別冊「歴史を読みなおす1」〉 朝日新聞社 1994
工藤雅樹『日本の古代遺跡15 宮城』 保育社 1984
須藤隆・今泉隆雄・坪井清足編『新版古代の日本』9〈東北・北海道〉 角川書店 1992
仙台市富沢遺跡保存館編『地底の森ミュージアム 常設展示案内』 仙台市歴史文化事業団 1996
高橋崇『蝦夷』(中公新書) 中央公論社 1986
高橋崇編『古代の地方史』第6巻〈奥羽編〉 朝倉書店 1983

東北歴史資料館・多賀城跡調査研究所編『多賀城と古代東北』 1985

【中　世】

姉歯量平『中世における日蓮宗奥州布教と登米氏の究明』 宝文堂　1993
伊東信雄『仙台郷土史の研究』 宝文堂　1979
入間田宣夫・大石直正『解説中世留守家文書』 水沢市立図書館　1979
入間田宣夫・大石直正編『よみがえる中世〈7〉みちのくの都　多賀城・松島』 平凡社　1992
大島正隆『東北中世史の旅立ち』 そしえて　1987
小川信『足利一門守護発展史の研究』 吉川弘文館　1980
勝倉元吉郎他『北上川下流域のいしぶみ』 宮城県桃生郡河北地区教育委員会　1994
久保常晴『続仏教考古学研究』 ニュー・サイエンス社　1977
小林清治・大石直正編『中世奥羽の世界』 東京大学出版会　1978
佐々木慶市『中世東北の武士団』 名著出版　1989
高橋富雄編『東北古代史の研究』 吉川弘文館　1986
東北学院大学中世史研究会編『中世陸奥国府の研究』 ヨークベニマル　1994
東北学院大学中世史研究会『六軒丁中世史研究第3号　特集宮城の板碑』 1995
東北歴史資料館『名取新宮寺一切経調査報告書』 東北歴史資料館　1980
豊田武『豊田武著作集』 7・8巻　吉川弘文館　1983
宮城いしぶみ会『松島の板碑と歴史』 宮城いしぶみ会　1982

【近　世】

阿刀田令造『郷土飢饉の研究』 仙台郷土研究会　1948
石井孝『維新の内乱』 至誠堂　1968
伊東信雄『仙台郷土史の研究』 宝文堂　1979
浦川和三郎『東北キリシタン史』 巌南堂　1957
江頭恒治『近江商人中井家の研究』 雄山閣　1965
大槻文彦『伊達騒動実録』 吉川弘文館　1909(復刻1970)
近世村落研究会『仙台藩農政の研究』 日本学術振興会　1958
小井川百合子『伊達政宗言行録』 新人物往来社　1997
小林清治『人物叢書28　伊達政宗』 吉川弘文館　1959
佐藤昌介『洋学史の研究』 岩波書店　1980
佐藤憲一『伊達政宗の手紙』 新潮社　1995
ジョン・モリス『近世日本知行制の研究』 清文堂　1988
平重道『伊達騒動』 宝文堂　1969
平重道『百姓一揆』 宝文堂　1972
平重道『林子平―その人と思想―』 宝文堂　1977
高橋富雄編『伊達政宗のすべて』 新人物往来社　1984

高橋由貴彦『ローマへの遠い旅』 講談社 1981
只野淳『みちのく切支丹』 富士クリエイティブハウス 1978
土屋喬雄『封建社会崩壊過程の研究』 弘文堂 1927
地方史研究協議会『交流の日本史』 雄山閣 1990
支倉常長顕彰会編『支倉常長』支倉常長顕彰会 1976
平川新『伝説のなかの神—天皇と異端の近世史』 吉川弘文館 1993
松田毅一『慶長使節』 新人物往来社 1969
山本周五郎『樅の木は残った』 新潮社 1963
渡辺信夫監修『図説 伊達政宗』 河出書房新社 1986
渡辺信夫『みちのく街道史』 河出書房新社 1990
渡辺信夫『海からの文化』 河出書房新社 1992

【近代・現代】

色川大吉『明治の文化』 岩波書店 1970
色川大吉『新編 明治精神史』 中央公論社 1973
色川大吉『自由民権』 岩波書店 1981
栄沢幸二『大正デモクラシー期の教員の思想』 研文出版 1990
小野寺寛一『カナダへ渡った東北の村』 耕風社 1996
工学会編『明治工業史』土木篇 学術文献普及会 1929(復刻1970)
斎藤博『民衆精神の原像』 新評論 1977
嶋田隆・安孫子麟ほか『人と国家と社会と—宮城経済近代化のダイナミックス』 東北大学教育学部附属大学教育開放センター 1986
鈴木文男編『宮城県開拓団の記録』 あづま書房 1977
須永重光『近代日本の地主と農民』 御茶の水書房 1966
仙台「市民の手でつくる戦災の記録」の会編『仙台空襲』 宝文堂 1973
相馬黒光『黙移』 法政大学出版局 1961
中村吉治編『宮城県農民運動史』 日本評論社 1968
農地改革記録委員会編『農地改革顛末概要』 農政調査会 1951
藤原相之助『仙台戊辰史』 荒井活版社 1911(復刻 柏書房 1968・東京大学出版会 全3冊 1980-81)
逸見英夫『明治仙台人物誌』 宮城地域史学協議会 1993
松尾尊兊『大正デモクラシーの研究』 青木書店 1956
宮城県海外協会編『海外移住に牽かれた人々』 宮城県・宮城県海外協会 1969
宮城県労働組合評議会編『宮城県労働運動史』1・2 労働旬報社 1979
名生忠久・陽子・智樹『名生家三代・米作りの技と心』 草思社 1998
山内みな『山内みな自伝』 新宿書房 1975
山本悠二『明治末期の民衆統合』 宝文堂 1985

■　図版所蔵・提供者一覧

カバー	仙台市博物館
見返し表	仙台市博物館
裏上	仙台市教育委員会・仙台市史編さん室
裏下	東北歴史資料館
口絵1上	仙台市教育委員会・仙台市史編さん室
下	東北歴史資料館
口絵2上	名取市教育委員会
下	東北歴史資料館
口絵3上	東北歴史資料館
下	東北歴史資料館
口絵4上	高蔵寺，宮城県教育委員会編集・発行『宮城県の文化財』
下	熊野那智神社，宮城県教育委員会編集・発行『宮城県の文化財』
口絵5上	光明寺・奈良国立博物館
下左	仙台市博物館
口絵6上	東北大学埋蔵文化財調査研究センター・仙台市史編さん室
下	仙台市博物館
口絵7上	宮城県慶長使節船ミュージアム（サン・ファン館）
下	仙台市博物館
口絵8上	宮城県美術館
下	登米市商工都市計画課
P. 7	東北大学記念資料室
P. 9	東北歴史資料館
P. 22	仙台市教育委員会，宮城県教育委員会編集・発行『宮城県の文化財』
P. 29	東北歴史資料館
P. 37	仙台市教育委員会・仙台市史編さん室
P. 38	仙台市教育委員会・仙台市史編さん室
P. 68	東松島市教育委員会
P. 75	東北歴史資料館
P. 77上	仙台市教育委員会・仙台市史編さん室
P. 77下	東北歴史資料館
P. 86	天平ろまん館
P. 87	高蔵寺・角田市教育委員会
P. 94	石巻市教育委員会，宮城県教育委員会編集・発行『宮城県の文化財』
P. 96	陸奥国分寺，宮城県教育委員会編集・発行『宮城県の文化財』
P. 106	仙台市博物館
P. 108	宮城県教育委員会編集・発行『宮城県の文化財』
P. 110	東北歴史資料館
P. 116	瑞巌寺
P. 117	瑞巌寺
P. 121	南部光徹
P. 123	奥州市立図書館許可済・仙台市史編さん室
P. 125	東北大学文学部日本史研究室
P. 127	安国寺，宮城県教育委員会編集・発行『宮城県の文化財』
P. 129	仙台市博物館・仙台市史編さん室
P. 132	多賀城市埋蔵文化財調査センター
P. 148	石巻市
P. 151	瑞巌寺
P. 154	仙台市博物館
P. 172	白石市
P. 184	財団法人斎藤報恩会
P. 189	仙台市博物館
P. 197	荘厳寺
P. 198	仙台市博物館
P. 201	日本銀行
P. 209	盛岡市中央公民館・仙台市史編さん室
P. 211	愛宕神社・奥州市教育委員会
P. 218	我妻信雄・蔵王町教育委員会
P. 223	仙台市博物館
P. 232	菅野邦男
P. 237	仙台市博物館
P. 242	宮城県教育委員会編集・発行『宮城県の文化財』
P. 248	仙台市博物館
P. 250	菅野邦男
P. 255	『宮城県の歴史散歩』
P. 265	株式会社七十七銀行
P. 271	石巻市教育委員会
P. 274	吉野作造記念館
P. 282	『宮城県の歴史散歩』
P. 295	宮城県
P. 298	仙台市戦災復興記念館
P. 307	宮城県

敬称は略させていただきました。

紙面構成の都合で個々に記載せず，巻末に一括しました。所蔵者不明の図版は，転載書名を掲載しました。万一，記載もれなどありましたら，お手数でも編集部までお申し出下さい。